# IT im Unternehmen

**Herausgegeben von**
Prof. Dr. Rainer Bischoff i. R.
HFU Furtwangen

„IT im Unternehmen" ist anwendungsorientiert und praxisrelevant. Die wichtigsten Grundlagen werden zielorientiert dargestellt, durch konkrete Praxiserfahrungen aus Unternehmen untermauert und durch entsprechende Beratungs-Bücher auf überzeugendem Niveau verstärkt.
Die Reihe wendet sich an IT-verantwortliche Praktiker und Entscheider in Unternehmen, die die Verantwortung für IT-gestützte Geschäftsprozesse tragen: u. a. IT-Manager, CIOs, Führungskräfte, Projektverantwortliche in IT- und Organisationsprojekten. Darüber hinaus eignen sich die Bücher für das praxisnah ausgerichtete Studium und die betriebliche Weiterbildung.

**Herausgegeben von**
Prof. Dr. Rainer Bischoff i. R.
HFU Furtwangen

Björn Wolle

# Risikomanagementsysteme in Versicherungsunternehmen

## Von regulatorischen Vorgaben zum nachhaltigen Risikomanagement

Björn Wolle
Koblenz, Deutschland

CMM, CMMI, Capability Maturity Model, Capability Maturity Modeling und Carnegie Mellon sind geschützte Bezeichnungen, der Carnegie Mellon University (CMU), Pittsburgh, PA, USA.

COBIT ist eine geschützte Bezeichnung der Information Systems Audit and Control Association (ISACA)/IT Governance Institute (ITGI), Rolling Meadows, IL, USA.

ITIL, PRINCE und PRINCE2 sind geschützte Bezeichnungen des Office of Government Commerce, London, GB.

OMG, UML und Unified Modeling Language sind geschützte Bezeichnungen der Object Management Group Inc. (OMG), Needham, MA, USA.

PMBOK ist eine geschützte Bezeichnung des Project Management Institute, Newtown Square, PA, USA.

SWEBOK ist eine geschützte Bezeichnung der IEEE Computer Society, Washington, DC, USA.

ISBN 978-3-8348-1910-9 ISBN 978-3-8348-2309-0 (eBook)
DOI 10.1007/978-3-8348-2309-0

Die Deutsche Nationalbibliothek verzeichnet diese Publikation in der Deutschen Nationalbibliografie; detaillierte bibliografische Daten sind im Internet über http://dnb.d-nb.de abrufbar.

Springer Vieweg


Gedruckt auf säurefreiem und chlorfrei gebleichtem Papier.

Springer Vieweg ist eine Marke von Springer DE. Springer DE ist Teil der Fachverlagsgruppe Springer Science+Business Media
www.springer-vieweg.de

# Geleitwort

Nachhaltiges Risikomanagement – Risiko wegen der Unsicherheit zukünftiger Ereignisse; Zielformulierung und Prozessgestaltung – ist das Gebot der Stunde, nicht nur für Versicherungsunternehmen, aber da insbesondere. Die Risiken müssen in Art und Umfang herausgearbeitet werden, die Forderungen von Solvency II müssen praktikabel gemacht werden: Der ORSA-Prozess (Own Risk and Solvency Assessment – die unternehmenseigene Risiko- und Solvabilitätsbeurteilung) ist vonnöten. Damit hat es sich, denkt man. Nein, so einfach ist das kaum.

Das vorliegende Buch bereitet die notwendigen Fragestellungen und möglichen Lösungen bzw. Lösungsansätze dazu auf. Die Grundlagen des Risikomanagements vom Gegenstand bis hin zur Softwareunterstützung legen die Basis für die Diskussion der Strukturen und Konzepte des Risikomanagements inklusive des Aufzeigens der Rechtsstrukturen. Besondere Bedeutung kommt hierbei der praktischen Umsetzung der wesentlichen Bestimmungsgrößen des Risikomanagements sowie der Solvabilität (Eigenmittelausstattung) zu.

Damit erfüllt das Buch die zentralen Fragestellungen des Risikomanagements: Definition und Abgrenzung, Prozess, Einbindung in die Organisation und nachhaltige, strategische Handhabung des Risikomanagements.

Lübbecke, im März 2014 Prof. Dr. rer. pol. Rainer Bischoff, Dipl.-Math.

# Vorwort

Das vorliegende Buch beschäftigt sich mit Themenkomplexen, die im Rahmen des Risikomanagements in Versicherungsunternehmen von Bedeutung sind und Einfluss auf die Organisation sowie die Wertschöpfungsketten in den Unternehmen haben. Der Aufbau des Buches orientiert sich an den Erfordernissen und Facetten der Erstellung eines ganzheitlichen, wertschöpfungsorientierten ökonomischen Risikomanagements in der Versicherungswirtschaft und den Anforderungen an Software-Lösungen.

Eine systematische und detaillierte Darstellung aller relevanten Aspekte würde den Rahmen des vorliegenden Buchs sprengen. Ziel ist es deshalb, Zusammenhänge und Ansatzpunkte aufzuzeigen, die für eine erfolgreiche Bewältigung des Aufgabenspektrums im Rahmen des Risikomanagements relevant sind. In der betrieblichen Praxis kommen verschiedenste softwaregestützte Einzelverfahren sowie speziell auf das Risikomanagement zugeschnittene Software-Anwendungen und IT-Lösungen zum Einsatz, die sowohl organisatorisch als auch technisch zu integrieren sind. Die Problemfelder bei Projektierung, Konzeption, Implementierung und Integration sollen unter Berücksichtigung des versicherungswirtschaftlichen Umfelds erkannt werden. Hierzu werden technologische, betriebswirtschaftliche und rechtliche Aspekte des Risikomanagements betrachtet. Die Literaturangaben sollen den Einstieg in Spezialthemen erleichtern.

Dieses Buch verfolgt einen interdisziplinären Ansatz, weshalb die vorgestellten Konzepte größtenteils auch für andere Branchen im Rahmen von Einführung und Weiterentwicklung von Risikomanagementsystemen anwendbar sind. Des Weiteren soll es eine grundlegende Orientierung für Studierende, Praktiker und Dozenten aus dem Umfeld des Software- und Risikomanagements bieten. Aber auch für Juristen, die sich mit Rechtsfragen im Zusammenhang mit Risikomanagementsystemen befassen, kann dieses Buch eine interessante Hilfestellung sein.

Im ersten Teil des Buches werden grundlegende Zusammenhänge zwischen wertorientierter Unternehmenssteuerung und Risikomanagement vorgestellt. Die Entwicklung und die Einführung von Risikomanagementsystemen erfolgt aufgrund der Aufgabenvielfalt meist im Rahmen von interdisziplinär angelegten Projekten. Dieser Teil des Buches befasst sich deshalb mit den konzeptionellen Grundlagen von Softwaresystemen, des Risikomanagements sowie der Projektarbeit.

Die Organisation des Risikomanagements und das Zusammenspiel von operativem Risikomanagement mit der strategischen Planung, strategischen Analysen – insbesondere der unternehmensindividuellen Risikoanalyse für Versicherungsunternehmen (ORSA) – sind Gegenstand des zweiten Teils.

Der dritte Teil bietet einen Überblick über allgemeine nationale und internationale Rechtsgrundlagen sowie über die aus Sicht von Risikomanagement und Compliance wichtigsten Grundlagen des Privatversicherungsrechts. Des Weiteren werden die rechtlichen Grundlagen von Solvency II nach dem derzeitigen Kenntnisstand vorgestellt. Die Checklisten reflektieren meine Erfahrungen aus der Praxis. Allerdings kann der juristische Teil aufgrund der Komplexität, der hohen Änderungsdynamik und den erforderlichen Einzelfallbetrachtungen keine qualifizierte juristische Beratung ersetzen. Er stellt keinen Anspruch auf Vollständigkeit.

Der Anhang bietet eine Zusammenstellung von Gesetzen, Normen und Standards.

Als Autor kann ich keine Gewähr dafür übernehmen, dass die beschriebenen Systeme, Konzepte und Verfahren von der Aufsichtsbehörde anerkannt werden. Auch kann ich keine Haftung für Schäden, die aus der Befolgung oder Interpretation der Empfehlungen in diesem Buch entstehen, übernehmen.

Für konstruktive Kommentare, Hinweise und Verbesserungsvorschläge möchte ich mich an dieser Stelle ganz herzlich bei meinen Kollegen aus Risikomanagement, Aktuariaten und Fachabteilungen sowie aus der Consulting-Branche bedanken. Frau Nelly Witzmann danke ich für die hilfreichen Diskussionen. Herrn Ass. jur. Dr. Göbel möchte ich für seine fundierten Anmerkungen zum juristischen Teil des Buches danken. Herrn Prof. Dr. Bischoff und dem Lektorat danke ich sehr für die konstruktive Zusammenarbeit, ihr Verständnis und ihre große Geduld.

Ihnen als Leser/in wünsche ich viel Freude bei der Lektüre, vielfältige Anregungen, Tipps und Erkenntnisse und freue mich auf ihr Feedback zu diesem Buch.

Koblenz, im März 2014 Priv.-Doz. Dr. Björn Wolle

# Inhaltsverzeichnis

## Teil II Strukturen und Konzepte des Risikomanagements

## Teil III Risikomanagement und Rechnungswesen

# Teil I
# Grundlagen des Risikomanagements

**Konzepte, Software, Systeme** Risikomanagementsysteme erfolgreich zu konzipieren, umzusetzen, einzuführen und weiterzuentwickeln, erfordert Kenntnisse über die wichtigsten Grundlagen und Konzepte aus unterschiedlichsten Bereichen. Dies betrifft beispielsweise Organisation und Management, Software-Management, Software-Technik, Projektmanagement, numerische Simulation oder Business Reporting.

In Kap. 1 geht es deshalb zunächst um die Konzepte und Strukturen der wertorientierten Unternehmenssteuerung und die Bedeutung des Risikomanagements als deren integraler Bestandteil. Auf Basis bewährter betriebswirtschaftlicher Konzepte wird die konzeptionelle Umsetzung der wertorientierten Chancen- und Risikosteuerung erläutert. Die praktische Umsetzung des Risikomanagements ist geprägt durch neue oder sich ständig ändernde Anforderungen in den unterschiedlichsten Bereichen und Fachgebieten. An einer Auswahl für das ökonomische Risikomanagement wichtiger Themen wird aufgezeigt, wie sich gesetzliche, technische und betriebswirtschaftliche Fragestellungen gegenseitig und damit das Risikomanagement beeinflussen.

Zentrale Fragen, nämlich was genau Software eigentlich ist, wie sie klassifiziert werden kann, und wie man sie qualitativ bewerten kann, sind Gegenstand von Kap. 2.

Gegenstand von Kap. 3 sind verschiedene Themen im Umfeld des Projektmanagements. Zunächst werden einige konzeptionelle Grundlagen des Risikomanagements dargestellt. Anschließend werden die sich hieraus ergebenden Anforderungen an das Projektmanagement erläutert. Risikomanagementsysteme sind immer mit dem Einsatz von Software oder IT-Lösungen verbunden. Deshalb werden kurz die wichtigsten Konzepte und Methoden der Software-Projektierung vorgestellt. Außerdem werden an Risikomanagementsysteme besondere Anforderungen hinsichtlich Qualität und Dokumentation gestellt, die bereits bei der Projektarbeit berücksichtigt werden müssen. Das Kapitel beinhaltet daher einen kurzen Überblick über die Themenkomplexe Qualitätssicherung und Dokumentation.

Kapitel 4 befasst sich mit dem Einsatz von Software im Risikomanagement. Zunächst werden sehr allgemein Software-Werkzeuge vorgestellt. Es folgt eine Einführung in Business-Intelligence-Lösungen. Da interne Modelle für Solvency II von großer Bedeutung sind, werden die wichtigsten Grundlagen zu diesem Themenkomplex erläutert. Das Kapitel schließt mit einer kurzen Darstellung einer Schlüsseltechnologie für den interaktiven Austausch von Unternehmens- und Finanzdaten, der eXtensible Business Reporting Language (XBRL).

**Literaturempfehlungen** Eine gute Einführung in die Versicherungsbetriebslehre geben Koch [Koch13] und Ngyuen & Romeike [NgRo13]. Ein Standardwerk zur allgemeinen Betriebswirtschaftslehre ist Wöhe & Döring [WöDö13]. Eine gute Übersicht zum Risikomanagement bieten die Werke von Romeike & Müller-Reichardt [RoMü08] oder Möbius & Pellenberg [MöPe13]. Als Standardwerke zur Finanzwirtschaft und ökonomischen Theorie gelten Perridon, Steiner & Rathgeber [PeSR12] oder auch Kruschwitz & Husmann [KrHu10].

Kompakte Darstellungen zu Wirtschaftsinformatik, Informationsverarbeitung und betriebliche Anwendungssysteme bieten Mertens, Bodendorf & König et al. [MBKP12], Stahlknecht & Hasenkamp [StHa04] Aschenbrenner, Dicke, Karnarski & Schweiggert [ADKS10] oder Alpar, Alt & Bensberg et al. [AABG11] an.

Als Standardwerk zum Projektmanagement gilt Kerzner [Kerz08]. Empfehlenswert sind außerdem die Darstellungen zu PRINCE2® [OGC09], PMBOK® bzw. ISO21500 [SpVo10], Six Sigma [Luna12] und SCRUM [KaLA12]. Das Thema Software-Management ist in Balzert [Balz08] umfassend dargestellt. Software-Qualität und Qualitätsmanagement behandeln z. B. Schneider [Schn12], Wallmüller [Wall11] oder Thaller [Thal01a; Thal01b].

Einen Überblick zur Software-Technik und zu Software-Werkzeugen bietet z. B. Balzert [Balz09; Balz11]. Ein Klassiker zum Thema Software-Engineering mit Darstellungen zu Querschnittsthemen ist Summerville [Summ11]. Einführungen zu Business-Intelligence geben Kemper, Baas & Mehanna [KeBM10] oder Engels [Enge09]. Kompakte und verständliche Einblicke in die Finanz- und Versicherungsmathematik liefern Albrecht [Albr07] oder Ortmann [Ortm09]. Einführungen zu internen bzw. stochastischen Modellen bieten Bennemann, Oehlenberg & Stahl [BeOS11], Deutsch [Deut08], Heep-Altiner, Kaya, Krenzlin & Welter [HKKW10], Koller [Koll10], Kriele & Wolf [KrWo12] und Müller [Müll12]. Gute Darstellungen und Erklärungen zur XBRL bieten Flickinger [Flic07], Piechocki, Ochocki & Felden [PiOF10].

## Literatur

[AABG11] *Alpar, P.; Alt, R.; Bensberg, F.; Grob, H. L.; Weimann, P.; Winter, R.:* Anwendungsorientierte Wirtschaftsinformatik: Strategische Planung, Entwicklung und Nutzung von Informationssystemen. Vieweg+Teubner, Wiesbaden 2011.

[ADKS10] *Aschenbrenner, M.; Dicke, R.; Karnarski, B.; Schweiggert, F. (Hrsg.):* Informationsverarbeitung in Versicherungsunternehmen. Springer, Heidelberg 2010.

[Albr07] *Albrecht, P.:* Grundprinzipien der Finanz- und Versicherungsmathematik: Grundlagen und Anwendungen der Bewertung von Zahlungsströmen. Schäffer-Poeschel, Stuttgart 2007.

[Balz08] *Balzert, H.:* Lehrbuch der Softwaretechnik: Softwaremanagement. Spektrum Akademischer Verlag, Heidelberg 2008.

[Balz09] *Balzert, H.:* Lehrbuch der Softwaretechnik: Basiskonzepte und Requirements Engineering. Spektrum Akademischer Verlag, Heidelberg 2009.

[Balz11] *Balzert, H.:* Lehrbuch der Softwaretechnik: Entwurf, Implementierung, Installation und Betrieb. Spektrum Akademischer Verlag, Heidelberg 2011.

[BeOS11] *Bennemann, C.; Oehlenberg, L.; Stahl, G. (Hrsg.):* Handbuch Solvency II. Schäffer-Poeschel, Stuttgart 2011.

[Deut08] *Deutsch, H.-P.:* Derivate und interne Modelle. Schäffer-Poeschel, Stuttgart 2008.

[Enge09] *Engels, C.:* Basiswissen Business Intelligence. W3L GmbH, Witten 2009.

[Flic07] *Flickinger, N.:* XBRL in der betrieblichen Praxis – Elektronisches Business-Reporting nach internationalem Standard. Erich Schmidt, Berlin 2007.

[HKKW10] *Heep-Altiner, M.; Kaya, H.; Krenzlin, B.; Welter, D.:* Interne Modelle nach Solvency II. Verlag Versicherungswirtschaft, Karlsruhe 2010.

[KaLA12] *Kammerer, S.; Lang, M.; Amberg, M. (Hrsg.):* IT-Projektmanagement Methoden: Best Practices von Scrum bis PRINCE2®. Symposion Publishing, Düsseldorf 2012.

[KeBM10] *Kemper, H.-G.; Baars, H.; Mehanna, W.:* Business Intelligence – Grundlagen und praktische Anwendungen. Vieweg+Teubner, Wiesbaden 2010.

[Kerz08] *Kerzner, H.:* Projektmanagement: Ein systemorientierter Ansatz zur Planung und Steuerung. mitp-Verlag, Heidelberg 2008.

[Koch13] *Koch, P.:* Versicherungswirtschaft – Ein einführender Überblick. Verlag Versicherungswirtschaft, Karlsruhe 2013.

[Koll10] *Koller, M.:* Stochastische Modelle in der Lebensversicherung. Springer, Heidelberg 2010.

[KrHu10] *Kruschwitz, L.; Husmann, S.:* Finanzierung und Investition. Oldenburg, München 2010.

[KrWo12] *Kriele, M.; Wolf, J.:* Wertorientiertes Risikomanagement von Versicherungsunternehmen. Springer, Heidelberg 2012.

[Luna12] *Lunau, S. (Hrsg.):* Six Sigma+Lean Toolset: Mindset zur erfolgreichen Umsetzung von Verbesserungsprojekten. Springer-Gabler, Heidelberg 2012.

[MBKP12] *Mertens, P.; Bodendorf, F.; König, W.; Picot, A.; Schumann, M.; Hess, T.:* Grundzüge der Wirtschaftsinformatik. Springer-Gabler, Heidelberg 2012.

[MöPe13] *Möbius, C.; Pellenberg, C.:* Risikomanagement in Versicherungsunternehmen. Springer-Gabler, Wiesbaden 2013.

[Müll12] *Müller, T.:* Finanzrisiken in der Assekuranz: Moderne Finanz- und Risikokonzepte in der Versicherungswirtschaft. Springer-Gabler, Wiesbaden 2012.

[NgRo13] *Nguyen, T.; Romeike, F.:* Versicherungswirtschaftslehre: Grundlagen für Studium und Praxis. Springer-Gabler, Wiesbaden 2013.

[OGC09] *Office of Government Commerce:* Erfolgreiche Projekte managen mit PRINCE2®. The Stationery Office, Norwich 2009.

[Ortm09] *Ortmann, K. M.:* Praktische Lebensversicherungsmathematik. Vieweg+Teubner, Wiesbaden 2009.

[PeSR12] *Perridon, L.; Steiner, M.; Rathgeber, A. W.:* Finanzwirtschaft der Unternehmung. Vahlen, München 2012.

[PiOF10] *Piechocki, M.; Ochocki, B.; Felden, C.:* XBRL for Interactive Data. Springer, Heidelberg, 2010.

[RoMü08] *Romeike, F.; Müller-Reichart, M.:* Risikomanagement in Versicherungsunternehmen: Grundlagen, Methoden, Checklisten und Implementierung. Wiley-VCH, Weinheim 2008.

[Schn12] *Schneider, K.:* Abenteuer Softwarequalität: Grundlagen und Verfahren für Qualitätssicherung und Qualitätsmanagement. dpunkt Verlag, Heidelberg 2012.

[SpVo10] *Spitczok von Brisinski, N.; Vollmer, G.:* Pragmatisches IT-Projektmanagement: Softwareentwicklungsprojekte auf Basis des PMBOK® Guide führen. dpunkt Verlag, Heidelberg 2010.

[StHa04] *Stahlknecht, P.; Hasenkamp, U.:* Einführung in die Wirtschaftsinformatik. Springer, Heidelberg 2004, Kap. 7.

[Summ11] *Summerville, I.:* Software-Engineering. Pearson, München 2011.

[Thal01a] *Thaller, G. E.:* ISO 9001:2000 – Software-Entwicklung in der Praxis. Heise Medien, Hannover 2001.

[Thal01b] *Thaller, G. E.:* Software- und Systementwicklung. Aufbau eines praktikablen QM-Systems nach ISO 9001:2000. Heise Medien, Hannover 2001.

[Wall11] *Wallmüller, E.:* Software Quality Engineering: Ein Leitfaden für bessere Software-Qualität. Carl Hanser, München 2011.

[WöDö13] *Wöhe, G.; Döring, U.:* Einführung in die Allgemeine Betriebswirtschaftslehre, 25. Auflage, Vahlen, München 2013.

# Gegenstand des Risikomanagements 1

Es ist sinnlos zu sagen: Wir tun unser Bestes. Es muss dir gelingen, das zu tun, was erforderlich ist (Sir Winston Churchill, britischer Politiker und Nobelpreisträger, 1874–1965).

**Risikokultur stärken** Stark schwankende Börsenkurse, schwere Terroranschläge und extreme Naturkatastrophen haben gezeigt, dass einzelne Ereignisse viele Geschäftsbereiche eines Versicherungsunternehmens gleichzeitig und in einem kaum abschätzbaren Ausmaß betreffen können. Bei den Versicherungsunternehmen führte dies zu einer deutlichen Stärkung des quantitativen Risikomanagements, d. h. einer finanziellen Bewertung von Risiken. Außerdem wurden enorme Anstrengungen unternommen, um das Risikomanagement vor allem in technischer Hinsicht zu verbessern. Durch die Finanzkrise 2008 wurde allerdings deutlich, dass die Anwendung von Risikomodellen Schwächen hat, die weniger technischer, sondern eher kultureller Natur sind. Als Bestandteil einer erfolgreichen Unternehmensführung sind deshalb das qualitative Riskomanagement[1] und organisatorische Maßnahmen genauso wichtig wie das quantitative Risikomanagement.

**Solvency II** Die europäische Gesetzgebung hat auf diese Sachverhalte mit der Verabschiedung der Solvency-II-Richtlinie[2] (RRL) reagiert. Solvency II soll die Markttransparenz verbessern und stellt an die Unternehmen verschärfte Anforderungen in Bezug auf Risikovorsorgemaßnahmen. Des Weiteren wird ein europäisch harmonisierter, risiko- und prinzipienorientierter Aufsichtsansatz verfolgt.

**Herausforderung und Komplexität** Die Umsetzung der Solvency-II-Regularien stellt die Versicherungsunternehmen vor teilweise große Herausforderungen. Dies liegt sowohl an der Komplexität der neuen Regularien, als auch an der beschränkten Zeit bis zur Einführung. Bereits die Anforderungen an technische und personelle Ressourcen stellen eine

[1] In einem abgeschlossenen System von Risiken wird die relative Höhe der Risiken zueinander anhand einer Risikomaßzahl bestimmt.

[2] Richtlinie 2009/138/EG des Europäischen Parlamentes und des Rates betreffend die Aufnahme und Ausübung der Versicherungs- und der Rückversicherungstätigkeit (Solvabilität II). Amtsblatt der Europäischen Union L 335 vom 17.12.2009.



B. Wolle, *Risikomanagementsysteme in Versicherungsunternehmen*, IT im Unternehmen, DOI 10.1007/978-3-8348-2309-0_1

beträchtliche Belastung dar. Hinzu kommt, dass in der Praxis das Risikomanagement bisher häufig als eine Synthese aus Risikosteuerung und Risiko-Controlling verstanden wird. Es steht damit für eine Kombination von Instrumenten, die auf einen angemessenen Umgang mit Risiken ausgerichtet sind. Ziel ist es, die sich aus dem laufenden Geschäftsbetrieb ergebenden Risiken im Verhältnis zu den unternehmerischen Chancen zu verringern.

**Strukturen, Rollen und Prozesse** Dabei sind klare Strukturen mit klaren Verantwortlichkeiten und Rollen sowie klare Prozesse wichtig, welche die bestehenden Risiken identifizieren, bewerten und kontrollieren. Dies hilft allerdings wenig, wenn die Risiken unterschätzt bzw. die letztlich modellierten Verlustrisiken wegen ihrer vermeintlich geringen Eintrittswahrscheinlichkeit ignoriert werden. Deshalb ist es wichtig, dass sich im Unternehmen eine Risikokultur entwickelt, die Risikoverantwortliche dabei unterstützt, sich unter Risikomanagementaspekten gegen vorherrschende Überzeugungen durchzusetzen. Dazu gehört die Unabhängigkeit des Risikomanagements genauso wie eine Art „Sponsor" auf Geschäftsleitungsebene, z. B. in Funktion eines Chief Risk Officers (CRO) [Schm11].

**Risikomanagement als Impulsgeber** Eine Kernaufgabe des Risikomanagements ist die Kommunikation der erkannten Risiken innerhalb des Unternehmens. Der Risikoverantwortliche informiert die Prozessverantwortlichen über die einzelnen Risiken. Diese wiederum können alle Prozessbeteiligten, die von diesen Risiken betroffen sind, informieren. Wie in der Literatur umfassend dargestellt, ist diese Integration zwischen Risiko- und Prozessmanagement für ein funktionierendes Risikomanagement zwingend erforderlich (vgl. [Menz04; RoMü08; Wolf03; WoRu09]). Sie ist gesetzlich z. B. im Sarbanes-Oxley Act[3] (SOX) [Menz04], den aufsichtsrechtlichen Mindestanforderungen an das Risikomanagement (MaRisk) [BaFi09] und der Solvency-II-Richtlinie verankert. In diesem Sinn nimmt das Risikomanagement eine Querschnittsfunktion wahr, die es den Unternehmen ermöglicht, ihr Chancen-Risiko-Profil zu optimieren. Das Risikomanagement ist somit ein wesentlicher Impulsgeber der Ausrichtung eines Unternehmens auf sich ändernde Marktverhältnisse.

**Strategische Ausrichtung** Es gilt, die sich ständig ändernden Anforderungen und Problemstellungen des Marktes unter Beachtung der gesetzlichen und regulatorischen Vorgaben zu erfassen, zu strukturieren und ggf. die strategische Ausrichtung entsprechend anzupassen. Ziel ist es, auf die sich ergebenden Risiken und Marktchancen zeitnah reagieren zu können, damit sich Gewinneinbußen, Fehlinvestitionen usw. weitgehend vermeiden und Chancen wahrnehmen lassen.

[3] H. R. 3763, 107th Congress of the United States of America: An Act to protect investors by improving the accuracy and reliability of corporate disclosures made pursuant to the securities laws, and for other purposes – Sarbanes-Oxley Act of 2002. http://www.govtrack.us/congress/bills/107/hr3763/text. Abruf am 10.03.2014.

## 1.1 Risikomanagement und Unternehmensführung

**Veränderung durch Marktentwicklung** In den bedeutenden Industriestaaten gehört der Dienstleistungssektor zu den größten und am stärksten wachsenden Wirtschaftszweigen [MSKS06]. Insbesondere die Versicherungswirtschaft kann auf eine lange und besonders stabile Wachstumsphase zurückblicken. So verzeichneten die deutschen Versicherer im Geschäftsjahr 2011 zwar erstmals seit Gründung der Bundesrepublik einen leichten Rückgang der Beitragseinnahmen. Verursacht wurde dieser letztlich durch ein reduziertes Neugeschäft im Bereich der Lebensversicherung als Folge von überdurchschnittlichem Wachstum in den letzten Jahren. Alle anderen Sparten verzeichneten dagegen Wachstum [Surm11].

**Marktdruck treibt Geschäftsmodell** Gerade in der Assekuranz steigt allerdings vor dem Hintergrund der wachsenden Abhängigkeit von den internationalen Kapitalmärkten, der Globalisierung von Märkten und einer wachsenden Zahl von Unternehmenskrisen über alle Branchen hinweg auch die Bedeutung des Risikomanagements als integralem Bestandteil einer wertorientierten Unternehmenssteuerung. Denn nicht nur junge Start-ups, sondern auch altehrwürdige Großunternehmen im Versicherungs- und Bankensektor unterliegen heute in den in Bewegung geratenen Märkten neuen Marktgesetzen. Für die deutschen Versicherer sind Niedrigzinsen und Solvency II entscheidende Treiber für die zukünftige Ausrichtung ihrer Geschäftsmodelle. Aus der Entwicklung anderer Branchen ist bekannt, dass turbulente Märkte oder ein hoher Marktdruck von den Unternehmen gerade bei IT-gestützten Prozessen u. a. eine hohe Flexibilität und kurze Reaktionszeiten fordern [CuGh98].

Insgesamt können die Gründe für Umbrüche sehr vielschichtig sein. Neben technologischen Änderungen und Innovationen können beispielsweise ein geändertes Kundenverhalten, demographischer Wandel, neue oder sich ändernde Gesetze, Deregulierung, Handelskonflikte, militärische Auseinandersetzungen oder sich ändernde Umweltbedingungen Umgestaltungen von Geschäftsprozessen veranlassen [Drew96].

**Fokus auf Absatz** Klassisch tendieren manche Unternehmen unter dem Druck externer, kaum beeinflussbarer Marktfaktoren dazu, ohne tiefergehende Analysen verstärkt auf rein absatzpolitische Elemente zu setzen, um Produkte und Dienstleistungen an potenzielle Kunden zu verkaufen. Problematisch ist eine derartige Sichtweise hauptsächlich deshalb, weil sie unnötig eng auf Absatzzuwachs und nicht auf Wertzuwachs fokussiert ist. Dadurch findet die Effizienzsteigerung von Prozessen mit ihrem Beitrag zur operativen Wertschöpfung eher wenig Beachtung, und die Flexibilität des Unternehmens am Markt kann im Vergleich zurückfallen.

**Kundenorientiertes Management** Flexible Reaktionen auf Kundenwünsche im Wettbewerb sind ebenfalls essenziell [BrKM10]. Derzeit herrscht im Versicherungsbereich ein Überangebot bei praktisch allen Produkten und Dienstleistungen. Die Kunden können aus einer ständig wachsenden Vielfalt an Versicherungsprodukten wählen. Der Versicherungsmarkt ist ein Verdrängungsmarkt, in welchem nicht mehr das Unternehmen die Kunden identifiziert, sondern die Kunden die in Frage kommenden Anbieter identifizieren. Eine kunden- und wettbewerbsgerechte Positionierung des eigenen Unternehmens und seiner Dienstleistungen wird deshalb immer wichtiger [Liss07]. Bereits 1960 wies Levitt darauf hin, dass die Angebote eines Unternehmens immer wieder neu auf die Bedürfnisse der Kunden zugeschnitten werden müssen [Levi60]. Gemäß Levitt beruht der wirtschaftliche Erfolg eines Unternehmens auf kundenorientiertem Management und gezieltem Marketing. Demnach begründet sich Stagnation nicht nur in der Sättigung des Marktes, sondern kann auch auf Managementfehler oder mangelnde Innovationskraft zurückzuführen sein.

**Produkt- und Dienstleistungspolitik** Statt zentraler Dreh- und Angelpunkt zu sein, sollte die Absatz- und Marktorientierung nur insofern auf die relevanten Teilbereiche des Unternehmens zurückwirken, als dies für eine marktorientierte Gestaltung der Produkt- und Dienstleistungspolitik erforderlich ist [Raff84; Schn83]. Unternehmen sollten daher verstärkt Konzepte und Lösungen entwickeln, wie durch den Einsatz ihrer Produkte und Dienstleistungen bestehende und künftige Kundenbedürfnisse besser erfüllt und die ihnen zugrunde liegenden Probleme besser gelöst werden können als durch die Produkte und Dienstleistungen der Wettbewerber [Woll05].

**Wettbewerbsfaktor Organisation** Um wettbewerbsfähig zu bleiben, müssen sich die Unternehmen sowohl aufbau- als auch ablauforganisatorisch möglichst effektiv und effizient auf sich ändernde Faktoren einstellen können. Dabei müssen vor allem Chancen und Risiken rechtzeitig erkannt und notwendige Änderungsmaßnahmen in den Unternehmensprozessen strukturiert eingeleitet werden können. Insbesondere Finanzdienstleister und Versicherungen sollten deshalb – neben der reinen Prozessorientierung – in ihren Geschäftsprozessen und Strukturen ein höheres Maß an Standardisierung, Automatisierung und Flexibilität anstreben [WaBK07]. Prinzipiell lassen sich drei wesentliche Faktoren identifizieren, die unter Berücksichtigung von Risiken und Chancen eine Umgestaltung der Geschäftsprozesse in einem Unternehmen (einer beliebigen Branche) auslösen können [HaCh93]:

- Kundenorientierung
  Die Kunden teilen dem Unternehmen direkt oder durch ihr Verhalten mit, was sie wann wie wollen und wie viel sie bereit sind, dafür zu bezahlen. Jeder einzelne Kunde zählt. Selbst wenn die Kunden bereits ein eigenes Bild von dem Produkt bzw. der Dienstleistung haben, erwarten sie eine individuelle Beratung.

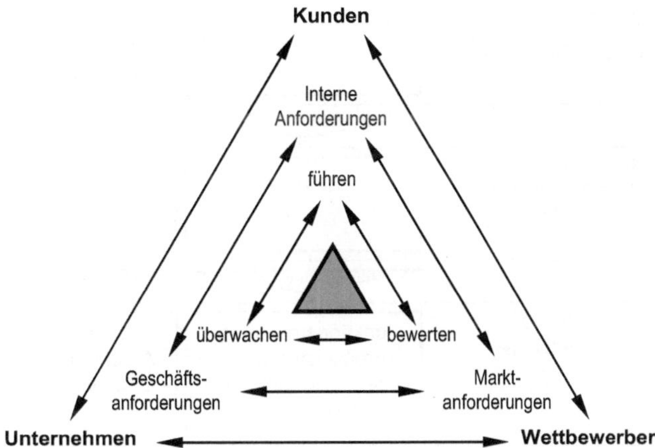


**Abb. 1.1** Strategisches Dreieck der wertorientierten Unternehmenssteuerung

- Wettbewerbsfähigkeit
  In einem globalen Markt kann kein Unternehmen abgeschottet einfach nur für sich agieren. Der globale Wettbewerb und ein globaler Markt beeinflussen entweder direkt oder indirekt jedes Unternehmen – unabhängig von der Branche. Lediglich ein gutes Produkt oder eine gute Dienstleistung zu einem akzeptablen Preis anzubieten, ist alleine nicht mehr ausreichend, um dauerhaft am Markt bestehen zu können.
- Innovationsfähigkeit
  Die typischen Lebenszyklen von Produkten und Dienstleistungen werden kürzer. Statt mehrerer Jahre dauern sie bestenfalls wenige Jahre. Parallel dazu verkürzt sich auch die einem Unternehmen zur Verfügung stehende Zeit, Angebote zu entwickeln und erfolgreich am Markt zu platzieren.

**Strategisches Dreieck** Diese Faktoren beeinflussen sich gegenseitig bzw. wirken zusammen. Die zugehörigen Akteure Kunden (bei der Kundenorientierung), Wettbewerber (bei der Wettbewerbsfähigkeit) und Unternehmen (bei der Innovationsfähigkeit) bilden ein strategisches Dreieck (Abb. 1.1). Den Akteuren Unternehmen, Kunden, Wettbewerber werden Anforderungen inklusive der damit verbundenen Aufgaben im Unternehmen zugeordnet. Eine wertorientierte Unternehmenssteuerung setzt genau an diesem strategischen Dreieck an, indem die durch die Akteure entstehenden Anforderungen in der eigenen Leistung und der Unternehmensstrategie abgebildet werden müssen. Aus der jeweiligen Marktsituation entstehen Konkretisierungen von internen Anforderungen, Geschäftsanforderungen und Marktanforderungen.

**Ebenen der wertorientierten Steuerung** Die wertorientierte Steuerung basiert auf der ganzheitlichen Ausrichtung der drei grundlegenden Managementaufgaben „führen", „bewerten" und „überwachen". Um dic Umsctzung in Unternehmensstrukturen zu vereinfachen, können – wie in Abb. 1.2 dargestellt – in Anlehnung an [WöDö13] vier konzeptionelle Ebenen berücksichtigt werden:

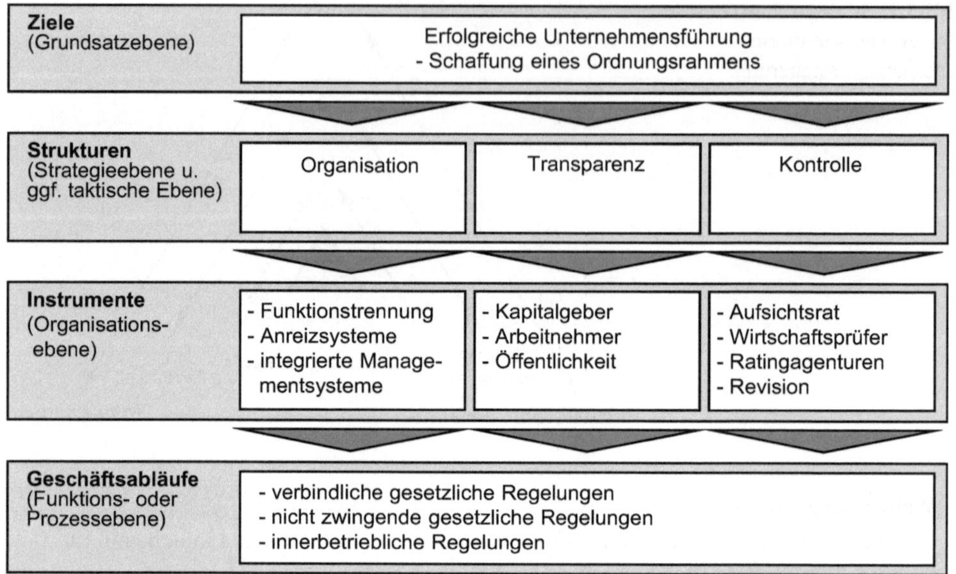


**Abb. 1.2** Konzeptionelle Umsetzung der wertorientierten Steuerung. Mit freundlicher Genehmigung von U. Döring und Vahlen (Quelle: G. Wöhe und U. Döring, Einführung in die Allgemeine Betriebswirtschaftslehre, 25. Auflage, Vahlen, München 2013, S. 64, Abb. 26)

- Grundsatzebene
  Auf der Grundsatzebene werden die Ziele und Prinzipien festgelegt, die über die Schaffung eines Ordnungsrahmens eine nachhaltig erfolgreiche Unternehmensführung unter Beachtung der Marktgegebenheiten ermöglichen.
- Strategieebene
  Auf der Strategieebene werden die Grundlagen der unternehmerischen Gestaltung unter Berücksichtigung der Erfordernisse aus dem strategischen Dreieck definiert. Durch eine zugehörige taktische Ebene sollen bei Bedarf geänderte strategische Vorgaben und Entscheidungen schnell, einfach und zielgerichtet in der operativen Ebene umgesetzt werden können.
- Organisationsebene
  Auf der Organisationsebene werden die Instrumente festgelegt, mit welchen die Umsetzung der Unternehmensstrategie erfolgen soll. Die im Unternehmen zur Verfügung stehenden Instrumente werden aufeinander abgestimmt, um Wettbewerbsvorteile zu schaffen und Kunden möglichst dauerhaft binden zu können. Aus den Vorgaben für den übergeordneten Ordnungsrahmen werden Ordnungsmäßigkeitskriterien für eine unternehmensindividuelle Ausgestaltung der Geschäftsabläufe auf operativer Ebene abgeleitet.

- Prozessebene (bzw. Funktionsebene)
  Die angemessene Umsetzung der strategischen Vorgaben in die operativen Geschäftsabläufe erfolgt in der Funktions- bzw. Prozessebene. Die Steuerung aller Aktivitäten setzt ein methodisches, auf erprobten Techniken basierendes Vorgehen hinsichtlich Planung, Durchführung und Kontrolle voraus. Die Umsetzung wird durch eine nachvollziehbare Dokumentation in Regelwerken unterstützt.

**Unternehmensführung im Wandel** Inhaltlich hat sich die Unternehmensführung in den letzten Jahrzehnten stark gewandelt. Zunächst wurde in den fünfziger Jahren der Fokus auf die Vertriebsorientierung gelegt. In den sechziger Jahren setzte sich die Verbraucherorientierung durch [HaSt83]. In den siebziger Jahren begannen sich ganzheitliche Führungsinstrumente zu etablieren. Die achtziger Jahre sind vor allem durch den Wettbewerb und die Globalisierung geprägt [Levi83]. In den neunziger Jahren erweiterte sich der Fokus um rechtliche, gesellschaftliche und ökologische Rahmenbedingungen [MeBK08]. Im vergangenen Jahrzehnt rückte die Risikoperspektive sowohl durch betriebliche Notwendigkeiten als auch durch gesetzliche Anforderungen mehr und mehr in den Vordergrund. So wurden Betriebsrisiken und insbesondere bestandsgefährdende Risiken durch das Gesetz zur Kontrolle und Transparenz im Unternehmensbereich von 1998 (KonTraG[4]) in den Fokus des Risikomanagements gerückt [SaBr99]. Durch gesetzliche Vorgaben wie Basel II und Solvency II müssen operationelle Risiken und andere relevante Risiken, die sich negativ auf die Wirtschafts-, Finanz- und Ertragslage des Unternehmens auswirken können, mit ausreichend Eigenkapital hinterlegt werden. Im Ergebnis etablierte sich für das operative Management mit dem ökonomischen Risikomanagement ein wertvolles Hilfsmittel.

**Ganzheitlicher Ansatz** Inzwischen, mehr als fünf Jahrzehnte nach der Veröffentlichung von Levitt, entwickelte sich die strategische Unternehmensführung von ihrer klassischen Kunden-Absatz-Orientierung zu einem mehr ganzheitlichen, wertorientierten Managementkonzept, bei dem verschiedene zweckgerichtete Managementsysteme zu einem unternehmensweit integrierten Risikomanagementsystem zu verschmelzen beginnen [Eber11; Horv11; Saus08; WBHH04]. Moderne Risikomanagementsysteme basieren auf Risikomodellen[5], die den Kapitalbedarf für Risiken abschätzen, indem Wahrscheinlichkeitsverteilungen für den jährlichen ökonomischen Gewinn oder Verlust ermittelt werden.

[4] Gesetz zur Kontrolle und Transparenz im Unternehmensbereich (KonTraG) vom 27. April 1998. BGBl I (1998) 786.

[5] Nach § 1 Abs. 13 KWG sind Risikomodelle „zeitbezogene stochastische Darstellungen der Veränderungen von Marktkursen, -preisen oder -werten oder -zinssätzen und ihrer Auswirkungen auf den Marktwert einzelner Finanzinstrumente oder Gruppen von Finanzinstrumenten (potentielle Risikobeträge) auf der Basis der Empfindlichkeit (Sensitivität) dieser Finanzinstrumente oder Finanzinstrumentsgruppen gegenüber Veränderungen der für sie maßgeblichen risikobestimmenden Faktoren. Sie beinhalten mathematisch-statistische Strukturen und Verteilungen zur Ermittlung risikobeschreibender Kennzahlen, insbesondere des Ausmaßes und Zusammenhangs von Kurs-, Preis- und Zinssatzschwankungen (Volatilität und Korrelation) sowie der Sensitivität der Finanzinstrumen-

Hieraus kann der Grundkapitalbedarf abgeleitet werden, der einen durchschnittlichen Jahresverlust deckt, dessen Eintritt beispielsweise weniger als einmal in einem längeren Zeitraum erwartet wird (z. B. 100 oder 200 Jahre) [Deut08]. Trotz ihrer Leistungsfähigkeit sind und bleiben diese Modelle lediglich Hilfsmittel zur Entscheidungsunterstützung für das Management. Risikomanagement bedeutet deshalb auch, die Modellannahmen zu hinterfragen, die Anwendungsgrenzen zu verstehen sowie den Einfluss der Modellierungsannahmen auf die Ergebnisse zu kennen und transparent zu machen [Schm11].

## 1.2 Problemfelder des ökonomischen Risikomanagements

**Risiko vs. Chance** In der wirtschaftswissenschaftlichen Literatur wird der Risikobegriff intensiv und teilweise kontrovers diskutiert (vgl. [Horv11; Reic06; RiWi08; Wolf03]). Dabei wird im Wesentlichen zwischen dem wirkungsbezogenen und dem ursachenbezogenen Risikobegriff unterschieden. Die wirkungsbezogene Begriffsauffassung bezieht sich auf die möglichen Auswirkungen und beschreibt das Risiko als Möglichkeit der Abweichung von einem vorgegebenen Ziel (z. B. bei [BaFi09; Levi04; MaSh87; Wolf03]). Die ursachenbezogene Begriffsauffassung setzt bei der Risikoentstehung an und stellt Entscheidungen auf Basis von Informationsdefiziten in den Vordergrund [Wolf03]. Die beiden Begriffsauffassungen schließen sich nicht aus, sondern ergänzen einander [BeRi05; Imbo83; Kups73; RiWi08; Schu01; Wolf03]. Letztlich kann Risiko als die mögliche Abweichung von einem Ziel, welches auf Basis unvollständiger Informationen definiert wurde, verstanden werden [BeRi05; KaGa81]. Die Chance ist somit als Abweichung mit positivem Ergebnis mit eingeschlossen[6]. Da ein generell gültiges und vollständiges Zielsystem für ein Unternehmen nicht besteht [Kups73], können auch Abweichungen des erwarteten Ergebnisses einer (unternehmerischen) Handlung von einem angestrebten Ziel als Risiko aufgefasst werden [RiWi08].

**Konkurrierende Berichtsanforderungen** Um den Aufgaben einer wertorientierten Unternehmensführung einerseits und gesetzlichen sowie regulatorischen Anforderungen des ökonomischen Risikomanagements andererseits gerecht werden zu können, bedarf es einer unternehmensweiten Analyse der Ertrags- und Risikobeiträge aller Unternehmensbereiche auf unterschiedlichen Aggregationsstufen. Dabei sind Risikoverbundeffekte für die Unternehmensbereiche auf unterschiedlichen Granularitätsstufen zu berücksichtigen. Des Weiteren sind Ertrags- und Risikogrößen sowie Verlustbeiträge in unterschiedlichen Dimensionen (z. B. Kunden-, Produkt- oder Kapitalanlagegruppen) zu messen und auf verschiedenen Aggregationsstufen zusammenzufassen, um konsistente Informationen für unterschiedliche Sichten (z. B. Finanzen, Kunden, interne Prozesse, Produktion) bereit zu stellen [FaBu05]. Mit diesen Informationen können unterschiedliche interne Entschei-

te und Finanzinstrumentsgruppen, die durch angemessene EDV-gestützte Verfahren, insbesondere Zeitreihenanalysen, ermittelt werden."

[6] Vgl. hierzu Pkt. 3.1.3 ONR 49000; Pkt. 5 Nr. 1 MaRisk.

dungsträger (z. B. Vorstände, Officers, Bereichsleiter) sowie externe Anspruchsgruppen (z. B. Anteilseigner, Aufsichtsbehörden) zielgruppengerecht versorgt werden [Free10]. Empirische Untersuchungen zeigen allerdings, dass die Qualität sowohl der gesetzlich geforderten als auch der auch auf freiwilliger Basis veröffentlichten Berichte und Daten zum Teil noch deutliche Schwächen aufweist [Eise11; WeSK11].

**Kennzahlen und Datenqualität** Zum Aufbau von Reportingstrukturen und -systemen, mit welchen sich diese Schwächen beseitigen und alle Anforderungen erfüllen lassen, mangelt es an geeigneten finanzwirtschaftlichen Methoden und Kennzahlensystemen. Speziell die den Risiken angemessene, durchgängige Modellierungs- bzw. Bewertungsmethodik[7], welche eine Aggregation der Ergebnisse erlaubt, bereitet Schwierigkeiten bei der Umsetzung [FaBu05]. Außerdem sind die verwendeten Daten den Bedürfnissen der Risikosteuerung folgend adäquat und konsistent zu den bestehenden Geschäfts- und Risikostrukturen zu erheben. Inzwischen existieren zahlreiche Ansätze zur technischen Integration von Daten, Prozessen, Methoden, Anwendungen und Systemen, die auch erfolgreich umgesetzt wurden [Mert12]. Trotzdem stellt dies die Unternehmen angesichts historisch gewachsener, heterogener Systemlandschaften mit zweckspezifischen Software-Systemen, in welchen die benötigten Informationen verteilt und nicht integriert vorliegen, vor große praktische Herausforderungen. Des Weiteren werden mit Solvency II deutlich höhere Anforderungen an die Datengranularität und Datenqualität[8] gestellt, als dies für die bisherigen Reporting-Prozesse notwendig war.

**Anforderung QRT** Die Gewährleistung der Datenanforderungen aus Solvency II erfordert das Vorhalten sämtlicher Quelldaten, die in die Risikokapitalermittlung eingehen. Die Daten fließen in aufsichtsrechtliche Berichte der Säule 3 ein. Von Bedeutung sind vor allem die von der Europäischen Aufsichtsbehörde für das Versicherungswesen und die betriebliche Altersversorgung (EIOPA) vorgeschlagenen Quantitative Reporting Templates (QRT)[9] [EIOP11c; EIOP12c; EIOP13b]. Eine Analyse dieser Templates zeigt, dass zur Befüllung ca. 6000 einzelne Ergebnisdaten[10] erforderlich sind, die auf einer wesentlich höheren Anzahl von Quelldaten beruhen [GDV12]. Es ist deshalb davon auszugehen,

---

[7] Vgl. Pkt. 7.3.2.2 Nr. 3 MaRisk.

[8] Vgl. z. B. Art. 104 Abs. 7 RRL, Art. 121 Abs. 3 RRL sowie Art. 124 RRL.

[9] Siehe auch EIOPA: Draft proposal on Quantitative Reporting Templates and Draft proposal for Guidelines on Narrative Public Disclosure & Supervisory Reporting, Predefined Events and Processes for Reporting and Disclosure. 8 November 2011. EIOPA-CP-009/2011. EIOPA Final Report on Public Consultations No. 11/009 and 11/011 On the Proposal for the Reporting and Disclosure Requirements. 9 July 2012, EIOPA-260-2012. https://eiopa.europa.eu/consultations/consultation-papers/2011-closed-consultations/november-2011/draft-proposal-on-quantitative-reporting-templates-and-draft-proposal-for-guidelines-on-narrative-public-disclosure-supervisory-reporting-pre-defined-events-and-processes-for-reporting-disclosure/index.html. Abruf am 10.03.2014.

[10] Anm. des Autors: Für einen Versicherungskonzern mit den Sparten Lebensversicherung, Krankenversicherung, Schaden- und Unfallversicherung sind über 17.000 einzelne Datenfelder zu befüllen.

dass die Befüllung dieser Templates für die Unternehmen anspruchsvolle Vorarbeiten im Umfeld von Daten- und Systemintegration erfordern wird.

**IT-Systeme und Architekturen** Inzwischen existieren zahlreiche praxistaugliche Ansätze zur Integration von Daten, Prozessen, Methoden, Anwendungen und Systemen [Mert12]. Insbesondere sind die technischen Voraussetzungen zum Aufbau einer konsistenten Datenhaltung durch Data-Warehouse-, OLAP- (Online Analytical Processing) oder Business-Intelligence-Lösungen bereits seit einiger Zeit gegeben [ChGl10; CoCS93; Immo92; KeBM10]. Die wachsenden Datenmengen sowie die verstärkte Integration in operative Geschäftsprozesse erhöhen zunehmend die fachliche, technische und organisatorische Komplexität der eingesetzten Systeme und Lösungen. Trotzdem sollen die verwendeten Architekturen skalierbar sein, verschiedene Vorsysteme auf unterschiedlichen Plattformen integrieren können, und außerdem sollen Anschaffung und Betrieb möglichst kostengünstig sein. Die Auswahl der richtigen Architektur sowohl mit Blick auf das Zusammenspiel verschiedener Komponenten als auch in Bezug auf die Abhängigkeiten zwischen operativen und analyseorientierten Systemen ist deshalb in vielen Unternehmen zu einem zentralen Thema geworden [ChGl04; ChGl10]. Der wachsende Marktdruck sowie steigende gesetzliche Vorgaben verschärfen die Situation zusätzlich.

**Prozessmanagement** Eine weitere Kernaufgabe des Risikomanagements ist die unternehmensinterne Kommunikation der identifizierten Risiken[11]. Die Risikokommunikation setzt eine umfassende Risikoidentifikation voraus. Hierfür sind Ursachen und Entstehungsort der Risiken zu analysieren [Wolf03, 56], wodurch Prozesse und deren Analyse ins Zentrum der Betrachtung rücken. Beispielsweise wird in der Literatur die Prozessanalyse zur Identifikation von Risiken vor dem Hintergrund von KonTraG und Sarbanes-Oxley Act beschrieben [Died12; Menz04; WoRu09]. Das für das Risikomanagement im SOX angeführte Referenzmodell des Committee of Sponsoring Organizations of the Treadway Commission (COSO) verweist auf Prozessanalysen zur Risikoidentifikation [COSO04, 26]. Die Norm ISO 31000 bietet ebenfalls ein Konzept zur Integration des Risikomanagements in die Geschäftsprozesse eines Unternehmens [RoBr10; Weis09]. Im Rahmen des § 64a VAG und Solvency II wird die Verbindung zwischen Aufbau- und Ablauforganisation mit der Risikoidentifikation bereits explizit angeführt. Gemäß den MaRisk (VA) sind im Unternehmen alle Risiken in allen betrieblichen Prozessen, Funktionsbereichen und Hierarchieebenen unter Berücksichtigung von internen und externen Faktoren, welche Einfluss auf die Risiken haben können, zu erfassen[12]. Solvency II fordert ein wirksames Risikomanagementsystem, das gut in die Organisationsstruktur und die Entscheidungsprozesse des Versicherungsunternehmens integriert sein soll. Zudem sollen alle Risiken abgedeckt werden, die in die Berechnung der Solvenzkapitalanforderung einzubeziehen

[11] Siehe § 64a Abs. 1 S. 4 Nr. 3 Lit. c VAG; Pkt. 7.3.3 Nr. 1 MaRisk; Art. 41 Abs. 1 S. 2 RRL; Art. 44 Abs. 1 S. 1 RRL.

[12] Siehe Pkt. 7.3.2.1 Nr. 1 MaRisk.

sind, sowie die Risiken, welche bei dieser Berechnung nicht vollständig erfasst werden[13]. Während SOX aufgrund der Testierungsverpflichtung auf Vollständigkeit und Korrektheit der Lageberichte von Unternehmen am U.S.-Markt fokussiert und das KonTraG seinen Schwerpunkt auf das Betriebsrisiko – insbesondere bestandsgefährdende Risiken – legt [RiWi08], gehen die MaRisk (VA) und zukünftig Solvency II deutlich weiter. Hier geht es um die Erstellung einer umfänglichen Grundlage für die Messung aller Risiken. Die eingegangenen oder potenziellen Risiken sollen systematisch und kontinuierlich sowohl auf Einzelbasis als auch auf aggregierter Basis inklusive ihrer Abhängigkeiten identifiziert, gemessen, überwacht, gesteuert und kommuniziert werden[14]. Durch diese ganzheitliche Sicht gestaltet sich die Integration des Risikomanagements in die vorhandenen Strukturen und Prozesse als eine anspruchsvolle Aufgabe des Prozessmanagements.

**„Real-world" Kaitalmarktmodelle** Im Rahmen der Integration des Risikomanagements in die Entscheidungsprozesse ist die Generierung von Kapitalmarktszenarien bei der Erzeugung von unternehmensspezifischen Rendite-Risiko-Profilen von Lebensversicherungsprodukten sowie bei der Einschätzung von Risiken vor Produkteinführungen am Markt von Bedeutung [GaKV12]. Kapitalmarktmodelle basieren auf stochastischen Prozessen zur Modellierung von Aktien- und Rentenszenarien. Dabei geht es weniger um die Vorhersage von Trends als vielmehr eine realistische Beschreibung der Fluktuationen von Wertpapieren, denn die relativen Kursschwankungen erlauben Aussagen über das ökonomische Risiko. Große Unsicherheiten in der Kursentwicklung bedeuten ökonomisch ein großes Risiko und einen hohen Kapitalbedarf zur Bedeckung des Risikos. Zeitabhängige Modelle sollen dieses Risiko angemessen quantifizieren. In der klassischen Finanztheorie bildet die Hypothese effizienter Märkte [Fama70; Samu65] die Grundlage für viele Modelle, denn gemäß der Theorie soll die Preisdynamik völlig zufällig sein. Aus diesem Grund gilt die Brownsche Bewegung als das Standardmodell für relative Preisschwankungen[15]. Andere akzeptierte Modelle sind das Heston-Modell [Hest93] und Modelle mit GARCH-Diffusion [Boll87; Hull97]. Inzwischen werden auch Ansätze mit neuronalen Netzen [ChLD03; LeHM05; Most10], genetischen Algorithmen [LePR02] und Fuzzy Logic [BoBo97; CeCT08; SoBC11] untersucht. Ein allgemein akzeptiertes, generelles Modell existiert derzeit jedoch nicht.

**Fehlerquellen: Modellierung, Numerik, Daten** Vergleicht man die Kapitalmarktdaten aus simulierten Szenarien mit realen Kapitalmarktdaten, sind Abweichungen erkennbar. Diese entstehen systematisch durch die Zufälligkeit des realen Kapitalmarktes, durch Vereinfachungen bei der mathematischen Beschreibung (Idealisierung), durch numerische Fehler (vor allem Näherungsfehler, Abschneidefehler, algorithmische Fehler sowie Dis-

[13] Vgl. Art. 44 Abs. 2 S. 1 RRL.
[14] Vgl. Art. 44 Abs. 1 RRL.
[15] Damit ist die Wurzel der Varianz gleich der geschätzten Standardabweichung der Renditen (Volatilität). Dieses Modell bildet auch die Basis für die Bewertung komplexer Finanzinstrumente nach der Theorie von Black, Scholes und Merton [BlSc73; Mert73].

kretisierungsfehler), durch fehlerhafte oder unzureichende Daten sowie in geringerem Umfang durch unerkannte Programmierfehler. Von entscheidender Bedeutung sind allerdings die empirischen Daten, weil die Modelle letztlich auf empirischen Fakten gründen sollten. Eine genauere Analyse der Börsenkurse zeigt, dass sie eher der Statistik eines abgeschnittenen Lévy-Fluges [BoCo98; WeDe94] als der Brownschen Bewegung folgen [MaSt00]. Damit beurteilt werden kann, inwieweit Modelle auf Fragestellungen des Risikomanagements angewendet werden können, müssen die mit den Modellen verbundenen Modellschwächen untersucht und quantifiziert werden. In der Literatur erfolgt dies mithilfe sog. „stilisierten Fakten" (Stylized Facts) [Kald57]. Von Bedeutung sind dabei die Autokorrelationen der Volatilitäten. Empirisch ist belegt, dass das Verhalten der Autokorrelation von Börsenkursen konsistent mit dem Clustern in der zeitlichen Entwicklung der Volatilität ist (siehe z. B. [GaKV12]), d. h. Perioden geringer Preisschwankungen werden durch starke Kursoszillationen unterbrochen. Dieses Verhalten sollte jedes vernünftige Modell für Finanzdaten wiedergeben, was bei der Brownschen Bewegung allerdings nicht der Fall ist [GaKV12; LoMa88; Otto03]. Letztlich sind Daten und Modell nicht trennbar – sie müssen zusammen betrachtet und kritisch geprüft werden.

## 1.3 Risikomanagement und IT-Systeme

**Versicherungs-IT und rechtliche Vorgaben** Versicherungsgeschäft basiert wie kaum ein anderes auf hochvernetzter und hochspezialisierter Informationsverarbeitung. Ohne ein tiefes Verständnis dafür sind Wirtschaftlichkeit, Chancen und Risiken der Unternehmensentwicklung und der damit verbundenen Veränderungen nicht beurteilbar. Die Anwendungslandschaft von Versicherungsunternehmen ist heterogen, im Detail wenig standardisiert und die Lebenszyklen einzelner Systeme sind vergleichsweise lang. Kernprozesse wie Kalkulation, Leistungserbringung oder Bestandsverwaltung sind in der Versicherungswirtschaft sehr spezifisch [ADKS10]. Des Weiteren sind die Anwendungssysteme zur Automatisierung der Kernprozesse stark durch gesetzliche bzw. aufsichtsrechtliche Vorgaben und Anforderungen[16] oder die Rechtsprechung[17] geprägt.

**Risikomanagement betrifft alle Systeme** Dementsprechend sind potenziell nahezu alle IT-Systeme eines Versicherungsunternehmens – Bestandsverwaltung, Finanzbuchhaltung, Schadenmanagement, Antrags- und Leistungsbearbeitung, aktuarielle Programme, Provisionssysteme, Internetauftritt, usw. – vom Risikomanagement betroffen [GDV12, 25]. Teilweise erzeugen diese Systeme Daten mit Relevanz für das Risikomanagement, teils stellen sie hierfür Daten bereit oder sie rücken bereits durch ihren Produktivbetrieb in den Fokus des Risikomanagements. So haben beispielsweise die IT-Systeme (Hardware- und Software-Komponenten) und die zugehörigen IT-Prozesse gemäß den MaRisk die

[16] Siehe z. B. die Vorgaben der Prämienkalkulation in der Lebensversicherung (§ 11 VAG) oder zur substitutiven Krankenversicherung (§ 12 Abs. 1-1c VAG).

[17] Etwa das sog. Unisex-Urteil des EuGH, Rs C-236/09; NJW 2011, 907.

Authentizität sowie die Vertraulichkeit der Daten sicherzustellen[18]. Zudem sind Test- und Produktionsumgebung voneinander zu trennen[19]. Besondere Anforderungen gelten für die IT-technische Implementierung angemessener aktuarieller Bewertungsverfahren und die zugrunde liegende statistische Datenbasis[20].

**Automation rechtlicher Anforderungen** Aufgrund der unterschiedlichen Anforderungen und der Vielzahl der zu berücksichtigenden Gesetzesnormen gestaltet sich die Validierung, dass die zu beachtenden Vorschriften auch eingehalten werden (Compliance), als aufwendig [Menz06]. In der Praxis werden hierfür Werkzeuge eingesetzt, die vorrangig manuelle Aufgaben unterstützen, wie rollenbasiertes Zugriffsmanagement, Dokumentenmanagementsysteme oder automatisiertes Reporting [Sack08]. So werden zentrale regulatorische Anforderungen, wie z. B. die Einhaltung des Prinzips der Funktionstrennung initial adressiert und als sog. hart-codierte Prüfungen in den Software-Anwendungen integriert [SaGN07]. Der erreichte und in der Praxis bewährte Automationsgrad von Geschäftsprozessen sowie der Reifegrad bestehender IT-Lösungen verleiten oft zur Annahme, dass die IT und die Verantwortlichen nach dem Setzen von konkreten Zielen, der Bereitstellung von Budget und dem Formulieren von Selbstverpflichtungen den „Rest" schon erledigen werden [Sack08]. Der effiziente Nachweis der Erfüllung und Einhaltung gesetzlicher Vorgaben in IT-Systemen erfordert aber einen methodischen Ansatz, der auf Basis von „Policies" (Leitlinien) die nicht-technische und die technische Sicht auf Compliance vereint und die praktische Umsetzung unterstützt [Böhm08; SaKä08].

**Stufenweise Umsetzung** Als erstes werden die gesetzlichen und regulatorischen Vorgaben identifiziert, analysiert und in Compliance-Anforderungen überführt. Dies erfordert sowohl rechtliche als auch domänenspezifische Fachkenntnisse. Unterstützung bieten Best-Practice-Frameworks und Standards wie z. B. COBIT [Gaul10; ISAC96], ITIL [BVGM07; itSMF12], ISO 38500 oder AS 8015 [JoGo11; vBVe06].

Im zweiten Schritt sind die Compliance-Anforderungen in eine formale Form zu überführen. Hierzu bieten sich innerbetriebliche Leitlinien an, mit welchen es möglich ist, anhand von formalen Regeln Aktionen, Zustände, Ergebnisse, Verantwortlichkeiten und Rollen usw. zu beschreiben[21] [KlDo08; SaKä08].

Schließlich ist im betrachteten IT-System die Einhaltung der in den Leitlinien definierten Regeln zu gewährleisten. Hierzu werden Monitore implementiert, die dafür sorgen, dass die implementierten Regeln zur Laufzeit durchgesetzt werden [Schn06].

[18] Siehe Pkt. 7.2.2.2 Nr. 3 MaRisk. Diese Forderung geht über die Anforderungen der §§ 3a, 4 BDSG hinaus, die auf den Schutz personenbezogener Daten fokussieren.

[19] Siehe Pkt. 7.2.2.2 Nr. 4 MaRisk.

[20] Siehe Pkt. 7.2.2 Nr. 2 MaRisk, Spiegelstrich „Reservierung".

[21] Die Bindegliedfunktion von Leitlinien bzw. Policies zwischen der nicht-technischen und der technischen oder operativen Sicht wurde auch von der Gesetzgebung aufgegriffen. So fordern die MaRisk, Solvency II und die VAG-Novelle Leitlinien (siehe z. B. Pkt. 7.2 Nr. 1 MaRisk; Art. 42 Abs. 1 S. 1 RRL; § 24 Abs. 3 VAG-E Fassung 2012).

## Literatur

[ADKS10] *Aschenbrenner, M.; Dicke, R.; Karnarski, B.; Schweiggert, F. (Hrsg.):* Informationsverarbeitung in Versicherungsunternehmen. Springer, Heidelberg 2010.

[BaFi09] *Bundesanstalt für Finanzdienstleistungsaufsicht:* Aufsichtsrechtliche Mindestanforderungen an das Risikomanagement (MaRisk VA). Rundschreiben 3/2009.

[BeRi05] *Becker, J.; Rieke, T.:* Adaptive Risikoreferenzmodellierung. In: *Keuper, F.; Roesing, D.; Schomann, M. (Hrsg.):* Integriertes Risiko- und Ertragsmanagement. Gabler, Wiesbaden 2005.

[BlSc73] *Black, F.; Scholes, M.:* The Pricing of Options and Corporate Liabilities. Journal of Political Economics **72** (1973) 637.

[BoBo97] *Bojadziev, G.; Bojadziev, M.:* Fuzzy logic for business, finance and management. World Scientific, Singapore 1997.

[BoCo98] *Bouchaud, J.-P.; Cont, R.:* A Langevin Approach to Stock Market Fluctuations and Crashes. European Physical Journal B **6** (1998) 543.

[Böhm08] *Böhm, M.:* IT-Compliance als Triebkraft von Leistungssteigerung und Wertbeitrag der IT. HMD – Praxis der Wirtschaftsinformatik **45**:263 (2008) 15.

[Boll87] *Bollerslev, T.:* Generalized Autoregressive Conditional Heteroskedasticity. Journal of Economics 31 (1986) 307.

[BrKM10] *Braunwarth, K. S.; Kaiser, M.; Müller, A.-L.:* Ökonomische Bewertung und Optimierung des Automationsgrades von Versicherungsprozessen. WIRTSCHAFTSINFORMATIK **52** (2010) 33.

[BVGM07] *Buchsein, R.; Victor, F.; Günther, H.; Machmeier, V.:* IT-Management mit ITIL® V3. Strategien, Kennzahlen, Umsetzung. Vieweg+Teubner, Wiesbaden 2007.

[CeCT08] *Chen, T.; Cheng, C.; Teoh, H.:* High-order fuzzy time-series based on multi-period adptati on model for forecasting stock markets. Physica A **387** (2008) 876.

[ChGl04] *Chamoni, P.; Gluchowski, P.:* Integrationstrends bei Business-Intelligence-Systemen – Empirische Untersuchung auf Basis des Business Intelligence Maturity Model. WIRTSCHAFTSINFORMATIK **46** (2004) 119.

[ChGl10] *Chamoni, P.; Gluchowski, P. (Hrsg.):* Analytische Informationssysteme – Business Intelligence-Technologien und -Anwendungen. Springer, Heidelberg 2010.

[ChLD03] *Chen, A.; Leung, M. T.; Daouk, H.:* Application of neural networks to an emerging financial market: forecasting and trading the Taiwan stock index. Computers & Operational Research **30** (2003) 901.

[CoCS93] *Codd, E. F.; Codd, S. B.; Salley, C. T.:* Providing OLAP (online Analytical Processing) to User-analysts: An IT Mandate. Codd and Date **32** (1993) 3.

[COSO04] *Committee of Sponsoring Organizations of the Treadway Commission:* COSO Enterprise Risk Management – Integrated Framework, Application Techniques. AICPA, New Jersey 2004.

[CuGh98] *Cugola, D. R.; Ghezzi, C.:* Software Processes – a Retrospective and a Path to the Future. Software Process Improvement and Practice, **4** (1998) 101.

[Deut08] *Deutsch, H.-P.:* Derivate und interne Modelle. Schäffer-Poeschel, Stuttgart 2008.

[Died12] *Diederichs, M.:* Risikomanagement und Risikocontrolling: Gestaltungsempfehlungen für die unternehmerische Praxis. Vahlen, München 2012.

[Drew96] *Drew, S. A. W.:* Accelerating change: financial industry experiences with BPR. International Journal of Banking Marketing **14**:6 (1996) 23.

[Eber11] *Ebert, G.:* Praxis der Unternehmenssteuerung. Oldenburg, München 2011.

[EIOP11c] *EIOPA:* Consultation Paper On the proposal on Quantitative Reporting Templates. 8 November 2011, EIOPA-CP-11/009b.

[EIOP12c] *EIOPA:* EIOPA Final Report on Public Consultations No. 11/009 and 11/011 On the Proposal for the Reporting and Disclosure Requirements. 9 July 2012, EIOPA-260-2012.

[EIOP13b] *EIOPA:* Leitlinien für die Informationsübermittlung an die zuständigen nationalen Behörden. 31. Oktober 2013, EIOPA-CP-13/010 DE.

[Eise11] *Eisenschmidt, K.:* Die Risikoberichterstattung deutscher Konzerne: Eine empirische Analyse der Unternehmen des HDAX und SDAX. KoR o. J. (2011) 203.

[FaBu05] *Faisst, U.; Buhl, H. U.:* Integrated Enterprise Balancing mit integrierten Ertrags- und Risikodatenbanken. WIRTSCHAFTSINFORMATIK **47** (2005) 403.

[Fama70] *Fama, E. F.:* Efficient Capital Markets: A Review of Theory and Empirical Work. Journal of Finance **25** (1970) 383.

[Free10] *Freeman, R. E.:* Strategic Management: A Stakeholder Approach. Cambridge University Press, New York 2010.

[GaKV12] *Gatzert, N.; Köck, C.; Voß, J.:* Herausforderungen bei der Erzeugung von Szenarien für den Kapitalmarkt. Versicherungswirtschaft **67** (2012) 388.

[Gaul10] *Gaulke, M.:* COBIT Val IT – Risk IT. dpunkt Verlag, Heidelberg, 2010.

[GDV12] *Ausschuss Betriebswirtschaft und Informationstechnologie, Gesamtverband der Deutschen Versicherungswirtschaft e. V. (Hrsg.):* FAQ Solvency II – Betriebstechnische Hinweise. Band 40 der Schriftenreihe Betriebswirtschaft und Informationstechnologie des GDV, Berlin 2012.

[HaCh93] *Hammer, M.; Champy, I.:* Reengineering the Corporation: A Manifesto for Business Revolution. Harper Collins, New York 1993.

[HaSt83] *Hansen, U.; Strauss, B.:* Marketing als marktorientierte Unternehmenspolitik oder als deren integrativer Bestandteil?. Marketing – Zeitschrift für Forschung und Praxis **5** (1983) 2, S. 77.

[Hest93] *Heston, S. L.:* A Closed-Form Solution for Options with Stochastic Volatility with Applications to Bond and Currency Options. The Review of Financial Studies **6** (1993) 327.

[Horv11] *Horváth, P.:* Controlling. 12. Aufl., Vahlen, München 2011.

[Hull97] *Hull, J. C.:* Options, Futures, and other Derivations. Prentice Hall International, London 1997.

[Imbo83] *Imboden, C.:* Risikohandhabung. Ein entscheidungsbezogenes Verfahren. Haupt, Bern 1983.

[Immo92] *Inmon, H. W.:* Building the Data Warehouse. John Wiley & Sons, New York 1992.

[ISAC96] *ISACF Information Systems Audit and Control Foundarion (Hrsg.):* COBIT: Control Objectives for Information and Related Technologiy. Illinois, 1996 (www.isaca.org).

[itSMF12] *IT Service Management Forum (itFSM UK):* ITIL® Foundation Handbook. The Stationery Office, Norwich 2012.

[JoGo11] *Johannsen, W.; Goeken, M.:* Referenzmodelle für IT-Governance: Methodische Unterstützung der Unternehmens-IT mit COBIT, ITIL & Co. dpunkt Verlag, Heidelberg 2011.

[KaGa81] *Kaplan, S.; Garrick, B. J.:* On the quantitative definition of risk. Risk Analysis **1** (1981) 11.

[Kald57] *Kaldor, N.:* A model of economic growth. The Economic Journal **67** (1957) 591.

[KeBM10] *Kemper, H.-G.; Baars, H.; Mehanna, W.:* Business Intelligence – Grundlagen und praktische Anwendungen. Vieweg+Teubner, Wiesbaden 2010.

[KlDo08] *Klotz, M.; Dorn, D.-W.:* IT-Compliance – Begriff, Umfang und relevante Regelwerke. HMD – Praxis der Wirtschaftsinformatik **45**:263 (2008) 5.

[Kups73] *Kupsch, P.:* Das Risiko im Entscheidungsprozess. Gabler, Wiesbaden 1973.

[LeHM05] *Leigh, W.; Hightower, R.; Modani, N.:* Forecasting the New York stock exchange composite index with past price and interest rate on condition of volume spike. Expert Systems with Applications **28** (2005) 1.

[LePR02] *Leigh, W.; Purvis, R.; Ragusa, J. M.:* Forecasting the NYSE composite index with technical analysis, pattern regognizer, neural network, and genetic algorithm: a case study in romantic decision support. Decision Support Systems **32** (2002) 361.

[Levi04] *Levine, R.:* RiskManagement Systems: Understanding the Need. Information Systems Management **21**:2 (2004) 31.

[Levi60] *Levitt, T.:* Marketing Mytopia. Harvard Business Review **38** (1960) July/August, S. 45.

[Levi83] *Levitt, T.:* The Globalization of Markets. Harvard Business Review **61** (1983) May/June, S. 92.

[Liss07] *Lissautzki, M.:* Kundenwertorientierte Unternehmenssteuerung. Deutscher Universitäts-Verlag, Wiesbaden 2007.

[LoMa88] *Lo, A. W.; MacKinlay, C.:* Stock market prices do not follow random walks: evidence from a simples specification test. Review of Financial Studies **1** (1988) 41.

[MaSh87] *March, J. G.; Shapira, Z.:* Managerial perspectives on risk and risk taking. Management science **33** (1987) 1404.

[MaSt00] *Mantega, R. N.; Stanley, H. E.:* An Introduction to Econophysics – Correlations and Complexity in Finance. Cambridge Universitx Press, Cambridge MA 2000.

[MeBK11] *Meffert, H.; Burmann, C.; Kirchgeorg M.:* Marketing – Grundlagen marktorientierter Unternehmensführung. Gabler, Wiesbaden 2011.

[Menz04] *Menzies, C. (Hrsg.):* Sarbanes-Oxley-Act. Professionelles Management interner Kontrollen. Schäffer-Poeschel, Stuttgart 2004.

[Menz06] *Menzies, C. (Hrsg.):* Sarbanes-Oxley und Corporate Compliance. Nachhaltigkeit, Optimierung, Integration. Schäffer-Poeschel, Stuttgart 2006.

[Mert12] *Mertens, P.:* Integrierte Informationsverarbeitung 1 – Operative Systeme in der Industrie. Springer-Gabler, Wiesbaden 2012.

[Mert73] *Merton, R.:* Theory of Option Pricing. The Bell Journal of Economics and Management Science 4 (1973) 141.

[Most10] *Mostafa, M. M.:* Forecasting stock exchange movements using neural networks: empirical evidence from Kuwait. Expert Systems with Applications **37** (2010) 6302.

[MSKS06] *Maglio, P.; Srinivasan S.; Kreulen, J.; Spohrer, J.:* Service Systems, Service Scientists, SSME, and Innovation. Communications of the ACM **49**:7 (2006) 81.

[Otto03] *Otto, M.:* Mut zum Risiko: Physik auf dem Börsenparkett. Physik Journal **2**:5 (2003) 43.

[Raff84] *Raffée, H.:* Marktorientierung der BWL zwischen Anspruch und Wirklichkeit. Die Unternehmung **38** (1984) 1, S. 3.

[Reic06] *Reichmann, T.:* Controlling mit Kennzahlen und Managementberichten. Vahlen, München 2006.

[RiWi08] *Rieke, T.; Winkelmann, A.:* Modellierung und Management von Risiken – Ein prozessorientierter Risikomanagment-Ansatz zur Identifikation und Behandlung von Risiken in Geschäftsprozessen. WIRTSCHAFTSINFORMATIK **50** (2008) 346.

[RoBr10] *Romeike, F; Brühwiler, B.:* Praxisleitfaden Risikomanagement – ISO 31000 und ONR 49000 sicher andenden. Erich Schmidt, Berlin 2010.

[RoMü08] *Romeike, F.; Müller-Reichart, M.:* Risikomanagement in Versicherungsunternehmen: Grundlagen, Methoden, Checklisten und Implementierung. Wiley-VCH, Weinheim 2008.

[SaBr99] *Saitz, B.; Braun, F. (Hrsg.):* Das Kontroll- und Transparenzgesetz: Herausforderungen und Chancen für das Risikomanagement. Gabler, Wiesbaden 1999.

[Sack08] *Sackmann, S.:* Automatisierung von Compliance. HMD – Praxis der Wirtschaftsinformatik **45**:263 (2008) 39.

[SaGN07] *Sadiq, S. W.; Governatori, G.; Namiri, K.:* Modeling Control Objectives for Business Process Compliance. In: *Alonso, G.; Dadam, P.; Rosemann, M. (Hrsg.):* Business Process Management. Proceedings of the 5th International Conference, BPM 2007, Brisbane, Australia, September 24–28, 2007. Springer, Berlin 2007, S. 149.

[SaKä08] *Sackmann, S.; Kähmer, M.:* ExPDT: A Policy-based Approach for Automating Compliance. WIRTSCHAFTSINFORMATIK **50** (2008) 366.

[Samu65] *Samuelson, P. A.:* Rational Theory of Warrant Pricing. Industrial Management Review **6** (1965) 13.

[Saus08] *Sauss, D.:* Wertorientierte Konzepte zur Unternehmenssteuerung. VDM Verlag, Saarbrücken 2008.

[Schm11] *Schmid, E.:* Risikomanagement ist eine Frage der Kultur. Zeitschrift für Versicherungswesen o. J.:21 (2011) 734.

[Schn06] *Schneider, F. B.:* Computability Classes for Enforcement Mechanisms. ACM Transactions on Programming Languages and Systems (TOPLAS) **28** (2006) 175.

[Schn83] *Schneider, D.:* Marketing als Wirtschaftswissenschaft oder Geburt einer Marketingwissenschaft aus dem Geiste des Unternehmerversagens?. Zeitschrift für betriebswirtschaftliche Forschung **35**:3 (1983) 197.

[Schu01] *Schulze, D.:* Die Berichterstattung über Risiken der künftigen Entwicklung im Lagebericht nach dem KonTraG. Shaker, Aachen 2001.

[SoBC11] *Souto-Maior, C. D.; Borba, J. A.; da Costa Jr., N. C. A.:* S&P 500 Index Direction Forecasting from 1976 to 2010: A Fuzzy System Approach. International Journal of Digital Accounting Research **11** (2011) 111.

[Surm11] *Surminski, M.:* Schrumpfjahr mit Perspektiven. Zeitschrift für Versicherungswesen o. J.:23 (2011) 799.

[vBVe06] *van Bon, J.; Verheijen, T. (Hrsg.):* Frameworks for IT Management. Van Haren Publishing, Zaltbommel 2006.

[WaBK07] *Walter, S. M.; Böhmann, T.; Krcmarr, H.:* Industrialisierung der IT – Grundlagen, Merkmale und Ausprägungen eines Trends. HMD – Praxis der Wirtschaftsinformatik **44**:256 (2007) 16.

[WBHH04] *Weber, J.; Bramsemann, U.; Heineke, C.; Hirsch, B.:* Wertorientierte Unternehmenssteuerung. Gabler, Wiesbaden 2004.

[WeDe94] *West, B. J.; Deering, W.:* Fractal Physiology for Physicists: Lévy Statistics. Physics Reports **246** (1994) 1.

[Weis09] *Weis, U.:* Risikomanagement nach ISO 31000. WEKA MEDIA, Kissing 2009.

[WeSK11] *Weißenberger, B. E.; Sieber, T.; Kraft, J.-C.:* Strategieberichterstattung deutscher Aktiengesellschaften im Lagebericht nach HGB: Eine Bestandsaufnahme. KoR o. J. (2011) 254.

[WöDö13] *Wöhe, G.; Döring, U.:* Einführung in die Allgemeine Betriebswirtschaftslehre, 25. Auflage, Vahlen, München 2013.

[Wolf03] *Wolf, K.:* Risikomanagement im Kontext der wertorientierten Unternehmensführung. Deutscher Universitäts-Verlag, Wiesbaden 2003.

[Woll05] *Wolf, M.:* Wider eine Misstrauenspflicht im Kollegialorgan „Vorstand". VersR **56** (2005) 1042.

[WoRu09] *Wolf, K.; Runzheimer, B.:* Risikomanagement und KonTraG. Gabler, Wiesbaden 2009.

# Merkmale und Klassifikation von Software 2

Man muss sich sehr konzentrieren, wenn man gute Software machen will (William „Bill" Henry Gates, U.S.-amerikanischer Unternehmer und Softwareentwickler, *1955).

**Software und Risikomanagement** Nach der Definition des IEEE-Standards 610 besteht Software aus Computer-Programmen, Prozeduren und Daten sowie der zugehörigen Dokumentation, die zum Betrieb eines Computer-Systems nötig sind. Die Entwicklung von Software für den Einsatz in Industrie und Wirtschaft ist ein kreativer und anspruchsvolle Prozess. Der Einsatz von Software liefert einen Beitrag zur Wertschöpfung bzw. hilft Wettbewerbsvorteile zu generieren. Insofern ist Software ein wissensintensives Wirtschaftsgut der Informationsgesellschaft [FrBE02]. Im Rahmen des Risikomanagements haben Unternehmen die Kontinuität und Ordnungsmäßigkeit der wichtigsten Unternehmensprozesse und -systeme zu gewährleisten, was Software- und Hardware-Komponenten einbezieht[1]. Ein besonderer Fokus liegt dabei auf der Sicherheit und dem Schutz der Daten[2]. Ein grundlegendes Verständnis hinsichtlich der im Folgenden umrissenen Themenfelder Klassifikation, betrieblicher Einsatz, Entwicklung, Test und Qualität von Software erleichtert die angemessene Umsetzung diverser Anforderungen des Risikomanagements. Dies betrifft beispielsweise Compliance-Anforderungen im Rahmen des internen Kontrollsystems, das Risikomanagement operationeller Risiken, die Aufgaben der internen Revision sowie die Konzeption, Umsetzung und den Test interner Modelle[3].

[1] Vgl. Art. 41 Abs. 4 RRL, Pkt. 9 Nr. 1 MaRisk sowie Pkt. 7.2.2.2 Nr. 3 MaRisk.
[2] Siehe Pkt. 7.2.2.2 Nr. 3 MaRisk.
[3] Vgl. Art. 45 Abs. 1 RRL, Art. 44 Abs. 2 Lit. e RRL, 44 Abs. 5 Lit. a, b RRL und Art. 47 Abs. 1 RRL.



B. Wolle, *Risikomanagementsysteme in Versicherungsunternehmen*, IT im Unternehmen, DOI 10.1007/978-3-8348-2309-0_2

## 2.1 Klassifikation von Software

**Möglichkeiten der Klassifikation** Die Klassifikation von Software kann anhand verschiedener Kriterien erfolgen. Üblich sind Einteilungen nach

- Programmiersprache (prozedural, objektorientiert, skriptorientiert usw.),
- Nutzungsform (Batch, Dialogbetrieb, Transaktionsverarbeitung, Service, Web-Anwendung usw.),
- Integrationsfähigkeit (Architektur, Schnittstellen, APIs usw.),
- Typ (z. B. Individual- oder Standard-Software) oder
- Umfang und Art der Nutzungsrechte (Lizenzmodelle, Offenlegungsgrad, usw.).

**Klassifikation nach Nutzungsrechten** Von besonderer Bedeutung – unternehmenspolitisch sowie aus Sicht von Risikomanagement und IT-Compliance – ist die Klassifikation von Software anhand der Entwicklungs- und Vermarktungsstrategien der Software-Hersteller in proprietäre Software, Open Source Software, Public Domain Software und Freeware.

Kommerziell eingesetzte Software wird meist herstellerspezifisch (proprietär) entwickelt. Dabei werden häufig internationale Standards und Normen zur Software-Entwicklung nicht oder wenig beachtet, Schnittstellen und die Funktionsweise der Programme nicht offengelegt sowie die Möglichkeiten zur Integration anderer Produkte stark eingeschränkt[4] [Woll05].

Open Source Software wird in der Regel von verschiedenen Programmierern entwickelt. Die neu entwickelten Module werden in das bestehende System integriert. Der Quellcode wird zur weiteren Bearbeitung offengelegt [BeRS04].

Charakteristisch für Public Domain Software ist der erklärte Verzicht auf jegliche Urheberrechte, verbunden mit einem uneingeschränkten Nutzungsrecht durch den Nutzer. Das Verwertungsrecht ist im Extremfall lediglich durch das nicht veräußerbare Urheberpersönlichkeitsrecht des Herstellers beschränkt [HeKe04].

Freeware-Software wird ohne Offenlegung des Quellcodes kostenlos mit eingeschränktem Nutzungsrecht überlassen [Esch94].

[4] Die Offenlegung von Informationen ist für den Einsatz proprietärer Systeme im quantitativen Risikomanagement unter Solvency II relevant. Nach Auffassung der Europäischen Aufsichtsbehörde für das Versicherungswesen und die betriebliche Altersversorgung (EIOPA) können die Aufsichtsbehörden von den Versicherungsunternehmen, die externe Modelle und Daten bei der Berechnung der Solvency-II-Anforderungen nutzen, ergänzende Informationen im Zusammenhang mit der Beurteilung der Kapitalanforderungen verlangen. Können die Unternehmen nicht alle Informationen liefern, sollte die Aufsichtsbehörde die Genehmigung des internen Modells ablehnen. Auch vertraglich vereinbarte Vertraulichkeitserklärungen zwischen den Herstellern und den Versicherungsunternehmen rechtfertigen es nicht, bestimmte Informationen vorzuenthalten [EIOP12a].

## 2.2 Betrieblicher Einsatz von Software

**Betriebliche Anwendungssysteme** Als betriebliche Anwendungssysteme werden

- alle zur Unterstützung der Geschäftsprozesse eines betrieblichen Anwendungsgebiets eingesetzten Programme inklusive der zugehörigen Daten und Dokumentation sowie
- zusätzlich die für die Nutzung dieser sog. Anwendungs-Software erforderliche Hardware und System-Software inklusive der benötigten Kommunikationseinrichtungen bezeichnet.

Je nach Verwendungszweck lassen sich Anwendungssysteme in Administrations- und Dispositionssysteme, Führungssysteme und Querschnittssysteme einteilen [StHa04] (siehe Abb. 2.1).

**Administrations- und Dispositionssysteme** Bei den Administrations- und Dispositionssystemen können Branchenanwendungen, branchenneutrale sowie zwischenbetriebliche Anwendungen wie z. B. Electronic Data Interchange (EDI) unterschieden werden. Von Administrationssystemen wird die klassische Abrechnung von Massendaten in Unternehmensbereichen wie Finanz-, Rechnungswesen oder Personalwesen (z. B. bei Monats- oder Jahresabschluss) übernommen. Sie werden außerdem für die Verwaltung von Konten oder Verträgen und Versicherungspolicen eingesetzt. Dispositionssysteme werden eingesetzt, um die Vorbereitung von kurzfristigen, dispositiven Entscheidungen auf vorwiegend unteren und mittleren Führungsebenen zu unterstützen. Typische Anwendungen beinhalten das Mahnwesen oder die Außendienststeuerung.

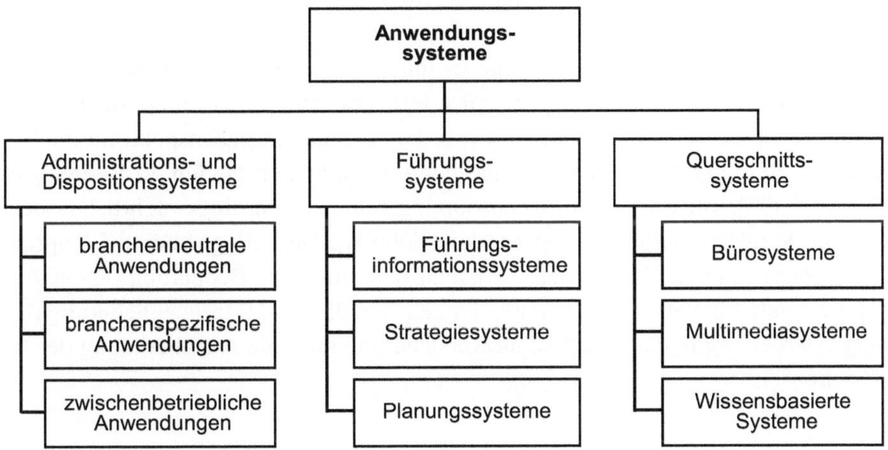


**Abb. 2.1** Einteilung betrieblicher Anwendungssysteme

**Führungssysteme** Führungssysteme dienen der Entscheidungsvorbereitung für die oberen Führungsebenen eines Unternehmens. Führungsinformationen können z. B. durch Management-Informationssysteme (MIS), Decision-Support-Systeme (DSS) oder Business-Intelligence-Systeme (BI) bereitgestellt werden [KeMU06; Luhn58]. Verwendet werden sowohl unternehmensinterne Daten aus Administrations- und Dispositionssystemen als auch externe Daten, beispielsweise aus Wirtschaftsdatenbanken, Statistiken oder Marktforschungsunternehmen [Nega04]. Die Informationen werden in einem Data-Warehouse bereitgestellt [Goek04]. Innerhalb der Führungsprozesse sind die Entwicklung und Analyse geeigneter Strategien sowie die Planung der zur Erreichung von Unternehmenszielen erforderlichen Aktivitäten von Bedeutung. Dies wird von Strategie- und Planungssystemen unterstützt.

**Querschnittssysteme** Systeme, die sich an allen betrieblichen Arbeitsplätzen unabhängig von der Einordnung in die Unternehmenshierarchie einsetzen lassen und in der Regel über Schnittstellen von anderen Systemen genutzt werden können, werden als Querschnittssysteme bezeichnet. Hierzu zählen:

- Bürosysteme
  Dies sind Systeme zur Büroautomation (Workflow-Systeme) und Kommunikation, aber auch Dokumentenmanagementsysteme, Textverarbeitungs- und Tabellenkalkulationssysteme zur Unterstützung typischer Bürotätigkeiten.
- Multimedia-Systeme
  Diese Systeme kombinieren und integrieren statische (z. B. Text, Bild) und dynamische (z. B. Video, Audio) Medientypen.
- Wissensbasierte Systeme
  Bei wissensbasierten Systemen sind vor allem Expertensysteme von Bedeutung, die zur Analyse, Diagnose und Unterstützung von Auswahlentscheidungen eingesetzt werden.

**Outsourcing** Für ein Unternehmen kann es durchaus sinnvoll sein, bestimmte Aufgaben der Informationsverarbeitung ganz oder teilweise an Fremdfirmen zu übertragen, sofern dies rechtlich zulässig ist. Das in Frage kommende Aufgabenspektrum reicht von Wartung und Betrieb der Infrastruktur und der Anwendungen bis hin zu Beratungsleistungen [KnHH03]. Im Rahmen des Outsourcing müssen allerdings rechtliche oder regulatorische Vorgaben berücksichtigt werden [Söbb06]. Deshalb gewinnen Compliance-Nachweise beim Outsourcing von IT-Aufgaben zunehmend an Bedeutung [Knol07; MoAm08]. Beispiele für Versicherungsunternehmen sind die Funktionsausgliederung für die Leistungsbearbeitung in der Rechtsschutzversicherung oder die Ausgliederung der Revisionsfunktion[5].

[5] Die erfolgreiche Umsetzung von Outsourcing-Vorhaben hängt in der Praxis entscheidend von der Identifikation kritischer Erfolgsfaktoren und einem angemessenen Projektmanagement ab [HoBR06].

## 2.3 Software-Qualität

**Qualitätsbegriff und praktische Anwendung** Bei der praktischen Anwendung besteht ein grundlegendes Problem darin, die Qualitätskriterien eines Produkts oder einer Dienstleistung zu definieren. Qualität unterliegt einem ständigen Wandel und wird je nach Betrachtungsweise, Branche oder Zielrichtung unterschiedlich beurteilt [Esch94]. Tatsächlich definieren auch die Vordenker des Qualitätsmanagements, Feigenbaum, Crosby, Deming, Juran und Ishikawa den Qualitätsbegriff sehr unterschiedlich [MiGu94]. Einschlägige Normen greifen dies auf und definieren Qualität sehr allgemein als die Eigenschaft eines Produkts oder einer Dienstleistung bezüglich ihrer Gebrauchstauglichkeit erwartete und festgelegte Eigenschaften zu erfüllen. Diese Normen sind prinzipienorientiert gestaltet und können deshalb nicht klarstellen, wie mit den definierten Forderungen und Merkmalen in der Praxis genau umzugehen ist[6] [Petr99].

**ISO 9126** Der Qualitätsbegriff ist mehrdimensional und erhält mehrere Kriterien, welche oft genug widersprüchlich sein können und damit nicht gleichzeitig erfüllbar sind. Dieser Umstand wird beispielsweise in der Norm DIN EN ISO 9126 für Software berücksichtigt. Dadurch ist diese Norm keine Anwendungsnorm in dem Sinne, dass die in ihr definierten Qualitätseigenschaften[7] erfüllt sein müssen. Stattdessen gilt die Qualität von Software als gut, wenn die beschriebenen Eigenschaften mindestens insoweit vorhanden sind, dass sie den Anwendungsanforderungen entsprechen. Die Beurteilung einzelner Eigenschaften muss dabei nicht unbedingt auf quantitativen Methoden beruhen. Sie kann auch anhand von rein qualitativen Beschreibungen erfolgen. Allerdings können rein auf die Produktqualität ausgerichtete Qualitätsziele nicht präzise genug für den Gebrauch in einem Unternehmen festgelegt werden. Einen Ausweg bietet hierzu die prozessorientierte Qualitätssicht (vgl. z. B. [BaHS00; GüRR96; KuMa99]).

**Qualitätsprozesse und Qualitätskriterien** Eine prozessorientierte Qualitätssicht fordert, dass alle Anforderungen, welche an die betrachteten Prozesse eines Unternehmens gestellt werden, erfüllt sein müssen. Diesem Gedanken liegt die Annahme zugrunde, dass ein Endprodukt die gestellten Kriterien auf jeden Fall erfüllen muss, wenn alle an seiner Entstehung beteiligten Prozesse korrekt ausgeführt wurden. Für die Praxis der Software-Entwicklung ist dieser pauschale Ansatz wenig verwertbar [HeGD00; WoMü03]. Ungeachtet dessen findet er große Akzeptanz, da sich hieraus unmittelbar Modelle wie die DIN ISO 9000 zur Definition und Beschreibung von Prozessen ableiten lassen, die den Aufbau formaler Qualitätsmanagementsysteme unterstützen [BöTB01; Kehr12; MeSt99; Witt01].

[6] Die praktische Umsetzung wird zudem durch sprachliche Inkonsistenzen erschwert [vBel02].

[7] Funktionalität, Zuverlässigkeit, Benutzbarkeit, Effizienz, Wartbarkeit (Änderbarkeit), Portabilität (Übertragbarkeit).

**Parallelität zum Risikomanagement** Als Fazit bleibt festzuhalten, dass die etablierten, prinzipienorientierten Modelle nur sehr rudimentäre Antworten auf die Fragen liefern, wie eine prozessorientierte Qualitätssicht unternehmensindividuell unter Berücksichtigung vorgegebener Kriterien sowie unter Risikomanagement-Gesichtspunkten abgeleitet und umgesetzt werden kann. Ein ähnlich gelagertes Problem besteht bei der prozessorientierten Risikosicht. Auch wenn die beschriebenen Kriterien mindestens nachweislich insofern vorhanden und eingehalten werden, dass den gesetzlichen und den unternehmensspezifischen Anforderungen entsprochen wird, ist damit nicht automatisch ein prozessorientiertes Risikomanagement umgesetzt.

## Literatur

[BaHS00] *Barthe, A.; Hindel, B.; Schmied, J.:* Stein auf Stein – Definition des Software-Entwicklungsprozesses nach einem Baukastensystem. QZ **45** (2000) 441.

[BeRS04] *Becker-Pechau, P.; Rook, S.; Sauer, J.:* Open Source für die Softwareentwicklung. HMD – Praxis der Wirtschaftsinformatik **41**:238 (2004) 58.

[BöTB01] *Böcker, C.; Tyrtania, A.; Brunnhuber, M.:* Einführung eines weltweiten QM-Systems. QZ **46** (2001) 1278.

[EIOP12a] *EIOPA:* Opinion of the European Insurance and Occupational Pensions Authority of 2 May 2012 on External Models and Data. EIOPA-12/136.

[Esch94] *Escher, N.:* Management von Qualität. HMD – Praxis der Wirtschaftsinformatik **33**:178 (1994) 112.

[FrBE02] *Friedewald, M.; Blind, K.; Edler, J.:* Die Innovationstätigkeit der deutschen Softwareindustrie. WIRTSCHAFTSINFORMATIK **44** (2002) 151.

[Goek04] *Goeken, M.:* Referenzmodellbasierte Einführung von Führungsinformationssystemen – Grundlagen, Anforderungen, Methode. WIRTSCHAFTSINFORMATIK **46** (2004) 5.

[GüRR96] *Günther, H.; Rombach, H. D.; Ruhe, G.:* Kontinuierliche Qualitätsverbesserung in der Software-Entwicklung. WIRTSCHAFTSINFORMATIK **38** (1996) 160.

[HeGD00] *Hering, E.; Gutekunst, J. Dyllong, U.:* Handbuch der praktischen und technischen Informatik, 2. Aufl., Springer, Heidelberg 2000, S. 312.

[HeKe04] *Heinze, D.; Keller, A.:* Der Preis der Freiheit – was Softwareentwickler über Open-Source-Lizenzen wissen sollten. HMD – Praxis der Wirtschaftsinformatik **41**:238 (2004) 41.

[HoBR06] *Hodel, M.; Berger, A.; Risi, P.:* Outsourcing realisieren. Vieweg, Wiesbaden 2006.

[Kehr12] *Kehrt, C.:* Prozesse müssen rund laufen – Integriertes Managementsystem als Basis für alle Prozesse. QZ **57** (2012) 31.

[KeMU06] *Kemper, H.-G.; Mehanna, W.; Unger, C.:* Business Intelligence – Grundlagen und praktische Anwendungen. Vieweg, Wiesbaden 2006.

[KnHH03] *Knolmayer, G.; Heinzl, A.; Hirschheim, R.:* Outsourcing der Informationsverarbeitung – Aktuelle Entwicklungen, neue Ergebnisse. WIRTSCHAFTSINFORMATIK **45** (2003) 105.

[Knol07] *Knolmayer, G.:* Compliance-Nachweise bei Outsourcing von IT-Aufgaben. WIRTSCHAFTSINFORMATIK **49** (2007) 98.

[KuMa99] *Kuhlang, P.; Matyas, K.:* Software-Entwicklung entlang der Prozesskette. QZ **44** (1999) 286.

[Luhn58] *Luhn, H. P.:* A Business Intelligence System. IBM Journal **2** (1958) 314.

[MeSt99] *Mellis, W.; Stelzer, D.:* Das Rätsel des prozessorientierten Softwarequalitätsmanagements. WIRTSCHAFTSINFORMATIK **41** (1999) 31.

[MiGu94] *Miville, F. P.; von Gustke, R.:* Was ist Qualität, und wie sollte man Qualität verstehen, um erfolgreiches Qualitätsmanagement zu betreiben. HMD – Praxis der Wirtschaftsinformatik **33**:175 (1994) 9.

[MoAm08] *Mossanen, K.; Amberg, M.:* IT-Outsourcing & Compliance. HMD – Praxis der Wirtschaftsinformatik **45**:263 (2008) 58.

[Nega04] *Negash, S.:* Business Intelligence. Communications of the AIS **13** (2004) 177.

[Petr99] *Petrasch, R.:* Über den Software-Qualitätsbegriff. Softwaretechnik-Trends 19:3, November 1999, S. 39.

[Söbb06] *Söbbing, T.:* Handbuch IT Outsourcing. C. F. Müller, Heidelberg 2006.

[StHa04] *Stahlknecht, P.; Hasenkamp, U.:* Einführung in die Wirtschaftsinformatik. Springer, Heidelberg 2004, Kap. 7.

[vBel02] *von Below, F.:* Qualität – was ist das?. QZ **47** (2002) 492.

[Witt01] *Wittstock, O.:* Von Elementen zu Prozessen. QZ **46** (2001) 908.

[Woll05] *Wolle, B.:* Grundlagen des Software-Marketing. Vieweg, Wiesbaden 2005.

[WoMü03] *Wolle, B.; Müller, V.:* Prozessorientiertes IT-Qualitätsmanagement. HMD – Praxis der Wirtschaftsinformatik **40**:232 (2003) 66.

# 3 Entwicklung von Risikomanagementsystemen

Ausdauer und Entschlossenheit sind zwei Eigenschaften, die bei jedem Unternehmen den Erfolg sichern (Leo (Lew) Nikolajewitsch Graf Tolstoi, russischer Erzähler und Romanautor, 1828–1910).

**Betroffene Ebenen und Bereiche** Die Entwicklung und die Einführung von Risikomanagementsystemen gestalten sich aufgrund der Vielschichtigkeit sowie der mit dem Risikomanagement verbundenen Integration in Organisationsstrukturen und Unternehmensabläufe in der Praxis als sehr anspruchsvoll. Alle technischen und organisatorischen Ebenen und Bereiche können vom Risikomanagement betroffen sein:

- Hardware (z. B. Server, Netzwerk);
- System-Software (z. B. Datenbanken, Scheduler, Compiler);
- Anwendungssysteme (z. B. Versionsverwaltungssysteme, Finanzbuchhaltungssysteme, BI-Lösungen);
- Benutzersoftware (z. B. Daten, aktuarielle Werkzeuge, Kapitalmarktgeneratoren);
- Software-Anwendung (z. B. interne Modelle, Tabellenkalkulationsprogramme);
- Aufbauorganisation (z. B. Aktuare, Compliance-Funktion, interne Revision, Risikomanagementfunktion);
- Ablauforganisation (z. B. Risikokontrollprozess, Reporting);
- Management (z. B. strategische Planung, Leitlinien, Produktinnovationen, Kapitalanlagen);
- Unternehmenskultur (z. B. Risikokultur[1], Leitbild).

[1] Vgl. z. B. die Erläuterungen zu Pkt. 7.3.3 Nr. 1 MaRisk. Danach muss die unternehmensindividuelle Risikokultur von der obersten Hierarchieebene her systematisch nach unten vorgelebt werden. Als wesentlicher Bestandteil einer gelebten Risikokultur gilt die offene Kommunikation von Risiken, ohne dass den Betroffenen hierdurch Nachteile entstehen. Außerdem muss der direkte Vorgesetzte derart über alle wesentlichen Risiken in angemessener Weise informiert sein, dass er eine erste Steuerung der Risiken vornehmen kann.



B. Wolle, *Risikomanagementsysteme in Versicherungsunternehmen*, IT im Unternehmen, DOI 10.1007/978-3-8348-2309-0_3

**Erfolgsfaktor Projektmanagement** Aufgrund ihrer Komplexität sollten Risikomanagementsysteme im Rahmen von breit aufgesetzten Projekten entwickelt und eingeführt werden. Ein gutes und nachhaltiges Projektmanagement kann dabei als zentraler Erfolgsfaktor angesehen werden. Das Projektmanagement zielt darauf ab, für die Termintreue, Kostenkontrolle sowie für die erwartete Qualität der Projektergebnisse zu sorgen. Es regelt das Delegieren von unternehmerischer Verantwortung während der Projektumsetzung und setzt die Rahmenbedingungen für eine geregelte Zusammenarbeit des Projektteams. Eine weitere Aufgabe des Projektmanagements besteht in der temporären Anpassung der im Unternehmen bestehenden Aufbau- und Ablauforganisation an spezielle Anforderungen und Eigenarten des Projekts. In Summe kann Projektmanagement ganz allgemein als ein ganzheitliches Konzept für die Leitung eines komplexen Vorhabens und für die Institutionen, die diese Vorhaben leiten, verstanden werden[2] [BuWa97].

**Erfolgsfaktor breites Verständnis** Aus IT-Projekten ist allerdings auch bekannt, dass die Kosten bei etwa 30 % der Projekte unterschätzt werden [BeSt92; JeNW84; PhVN88]. Die Standish-Group[3] berichtete Werte über 40 % [Stan03]. Nach neueren Studien laufen etwa 20–30 % der Projekte aus ihrem Kostenrahmen [FlBu11; SaCu03], wobei es einige wenige Projekte gibt, welche den Kostenrahmen deutlich sprengen [FlBu11; SaGR07]. Die Gründe hierfür liegen in Komplexität und Größe dieser Projekte. Sie drücken sich aus Sicht des Projektmanagements in Einflussfaktoren wie unklare Anforderungen, mangelnde Einbindung der beteiligten Anspruchsgruppen oder Ressourcenmangel aus. Das bedeutet: Je besser Projektgegenstand und Aufgaben im Detail von allen Beteiligten verstanden werden, desto leichter ist ein komplexes Projekt plan- und steuerbar.

## 3.1 Konzeptionelle Grundlagen

**Management von Chancen, Risiken, Erträgen und Verlusten** Risikomanagement beschreibt nach Kloman das Fachgebiet, mit der Möglichkeit zu leben, dass zukünftige Ereignisse widrige Effekte verursachen können [Klom90]. Es ermöglicht es den Unternehmen unter Beachtung gesetzlicher Vorgaben sowie technologischer und betrieblicher Rahmenbedingungen ihr Chancen-Risiko-Profil zu optimieren. Der Begriff „Risikoma-

[2] Die DIN 69901 definiert Projektmanagement als „Gesamtheit von Führungsaufgaben, -organisation, -techniken und -mittel für die Abwicklung eines Projekts". Aus dieser eher technokratischen Sichtweise sollte nicht geschlossen werden, dass sich ein Projekt reibungslos „abwickeln" lässt, wenn alle Bereiche des Projektmanagements ordnungsgemäß definiert und konsequent umgesetzt werden. Bei komplexen Softwareprojekten oder Change-Projekten, wo unterschiedlichste Typologien der Führungs- und Organisationskultur bestehen, ist dies nicht notwendigerweise der Fall (siehe z. B. [BuWW03; SaGR07; FlBu11]).

[3] Die Werte in den Chaos Reports der Standish Group sanken kontinuierlich: 189 % (1994), 142 % (1996), 69 % (1998), 45 % (2000), 43 % (2002) [Stan03].

nagement" ist uneinheitlich definiert[4]. Teilweise wird er synonym mit „Risikomanagementsystem" und „Risikocontrolling" verwendet, teilweise werden die Begriffe unterschiedlich voneinander abgegrenzt (vgl. [BuBu02, 9]). Um eine klare Abgrenzung der Begrifflichkeiten vornehmen zu können, ist eine funktionale Sichtweise hilfreich. In dieser Sichtweise trifft die Funktion der Unternehmensführung (das Management) Entscheidungen zur Generierung von Überschüssen aus der Erstellung und Verwertung von Leistungen sowie zum Nutzen und Verwerten unternehmerischer Chancen. Wie in Abb. 3.1 dargestellt, sind somit Ertrags- bzw. Chancenmanagement und Verlust- bzw. Risikomanagement sich jeweils ergänzende Bestandteile der Unternehmensführung unter Berücksichtigung von verschiedener Unternehmenssichten und Anspruchsgruppen (Stakeholder) [BaJe99; FaBu05; Free10]. Damit bestehen im Rahmen der Unternehmensführung zwischen den Entscheidungen des Risiko- und des Ertragsmanagements sowie zwischen Entscheidungen des Verlust- und Chancenmanagements diverse Wechselwirkungen[5]. Die Zielsetzung der strategischen Unternehmensführung besteht darin, eine risikoadjustierte Unternehmenssituation – d. h. ein präferiertes Verhältnis von Chancen und Risiken – zu erreichen und zu stabilisieren[6].

---

[4] Nach ONR 49000 (ISO 31000) Pkt. 3.2.23 ist Risikomanagement definiert als „Prozesse und Verhaltensweisen, die darauf ausgerichtet sind, eine Organisation bezüglich Risiken zu steuern".

IDW PS 340, Tz. 4 definiert Risikomanagement als „die Gesamtheit aller organisatorischen Regelungen und Maßnahmen zur Risikoerkennung und zum Umgang mit den Risiken unternehmerischer Betätigung".

Nach IIR Revisionsstandard Nr. 2 ist Risikomanagement ein „nachvollziehbares, alle Unternehmensaktivitäten umfassendes Regelungssystem, das auf Basis einer definierten Risikostrategie ein systematisches und permanentes Vorgehen mit folgenden Elementen umfasst: Identifikation, Analyse, Bewertung, Steuerung, Dokumentation und Kommunikation sowie die Überwachung dieser Aktivitäten". (Deutsches Institut für Interne Revision (IIR): Prüfung des Risikomanagement durch die Interne Revision. IIR Revisionsstandard Nr. 2, www.diir.de/fileadmin/downloads/allgemein/Revisionsstandard_Nr._2.pdf. Abruf am 10.03.2014.)

Pkt. 1 Nr. 2 S. 2 MaRisk beschreibt Risikomanagement als „die Festlegung einer angemessenen Risikostrategie, die konsistent zu der gewählten Geschäftsstrategie ist, adäquate aufbau- und ablauforganisatorische Regelungen, die Einrichtung eines angemessenen internen Steuerungs- und Kontrollsystems, die Etablierung einer internen Revision und die Einrichtung von internen Kontrollen".

Ebenso unterschiedlich sind die gesetzlichen Definitionen des § 64a Abs. 1 S. 4 VAG und des § 25a Abs. 1 S. 3 KWG. Der § 33 Abs. 1 WpHG inkludiert § 25a Abs. 1 KWG und erweitert die Vorgaben um besondere Organisationspflichten wie eine Compliance-Funktion, ein Beschwerdemanagement sowie Sorgfaltspflichten bei der Anlageberatung zum Schutz und zur Wahrung von Kundeninteressen.

[5] Üblicherweise werden im Rahmen eines integrierten, ganzheitlichen Managementsystems Ertrags- und Risikosteuerung zusammen betrachtet (vgl. z. B. [Fört00; Chri06; CoHS12; KrWo12]). Dabei ist klar zwischen Ertrag und Verlust bzw. Chance und Risiko zu unterscheiden – ein Risiko ist kein Verlust, eine Chance ist kein Ertrag.

[6] Auch die MaRisk sehen Risikomanagement als Bestandteil der strategischen Unternehmensführung: Risiko ist „im Zusammenhang mit den Zielsetzungen zu interpretieren. Es sind sowohl negative als auch positive Zielabweichungen möglich. Negative Zielabweichungen realisieren sich

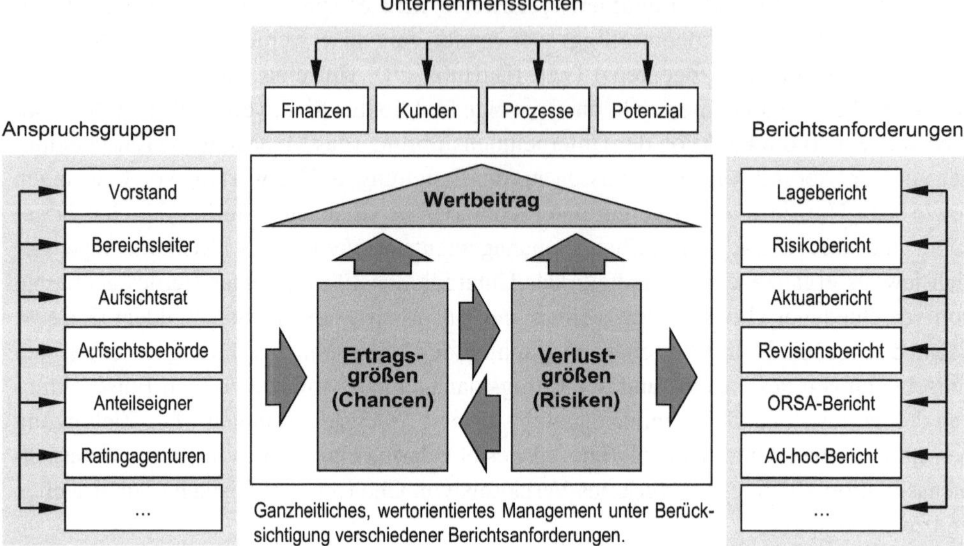


**Abb. 3.1** Unternehmensunabhängiges Konzept für ein übergreifendes Chancen-Risiko-Management

**Gestaltung und Kopplung** Durch seine Integration in bestehende Strukturen trägt das Risikomanagement zur Systembildung und Systemkopplung bei:

- Die Systembildung besteht in der Gestaltung von aufbau- und ablauforganisatorischen Strukturen, die eine möglichst eigenständige und kontrolliert ablaufende Identifikation, Analyse, Bewertung und Steuerung von Risiken zulassen[7].
- Die Systemkopplung findet zwischen den im Unternehmen vorhandenen, zweckgerichteten Führungssystemen statt. Damit werden auf allen Hierarchieebenen im Unternehmen die Phasen des Risikomanagementprozesses innerhalb betriebswirtschaftlicher Abläufe und Führungsaufgaben koordiniert.

**Entscheidung und Risiko** Im Rahmen der Konzeption von Risikomanagementsystemen zur Entscheidungsunterstützung wird die Ursache des Risikos im Informationsstand des Entscheidungsträgers gesehen[8] [Sali03, 16]. In der Entscheidungstheorie wird ein Entscheidungsfeld dadurch charakterisiert, dass unterschiedliche Handlungen zu unter-

zumeist als Verluste. Dennoch ist es Aufgabe eines guten Risikomanagementsystems, unternehmerische Chancen und Risiken zu handhaben" (siehe die Erläuterungen zu Pkt. 5 Nr. 1 MaRisk).

[7] Die Risikoidentifikation hat bereits im strategischen Planungsprozess zu beginnen und ist auf das Gesamtrisikoprofil des Unternehmens abzustimmen (Pkt. 7.3.2.1 Nr. 2 MaRisk).

[8] D. h. aus Sichtweise der Entscheidungsträger steht das ursachenbezogene Risiko im Vordergrund (vgl. hierzu die Ausführungen in Abschn. 1.2).

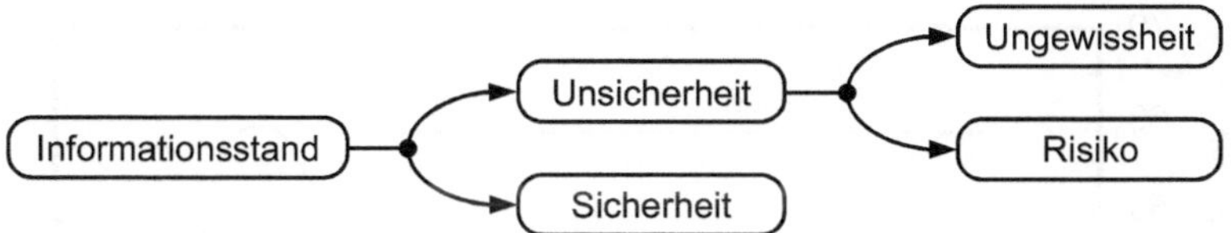


**Abb. 3.2** Der Risikobegriff in der Entscheidungstheorie

schiedlichen Zuständen bzw. Situationen mit unterschiedlichen Ergebnissen[9] führen (siehe Abb. 3.2)[10]:

- In der Sicherheitssituation sind die als Folge einer Handlung eingetretene Unternehmenssituation sowie das Ergebnis der jeweiligen Handlung sicher bekannt.
- Bei einer Unsicherheitssituation können sich mehrere mögliche Unternehmenssituationen ergeben. Damit führt mindestens eine der möglichen Handlungen zu mehreren möglichen Ergebnissen.
- In einer Risikosituation liegen Wahrscheinlichkeiten über das Eintreten der möglichen Unternehmenssituationen und Ergebnisse vor.
- In der Entscheidungstheorie liegt eine Ungewissheitssituation dann vor, wenn keine Wahrscheinlichkeiten bekannt sind.

**Risikoprofil** Ein Entscheidungsträger kann also grundsätzlich zwischen verschiedenen Handlungsoptionen wählen, die durch Wahrscheinlichkeitsverteilungen spezifiziert sind. Dementsprechend verdeutlicht die Entscheidungstheorie das „Risikoprofil“[11] eines Unternehmens zunächst auf Basis von möglichen Unternehmenssituationen und den zugehörigen Wahrscheinlichkeiten[12] [KaGa81; Kolm33]. Hieraus lassen sich bereits abstrakte Regeln zum Umgang mit Risiken ableiten. Die Grenzen dieser Entscheidungsregeln liegen in den Modellprämissen, mit denen die Unternehmensrealität durch das Modell nicht vollständig abgebildet werden kann [BuBu02, 2]. Um die Komplexität zu reduzieren, werden die Risiken in Kategorien eingeteilt[13].

---

[9] Die möglichen Ergebnisse werden durch stochastische Größen – d. h. durch bestimmte Wahrscheinlichkeiten – quantifiziert.

[10] Die ONR 49000 schlägt den Begriff des Szenarios vor. Nach ONR 49000, Pkt. 3.1.16 ist ein Szenario eine „konkrete und bildhafte Darstellung eines Risikos über mögliche Zusammenhänge von Ursachen und Abfolgen von Ereignissen oder Entwicklungen, die aufzeigt, wie sich Chancen bzw. Bedrohungen/Gefahren in einer Organisation oder in einem System verwirklichen lassen“.

[11] Allgemein stellt ein Risikoprofil die Beschreibung und Struktur einer Anzahl von Risiken dar (siehe ONR 49000, Pkt. 3.1.15).

[12] Gemäß ONR 49000, Pkt. 3.1.11 ist Risiko die Auswirkung von Unsicherheit auf Ziele. Die Quantifizierung des Risikos erfolgt durch eine Kombination von Wahrscheinlichkeit und Auswirkung, die Beschreibung über Szenarien, die Gefährdung sowie die Quellen bzw. Ursachen von Risiken.

[13] Versicherungsunternehmen müssen zur aufsichtsrechtlichen Erfüllung des Risikomanagements gemäß Pkt. 5 Nr. 2 MaRisk mindestens folgende Risikokategorien berücksichtigen: Versicherungstechnisches Risiko, Marktrisiko, Kreditrisiko, operationelles Risiko, Liquiditätsrisiko, Konzentrationsrisiko, strategisches Risiko, Reputationsrisiko.

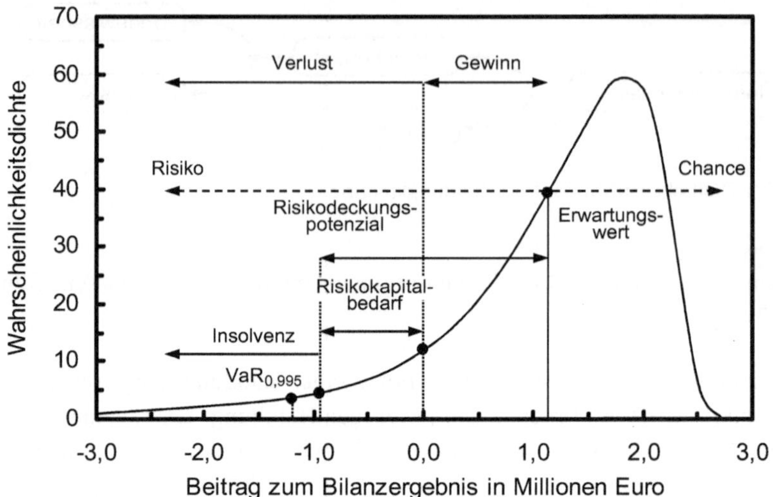


**Abb. 3.3** Mögliche Ergebnisentwicklung in einer Risikosituation. Positive Abweichungen vom Erwartungswert stellen Chancen dar, negative Abweichungen Risiken

**Quantifizierung von Risiken** Für die Quantifizierung eines Risikos sind die entscheidungstheoretischen Abweichungen von einer erwarteten Unternehmenssituation ausschlaggebend. Das Risiko einer Handlung wird – wie beispielhaft in Abb. 3.3 für eine Variante dargestellt – durch eine Wahrscheinlichkeitsverteilung der möglichen Varianten einer erwarteten Unternehmenssituation beschrieben [KaGa81; McFE05]. Dieser Ansatz stellt die Grundlage des finanz- sowie des versicherungswirtschaftlichen Risikomanagements dar und führt zu einer wirkungsbezogenen Betrachtungsweise des Risikos[14].

**Illustratives Beispiel** Abbildung 3.3 zeigt den Verlauf einer möglichen Ergebnisentwicklung einer Unternehmenssituation aus einer Prognoserechnung auf Basis einer Log-Normal-Verteilung. Der erwartete Bilanzbeitrag beträgt 1,134 Mio. Euro. Da das Ergebnis

Unter Solvency II hat das Risikomanagementsystem nach Art. 44 Abs. 2 RRL mindestens die Risiken abzudecken, die in die Berechnung der Solvenzkapitalanforderung im Sinne von Art. 101 Abs. 4 RRL einzubeziehen sind, sowie die Risiken, die bei dieser Berechnung nicht vollständig erfasst werden. Danach sind folgende Risikokategorien zu berücksichtigen: Nichtlebensversicherungstechnisches Risiko, lebensversicherungstechnisches Risiko, krankenversicherungstechnisches Risiko, Marktrisiko, Kreditrisiko, operationelles Risiko. Das operationelle Risiko umfasst auch Rechtsrisiken, schließt aber Risiken, die sich aus strategischen Entscheidungen ergeben, ebenso aus wie Reputationsrisiken (Art. 101 Abs. 4 RRL).

[14] In den MaRisk ist der Begriff Risiko explizit wirkungsbezogen definiert (siehe Erläuterungsteil zu Pkt. 5 Nr. 1 MaRisk), was insbesondere bei der Risikotragfähigkeit, der Limitierung und dem Risikokontrollprozess (Pkt. 7.3.1 und 7.3.2 MaRisk) zu berücksichtigen ist. In Solvency II wird ebenfalls ein wirkungsbezogener Risikobegriff zugrunde gelegt, was sich beispielsweise implizit aus Erwägungsgrund 64 RRL, Art. 101 Abs. 3 S. 4 RRL oder Art. 104 RRL ergibt (vgl. hierzu auch Art. 13 S. 1 Nr. 39 RRL).

lediglich eine Prognose darstellt, besitzt der Erwartungswert eine Planungsunsicherheit. Falls alle Erwartungen mit den bestmöglichen Ergebnissen eintreten, kann der Gewinn auf maximal 2,75 Mio. Euro gesteigert werden. Werden die gesamten Erwartungen auf eine positive Geschäftsentwicklung nicht erfüllt, ist mit einer Wahrscheinlichkeit von 99,994 % auch ein Verlust von über 3,0 Mio. Euro möglich. Zahlungsunfähigkeit (Insolvenz) tritt in dieser Prognose ab einem Verlust von 0,95 Mio. Euro ein. Die Wahrscheinlichkeit hierfür beträgt 0,91 %, d. h. einmal in 110 Jahren. Das Risikodeckungspotenzial beträgt 2,08 Mio. Euro. Jedes Ergebnis kleiner als Null (Verlust) verzehrt Risikokapital (eingeplanter Anteil des Risikodeckungspotenzials), das zur Insolvenzvermeidung benötigt wird. Der Risikokapitalbedarf beträgt damit 0,95 Mio. Euro. Stünden lediglich ca. 0,62 Mio. Euro an Risikokapital zur Verfügung, würde sich die Insolvenzwahrscheinlichkeit auf 2 % (einmal in 50 Jahren) erhöhen. Eine aufsichtsrechtliche Solvenzanforderung mit einem Value-at-Risk von 99,5 % wäre in dieser Prognose mangels Liquidität nicht erfüllt. Um die Solvenzanforderung zu erfüllen, müsste das verfügbare Risikokapital 1,2 Mio. Euro betragen. Um sowohl Solvabilitäts- als auch Liquiditätsanforderungen zu erfüllen, müssten Maßnahmen zur Optimierung des Chancen-Risiko-Profils ergriffen werden.

**Value-at-Risk-Betrachtung** Risiko wird häufig als Gefahr einer Abweichung von einem geplanten Zielwert (Schadenhöhe), gewichtet mit deren Eintrittswahrscheinlichkeit bezeichnet. Dies suggeriert eine simple Multiplikation zweier Konstanten. Allerdings sind weder die Schadenhöhe noch die Eintrittswahrscheinlichkeit Konstanten. Da das Risikoprofil sowohl für Solvency II[15] als auch für die MaRisk[16] von zentraler Bedeutung bei der Bestimmung und Bewertung des ökonomischen Kapitals ist, müssen die Risikoidentifikation und die Risikobewertung auf das Risikoprofil des Unternehmens abgestimmt sein. Dabei sind Korrelationen[17] und Verbundeffekte zu berücksichtigen[18] (vgl. [McFE05; Nels06]). Im Ergebnis müssen die identifizierten und bewerteten Risiken als Zufallsgrößen mit einem Value-at-Risk vorliegen und verstanden werden, d. h. die angegebene Schadenhöhe wird mit einer bestimmten Wahrscheinlichkeit (z. B. 99,5 %) nicht überschritten[19].

[15] Siehe Erwägungsgründe 36, 63, 64 RRL und Art. 37, 45, 102, 110 RRL.

[16] Siehe beispielsweise Pkt. 5 Nr. 1 S. 4, Pkt. 7.1 Nr. 3, Pkt. 7.2.2.1 Nr. 1 und insbesondere Pkt. 7.3.1 Nr. 2 MaRisk.

[17] In Vektornotation ist die Varianz eines Risikoportfolios mit $N$ näherungsweise linear abhängigen Risiken $\boldsymbol{R} = (R_1, \ldots, R_N)$ gegeben als $Var_{PF} = \boldsymbol{R}^T \cdot \boldsymbol{C} \cdot \boldsymbol{R}$, wobei die $N \times N$-Matrix $\boldsymbol{C}$ die Varianz-Kovarianz-Matrix ist. Sie enthält in der Diagonalen die Varianzen $Var_{ii} = \sigma_i \sigma_i$ und in den restlichen Feldern die Kovarianzen $Cov_{ij} = \rho_{ij} \sigma_i \sigma_j$ (ausgedrückt über die Korrelationskoeffizienten $\rho_{ij}$).

[18] Siehe beispielsweise Erwägungsgründe 64, 65 RRL, Art. 121 Abs. 5 RRL sowie Pkt. 7.3.2.2 Nr. 2 MaRisk.

[19] Ein verbreiteter Fehler bei der Identifikation und Bewertung von Risiken basiert auf der Vorgabe, dass die Risikoeigner lediglich aufgefordert werden, die Risiken in ihrem Bereich zu benennen und eine Eintrittswahrscheinlichkeit sowie ein Schadenausmaß anzugeben. Man erhält dann entweder den häufigsten Wert oder den Erwartungswert samt Eintrittswahrscheinlichkeit zurück, aber nicht mit welcher Wahrscheinlichkeit eine bestimmte Schadenhöhe überschritten wird. Die so be-

**Risikotragfähigkeit als Teil von Planung und Steuerung** Auf Basis des unternehmensindividuellen Risikoprofils ist die Risikotragfähigkeit zu bestimmen. Im engeren Sinne beantwortet die Risikotragfähigkeit die Frage, wie viele Eigenmittel – unter Einhaltung aufsichtsrechtlicher Anforderungen an die Kapitalausstattung – einem Unternehmen effektiv zur Bedeckung seiner unternehmensindividuellen Risiken zur Verfügung steht[20]. Unter Solvency II können die Unternehmen die Risikotragfähigkeit auf Basis der von der europäischen Versicherungsaufsicht vorgegebenen Standardformel oder durch ein durch die Aufsicht genehmigtes internes Modell ermitteln[21]. Die Risikotragfähigkeit muss sowohl bei den MaRisk als auch unter Solvency II überprüft sowie bewertet werden und kontinuierlich in die strategischen Entscheidungen des Unternehmens einfließen[22].

**Solvenzbilanz** Kernstück für die Bestimmung der Eigenmittel ist die Solvenzbilanz, die eine vollständige marktnahe Bewertung der Aktiva und Passiva darstellt[23] [Lay11]. Im Wesentlichen müssen die Vermögenswerte und Verbindlichkeiten sowie die versicherungstechnischen Rückstellungen bewertet werden. Bei der Berechnung der Verbindlichkeiten wird keine Berichtigung im Hinblick auf die Bonität des Versicherungsunternehmens vorgenommen[24]. Für die marktnahe Bewertung der Verbindlichkeiten sieht Solvency II ein Kapitalkostenverfahren vor und definiert die Risikomarge[25].

**Marktnahe Bewertung von Bilanzpositionen** Liegen für Kapitalmarktinstrumente Marktpreise mit ausreichender Qualität vor, ist die Marktbewertung unkritisch. Existiert ein derartiger Markt nicht, muss die Bewertung mittels finanzmathematischer Modelle erfolgen[26]. Für die versicherungstechnischen Rückstellungen sind Beträge anzusetzen, zu welchen eine Übertragung auf ein anderes Versicherungsunternehmen zu marktkonsistenten Preisen erfolgen kann[27]. Kann die Bewertung nicht über am Markt gehandelte

---

stimmten Profile sind für eine ökonomische Bewertung ungeeignet und erfüllen die Anforderungen insbesondere von Solvency II nicht.

[20] Siehe Pkt. 7.3.1 Nr. 1 MaRisk.

[21] Gemäß der Art. 112 bis 126 RRL.

[22] Siehe Pkt. 7.3.1 Nr. 1 MaRisk und Art. 45 Abs. 1, Abs. 4 RRL. Die Vorgaben zu Solvency II sind bereits sehr konkret in aktuellen Dokumenten der EIOPA gefasst [EIOP13a].

[23] Die Ermittlung der Eigenmittel basiert auf einem Marktwertkonzept, sodass ein Übergang von der Buchwertsicht zu einer Marktwertsicht erfolgt, ähnlich wie es die International Financial Reporting Standards (IFRS) vorsehen. Die Unternehmen müssen sich also zwangsläufig mit den Bewertungsprinzipien von IFRS befassen [OeSB11].

[24] Siehe allgemein Art. 75 bis 81 RRL; für die Bonität Art. 75 Abs. 1 RRL.

[25] Siehe Art. 75, 77 RRL. Die Risikomarge $CoCM$ (Cost-of-Capital-Margin) ist bestimmt durch: $CoCM = CoC \sum_{t>0} EOF(t)\ DF(t)$, wobei $CoC$ der Kapitalkostensatz (Cost-of-Capital) ist, $EOF(t)$ sind die im Jahr $t$ benötigten Eigenmittel (Expected Own Funds), und $DF(t)$ ist der zugehörige Diskontfaktor im Zeitintervall $[0,t]$.

[26] In Art. 75 Abs. 1 Lit. a RRL findet sich nur die allgemeine Vorgabe, dass Vermögenswerte mit dem Betrag bewertet werden, „zu dem sie zwischen sachverständigen, vertragswilligen und voneinander unabhängigen Geschäftspartnern getauscht werden könnten".

[27] Siehe Art. 76 Abs. 2 RRL.

Finanzinstrumente erfolgen, bestimmt sich der Wert der versicherungstechnischen Rückstellungen aus einem „besten Schätzwert" (Best Estimate) plus einer Risikomarge[28]. Zur Ermittlung der zukünftigen Zahlungsströme müssen versicherungsmathematische und statistische Methoden eingesetzt werden, die dem aktuellen Stand der Technik entsprechen.

**Segmentierung und Diversifikation** Bei der Berechnung des besten Schätzwertes ist eine Segmentierung in homogene Risikogruppen vorzunehmen, die gemäß Art. 80 RRL zumindest nach Geschäftsbereichen getrennt sind. Da die Risikomarge für das gesamte Versicherungsportfolio ermittelt wird, führen Diversifikationseffekte zwischen den einzelnen versicherungstechnischen Rückstellungen zu einer Reduktion der notwendigen Eigenmittel und damit auch der Risikomarge.

**Qualitätsanforderungen** Aufgrund der Komplexität der Methodik zur Erstellung einer Solvenzbilanz schreibt die Solvency-II-Richtlinie Anforderungen an die Qualität der Berechnungen des besten Schätzwerts und der versicherungstechnischen Rückstellungen vor. Dies umfasst die Datenqualität, den Abgleich mit Erfahrungswerten, den Nachweis der Angemessenheit der ermittelten Werte sowie die Eignung und Verlässlichkeit der hierfür eingesetzten Methoden[29].

**Solvency II vs. HGB und MaRisk** Für Rechnungslegungszwecke erfolgt die Bewertung der versicherungstechnischen Rückstellungen nach den §§ 341e–h HGB. Eine marktnahe versicherungsmathematische Bewertung der versicherungstechnischen Rückstellungen ist derzeit gesetzlich nicht zwingend vorgeschrieben. Allerdings sollten die Unternehmen bereits aufgrund des § 64a VAG i. V. m. den MaRisk (VA) prüfen, inwieweit eine marktnahe aktuarielle Bewertung als Bestandteil des Risikomanagements inklusive der IT-technischen Implementierung bereits im Vorfeld zu Solvency II angebracht ist[30].

**Eigenmittel** Bei Solvency II werden die Eigenmittel in mehreren Schritten auf Basis der Solvenzbilanz bestimmt[31] und in drei verschiedene Klassen (Tiers) eingestuft (Art. 98 RRL). Diese spiegeln die unterschiedlichen Potenziale der Eigenmittel zum Ausgleich von zukünftigen Verlusten wider (Art. 93 RRL). Allerdings lassen sich nicht alle Eigenmittel zur Erfüllung der Solvenzkapitalanforderungen unmittelbar in der Solvenzbilanz finden [OeSB11]. Die anrechenbaren Eigenmittel bilden das Risikodeckungspotenzial.

[28] Siehe Art. 77 Abs. 1 RRL. Der beste Schätzwert entspricht gemäß Art. 77 Abs. 2 RRL dem Barwert des wahrscheinlichkeitsgewichteten Durchschnitts zukünftiger Zahlungsströme unter Berücksichtigung der risikofreien Zinskurve. Die zu addierende Risikomarge berücksichtigt gemäß Art. 77 Abs. 3 RRL die Kapitalkosten für die zur Übernahme der Verpflichtung notwendigen Eigenmittel.

[29] Siehe Art. 82 bis 84 RRL.

[30] Siehe Pkt. 7.2.2 Nr. 2 MaRisk, Spiegelstrich „Reservierung". Die marktnahe Bewertung erfordert gemäß den MaRisk auch eine ausreichende Qualitätssicherung sowie klare Verantwortlichkeiten.

[31] Vgl. Art. 88 bis 91 RRL.

**Solvenzkapitalanforderung (SCR)** Die Solvenzbilanz bildet auch die Grundlage zur Ermittlung der Solvenzkapitalanforderung (SCR). Die Berechnung der SCR muss mindestens einmal jährlich erfolgen. Die Unternehmen müssen aber auch unterjährig sicherstellen, dass sie über ausreichend anrechnungsfähige Eigenmittel verfügen (Art. 102 Abs. 1 RRL). Deshalb ist die Solvenzbilanz kontinuierlich fortzuschreiben. Gemäß Art. 103 RRL gliedert sich die Solvenzkapitalanforderung in:

- die Basissolvenzkapitalanforderung – $BSCR$ (Art. 104 RRL);
- die Kapitalanforderung für das operationelle Risiko – $SCR_{\text{op}}$ (Art. 107 RRL);
- die Anpassung für die Verlustausgleichsfähigkeit der versicherungstechnischen Rückstellungen und latenten Steuern – $SCR_{\text{adj}}$ (Art. 108 RRL).

Die Basissolvenzkapitalanforderung umfasst mindestens folgende Risikomodule, die meist in weitere Untermodule unterteilt sind:

- nichtlebensversicherungstechnisches Risiko;
- lebensversicherungstechnisches Risiko;
- krankenversicherungstechnisches Risiko;
- Marktrisiko;
- Gegenparteiausfallrisiko[32].

**Aggregation bei Solvency II** Bei der Aggregation der Kapitalanforderungen wird davon ausgegangen, dass sich die einzelnen Kapitalanforderungen näherungsweise wie korrelierte normalverteilte Zufallsvariable verhalten [EU09, Anhang IV, 124]. Bei diesem Ansatz hat das Tailverhalten der zugrunde liegenden Verteilungsfunktion keine Auswirkung auf den Value-at-Risk. Außerdem werden bei der Aggregation nach dem Solvency-II-Ansatz Vereinfachungen bei den Korrelationen der Risiken vorgenommen, die zu systematischen Abweichungen zwischen den Ergebnissen der Standardformel und einem internem Modell führen können [Fili09; FuLS13]. Des Weiteren enthält die Solvency-II-Richtlinie lediglich eine allgemeine Beschreibung der SCR, sodass aus mathematischer Sicht Raum für Interpretationen besteht[33,34].

---

32 Das Gegenparteiausfallrisiko trägt dem Risiko Rechnung, das sich aus einem unerwarteten Ausfall oder der Verschlechterung der Bonität von Gegenparteien und Schuldnern ergibt (Art. 105 Abs. 6 RRL).

33 Die Solvency-II-Richtlinie enthält verschiedene Definitionen der SCR. Nach Art. 101 Abs. 3 S. 4 RRL entspricht die Solvenzkapitalanforderung „dem Value-at-Risk der Basiseigenmittel ... zu einem Konfidenzniveau von 99,5 % über den Zeitraum eines Jahres“. Gemäß Erwägungsgrund 64 RRL sollte „die Solvenzkapitalanforderung bei dem ökonomischen Kapital angesetzt werden, das Versicherungs- und Rückversicherungsunternehmen halten müssen, um sicherzustellen, dass ... diese Unternehmen mit einer Wahrscheinlichkeit von 99,5 % in den kommenden zwölf Monaten weiterhin in der Lage sein werden, ihren Verpflichtungen ... nachzukommen“.

34 Sei $N_t = A_t - P_t$ die Differenz zwischen den Aktiva $A_t$ und den Passiva $P_t$ zur Zeit $t$ und $DF(t)$ ein Diskontfaktor für das Zeitintervall $[0,t]$. Eine mögliche Interpretation des Art. 101 RRL wäre dann: $SCR_0 = VaR_{0,995}(N_0 - DF(t)N_1)$. Falls $DF_{rl}$ ein stochastischer Diskontfaktor ist, der dem risikolo-

**Mindestkapitalanforderung (MCR)** Von der Solvenzkapitalanforderung (SCR) ist die Mindestkapitalanforderung (MCR) zu unterscheiden[35]. Sie ist gemäß Art. 129 Abs. 4 RRL vierteljährlich zu berechnen und an die Aufsicht zu melden. Die Mindestkapitalanforderung darf nach Art. 129 Abs. 3 RRL nicht weniger als 25 % und nicht mehr als 45 % der Solvenzkapitalanforderung (inklusive eventueller Kapitalaufschläge) betragen. Ein Unterschreiten der MCR kann zum Entzug der Zulassung durch die Aufsicht führen.

**Limitsystem als Teil der Steuerung** Konsistent zur Risikotragfähigkeit ist ein Limitsystem[36] mit Risikotoleranzschwellen für alle wichtigen Organisationsbereiche und Risiken zu entwickeln, das eine Überwachung, Begrenzung und strategische Steuerung der Risiken erlaubt[37]. Die Herausforderung besteht darin, dass [GBKD11]

- die Risikotoleranz konsistent zu Risikobereitschaft, Risikostrategie, Risikotragfähigkeit und Limiten sein muss;
- das Risikokapital in transparente, quantitative oder auch qualitative Kennzahlen, Limite und Limitauslastungen übersetzt werden muss, die im Tagesgeschäft verstanden werden und sich zur Risikosteuerung und Risikobegrenzung eignen;
- Risikokennzahlen aggregierbar zu sein haben und mit dem zur Abdeckung der Risiken eingesetzten Anteil am Risikodeckungspotenzial (Risikokapital) abgleichbar sein müssen;
- Limite grundsätzlich auf allen relevanten Steuerungsebenen sowie für alle aufsichtsrechtlich zu berücksichtigenden Risikokategorien existieren müssen.

sen Zins zur Zeit $t$ entspricht, ist auch folgende Interpretation möglich [Flor11; OhLa09; ChNi12]: $SCR_0 = VaR_{0{,}995}(N_0 - DF_{rl}\ (t)N_1)$. Dabei kann der risikolose Zins durch verschiedenste Methoden ermittelt werden. Er kann aus theoretischen Modellen abgeleitet werden, oder er kann als Rendite von realen Bankkonten oder Rentenpapieren definiert werden.

[35] Gemäß Art. 128–129 RRL.

[36] Schwellenwerte und Limite sind Instrumente zur ökonomischen Risikosteuerung, die gewährleisten, dass die Risikotragfähigkeit eines Unternehmens bei der Umsetzung der Ziele aus der Geschäftsstrategie erhalten bleibt. Limite sind keine Kennzahlen, sondern gewissermaßen Indikatoren, die einen Bezug zwischen den quantifizierten Risiken, der Risikotragfähigkeit, dem Eingehen von Risiken sowie dem Nutzen von Chancen in bestimmten Unternehmenssituationen herstellen. Sie reduzieren die Komplexität bei Entscheidungen zur Optimierung des eigenen ökonomischen Chancen-Risiko-Profils unter Beachtung gesetzlicher Vorgaben sowie unternehmensindividueller Gegebenheiten. Limite sind bei Änderungen des Risikoprofils durch definierte Regeln konsistent anzupassen.

[37] Siehe Pkt. 7.3.1 Nr. 5 MaRisk sowie für Solvency II die Art. 44 Abs. 1 und 45 Abs. 1 S. 2 Lit. a RRL.

## 3.2 Anforderungen an das Projektmanagement

**Merkmale von Projekten** Obwohl der Projektbegriff unterschiedlich formuliert wird[38], treffen auf Projekte in der Regel folgende Merkmale[39] zu:

- Spezifische Ziele
  Die Ziele sind möglichst exakt und eindeutig zu formulieren.
- Festgelegter Anfangs- und Endzeitpunkt
  Projektstart und -ende müssen eindeutig definiert sein.
- Begrenzte Ressourcen
  Bei Projekten sind das Budget, die Anzahl der mitarbeitenden Personen sowie andere Ressourcen beschränkt.
- Neuartige und komplexe Aufgabenstellung
  Durch interne oder externe Einflussfaktoren können sich während der Projektlaufzeit zahlreiche Veränderungen am geplanten Ablauf ergeben. Neuartige Aufgabenstellungen sind zwangsläufig mit einem Mangel an Erfahrung verbunden, was zu weiteren Unsicherheiten führt.
- Projektspezifische Organisation
  Für Projekte wird eine projektspezifische Organisation mit Prozessen und organisatorischen Regelungen geschaffen.
- Bereitschaft zum Risiko
  Im Sinne des wirkungsbezogenen Risikobegriffs ist es immer mit einem Risiko verbunden, ein Projekt durchzuführen[40].

---

[38] Nach DIN 69901 ist ein Projekt ein Vorhaben, welches im Wesentlichen durch die Einmaligkeit der Bedingungen in ihrer Gesamtheit gekennzeichnet ist. Nach ONR ISO 21500 wird ein Projekt dadurch bestimmt, dass es einmalig, terminlich determinierbar, komplex und abteilungsübergreifend ist und einen Beitrag zu den Zielsetzungen der durchführenden Organisation leistet. Nach PRINCE2 (Projects in Controlled Environments) [OGC09] ist ein Projekt eine für einen befristeten Zeitraum geschaffene Organisation, die mit dem Zweck eingerichtet wurde, ein oder mehrere Produkte in Übereinstimmung mit einem vereinbarten Business Case zu liefern.

[39] Vgl. hierzu Abschn. 3 der Verordnung über die berufliche Fortbildung im Bereich der Informations- und Telekommunikationstechnik (IT-Fortbildungsverordnung – IT-FortbV) vom 3. Mai 2002 (BGBl. I S. 1547). Gemäß § 11 Abs. 1 Nr. 1 IT-FortbV ist ein Geprüfter IT-Projektleiter nachweislich befähigt, „einmalige Vorhaben, die gekennzeichnet sind durch spezifische Ziele, zeitliche, finanzielle und personelle Begrenzungen sowie eine projektspezifische Organisation, in der Projekt- und Linienorganisation selbstständig und eigenverantwortlich zu leiten". Er muss außerdem in der Lage sein, Prozesse zum „Erkennen und Begrenzen von Risiken" durchführen zu können (§ 11 Abs. 2 Lit. e IT-FortbV).

[40] Vgl. dazu die Ausführungen in Abschn. 1.2.

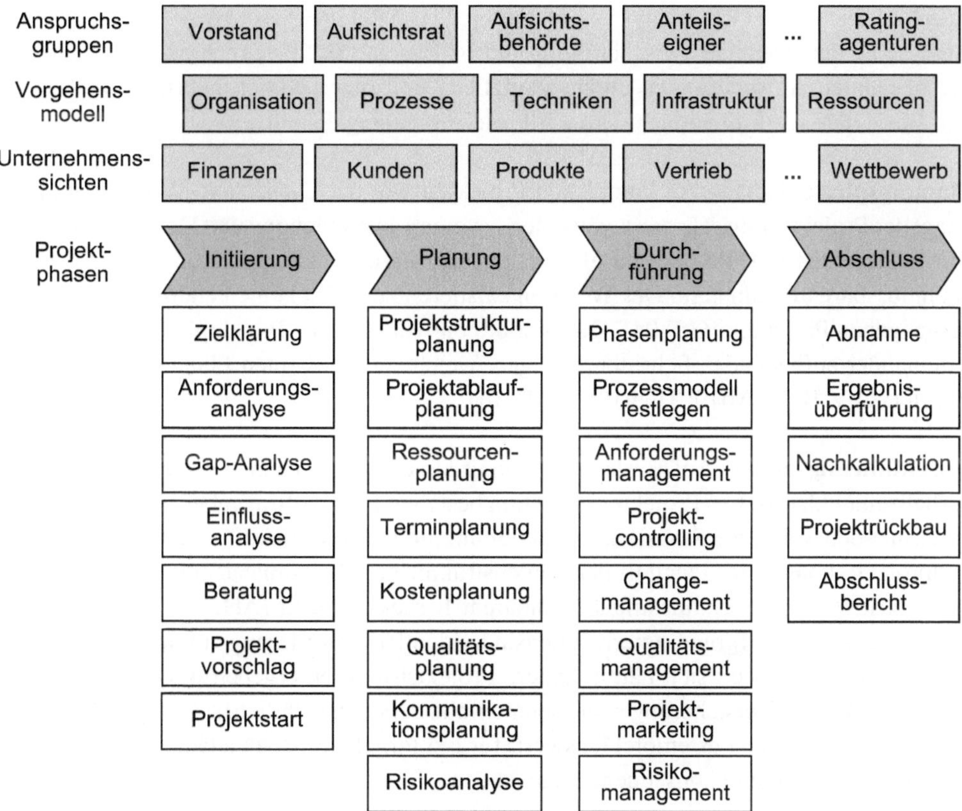


**Abb. 3.4** Typische Projektphasen einer Umsetzung von Anforderungen an das Risikomanagement unter Berücksichtigung unterschiedlicher Rahmenbedingungen und Sichtweisen

**Projektphasen** Wie in Abb. 3.4 schematisch dargestellt, umfasst die Projektarbeit typische Phasen, die in verschiedene Arbeitsprozesse unterteilt sind[41] (siehe z. B. [Balz08; Kerz08; Rick98; WiMe10]).

**Projektinitiierung** Im Rahmen der Projektvorbereitung sind einerseits unter Berücksichtigung der unterschiedlichen Sichtweisen des eigenen Versicherungsunternehmens und des Auftraggebers sowie unter Beachtung von Rechtsvorschriften die Projektziele zu definieren und zu klären, und andererseits die Auswirkungen des Vorhabens auf das eigene Unternehmen zu identifizieren, zu analysieren und zu bewerten. Gegebenenfalls ist es hier-

[41] Die IT-FortbV folgt ebenfalls diesem Phasenmodell, verwendet jedoch den Begriff „Projektanbahnung" anstelle von Projektinitiierung (§ 13 Abs. 2 S. 2 Nr. 1 IT-FortbV) und umschreibt den Projektstart durch „Einrichten einer projektspezifischen Organisation, Rekrutieren des Projektpersonals sowie Auswählen der Arbeitsmittel, Festlegen von Standards und Konventionen" (§ 11 Abs. 2 S. 1 Lit. c IT-FortbV).

zu erforderlich, eine Gap-Analyse durchzuführen [GrSt04; ReUn10; WeAl12]. Ziel dieser Analyse ist der Abgleich zwischen Soll- und Ist-Zustand des Unternehmens hinsichtlich der bekannten Anforderungen durch gesetzliche und unternehmensinterne Vorgaben[42]. Auf Basis dieser Informationen wird der Projektvorschlag erstellt.

**Planungsphase** Gerade bei komplexen Projekten wie der Umsetzung von Solvency II hängt der Projekterfolg sehr stark von einer systematischen Planung und Durchführung ab. Wie in Projekten zu IFRS oder Basel II besteht eine starke Abhängigkeit zu externen, nicht beeinflussbaren Parametern. Des Weiteren existieren zunächst keine Erfahrungswerte aus vergangenen Projekten [GrSt04]. Daher sollte die vollständige Projektplanung iterativ in aufeinander aufbauenden Schritten erfolgen, welche den gesamten Planungsprozess abbilden (vgl. z. B. [SpVo10; Tiem10; WiMe10]).

**Durchführungsphase** Auf Basis der Planung lassen sich verschiedene Teilprojekte innerhalb einer klassischen Projektorganisation bestehend aus Auftraggeber (Sponsor), Lenkungsausschuss, interne Revision, Projektleitung inklusive Projektbüro definieren. Diese Teilprojekte können im Idealfall der Säulenstruktur des Risikomanagements folgen und erfolgskritische Querschnittsaufgaben inhärent berücksichtigen (Abb. 3.5). Die Säulenstruktur lässt sich aufgrund unternehmensindividueller Anforderungen nur selten konsequent umsetzen, sodass sich häufig andere Projektstrukturen ergeben [GDV12; GrSt04; Tiem10]. Da alle Versicherungsunternehmen ein aufsichtsrechtliches Überprüfungsverfahren durchlaufen, ist es empfehlenswert, für die Projektaufgaben adäquate Vorgehensmodelle zu wählen und konsequent anzuwenden.

**Abschlussphase** Mit dem Abschluss des Projekts fallen typische Aktivitäten wie die Abnahme, Präsentation und Übergabe der Projektergebnisse, oder das Erstellen des Abschlussberichts an [SpVo10; WiMe10].

[42] Als Basis für eine Gap-Analyse hinsichtlich der Konformität zu § 64a VAG i. V. m. MaRisk (VA) können die Checkliste in Anhang E.1 oder der MaRisk-Prüfungsleitfaden des IIR [ReUn10] (www.diir.de/fileadmin/ak08/downloads/MaRiskLeitfadenFinal.doc, Stand Februar 2010, Abruf am 31.3.2013) dienen. Der Prüfungsleitfaden des DIIR berücksichtigt allerdings nicht die ebenfalls prüffähigen Punkte 1–3 der MaRisk (Zielsetzung, Anwendungsbereich, Compliance zu anderen Regelungen) sowie die Vorgaben zur internen Revision gemäß Pkt. 7.4 MaRisk. Zum IIR-Prüfungsleitfaden existiert eine Vorlage als Tabellenkalkulation (MaRisk Basis Check: www.diir.de/file-admin/ak08/downloads/DIIRMaRiskBasisCheckfinal.xls, Stand Februar 2010, Abruf am 10.03.2014). Die Umsetzung als Tabellenkalkulation ist zwar ebenso wie der Prüfungsleitfaden nicht ganz vollständig und enthält kleinere Fehler und Schwächen bei einzelnen Zelleninhalten sowie bei der Aggregation, bietet aber aufgrund der Möglichkeit, Korrekturen und Erweiterungen selbst vorzunehmen, eine gute Ausgangsbasis für die Erstellung unternehmenseigener Werkzeuge – auch im Hinblick auf die Umsetzung von Solvency II.

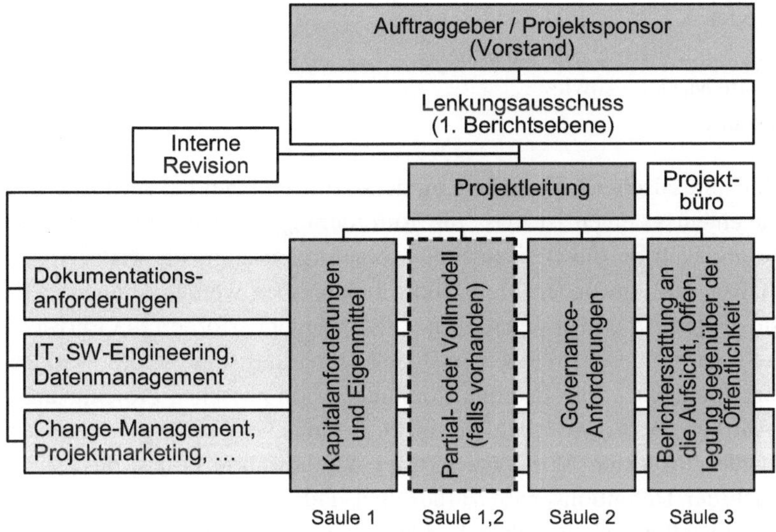


**Abb. 3.5** Eine am 3-Säulen-Prinzip orientierte Projektstruktur (hohe Abstraktionsebene)

## 3.3 Projektierung mit klassischen Vorgehensmodellen

**Prozessmodelle** Vorgehensmodelle (eigentlich Prozessmodelle) sind strukturelle Hilfsmittel, um die Erfolgswahrscheinlichkeiten von Projekten zu verbessern. Für jede Projektphase werden mit Hilfe der eingesetzten Vorgehensmodelle folgende Themenbereiche festgelegt:

- Reihenfolge des Arbeitsablaufs;
- Definition der Arbeitspakete und deren Aktivitäten;
- Spezifikation der Teilergebnisse bzw. Teilprodukte;
- Definition der Fertigstellungs- bzw. Abnahmekriterien;
- Verantwortlichkeiten und Kompetenzen;
- Eingesetzte Standards, Verfahren, Methoden und Werkzeuge.

Ausgehend von Erfahrungen bei der Software-Entwicklung wurden verschiedene Vorgehensmodelle entwickelt, um komplexe Projekte besser zu strukturieren und zu steuern. Viele dieser Modelle können auf die Entwicklung von Risikomanagementsystemen und internen Modellen übertragen werden. Verbreitet sind

- das Wasserfall-Modell [Boeh81; Royc70],
- das V-Modell [Boeh81; BWB97; DrWi00],

- das V-Modell XT[43,44] [HöHö08; RaBr08],
- das Spiral-Modell [Boeh88a; Boeh88b],
- evolutionäre Modelle sowie
- agile Verfahren.

**Grenzen der „klassischen" Vorgehensmodelle** Ein Problem bei der Projektierung von Risikomanagementsystemen ist, dass die Anforderungen sowohl an die Software- und IT-Systeme als auch an die Aufbau- und Ablauforganisation oft weder vom Auftraggeber noch von den Anwendern vollständig beschrieben werden können[45]. Klassische Vorgehensmodelle setzen aber genau dies voraus. Zudem erfordert die Entwicklung dieser Systeme – neben einer permanenten Beobachtung und Analyse des Marktes und des gesetzlichen Umfeldes – eine ständige Kommunikation zwischen Projektteams, Anwendern und Auftraggebern, was ebenfalls nicht in einfacher Weise gewährleistet werden kann. Bei vielen Projekten ist es eine gängige und bewährte Praxis, dass sich das Projektteam nach der Definitionsphase zurückzieht und die Projektergebnisse stufenweise oder nach Fertigstellung aus Projektsicht präsentiert. Dieses Vorgehen ist für die Entwicklung von Risikomanagementsystemen nicht praktikabel, denn unterschiedliche Realisierungsmöglichkeiten können mit den Auftraggebern und den Anwendern nicht hinsichtlich Praktikabilität oder Akzeptanz bewertet werden. Bei komplexen, übergreifenden oder risikoreichen Projekten ist dies aber zwingend erforderlich. Benötigt werden flexible und skalierbare Vorgehensmodelle mit einer ausgeprägten Ziel-, Markt- und Kundenorientierung sowie geeigneten Schnittstellen zur Kommunikation. Einige dieser Anforderungen werden durch Prototypen-Modelle bzw. evolutionäre Modelle erfüllt.

**Prototypen-Modell** Das Prototypen-Modell unterstützt systematisch die frühzeitige Erstellung ablauffähiger Modelle (Demonstrationsprototyp, Prototypen, Labormuster, Pilot) eines geplanten Ergebnisses, um die Umsetzung von Anforderungen und Designkriterien zu demonstrieren und Schlüsse für die weitere Entwicklung ziehen zu können [KLSZ92]. Mit Prototypen-Modellen können Schwachstellen frühzeitig erkannt und dadurch Planungsunsicherheiten reduziert werden. Prototypen zeigen bestimmte Eigenschaften des Zielprodukts unter praxisnahen Bedingungen und werden inkrementell weiterentwickelt. Ein komplexes System besteht in der Regel aus verschiedenen Komponenten bzw. Schich-

[43] Version 1.4 des Modells ist über die Internetpräsenz der Beauftragten der Bundesregierung für Informationstechnik (BfIT) abrufbar: Das V-Modell XT, www.cio.bund.de/DE/Architekturen-und-Standards/V-Modell-XT/vmodell_xt_node.html (Abruf am 10.03.2014).

[44] Das V-Modell XT eignet sich sehr gut für den Einsatz im Rahmen von komplexen Risikomanagementprojekten. Es ist ein flexibles Framework, das einen umfassenden, ausformulierten Katalog an Inhalten und integrierter Werkzeugunterstützung bietet. Siehe hierzu die umfangreiche Online-Dokumentation unter http://ftp.tuclausthal.de/pub/institute/informatik/v-modell-xt/Releases/1.4/V-Modell-XT-Gesamt.pdf (Abruf am 10.03.2014).

[45] Dies liegt daran, dass sich viele Rahmenbedingungen wie gesetzliche Vorgaben oder verfügbare Technologien im Umfeld des Risikomanagements vergleichsweise schnell ändern und die Projekte gewissermaßen Pioniercharakter besitzen.

ten, sodass sich noch horizontale und vertikale Prototypen unterscheiden lassen [Floy84]. Probleme beim Einsatz von Prototypen ergeben sich vor allem dann, wenn der Auftraggeber die Ziele und Anforderungen nicht genau spezifizieren kann, oder wenn externe Anforderungen – beispielsweise gesetzliche Vorgaben – noch nicht final vorliegen. Einen Lösungsansatz hierzu bieten evolutionäre Modelle.

## 3.4 Agile Projektierung

**Vorteile evolutionärer Prozesse** Evolutionäre Entwicklungsprozesse starten mit Soll- und Muss-Anforderungen des Auftraggebers, die in den Produktkern einfließen. Anfangs wird nur dieser Kern entwickelt und geliefert. Auf Basis dieser sog. „Null-Version" können Erfahrungen gesammelt und Anforderungen für die nächsten Entwicklungsschritte abgeleitet werden. Die Null-Version wird dann um genau diese Anforderungen ergänzt und als neue Version geliefert. Dieser Zyklus wird solange durchlaufen, bis das Produkt vollständig entwickelt oder der erforderliche Reifegrad erreicht ist. Bei der Projektierung von Risikomanagementsystemen oder internen Modellen erweist sich dieses Vorgehensmodell als sehr vorteilhaft.

**Trend zu agilen Verfahren** Erfahrungsgemäß können bei der Umsetzung komplexer organisatorischer Projekte geregelte Verfahren leichter als gesteuerte Prozesse implementiert werden. Teams gelten damit nicht mehr als hierarchisch steuerbare Organisationseinheiten, deren Arbeitsabläufe durch Prozessbeschreibungen gesteuert werden, sondern als organisatorische Systeme, in denen die Teammitglieder die Aufgaben kooperativ durchführen [Lüps02; Well12]. Die gelebten Prozesse weisen damit Merkmale agiler Verfahren auf.

**Bekannte agile Verfahren** Agile Verfahren basieren auf Erkenntnissen über lernende Organisationen [Seng90] und der Komplexitätstheorie. Sie gehen damit weit über den Umfang und die Ansätze der traditionellen Modelle hinaus. Die verschiedenen agilen Verfahren unterscheiden sich sowohl im Detaillierungsgrad der aufgestellten Regeln als auch bezüglich der Beschreibungsebene, welcher diese Regeln zugeordnet sind. Unterschieden werden Prozessverfahren, Prozessregeln sowie Metaprozesse [WoMü03]. Die bekanntesten agilen Verfahren sind [Cold02; WoBl10; Wolf12]:

- Extreme Programming,
- Crystal,
- Scrum,
- Adaptive Software Development,
- Feature Driven Development und
- Kanban.

**Extreme Programming** Einer der bekanntesten prozessbasierten agilen Ansätze ist das extreme Programming (XP) [Beck00; Beck99]. Es basiert auf fünf Werten[46] [Hans10], aus denen 14 Prinzipien[47] zu verschiedenen Bereichen der Software-Entwicklung abgeleitet werden.

**Crystal** Prozessregelbasierte Verfahren wie Crystal fokussieren auf die effiziente Organisation von Prozessen. Sie schaffen ein Rahmenwerk, wodurch sich Teams ihre projektspezifischen Prozesse unter Beachtung der Rahmenbedingungen eines Projekts selbst definieren können [Cock02]. Die Rahmenbedingungen führen zu sieben Prinzipien[48] der Projektarbeit. Crystal beinhaltet auch Möglichkeiten, um die Kritikalität eines Projekts in Beziehung zu einer Fehlfunktion des zu entwickelnden Produkts zu setzen[49].

**Scrum** Vor allem für professionelle Teams mit umfangreicher Erfahrung sind agile Verfahren wie Scrum [ScBe02] geeignet, die lediglich organisatorisch-deskriptiv die Voraussetzungen schaffen, um ein sich selbst organisierendes Team einsetzen zu können. Der Scrum-Ansatz geht davon aus, dass sich deterministische Phasen (Planung und Abschluss) sowie chaotische Phasen (Sprints) in einem Projekt abwechseln. Die Sprint-Phase wird als „Black Box" angesehen, die einer externen Steuerung[50] bedarf, um Chaos zu vermeiden und gleichzeitig die Flexibilität zu maximieren. Das Projektergebnis entsteht unter Berücksichtigung von Umwelteinflüssen. Das Projekt und der Lieferumfang können jederzeit angepasst werden. Das Projektteam kann sich auf die beste Lösung konzentrieren (vgl. [Wint12]). Scrum verwendet Steuermechanismen, um die Nichtvorhersagbarkeit zu handhaben, Risiken zu kontrollieren sowie die Flexibilität zu erhöhen [RiJa00]. Es eignet sich gut für den Einsatz in Risikomanagementprojekten.

**Adaptive Software Development** Das Adaptive Software Development (ASD) [High00] ist eine Umsetzung des Prinzips der kontinuierlichen Anpassung an immer neue Anforderungen und ersetzt das klassische Wasserfallmodell. Hierzu wurden fünf Charakteristi-

[46] Kommunikation, Einfachheit, Feedback, Mut, Respekt.

[47] Menschlichkeit, Wirtschaftlichkeit, wechselseitiger Vorteil, Selbstähnlichkeit, Verbesserung, Vielfältigkeit, Reflexion, Fluss, Gelegenheit (wahrnehmen), Redundanz (vermeiden), Fehlschläge hinnehmen, Qualität, kleine Schritte, akzeptierte Verantwortung.

[48] Die Prinzipien lauten [Cock03, 199]: (1) Interaktive, direkte Kommunikation ist der günstigste und schnellste Kanal zum Austausch von Informationen; (2) übermäßiges Gewicht in der Methode ist kostspielig; (3) größere Teams benötigen schwerere Methoden; (4) kritische Projekte erfordern eine höhere Anzahl von Zeremonien; (5) die Zunahme von Feedbacks reduziert das Bedürfnis nach Zwischenergebnissen; (6) Disziplin, Fertigkeiten und Verständnis stehen Verfahren, Formalitäten und Dokumentation gegenüber; (7) in Aktivitäten ohne Flaschenhals ist Effizienz entbehrlich.

[49] Die Kritikalitätsstufen sind [Cock03, 204]: **C** (Comfort) – Auswirkung auf den Komfort der Benutzer; **D** (Discretionary Money) – Auswirkung auf den Verlust von Geldern innerhalb des Projektbudgets; **E** (Essential Money) – Auswirkung auf den Verlust von wesentlichen Geldern (für das Unternehmen bestandsgefährdend); **L** (Life) – Gefährdung von Menschenleben.

[50] Beispielsweise durch Change-Management, Risiko-Management oder Problem-Management.

ken[51] des Modells definiert, deren Umsetzung durch sieben Praktiken[52] unterstützt wird. Beim ASD wird in regelmäßigen Abständen gemeinsam mit dem Auftraggeber geprüft, ob die bis dahin erstellte neue Softwareversion im Vergleich zur Vorgängerversion einen Fortschritt darstellt.

**Feature Driven Development** Das Feature Driven Development (FDD) [PaFP02] stellt fünf schlanke Prozesse[53] zur Verfügung, um große zeitkritische Projekte durchzuführen. FDD stellt den Begriff des Features in den Mittelpunkt der Entwicklung. Jedes Feature bedeutet einen Mehrwert für den Auftraggeber. Der Entwicklungsprozess wird über einen Feature-Plan gesteuert. Die Entwicklung des Plans dauert nur wenige Tage. Jedes Feature wird in maximal zwei Wochen entworfen und umgesetzt. Feature Driven Development lässt sich gut in klassische Projektstrukturen integrieren [WoRL05, 137].

**Kanban in der IT** Kanban[54] ist eine Methodologie zur Produktionsablaufsteuerung mit dem Ziel, Lagebestände und Puffer in Produktionsabläufen so zu reduzieren und zu optimieren, dass ein gleichmäßiger Fertigungsfluss (Flow) gewährleistet werden kann [Ohno88; Ohno93]. Im Gegensatz zu traditionellen, zentralisierten Produktionssystemen bietet Kanban ein hohes Anpassungspotenzial bei kurzfristigen Änderungen des Produktionsbedarfs. Zentrale Bestandteile des Kanban sind das auch aus dem Lean Thinking bekannte Pull-Prinzip [WoJo04; WoJo94; WoJo96] sowie der aus dem Qualitätsmanagement bzw. Kaizen[55] bekannte Prozess der kontinuierlichen Verbesserung (KVP) [Demi86; Imai00; Ishi85; Malo99]. Kanban in der IT [Ande11] hat den Namen übernommen, sowie Prinzipien des Lean Thinking und eine Kultur des KVP[56] adaptiert. Außerdem enthält es Elemente der Engpasstheorie (Theory-of-Contraints) [GoCo84] sowie des Risikomanagements. Für Kanban gelten fünf Kerneigenschaften:

- Visualisierung des Arbeitsflusses
- Begrenzung der Menge angefangener Arbeit (Pull-System)[57]

[51] Die Charakteristiken sind [High00]: missionsgesteuert, komponentenorientiert, iterativ, offen für Änderungen, risikogesteuert.

[52] Die Praktiken sind [High00]: Qualitätsprüfungen, Joint Application Development Sessions, Lessons learned Sessions, Beta-Testing, Projektvision, Dokumentation der Projektdaten, Produktspezifikation.

[53] Die Prozesse sind: Gesamtmodell entwickeln; Feature-Liste erstellen; Plan je Feature erstellen; Feature entwerfen; Feature umsetzen.

[54] Im Japanischen bedeutet: Kan – Signal, Ban – Karte.

[55] Im Japanischen bedeutet: Kai – Veränderung, Zen – zum Besseren.

[56] In der Praxis für den KVP verbreitet sind: tägliche Besprechungen zu Status, Problemen und Lösungen; unregelmäßige Sitzungen mit dem gesamten Projektteam, um nächste Ziele und die nächsten Schritte zu besprechen; Fehler-Ursachen- oder Problem-Quellen-Analysen.

[57] Das Pull-System basiert auf quantitativen Überlegungen zu Warteschlangenmodellen [LZGS84; Thon11]. Einfache Ein-Kanal-Systeme mit unendlichem Warteraum (sog. M/M/1-Systeme [Kend53]) können durch die Ankunftrate $\lambda$, die Bedienrate $\mu$ und die Auslastung $\rho = \lambda / \mu$ beschrie-

- Messung und Steuerung des Flusses[58]
- Klare und transparente Regeln[59]
- Nutzung von Modellen im KVP zur Prozessoptimierung[60].

**Einsatz von Kanban im Risikomanagement** Die Stärke von Kanban im Vergleich zu klassischen Modellen liegt darin, dass lediglich Komponenten bzw. Produktanforderungen die einzelnen Produktionsphasen durchlaufen und nicht das gesamte Produkt. Außerdem werden die gleichzeitig zu bearbeitenden Anforderungen beschränkt. Für Projekte hoher Komplexität, die durch viele Unterbrechungen und häufige Änderungsanforderungen, oder durch starke Arbeitsteilung und Spezialisierung gekennzeichnet sind, eignet sich Kanban besser als andere agile Methoden. Für den Einsatz in ganzheitlichen Risikomanagementprojekten ist Kanban deshalb sehr zu empfehlen.

## Literatur

[Ande11] *Anderson, D. J.:* Kanban – Evolutionäres Change Management für IT-Organisationen. dpunkt Verlag, Heidelberg 2011.

[BaJe99] *Baetge, J.; Jerschensky, A.:* Frühwarnsysteme als Instrumente eines effektiven Risikomanagement und -Controlling. Controlling **11** (1999) 171.

[Balz08] *Balzert, H.:* Lehrbuch der Softwaretechnik: Softwaremanagement. Spektrum Akademischer Verlag, Heidelberg 2008.

[Beck00] *Beck, K.:* Extreme Programming Explained – Embrace Changes. Addison-Wesley, Reading 2000.

[Beck99] *Beck, K.:* Embracing Changes with Extreme Programming. IEEE Computer **32** (1999) 10, S. 70.

[BeSt92] *Bergeron, F.; St-Arnaud, J. Y.:* Estimation of information systems development efforts: a pilot study. Information and Management **22** (1992) 239.

[Boeh81] *Boehm, B. W.:* Software Engineering Economics. Prentice Hall, Englewood Cliffs 1981.

[Boeh88a] *Boehm, B. W.:* A Spiral Modell of Software Development and Enhancement. IEEE Computer **21**:5 (1988) 61.

[Boeh88b] *Boehm, B. W.:* A Spiral Modell of Software Development and Enhancement. ACM SIGSOFT **13**:8 (1988) 61.

[BuBu02] *Burger, A.; Buchhart, A.:* Risiko-Controlling. Oldenburg, München, 2002.

ben werden. Die mittlere Länge der nicht-leeren Schlange mit den tatsächlich wartenden Aufträgen ist $L_n = \lambda/(\mu - \lambda)$. Die Schlangenlänge aller Aufträge ist $L_q = \rho^2/(1 - \rho)$ [Zimm08].

[58] Zur Steuerung werden typische Größen wie Warteschlangenlängen, Arbeitsdurchsatz und Bearbeitungszeiten gemessen.

[59] Dies betrifft z. B. die Definition von „fertig" für jedes Teilergebnis; Festlegungen von Prioritäten und „wer darf was, wann, wie machen" (Definition von Service Level Agreements – SLA) usw.

[60] Modelle bilden die Prozesskette oder Teile davon systematisch und vereinfacht ab. Typische Modelle basieren auf Ideen von Deming, der Engpasstheorie [GoCo84], der Komplexitätstheorie [Wege03], System Dynamics [Forr61; Schö03] oder systematischem Denken.

[BuWa97] *Bullinger, H.-J.; Warschat, J. (Hrsg.):* Forschungs- und Entwicklungsmanagement: Simultaneous Engineering, Projektmanagement, Produktplanung, Rapid Product Development. Teubner, Stuttgart 1997.

[BuWW03] *Bullinger, H.-J.; Warnecke, H. J.; Westkämper, E. (Hrsg.):* Neue Organisationsformen im Unternehmen: Ein Handbuch für das moderne Management. Springer, Berlin 2003.

[BWB97] *Bundesamt für Wehrtechnik und Beschaffung (BWB):* Entwicklungsstandard für IT-Systeme des Bundes. BWB IT IS, Allgemeiner Umdruck Nr. **250**/1, Koblenz 1997.

[ChNi12] *Christiansen, M; Niemeyer, A.:* The fundamental definition of the Solvency Capital Requirement in Solvency II. Preprint Series 2012-02. Fakultät für Mathematik und Wirtschaftswissenschaften, Universität Ulm 2012.

[Chri06] *Chrisians, U.:* Performance Management und Risiko: Strategieumsetzung mit risikoorientierter Balanced Scorecard, Wissensbilanzen und Werttreibernetzen. Berliner Wissenschafts-Verlag, Berlin 2006.

[Cock02] *Cockburn, A.:* Agile Software Development. Addison-Wesley, Reading 2002.

[Cock03] *Cockburn, A.:* Agile Software-Entwicklung. mitp-Verlag, Heidelberg 2003.

[CoHS12] *Coenenberg, A. G.; Haller, A.; Schultze, W.:* Jahresabschluss und Jahresabschlussanalyse: Betriebswirtschaftliche, handelsrechtliche, steuerrechtliche und internationale Grundlagen – HGB, IAS/IFRS, US-GAAP, DRS. Schäffer-Poeschel, Stuttgart 2012.

[Cold02] *Coldeway, J.:* Agile Entwicklung Web-basierter Systeme – Einführung und Überblick. WIRTSCHAFTSINFORMATIK **44** (2002) 237.

[Demi86] *Deming, W. E.:* Out of the crisis. MIT Center for Advance Engineering Study, MIT Press, Cambridge 1986.

[DrWi00] *Dröschel, W.; Wiemers, M. (Hrsg.):* Das V-Modell 97. Oldenburg, München 2000.

[EIOP13a] *EIOPA:* Leitlinien zur vorausschauenden Beurteilung der eigenen Risiken (basierend auf den ORSA-Grundsätzen). 31. Oktober 2013, EIOPA-CP-13/09 DE.

[EU09] *EU:* Richtlinie 2009/138/EG des Europäischen Parlamentes und des Rates betreffend die Aufnahme und Ausübung der Versicherungs- und der Rückversicherungstätigkeit (Solvabilität II). Amtsblatt der Europäischen Union L 335 vom 17.12.2009.

[FaBu05] *Faisst, U.; Buhl, H. U.:* Integrated Enterprise Balancing mit integrierten Ertrags- und Risikodatenbanken. WIRTSCHAFTSINFORMATIK **47** (2005) 403.

[Fili09] *Filipovic, D.:* Multi-level risk aggregation. Astin Bulletin **39** (2009) 565.

[FlBu11] *Flyvbjerg, B.; Budzier, A.:* Why Your IT Project Might Be Riskier Than You Think. Harvard Business Review **89**:9 (2011) 23.

[Flor11] *Floreani, A.:* Risk margin estimation through the cost of capital approach: Some conceptual issues. The Geneva Papers on Risk and Insurance – Issues and Practice **36** (2011) 226.

[Floy84] *Floyd, C.:* A Systematic Look at Prototyping. In: *Budde, R.; Kantz, K.; Kuhlenkamp, K.; Züllighoven, H. (Eds.):* Prototyping – An Approach to Evolutionary System Development. Springer, Berlin 1984, S. 1.

[Forr61] *Forrester, J. W.:* Industrial Dynamics. Pegasus Communications, Westford 1961.

[Fört00] *Förterer, J.:* Ertrags- und Risikosteuerung von Lebensversicherern aus finanzmarkttheoretischer Sicht: ein Ansatz zum Asset/Liability Management. Verlag Versicherungswirtschaft, Karlsruhe 2000.

[Free10] *Freeman, R. E.:* Strategic Management: A Stakeholder Approach. Cambridge University Press, New York 2010.

[FuLS13] *Fuchs, S.; Ludwig, A.; Schmidt, K. D.:* Zur Exaktheit der Standardformel. Zeitschrift für die gesamte Versicherungswissenschaft **102** (2013) 87.

[GBKD11] *Günther, B.; Bach, F.; Karau, T.; Drechsler, S.:* Ableitung eines Limitsystems aus dem internen Risikomodell und der Einfluss des Allokationsverfahrens. Zeitschrift für Versicherungswesen **62** (2011) 359.

[GDV12] *Ausschuss Betriebswirtschaft und Informationstechnologie, Gesamtverband der Deutschen Versicherungswirtschaft e. V. (Hrsg.):* FAQ Solvency II – Betriebstechnische Hinweise. Band 40 der Schriftenreihe Betriebswirtschaft und Informationstechnologie des GDV, Berlin 2012.

[GoCo84] *Goldratt, E. M.; Cox, J.:* The Goal: A Process of Ongoing Improvement. North River Press, Great Barrington 1984.

[GrSt04] *Grelck, M.; Stahl, D.:* Umsetzung eines Solvency II-Projektes. Versicherungswirtschaft **59** (2004) 249.

[Hans10] *Hanser, E.:* Agile Prozesse: Von XP über Scrum bis MAP. Springer, Heidelberg 2010.

[High00] *Highsmith, J. A. III.:* Adaptive Software Development Ecosystems: Problems Principles and Practices. Dorset House, New York 2000.

[HöHö08] *Höhn, R.; Höppner, S.:* V-Modell XT: Grundlagen, Methodik und Anwendungen, Springer Berlin 2008.

[Imai00] *Imai, M.:* Kaizen – Der Schlüssel zum Erfolg der Japaner im Wettbewerb. Ullstein, Berlin 2000.

[Ishi85] *Ishikawa, K.:* What is Total Quality Control? The Japanese Way. Prentice Hall, Engelwood Cliffs 1985.

[JeNW84] *Jenkins, A. M.; Naumann, J. D.; Wetherbe, J. C.:* Empirical investigation of systems development practices and results. Information and Management, **7** (1984) 73.

[KaGa81] *Kaplan, S.; Garrick, B. J.:* On the quantitative definition of risk. Risk Analysis **1** (1981) 11.

[Kend53] *Kendall, D. G.:* Stochastic Processes Occurring in the Theory of Queues and their Analysis by the Method of the Imbedded Markov Chain. The Annals of Mathematical Statistics **24** (1953) 338.

[Kerz08] *Kerzner, H.:* Projektmanagement: Ein systemorientierter Ansatz zur Planung und Steuerung. mitp-Verlag, Heidelberg 2008.

[Klom90] *Kloman, H. F.:* Risk Management Agonists. Risk Analysis **10** (1990) 201.

[KLSZ92] *Kieback, A.; Lichter, H.; Schneider-Hufschmidt, M.; Züllighoven, H.:* Prototyping in industriellen Software-Produkten. Informatik-Spektrum **15** (1992) 65.

[Kolm33] *Kolmogorov, A. N.:* Grundbegriffe der Wahrscheinlichkeitsrechnung. Springer, Berlin 1933.

[KrWo12] *Kriele, M.; Wolf, J.:* Wertorientiertes Risikomanagement von Versicherungsunternehmen. Springer, Heidelberg 2012.

[Lay11] *Lay, W.:* Risikobilanzierung unter Solvency II für deutsche Lebensversicherungsunternehmen aus aktuarieller Sicht. Zeitschrift für die gesamte Versicherungswissenschaft **100** (2011) 3.

[Lüps02] *Lüpschen, H.:* A-Process – Effektive Softwareentwicklung. Oldenburg, München 2002.

[LZGS84] *Lazowska, E. D.; Zahorjan, J.; Graham, G. S.; Sevcik, K. C.:* Quantitative System Performance – Computer System Analysis Using Queueing Network Models. Prentice Hall, Englewood Cliffs 1984.

[Malo99] *Malorny, C.:* TQM umsetzen – der Weg zur Business Excelence. Schäffer-Poeschel, Stuttgart 1999.

[McFE05] *McNeil, A. J.; Frey, R.; Embrechts, P.:* Quantitative Risk Management: Concepts, Techniques, Tools. Princeton University Press, Princeton 2005.

[Nels06] *Nelson, R. B.:* An Introduction to Copulas. Springer, New York 2006.

[OeSB11] *Oehlenberg, L.; Stahl, G.; Bennemann, C.:* Von der Standardformel zum Internen Modell – ein Überblick über Solvency II. In: *Bennemann, C.; Oehlenberg, L.; Stahl, G. (Hrsg.):* Handbuch Solvency II. Schäffer-Poeschel, Stuttgart 2011, S. 3.

[OGC09] *Office of Government Commerce:* Erfolgreiche Projekte managen mit PRINCE2®. The Stationery Office, Norwich 2009.

[OhLa09] *Ohlsson, E. and Lauzeningks, J.:* The one-year non-life insurance risk. Insurance: Mathematics and Economics **45** (2009) 203.

[Ohno88] *Ohno, T.:* Toyota Production System. Productivity, Portland 1988. (Japanischer Originaltext: Toyota seisan hoshiki. Diamond, Tokyo 1978).

[Ohno93] *Ohno, T.:* Das Toyota-Produktionssystem. Campus, Frankfurt/Main 1993.

[PaFP02] *Palmer, S. R.; Felsing, M.; Palmer, S.:* A Practical Guide to Feature-Driven Development. Pearson – Prentice Hall, London 2002.

[PhVN88] *Phan, D.; Vogel, D.; Nunamaker, J.:* The Search for Perfect Project Management. Computerworld o. J. (1988) S. 95.

[RaBr08] *Rausch, A.; Broy, M.:* Das V-Modell XT: Grundlagen, Erfahrungen und Werkzeuge. dpunkt Verlag, Heidelberg 2008.

[ReUn10] *Reichardt, S.; Unmuth, A.:* Leitfaden für eine Prüfung des Risikomanagements nach MaRisk in Versicherungsunternehmen. ZIR **45** (2010) 66.

[Rick98] *Ricketts, I. W.:* Software-Projektmanagement kompakt. Springer, Heidelberg 1998.

[RiJa00] *Rising, L.; Janoff, N. S.:* The Scrum Software Development Process for Small Teams. IEEE Software **17** (2000) July, S. 26.

[Royc70] *Royce, W. W.:* Managing the Development of Large Software Systems: Concepts and Techniques. Proc. of IEEE Western Electronic Show and Convention, WESCON, **26** (August 1970) 1. Nachdruck in: Proc. of the 9th Int. Conf. on Software Engineering, Monterey, CA, 1987, S. 328.

[SaCu03] *Sauer, S.; Cuthbertson, C.:* The State of IT Project Management in the UK, Templeton College, Oxford 2003.

[SaGR07] *Sauer, C.; Gemino, A.; Reich, B. H.:* The impact of size and volatility on IT project performance. Communications of the ACM **50**:11 (2007) 79.

[Sali03] *Saliger, E.:* Betriebswirtschaftliche Entscheidungstheorie. Oldenburg, München 2003.

[ScBe02] *Schwaber, K.; Beedle, M.:* Agile Software Development with Scrum. Prentice Hall, Englewood Cliffs 2002.

[Schö03] *Schöneborn, F.:* Strategisches Controlling mit System Dynamics. Physica-Verlag Heidelberg, November 2003.

[Seng90] *Senge, P.:* The Fifth Dicipline – The Art & Practice of The Learning Organization. Currency Doubleday, New York 1990.

[SpVo10] *Spitczok von Brisinski, N.; Vollmer, G.:* Pragmatisches IT-Projektmanagement: Softwareentwicklungsprojekte auf Basis des PMBOK® Guide führen. dpunkt Verlag, Heidelberg 2010.

[Stan03] *The Standish Group:* Chaos Chronicles Version 3.0. West Yarmouth 2003.

[Thon11] *Thonemann, U.:* Operations Management – Konzepte, Methoden und Anwendungen. Pearson Studium, München 2011.

[Tiem10] *Tiemeyer, E. (Hrsg.):* Handbuch IT-Projektmanagement: Vorgehensmodelle, Managementinstrumente, Good Practices. Carl Hanser, München 2010.

[WeAl12] *Welge, M. K.; Al-Laham, A.:* Strategisches Management: Grundlagen – Prozess – Implementierung. Springer-Gabler, Wiesbaden 2012.

[Wege03] *Wegener, I.:* Komplexitätstheorie: Grenzen der Effizienz von Algorithmen. Springer, Berlin 2003.

[Well12] *Wells, T. D.:* Dynamic Software Development – Managing Projects in Flux. Auerbach Publications – CRC Press, London 2012.

[WiMe10] *Wieczorrek, H. W.; Mertens, P.:* Management von IT-Projekten: Von der Planung zur Realisierung. Springer, Berlin 2010.

[Wint12] *Wintersteiger, A.:* Scrum: Schnelleinstieg. entwickler.press, Frankfurt 2012.

[WoBl10] *Wolf, H.; Bleek, W.-G.:* Agile Softwareentwicklung – Werte, Konzepte und Methoden. dpunkt Verlag, Heidelberg 2010.

[WoJo04] *Womak, J. P.; Jones, D. T.:* Lean Thinking: Ballast abwerfen, Unternehmensgewinn steigern. Campus, Frankfurt/Main 2004.

[WoJo94] *Womak, J. P.; Jones, D. T.:* From Lean Production to the Lean Enterprise. Harvard Business Review (1994) March-April, S. 93.

[WoJo96] *Womak, J. P.; Jones, D. T.*: Lean Thinking. Simon & Schuster, New York 1996.

[Wolf12] *Wolf, H. (Hrsg.):* Agile Projekte mit Scrum, XP und Kanban im Unternehmen durchführen: Erfahrungsberichte aus der Praxis. dpunkt Verlag, Heidelberg 2012.

[WoMü03] *Wolle, B.; Müller, V.:* Prozessorientiertes IT-Qualitätsmanagement. HMD – Praxis der Wirtschaftsinformatik **40**:232 (2003) 66.

[WoRL05] *Wolf, H.; Roock, S.; Lippert, M.:* eXtreme Programming. dpunkt Verlag, Heidelberg 2005.

[Zimm08] *Zimmermann, H.-J.:* Operations Research: Methoden und Modelle. Vieweg, Wiesbaden 2008.

# 4 Einsatz von Software im Risikomanagement

Jedes Werkzeug muss durch die Erfahrung gemacht werden (Leonardo da Vinci, italienisches Universalgenie, Maler, Bildhauer, Baumeister, Zeichner und Naturforscher, 1452–1519).

**Automation und Unterstützung der Abläufe** Für das Risikomanagement sind Zusammenarbeit, Kommunikation und eine sachgerechte Erstellung, Aufbereitung und Übergabe der Informationen und Ergebnisse im Unternehmen von zentraler Bedeutung. Wie nachfolgend beschrieben, kommen verschiedene softwaregestützte Einzelverfahren sowie speziell auf das Risikomanagement zugeschnittene Software-Anwendungen und IT-Lösungen zum Einsatz. In der betrieblichen Praxis ist für eine erfolgreiche und effiziente Bewältigung der Aufgaben des Risikomanagements das Zusammenwirken der verschiedenen Anwendungen und Software-Systeme entscheidend.

## 4.1 Software-Werkzeuge

**SW-Kategorien des Risikomanagements** Die Software zur Automation und Unterstützung des Risikomanagements lässt sich folgenden Kategorien zuordnen:

- Informationsaufbereitung
  Die Software zur Informationsaufbereitung umfasst Anwendungen wie Tabellenkalkulation, Textverarbeitung, Business Reporting oder Kommunikationssoftware.
- Anwendungen
  Bei den für das Risikomanagement spezifischen Anwendungen kann klassisch zwischen Administrations- und Dispositionssystemen (z. B. Vertragsmanagementsysteme oder Anwendungen zur Kalkulation der versicherungstechnischen Rückstellungen), Führungssystemen (z. B. BI-Lösungen oder auch interne Modelle) und Querschnittssystemen (z. B. WMS oder DMS) unterschieden werden [StHa04] (vgl. Abschn. 2.2).



B. Wolle, *Risikomanagementsysteme in Versicherungsunternehmen*, IT im Unternehmen, DOI 10.1007/978-3-8348-2309-0_4

- Datenbereitstellung
  Die Bereitstellung von Daten kann auf Basis eines Data-Warehouses erfolgen [Goek04] und beinhaltet die Bereitstellung externer Daten sowie interner Statistiken oder Daten aus verteilten Dateisystemen [Grud91].
- Hintergrundsysteme
  Die allgemeinen Hintergrundprogramme umfassen Software und Komponenten zu Datenbanken, Netzwerksystemen, Betriebssystemen sowie Compiler und Nutzeroberflächen.

**CSCW-Systeme und Groupware** Zur Unterstützung der operativen Aufgaben des Risikomanagements existiert eine Reihe von Werkzeugen und Anwendungen, die unter dem Begriff „Computer Supported Cooperative Work" (CSCW) zusammengefasst werden können. Durch Automation bzw. Teilautomation unterstützen diese Werkzeuge die Koordination und Kooperation von Mitarbeitern in gruppen- oder organisationsübergreifenden Abläufen (vgl. z. B. [GrKo07]). In der Literatur hat sich für die Hilfsmittel zur flexiblen Kooperationsunterstützung der Begriff Groupware[1] eingebürgert [Burg97].

**GDSS** Group Decision Support Systems (GDSS) sind für die Entscheidungsunterstützung bei Gruppenarbeit ausgelegte Systeme. Sie sollen spezielle Managementaufgaben unterstützen. [GoMo71].

**Mehrbenutzereditoren, Wikis und CMS** Mehrbenutzereditoren unterstützen die gemeinsame Erstellung von Dokumenten. Derartige Systeme basieren auf Internet-Technologien[2] [ElGR91; SaDe97]. Eine besondere Form von Hypertextsystemen für die Erstellung von Web-fähigen Dokumenten stellen die zu den Content-Management-Systemen (CMS)[3] gehörenden Wikis dar[4] [EbGH05; LeCu01]. Bei der Erstellung von Dokumenten, deren Publikation nicht zwingend auf Internet-Technologien basiert, erleichtern Redaktionssysteme das arbeitsteilige Erstellen von redaktionellen, textorientierten Inhalten und deren Layout. Sie unterstützen die Pflege aufwendiger Schriftstücke und vereinfachen die Dokumentation erklärungsbedürftiger Produkte und Systeme [HeRa00].

---

[1] Nach Ellis et al. bezeichnet Groupware ein computerbasiertes System, welches Gruppen, die sich mit einer gemeinsamen Aufgabe (oder einem Ziel) befassen, unterstützt und ein Interface zu einer gemeinsam genutzten Umgebung bereitstellt [ElGR91, 40].

[2] Das W3 C veröffentlichte die Authoring Tool Accessibility Guidelines 1.0, ATAG10:2000. (www.w3.org/TR/2000/REC-ATAG10-20000203/, Abruf am 10.03.2014). Der Standard wird überarbeitet und liegt derzeit als Draft in der Version 2.0 vor (www.w3.org/TR/2013/CR-ATAG20-20131107/, Abruf am 10.03.2014).

[3] Ein Content-Management-System (CMS) bietet zusätzlich zu den Funktionalitäten eines Dokumenten-Management-Systems (DMS) die Möglichkeit, Dokumente zu editieren. Dokumentenmanagement hingegen beschreibt das Erstellen, Bearbeiten, Veröffentlichen und Weiterleiten von Dokumenten verschiedenster Formate, die ständigen Änderungen unterworfen sind. Die Implementierung eines CMS bietet eine wertvolle Grundlage für darauf aufbauende Nutzungsformen des Intranets wie Content-Workflow und praktiziertes Knowledge Management (KM) [Stei00].

[4] Im Hawaiischen bedeutet: wiki – schnell.

**Koordinationsunterstützung durch WMS** Selbst bei normalen Arbeitsabläufen ist es erforderlich, angemessen mit Risiken und Ausnahmesituationen umgehen zu können [SuWy84]. Allerdings unterliegt das in den Abläufen hinterlegte Rollenmodell einem gewissen Fluss – vor allem dann, wenn es informell festgelegt wurde [KaPM96]. Hier setzen Workflow-Management-Systeme (WMS)[5] an. Mit diesen Werkzeugen lässt sich durch Automation eines Geschäftsvorgangs die Effizienz steigern [Kirn95]. Sie steuern die Ausführung, verwalten und koordinieren beteiligte Ressourcen und entlasten die am Workflow beteiligten Personen von Routinetätigkeiten [Heil94; Sche95].

**Unterstützung des Projektmanagements** Im Projektmanagement werden auf unterschiedlichen Führungsebenen Plan- und Istdaten ausgetauscht und ausgewertet. Operativ wird viel durch den Einsatz von Tabellenkalkulationsprogrammen unterstützt. Bei komplexen Projekten, oder wenn es um mehrere Projekte gleichzeitig geht, bieten sich Multi-Projektmanagement-Werkzeuge an. Sie zeichnen sich durch Mehrprojektfähigkeit bei Planung, Reporting und Controlling aus [Ahle04].

**Versionskontrollsysteme** Werkzeuge zur Versionskontrolle – sog. Versionskontrollsysteme – sind aus der Software-Entwicklung nicht mehr wegzudenken[6] [Berl91; CoWe98]. Sie dokumentieren die Historie von Dateiänderungen und stellen damit sicher, dass sich einmal gemachte Änderungen nachvollziehen bzw. rückgängig machen lassen. Durch ihren Einsatz lassen sich aufsichtsrechtliche Anforderungen zu IT-Kontrollen[7] leichter umsetzen [AiSa10]. Dies ist insbesondere bei der Entwicklung interner Modelle nach Solvency II von zentraler Bedeutung[8].

**Product Life Cycle Management** Das Produktdatenmanagement umfasst die Speicherung, Pflege und Bereitstellung von produktdefinierten Daten sowie den bestehenden Abhängigkeiten im Zusammenhang mit Prozessen des Produktlebenszyklusses. Die Erweiterung des Produktdatenmanagements um ein durchgängiges Konfigurations-, Anforderungs- und Projektmanagement führt zum Product-Life-Cycle-Management [EiSt01]. Product-Life-Cycle-Management-Systeme beinhalten ein umfangreiches

[5] Zur Standardisierung von Workflow-Management-Systemen wurde 1993 die Workflow-Management-Coalition (WfMC) gegründet. Die Ziele der WfMC bestehen darin, die Terminologie, das Referenzmodell und seine Schnittstellen, Modellierungssprachen (XPDL) und Protokollstandards (Wf-XML) zu definieren. Dabei wird der gesamte Prozess von der Entwicklung von WMS bis hin zu ihrem Einsatz betrachtet [Holl95]. Siehe auch die Angaben unter www.wfmc.org.

[6] In der Software-Entwicklung spricht man häufig von Konfigurationsmanagement (vgl. die Standards IEEE 825 sowie ISO 10007).

[7] Gemäß Pkt. 7.2.2.2 Nr. 3 MaRisk sind die IT-Systeme und die zugehörigen IT-Prozesse grundsätzlich auf gängige Standards abzustellen. Damit sind Standards zum Konfigurationsmanagement implizit eingeschlossen. Zudem sind die IT-Systeme gemäß Pkt. 7.2.2.2 Nr. 4 MaRisk nach wesentlichen Veränderungen zu testen. Dabei ist auf die Auswirkungen, die eine Veränderung auf die Funktionsfähigkeit des betroffenen IT-Systems haben kann, abzustellen.

[8] Gemäß Art. 125 RRL müssen Versicherungsunternehmen alle größeren Veränderungen an ihrem internen Modell (siehe Art. 115 RRL) dokumentieren.

Spektrum an Funktionalitäten [SeGS03]. Im Zusammenhang mit der Entwicklung von internen Modellen für Solvency II unterstützt die ganzheitliche Sicht des Product-Life-Cycle-Managements bei der praktischen Erfüllung aufsichtsrechtlicher Anforderungen zur Modell-Governance[9].

**Prozessmodellierung** Im Rahmen der Governance-Anforderungen rücken schließlich auch das Prozessrisiko und dessen Visualisierung in den Fokus. Hier unterstützen Metamodellierungsplattformen als Modellierungswerkzeuge [FGKW07; JKSt00; ScJW05] sowie Spezifikationssprachen [FrRü12; SlNe11]. Bei der Modellierung sollte aus praktischen Gründen zwischen Fehlern (die bei einzelnen Aktivitäten entstehen können) und Risiken (die durch Unternehmensabläufe entstehen) unterschieden werden.

## 4.2 Business-Intelligence-Lösungen

**Management-Support-Systeme** Seit vielen Jahren werden Informations- und Kommunikationssysteme zur Entscheidungsunterstützung im Management eingesetzt. Hierzu zählen beispielsweise Management-Information-Systeme (MIS), Decision-Support-Systeme (DSS) und Executive-Information-Systeme (EIS) [MeMe09]. Für diese Systeme hat sich in den 1980er Jahren der Sammelbegriff Management-Support-Systeme (MSS) etabliert[10] [GlGD08]. Dies schließt Risiko-Management-Informationssysteme ein [ErRo02]. In der betrieblichen Praxis hat sich der Begriff „Business Intelligence“ (BI) zur Kennzeichnung von Systemen durchgesetzt, die auf Basis interner Kosten- und Leistungsdaten sowie externer Marktdaten das Management bei Planung, Steuerung und Organisation unterstützen [ChGl04; Gluc01].

**Aspekte der Business Intelligence** Technologisch umfasst BI alle Werkzeuge und Anwendungen mit entscheidungsunterstützenden Charakter, die zu einem besseren Verständnis betriebswirtschaftlicher Wirkungsketten führen. Bislang existieren keine trennscharfen und allgemein anerkannten Klassifikationen und Abgrenzungen für die unterschiedlichen System- und Konzeptklassen. Dementsprechend wird Business Intelligence in der Literatur auch unterschiedlich interpretiert:

- Bei einer weiten Auslegung umfasst BI alle Systemkomponenten, die operatives Datenmaterial zur Informationsgenerierung aufbereiten und speichern, sowie Auswertungs- und Präsentationsfunktionalität zur Verfügung stellen [KrWZ98].

[9] Dies betrifft vor allem die in den Art. 44, 45, 48, 51, 112–125 RRL implizit oder explizit enthaltenen Anforderungen zu Leistungsumfang und Struktur interner Modelle, die Weiterentwicklung eines Modells, Modelländerungen, Dokumentationsanforderungen, Test, Validierung, Datenmanagement, Kommunikation, Berichterstattung, Integration, Prozesse sowie Verantwortlichkeiten und Rollen.

[10] Der Begriff „Management Support System“ bezeichnet den Einsatz von Computern und der dazu gehörenden Informationstechnologie zur Unterstützung von Managern [ScMo83, 5].

- Ein enges Begriffsverständnis fokussiert auf die Komponenten, welche modell- und methodenbasiert eine zielgerichtete Analyse von vorhandenen Daten ermöglichen. BI beschränkt sich dann auf die Auswertungsebene und setzt harmonisierte, aufbereitete und konsistente Daten voraus. Zu den BI-Tools zählen Data-Mining-Produkte, OLAP (Online Analytical Processing), Reportgeneratoren sowie die darauf aufbauenden Anwendungen [ChGl04; JuWi00; KeBM10].
- Die prozessfokussierte Sichtweise versteht Business Intelligence als einen Prozess, der aus fragmentierten, inhomogenen Daten Wissen über eigene und fremde Positionen, Potenziale und Perspektiven generiert [ChGl04; GrGe00].

**Auslöser zur Einführung von BI-Lösungen** Potenzielle Treiber für die Konzeption und den betrieblichen Einsatz von BI-Lösungen sind Managementkonzepte sowie gesetzliche Anforderungen, welche zur Entscheidungsunterstützung eine Informationsbereitstellung erfordern, die durch das Zusammenwirken zwischen fachlichen, an den strategischen Unternehmenszielen ausgerichteten Anforderungen einerseits und einer organisatorischen und technischen Umsetzung andererseits sichergestellt werden kann. Dies betrifft beispielsweise die wertsteigernde Unternehmensführung (Value-based Performance Management) [BBBH99; Stew99] im Zusammenhang mit der Leistungsmessung basierend auf Kennzahlen (Business Performance Measurement)[11] [Glad11; Neel11], Anforderungen nach US-GAAP [Alve11] oder Vorgaben zur Berichterstattung und Informationsbereitstellung im Rahmen des aufsichtsrechtlichen Risikomanagements nach Basel III [KlSt12] oder Solvency II[12].

**Reifegradmodell** Insbesondere wenn BI-Lösungen eingesetzt werden, um gesetzliche bzw. aufsichtsrechtliche Anforderungen effizienter umsetzen zu können, ist eine nachvollziehbare, systematische und umfassende Analyse und Bewertung dieser Systeme von Bedeutung[13]. Hierbei können BI-spezifische Reifegradmodelle[14] wie das biMM[15] einen wesentlichen Beitrag leisten [ChGl04].

---

[11] Business Performance Management wird verstanden als Planung, Steuerung und Kontrolle der betrieblichen Leistung und steht in Zusammenhang mit dem Business Performance Measurement. Beide Konzepte sind im Balanced-Scorecard-Ansatz enthalten [ChGl04].

[12] Vgl. die Ausführungen in Abschn. 1.2 sowie in Abschn. 4.4.

[13] Solvency II erfordert das Vorhalten sämtlicher Quelldaten, die in die Risikokapitalermittlung eingehen – siehe Art. 104 Abs. 7 RRL, Art. 121 Abs. 3 RRL sowie Art. 82–84, 124 RRL. Allerdings wird auch in Pkt. 7.2.2.2 Nr. 3 MaRisk gefordert, dass die IT-Systeme und die zugehörigen IT-Prozesse die Integrität, die Verfügbarkeit, die Authentizität sowie die Vertraulichkeit der Daten sicherstellen müssen.

[14] Reifegradmodelle werden in der Literatur vor allem zur Beschreibung von Lebenszyklen [DhYu76; EvSc99], zur Beurteilung der Qualität von Software-Prozessen [MeSt99] oder IT-Governance-Prozessen [Gaul10] diskutiert. Die bekannten Reifegradmodelle wie der als SPICE-Modell bekannte ISO-Standard 15504 [Wall06] oder COBIT [ISAC96] basieren auf dem Capability Maturity Model für Software (CMM) [PWCC95], das fünf Reifegradstufen unterscheidet: initial, wiederholbar, definiert, gesteuert, optimierend.

[15] Das biMM ist an das Capability Maturity Model angelehnt.

**Reifegradziel und Reifegradstufen** Die Reifegradstufen des biMM repräsentieren typische Lebenszyklusphasen von BI-Lösungen in den Unternehmen – vom Anfangsstadium bis zur Perfektion. Dabei wird auch die zunehmende Verbreitung von BI im Unternehmen auf verschiedenen Ebenen (strategische Ebene, Managementebene und operative Ebene) berücksichtigt. Insofern ist in einem Reifegradmodell die höchste Stufe nicht notwendigerweise als anzustrebendes Ziel anzusehen. Der Sollzustand ist stattdessen unternehmensindividuell unter Berücksichtigung der Rahmenbedingungen festzulegen [Dint11]. Die Stufen dieses Modells können wie folgt interpretiert werden:

- Erste Stufe – Einzelinformation
  Analytische Informationen werden in Form isolierter, unabgestimmter Abfragen für einzelne Fragestellungen der Managementebene gesammelt. Die technischen Möglichkeiten von BI-Tools werden nicht genutzt. Die Stufe ist geprägt von hohem manuellem Aufwand, Heterogenität, Redundanzen und intransparenten Abläufen.
- Zweite Stufe – Informationsinseln
  Die Aktivitäten zum Sammeln, Halten und Analysieren von Daten für die Managementebene werden auf Fachbereichsebene koordiniert. Der Einsatz von BI-Werkzeugen erweitert die Analysemöglichkeiten. Grundlegende Eigenschaften an IT-Systeme wie Stabilität und partielle Automatisierung werden erfüllt.
- Dritte Stufe – Informationsintegration
  Etablierte organisatorische Strukturen und definierte Prozesse unterstützen den Aufbau und den Betrieb der BI-Systeme. Als zentrale Datenbasis wird ein Data-Warehouse (DWH) eingesetzt. Die Stufe ist geprägt vom Anspruch, eine unternehmensweite Lösung mit hoher Standardisierung, breiter Verfügbarkeit für die Managementebene und hoher Datenintegration zu etablieren[16].
- Vierte Stufe – Information Intelligence
  Die Versorgung mit analytischen Daten, insbesondere der operativen Ebene, nimmt zu. Es kommen fortgeschrittene Analyseverfahren zum Einsatz. Business Intelligence zählt inzwischen zu den kritischen Erfolgsfaktoren. Das Datenqualitätsmanagement weist einen hohen Reifegrad auf. Aufbau- und Ablauforganisation sind an die BI ausgerichtet.
- Fünfte Stufe – Enterprise Information Management
  Analytische und operative Systeme zur Unterstützung der Geschäftsprozesse sind vollständig integriert. Alle Ebenen des Unternehmens werden umfassend und zielgerichtet mit analytischen Daten versorgt. Dabei sind die analytischen Möglichkeiten und fortgeschrittene Visualisierungstechniken ausgeschöpft. BI wird zu einem unverzichtbaren Instrument der strategischen Unternehmenssteuerung.

**Schlüsselbereiche und Untersuchungsbausteine** Wie in Abb. 4.1 dargestellt, umfasst das Reifegradmodell die Schlüsselbereiche „Fachlichkeit“ (betriebswirtschaftlich inhaltli-

[16] Studien zufolge ist der durchschnittliche Reifegrad bei den Unternehmen der dritten Stufe zuzuordnen [Dint11].

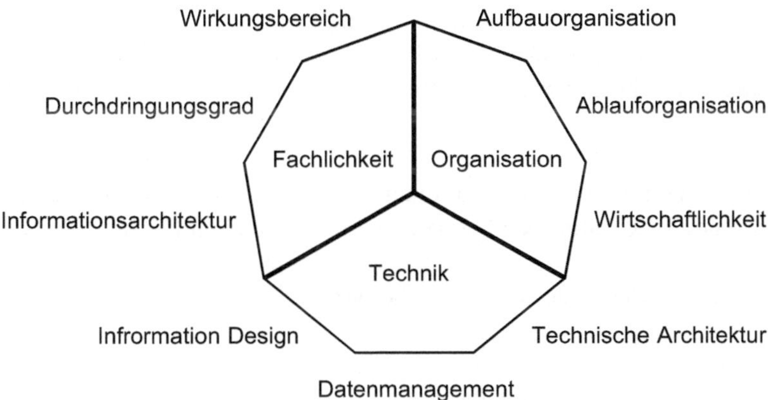


**Abb. 4.1** Schlüsselbereiche und Untersuchungsbausteine des biMM. Mit freundlicher Genehmigung von P. Chamoni und P. Gluchowski

che Sicht), „Organisation" (Einbettung in Aufbau- und Ablauforganisation) sowie „Technik" (Architekturen und BI-Komponenten), die jeweils in weitere Untersuchungsbausteine unterteilt sind (siehe hierzu ausführlich [ChGl04; Dint11]). Der fachliche Bereich adressiert den Nutzungsgrad und den Stellenwert von BI im Unternehmen sowie anwendungsorientierte und inhaltliche Fragestellungen. Der organisatorische Bereich beleuchtet Wirtschaftlichkeit sowie die aufbau- und ablauforganisatorische Gestaltung. Der Sektor Technik umfasst die Qualität der IT-Lösung, die Flexibilität des Systementwurfs und den Grad der Standardisierung der BI-Komponenten [ChGl04].

## 4.3 Interne Modelle

**Definition eines internen Modells** Mangels verbindlicher Vorgaben sind Definitionen und Terminologie zu internen Modellen uneinheitlich[17,18]. Allgemein kann ein internes Modell verstanden werden als ein von der Aufsichtsbehörde genehmigtes System für den Einsatz bei der Berechnung der aufsichtsrechtlichen Solvabilitätsanforderung sowie zur Entscheidungsunterstützung. Es basiert auf einer nachvollziehbaren numerischen Umset-

[17] In der Literatur wird der Begriff „internes Modell" z. B. definiert als „ein stochastisches Modell, das mittels stochastischer Verfahren messbare Aktiv- und Passivrisiken der betrachteten Gesellschaft und ggf. des gesamten Konzerns abbildet. Dabei sollte es über die unternehmensindividuelle Modellierung der stochastischen Geschäftsgrößen die signifikanten finanziellen Auswirkungen konsistent quantifizieren und Abhängigkeitsstrukturen zwischen allen Risikogrößen berücksichtigen" [DAV08, 5]; als „stochastische Modelle, die mit einer ökonomischen Zielfunktion starten, welche optimiert werden soll" [HKKW10, 15]; als „ein stochastisches Modell der Risikofaktoren zur Berechnung des SCR" [OeSB11, 22]; „große, nichtlineare, stochastische Systeme" [StSB11, 236].

[18] Vgl. hierzu auch die Definition des Begriffs „Risikomodell" gemäß § 1 Abs. 13 KWG sowie die Ausführungen in Abschn. 1.1, S. 11.

zung zeitabhängiger, stochastischer Modelle, und besteht aus Software[19] inklusive der zugehörenden Systemdokumentation sowie definierten Prozessen, Organisationsstrukturen und Verantwortlichkeiten bezüglich Betrieb, Entwicklung, Verwendung und Berichterstattung.

**Interne Modelle gemäß RRL** Die Anforderungen und Kriterien an interne Modelle gemäß der Solvency-II-Richtlinie sind prinzipienorientiert und umfassen primär

- die Genehmigung durch die Aufsichtsbehörde[20];
- die zu berücksichtigenden Risiken[21];
- die Verantwortung des Vorstands für
  (a) Anträge zu größeren Modelländerungen[22],
  (b) die Einführung von Systemen, die ein ordnungsgemäßes Funktionieren des internen Modells gewährleisten[23],
  (c) die Gewährleistung der kontinuierlichen Angemessenheit des Aufbaus und der Funktionsweise des internen Modells sowie der auch weiterhin angemessenen Abbildung des Risikoprofils durch das interne Modell[24];
- eine Auskunftsfähigkeit gegenüber der Aufsichtsbehörde[25];
- das Erstellen von Leitlinien zur Modelländerung und die Dokumentation größerer Veränderungen am Modell[26];
- einen Plan wie bei Verletzung der Anforderungen der Art. 120–125 RRL diese innerhalb eines angemessenen Zeitraums wieder eingehalten werden können oder den Nachweis, dass sich die Nichteinhaltung nur unwesentlich auswirkt[27];
- den Nachweis, dass das interne Modell zur Unternehmenssteuerung verwendet wird sowie im Risikomanagement und seinen Entscheidungsprozessen eine wichtige Rolle spielt[28];

[19] Gemäß IEEE-Standard 610 besteht Software aus Computer-Programmen, Prozeduren, Daten und der Betriebsdokumentation.
[20] Siehe Art. 112 Abs. 4 u. 5 RRL sowie für Partialmodelle zusätzlich Art. 113 RRL; vgl. auch § 102 Abs. 5 u. 6 VAG-E sowie § 103 VAG-E.
[21] Siehe die Art. 112 Abs. 2, 113 Abs. 1, 121 Abs. 4 S. 3 RRL; vgl. auch die §§ 102 Abs. 4, 103 Abs. 1 u. 2, 107 Abs. 1 S. 1 u. 2 VAG-E.
[22] Siehe Art. 116 S. 1 RRL; vgl. auch § 104 Abs. 1 Nr. 1 VAG-E.
[23] Siehe Art. 116 S. 2 RRL; vgl. auch § 104 Abs. 1 Nr. 2 u. 3 VAG-E.
[24] Siehe Art. 120 S. 3 RRL; vgl. auch § 104 Abs. 1 Nr. 3 u. 4 VAG-E.
[25] Siehe die Art. 113 Abs. 1 Lit. a, 121 Abs. 2 S. 3 RRL; vgl. auch die §§ 103 Abs. 3, 107 Abs. 2 VAG-E.
[26] Siehe Art. 115 RRL bzw. Art. 125 S. 5 RRL; vgl. auch § 102 Abs. 2 VAG-E bzw. § 112 Abs. 3 VAG-E.
[27] Siehe Art. 118 Abs. 1 RRL; vgl. auch § 105 Abs. 1 VAG-E.
[28] Siehe Art. 120 S. 1 Lit. a RRL; vgl. auch die §§ 106 Abs. 1 Nr. 1, 107 Abs. 1 S. 2 VAG-E.

- den Einsatz des internen Modells bei der Beurteilung von ökonomischem und Solvabilitätskapital, den Allokationsprozessen, sowie bei der unternehmenseigenen Risiko- und Solvabilitätsbeurteilung (ORSA)[29];
- Anforderungen an die Datenqualität[30];
- Qualitätsanforderungen für Prognosen zur Verteilung von Wahrscheinlichkeiten und deren Nachvollziehbarkeit[31];
- Qualitätsstandards zu Diversifikationseffekten, Risikominderungstechniken, Risiken aus Finanzgarantien und Verpflichtungen aus Optionen sowie zu Managementregeln[32];
- Kalibrierungsstandards und Vorgaben zum Risikomaß sowie die Anforderung, auf Verlangen einschlägige Benchmark-Portfolios anwenden zu können[33];
- den Einsatz des internen Modells zur Untersuchung von Gewinnen und Verlusten[34];
- die regelmäßige Validierung des internen Modells und der verwendeten Daten mit Fokus auf sein Leistungsvermögen, der Überprüfung der kontinuierlichen Angemessenheit seiner Spezifikation sowie den Abgleich von Modellergebnissen und Erfahrungswerten [35];
- die Dokumentation von Aufbau und Funktionsweise des internen Modells; Beschreibungen zu den theoretischen und mathematischen Grundlagen, der empirischen Basis sowie den Konstellationen für welche das Modell nicht wirksam funktioniert. Aus der Dokumentation muss die Einhaltung der Vorgaben zu Verwendungstest, Qualitätsstandards, Kalibrierung, Gewinn- und Verlustzuordnung, Validierung und Dokumentation gemäß der Art. 120–125 RRL hervorgehen[36];
- die Vorgabe, für externe Modelle und Daten ebenfalls die Anforderungen der Art. 120–125 RRL zu erfüllen[37];
- ggf. einen Plan zur Erweiterung von Partialmodellen[38];
- die Berichtspflichten im Zusammenhang mit dem Bericht über die Solvabilität und Finanzlage (SFCR)[39];
- die Weiterentwicklung und Verbesserung des Modells[40];
- das Aufgabenspektrum der Risikomanagementfunktion im Zusammenhang mit internen Modellen[41];

[29] Siehe Art. 120 S. 1 Lit. b RRL; vgl. auch § 106 Abs. 1 Nr. 2 VAG-E.
[30] Siehe Art. 121 Abs. 3 RRL; vgl. auch § 107 Abs. 5 VAG-E.
[31] Siehe Art. 121 Abs. 2 u. 4 RRL; vgl. auch § 107 Abs. 2–4 VAG-E.
[32] Siehe Art. 121 Abs. 5–9 RRL; vgl. auch § 108 VAG-E.
[33] Siehe Art. 122 RRL; vgl. auch § 109 VAG-E.
[34] Siehe Art. 123 RRL; vgl. auch § 110 VAG-E.
[35] Siehe Art. 124 RRL; vgl. auch § 111 VAG-E.
[36] Siehe Art. 125 S. 1–4 RRL; vgl. auch § 112 Abs. 1 u. 2 VAG-E.
[37] Siehe Art. 126 RRL; vgl. auch § 104 Abs. 2 VAG-E.
[38] Siehe Art. 113 Abs. 2 RRL; vgl. auch § 103 Abs. 4 VAG-E.
[39] Siehe Art. 51 Abs. 1 S. 2 Lit. e RRL; vgl. auch § 50 Abs. 3 VAG-E.
[40] Siehe Art. 44 Abs. 5 Lit. e RRL; vgl. auch § 27 Abs. 5 S. 3 VAG-E.
[41] Siehe Art. 44 Abs. 5 RRL; vgl. auch § 27 Abs. 5 VAG-E.

- den fachlichen Beitrag der versicherungsmathematischen Funktion im Hinblick auf die Entwicklung interner Modelle sowie zur Risiko- und Solvabilitätsbeurteilung[42];
- die Untersuchungen zur Signifikanz der Abweichung des Risikoprofils des ORSA von den Annahmen, die der berechneten Solvenzkapitalanforderung zugrunde liegen[43];
- den Einsatz interner Modelle für Gruppen[44].

**Fokus: Eigenkapitalberechnung und Steuerung** Durch die Anforderungen an das Eigenkapital durch Solvency II und vor dem Hintergrund eines branchenweit steigenden Wettbewerbs gewinnen Risikomodelle in der Versicherungswirtschaft zunehmend an Bedeutung[45]. Dabei steht zunächst die Berechnung der Eigenkapitalanforderungen durch interne Modelle gemäß der Art. 101 und 102 RRL im Fokus[46]. Diese Modelle sollen aber auch das Management bei seinen Entscheidungen im Rahmen der internen Steuerung unterstützen [Dier08] und in der Geschäftsorganisation eine wichtige Rolle spielen[47].

**Entwicklungstreiber** Die Entwicklung interner Modelle wird deshalb sowohl durch interne Zielsetzungen (z. B. ganzheitliche wertorientierte Steuerung, Quantifizierung des Risikoprofils) als auch durch externe Anforderungen (z. B. aufsichtsrechtliche Vorgaben im Kontext von Solvency II, Rating-Agenturen) motiviert [Dier11; KoRo11].

**Zielgrößen und Struktur interner Modelle** Zielgrößen des Modells sind die Gesamtverteilung der Geschäftsergebnisse, die Berechnung des benötigten Risikokapitals in einer Marktsichtweise und die Erstellung von Solvenzbilanzen. Außerdem dienen interne Modelle der Entscheidungsunterstützung im Risikomanagement und müssen gewissen Qualitätsanforderungen[48,49] genügen. Ein internes Modell sollte deshalb aus mehreren

[42] Siehe Art. 48 Abs. 1 Lit. i RRL; vgl. auch § 31 Abs. 2 S. 2 VAG-E.

[43] Siehe Art. 45 Abs. 1 S. 2 Lit. c RRL; vgl. § 28 Abs. 2 Nr. 3 VAG-E.

[44] Siehe die Art. 230 Abs. 2, 231, 233 Abs. 5 RRL; vgl. auch die §§ 234 Abs. 4, 247 Abs. 2, 248, 251 Abs. 5 VAG-E.

[45] Im Rahmen der QIS5 lieferten 27 Unternehmen aus 10 Versicherungsgruppen Ergebnisse zur Solvenzkapitalberechnung mit internen Modellen. Die Marktdurchdringung betrug dabei etwa ein Drittel für Lebens- und Krankenversicherungen und ein Viertel für den Schaden- und Unfallversicherungsbereich [BaFi11, 23].

[46] Entsprechend Erwägungsgrund 68 RRL und Art. 100 RRL ist es möglich, anstelle der Standardformel vollständige oder partielle interne Modelle zur Berechnung der Solvenzkapitalanforderung zu verwenden. Interne Modelle bedürfen der vorherigen aufsichtlichen Genehmigung nach harmonisierten Verfahren und Standards (siehe auch Art. 112, 113 RRL). Bei Versicherungsunternehmen, die einer Gruppe angehören, kann die Genehmigung eines internen Modells gemäß Erwägungsgrund 102 RRL sowohl auf der Ebene der Gruppe als auch auf Ebene des einzelnen Unternehmens beantragt werden.

[47] Siehe Art. 120 RRL sowie Art. 121 Abs. 4 RRL.

[48] Die DAV-Arbeitsgruppe Interne Risikomodelle definierte aus fachlicher Sicht die folgenden übergeordneten Qualitätskriterien für ein internes Modell: Projektmanagement, Konzeption, Konsistenz, Detaillierungsgrad, Flexibilität, Validierung, implizite Annahmen, Stabilität [DAV08, 7 ff.].

[49] Eine gute Ausgangsbasis zur Strukturierung der Qualitätsanforderungen an interne Modelle bietet die DIN EN ISO 9126, da die Solvency-II-Richtlinie viele Qualitätsmerkmale direkt oder indirekt

miteinander über Schnittstellen verbundenen Komponenten aufgebaut sein, die sich aus fachlicher Sicht zu folgenden Einzelmodellen zusammenführen lassen [DAV08, 27]:

- Kapitalmarktmodell
  Dieses Modell liefert alle relevanten Kapitalmarktinformationen wie Zinskurven und Aktienkursentwicklungen.
- Asset-Modell
  Der Kapitalanlagebestand des Versicherungsunternehmens wird auf Basis der Daten des Kapitalmarktmodells, dem Cash-Flow der Verbindlichkeiten und gegebener Investmentstrategie im Rahmen einer Simulation möglichst realitätsnah weiterentwickelt.
- Liability-Modell
  Die zur Modellierung der Versicherungstechnik relevanten Module werden im Liability-Modell zusammengefasst. Dies betrifft beispielsweise Prämienverhalten, Rückversicherung, versicherungstechnische Verpflichtungen und Schäden.
- Wettbewerbsmodell
  Das Wettbewerbsmodell bildet das Verhalten der Versicherungsnehmer in diversen Szenarien und Situationen ab[50].
- Managementmodell
  Im diesem Modell fließen Informationen aus anderen Modellen zusammen und es werden Entscheidungen auf Basis von sog. Managementregeln[51] an andere Modelle übergeben.
- Auswertungsmodell
  Die Ergebnisdaten der verschiedenen Berechnungen, Simulationen und Projektionen werden im Auswertungsmodell verdichtet und aufbereitet, sodass die notwendigen Ausgaben wie GuV, Bilanzen, Bilanzanalysen, Statistiken und Übersichten zu ökonomischen Größen erstellt werden können.

**Stochastischer Simulationskern** Bei vielen Versicherungsunternehmen nimmt das Marktrisiko einen großen Teil des Gesamtrisikoprofils ein [BaFi11; DaHe11, 178]. Dieses tritt hauptsächlich im Bereich der Kapitalanlagen auf, wo Kurs- und Zinsbewegungen das Marktrisiko maßgeblich beeinflussen. Außerdem liefern vor allem in der Lebensversicherung die versicherungstechnischen Verpflichtungen über die Laufzeiten sowie die

anführt. Dies betrifft beispielsweise die „Angemessenheit" (Art. 120 S. 3 RRL, Art. 124 RRL), die „Ordnungsmäßigkeit" (Art. 116 S. 2 RRL), die „Richtigkeit" (Art. 124 S. 4 RRL) oder die „Stabilität" (Art. 124 S. 4 RRL). Siehe auch die Ausführungen in Abschn. 2.3.

[50] Für die Lebensversicherung von Interesse ist das Stornoverhalten in verschiedenen Zinssituationen (vgl. Art. 104 Abs. 3 RRL) [BuLV11, 53]. Andere Aspekte betreffen die Modellierung des Neugeschäfts in Abhängigkeit von der Preisgestaltung oder dem Rating. Im Nicht-Lebenbereich werden beispielsweise Erneuerungs- und Kündigungswahrscheinlichkeiten von Versicherungsverträgen modelliert [DAV08; HKKW10].

[51] Die übergreifenden Managementregeln sind vor allem in der Lebensversicherung wichtig, wo die Bestimmung der Überschussbeteiligung von zentraler Bedeutung ist und entscheidend vom Zusammenspiel von Aktiv- und Passivseite abhängt. (Vgl. auch Pkt. 7.3.2.3 Nr. 1 MaRisk zu Begriff und Dokumentationsanforderungen.).

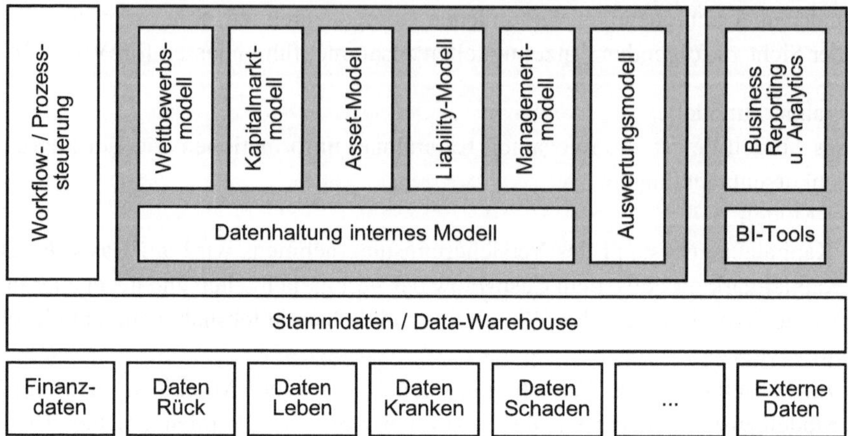


**Abb. 4.2** Schematische Darstellung einer möglichen Solvency-II-Architektur für interne Modelle

Optionen und Garantien einen wesentlichen Beitrag zum Gesamtrisikoprofil[52] [BrRe11]. Kapitalmarkt-Asset- und Liability-Modelle bilden deshalb den Kern von stochastischen Modellen zur Simulation der Dynamik der Risikofaktoren[53].

**Architektur für interne Modelle** Im Rahmen einer Data-Warehouse-Architektur oder einer service-orientierten Architektur lassen sich die Anforderungen im Solvency-II-Umfeld in ein einfaches Architekturmodell überführen (Abb. 4.2). Die operativen Vorsysteme für Kapitalanlagen, Finanzbuchhaltung und die Kernsysteme für den Versicherungsbetrieb liefern zusammen mit externen Daten, die nicht aus den Vor- und Kernsystemen des Versicherungsunternehmens kommen, die Datenbasis für das Risikomanagement und weitere Nutzer. Aus diesen bereinigten Stammdaten [Meye11; Zwir11] wird die Datenbasis für die internen Modelle erzeugt. Workflowmanagement- bzw. Prozesssteuerungssysteme unterstützen Betrieb und Anwendung interner Modelle[54]. BI-Lösungen können komplexe Aufgaben im Bereich der vorausschauenden Analysen (Predictive Analytics) und des Business Reporting übernehmen.

[52] So wurde das Consultation Paper 40 der Ebene 2 zu den Durchführungsmaßnahmen für die risikofreie Zinsstrukturkurve nach Art. 86 S. 1 Lit. b RRL [CEIO09a] europaweit sehr intensiv diskutiert. https://eiopa.europa.eu/en/fixed-width/consultations/consultation-papers/2010-2009-closed-consultations/july-2009/consultation-paper-no-40/index.html, Abruf am 10.03.2014.
[53] Siehe hierzu auch die Ausführungen in Abschn. 1.2, S. 15 f.
[54] Workflow-Systeme wie Kepler bieten Frameworks zur Integration numerischer Codes inklusive Datenanalyse, Signalverarbeitung und XML-Konverter (http://kepler-project.org, Abruf am 10.03.2014).

## 4.4 Extensible Business Reporting Language

**Anspruchsvoller Industriestandard** Die eXtensible Business Reporting Language (XBRL) ist ein auf dem XML-Standard des W3C basierender Industriestandard zur Erstellung, Übermittlung und Weiterverarbeitung von Geschäftsdaten (Business Reporting). Vor dem Hintergrund der internationalen Harmonisierung von Rechnungslegungsstandards lagen die Hauptgründe, die zu der internationalen XBRL-Initiative[55] führten, in Defiziten bei der Vergleichbarkeit und beim Vergleich von Informationen der finanziellen Geschäftsberichterstattung sowie in Ineffizienzen beim Austausch der benötigten Daten zwischen verschiedenen Anwendungssystemen [MeGr02; NuSt02].

**Beschreibung von Datenstrukturen mit XBRL** Diese Ineffizienzen entstehen vor allem, wenn Geschäftsdaten in den weit verbreiteten HTML- oder PDF-Formaten bereitgestellt werden. Bei diesen Formaten ist es nicht möglich, neben den Daten gleichzeitig auch ihre inhaltliche Beschreibung zur Verfügung zu stellen. Die fehlenden semantischen Zusatzinformationen erschweren die Aufbereitung, den Austausch und die Auswertung der Daten [KrSc03]. Im Vergleich zu HTML als Beschreibungssprache für Dokumente lassen sich mit XBRL auch Inhalt und Struktur einer Datei individuell abbilden. Allerdings setzen die Erarbeitung und die Erweiterung von XBRL fundierte Kenntnisse hinsichtlich der eingesetzten Technologien und IT-Systeme sowie des Rechnungswesens voraus.

**Technische Grundlagen** Die technische Grundlage von XBRL-Dokumenten bildet XML[56]. Auf Basis von XML-Schemata werden Strukturvorlagen definiert, die im XBRL-Standard als Taxonomien bezeichnet werden. Sie spezifizieren, welche Informationseinheiten existieren und wie sie verknüpft werden können. Durch den Einsatz von Taxonomien kann die Weiterverarbeitung der Daten effizienter gestaltet werden, da die Semantik unmittelbar zur Verfügung steht. Die grundlegende Informationseinheit ist das sogenannte Item. Es beschreibt den Sachverhalt, über den berichtet werden soll. Als weitere Dimension ist ein Bezugszeitraum oder Bezugszeitpunkt anzugeben. Zur Beschreibung von Unternehmen können detaillierte Textdaten definiert werden. In der konkreten Anwendung enthält eine Taxonomie etwa die Beschreibung der Position einer Solvency-II-Bilanz, z. B. dass die versicherungstechnischen Rückstellungen einen Teil der Passiva bilden und sich aus der Risikomarge, den Best Estimates sowie den sonstigen kalkulierten versicherungstechnischen Rückstellungen zusammensetzen.

**Taxonomien für Abschlüsse** In einem ersten Schritt der Entwicklung von XBRL wurden zunächst Taxonomien zur externen Berichterstattung definiert, die kontinuierlich erweitert

[55] Verantwortlich für die Weiterentwicklung ist das XBRL Steering Committee. Diese Gruppe entstand aufgrund einer Initiative des AICPA (American Institute of Certified Accountants), welche die technischen Möglichkeiten des Internet für das Business Reporting evaluierte [KrSc03]. Siehe hierzu auch die Informationen unter www.xbrl.org.

[56] Die Metasprache XML stellt eine Teilmenge der Standard Generalized Markup Language (SGML) dar und setzt sich im Wesentlichen aus Tags und Attributen zusammen.

werden. Zu beachten ist, dass bei der externen Berichterstattung unterschiedliche nationale und internationale Standards der Rechnungslegung sowie Branchenspezifika zu berücksichtigen sind. Für die Erstellung von Abschlüssen nach unterschiedlichen Vorschriften sind derzeit beispielsweise Taxonomien zu US-GAAP[57], IFRS[58] oder HGB[59] verfügbar.

**XBRL und aufsichtsrechtliche Berichterstattung** Der Einsatz von XBRL im Rahmen der aufsichtsrechtlichen Berichterstattung in Europa begann mit der Implementierung von COREP[60] durch das CEBS [BoFl05]. Die Herausforderung bestand darin, für die Berichterstattung nach Basel II ein einheitliches Datenformat für die zugrunde liegenden Tabellen mit bis zu 40.000 möglichen Zellkombinationen bereitzustellen. Parallel zu COREP wurde FINREP[61] als Erweiterung zu der bereits existierenden IFRS-XBRL-Taxonomie des IAS entwickelt [BoSc10]. Die Taxonomien wurden in den Jahren 2005 und 2006 veröffentlicht.

**Data Point Modell** Multinationale aufsichtsrechtliche Frameworks zur Berichterstattung sind durch die Berücksichtigung der verschiedenen nationalen Anforderungen und Interessen von einer hohen Komplexität geprägt. Zur Analyse von aufsichtsrechtlichen Frameworks für das Berichtswesen entwickelte das Eurofiling-Projekt[62] das sogenannte Data Point Modell [BoFl05; Boix12]. Es ist kein XBRL-Artefakt, sondern ein zwischen aufsichtsrechtlichem Framework und Datenaustauschformat angesiedeltes Metamodell. Das Data Point Modell unterstützt die strukturierte, formale und auf die IT-Implementierung ausgerichtete Darstellung der Daten, wobei alle Informationseinheiten und ihre Beziehungen sowie Validierungsregeln erfasst werden. Es enthält alle relevanten technischen Spezifikationen, die zur Entwicklung von Taxonomien, Datenbanken und IT-Lösungen für Berichtssysteme benötigt werden. Gleichzeitig werden die von den Aufsichtsbehörden benötigten Zerlegungen und Charakteristika der Daten auf Zellenebene für nachvollziehbar dokumentiert. Das Data Point Model kann auch dazu eingesetzt werden, um ver-

---

[57] Siehe z. B. die Taxonomien unter www.xbrl.org/FRTApproved.

[58] Siehe www.ifrs.org/XBRL/IFRS-Taxonomy/2014/Pages/IFRS-Taxonomy-2014-Information-and-Files.aspx, Abruf am 10.03.2014.

[59] Die HGB-Taxonomie ist verfügbar unter www.xbrl.de/images/data/releasepaket_5_2.zip, Abruf am 10.03.2014.

[60] Das Common Solvency Ratio Reporting (COREP) ist ein internationales Projekt der Europäischen Bankenaufsichtsbehörde (EBA), um den Datenaustausch von Finanzdaten im Umfeld der Säule I von Basel II zu harmonisieren, zu vereinfachen und zu beschleunigen.

[61] Das Financial Reporting (FINREP) ist ein Verfahren der Europäischen Bankenaufsichtsbehörde (EBA) für das finanzielle Berichtswesen sowie zur aufsichtsrechtlichen Berichterstattung für Finanz- und Kreditinstitute. Das Format ist zu IAS/IFRS kompatibel.

[62] Das Eurofiling-Projekt (www.eurofiling.info) ist eine gemeinsame Initiative der Europäischen Bankenaufsichtsbehörde (EBA) und der Europäischen Aufsichtsbehörde für das Versicherungswesen und die betriebliche Altersversorgung (EIOPA) in Kooperation mit XBRL Europa (www.xbrl.eu). Eurofiling erarbeitet Data Point Modelle, XBRL-Dokumente, Taxonomien und Informationsmaterialien für die aufsichtsrechtlichen Frameworks COREP, FINREP und Solvency II.

schiedene regulatorische Frameworks abzugleichen, denn die Definitionen von Ländern, Währungen, Zeitintervallen usw. sind aufsichtsunabhängig. Elemente, die von verschiedenen regulatorischen Frameworks geteilt werden, können somit in der Architektur von Taxonomien berücksichtigt werden. Dies hilft, die Komplexität (und damit die Implementierungskosten) zu reduzieren [XBEU11]

**Taxonomie für Solvency II** EIOPA entwickelt zur Übermittlung der QRTs eine XBRL-Taxonomie. Sie stellt für das Solvency-II-Berichtswesen ein harmonisiertes Datenformat auf Basis der verschiedenen Datenorganisationen der QRTs zur Verfügung. Der Stand der Entwicklung wurde im Rahmen einer Vorkonsultation vorgestellt [EIOP11a]. Auf Basis der Rückmeldungen hat sich EIOPA entschieden, zur Modellierung der Solvency-II-Meta-Daten das Data Point Modelling der EBA einzusetzen und die Ergebnisse der Modellierung in einer Taxonomie bestehend aus zwei Schichten – eine hoch-dimensionale XBRL-Taxonomie (HDT) sowie eine mäßig-dimensionale XBRL-Taxonomie (MDT) – abzubilden. Der aktuelle Entwicklungsstand der Solvency-II-Taxonomie wurde im Januar 2014 veröffentlicht [EIOP14].

## Literatur

[Ahle04] *Ahlemann, F.:* Comparative Market Analysis on Project Management Systems. Universität Osnabrück, Osnabrück 2004.

[AiSa10] *Aiello, B.; Sachs, L.:* Configuration Management Best Practices: Practical Methods that Work in the Real World. Addison-Wesley, Upper Saddle River 2010.

[Alve11] *Alves, W.:* Reporting nach US-GAAP. Wiley-VCH, Weinheim 2011.

[BaFi11] *Bundesanstalt für Finanzdienstleistungsaufsicht:* Ergebnisse der fünften quantitativen Auswirkungsstudie zu Solvency II (QIS 5): Zusammenfassung der Auswertung durch die Bundesanstalt für Finanzdienstleistungsaufsicht, 21.03.2011. www.bafin.de/SharedDocs/Veroeffentlichungen/DE/Meldung/2011/meldung_110321_qis5_ergebnisse_bericht_bafin.html, Abruf am 10.03.2014.

[BBBH99] *Brunner, J., Becker, D.; Bühler, M.; Hildebrandt, J.; Zaich, R.:* Value-Based Performance Management. Gabler, Wiesbaden 1999.

[Berl91] *Berlack, H. R.:* Software Configuration Management. John Wiley & Sons, New York 1991.

[BoFl05] *Boixo, I.; Flores, F.:* New Technical and Normative Challenges for XBRL: Multidimensionality in the COREP Taxonomy. International Journal of Digital Accounting Research **5** (2005) 79.

[Boix12] *Boixo, I.:* The Data Point Model methodology in the European Supervision: COREP/FINREP. Eurofiling, 3 May 2012, www.eurofiling.info/documents/DataPointModelMethodologyIB.pdf, Abruf am 10.03.014.

[BoSc10] *Boixo, I.; Schmehl, K.:* Collaborative Development of I.T. Supervisory Frameworks. XBRLglobal **1**:2 (2010) 37.

[BrRe11] *Bräutigam, C.; Reichmut, W.:* Zinsstrukturkurve und Solvency II. Versicherungswirtschaft **66** (2011) 1686.

[BuLV11] *Butzke, M.; Ludwig, S.; Vievers, C.:* Die Standardformel nach Solvency II. In: *Bennemann, C.; Oehlenberg, L.; Stahl, G. (Hrsg.):* Handbuch Solvency II. Schäffer-Poeschel, Stuttgart 2011, S. 39.

[Burg97] *Burger, C.:* Groupware – Kooperationsunterstützung für verteilte Anwendungen. dpunkt Verlag, Heidelberg 1997.

[CEIO09a] *CEIOPS*: Consultation Paper No. 40, Draft CEIOPS' Advice for Level 2 Implementing measures on Solvency II: Technical Provisions – Article 85 b – Risk-free interest rate term structure. 2 July 2009, CEIOPS-CP-40/09.

[ChGl04] *Chamoni, P.; Gluchowski, P.:* Integrationstrends bei Business-Intelligence-Systemen – Empirische Untersuchung auf Basis des Business Intelligence Maturity Model. WIRTSCHAFTSINFORMATIK **46** (2004) 119.

[CoWe98] *Conradi, R.; Westfechtel, B.:* Version Models for Software Configuration Management. ACM Computing Surveys **30** (1998) 232.

[DaHe11] *Dahmen, C.; Herwig, T.:* Ökonomische Szenarien als Kern des Marktrisikomodells. In: *Bennemann, C.; Oehlenberg, L.; Stahl, G. (Hrsg.):* Handbuch Solvency II. Schäffer-Poeschel, Stuttgart 2011, S. 177.

[DAV08] *DAV-Arbeitsgruppe Interne Risikomodelle: Kortebein, C.; Baetz, H.; Bittermann, L.; Cottin, C. et. al. (Hrsg.):* Interne Risikomodelle in der Schaden-/Unfallversicherung. Deutsche Gesellschaft für Versicherungs- und Finanzmathematik (DGVFM), Schriftenreihe Versicherungs- und Finanzmathematik, Bd. 35. Verlag Versicherungswirtschaft, Karlsruhe 2008.

[DhYu76] *Dhalla, N.; Yuspeh, S.:* Forget the Product Life Cycle Concept. Harward Business Review (1976) January/February, S. 102.

[Dier08] *Diers, D.:* Der Einsatz mehrjähriger interner Modelle zur Unterstützung von Managemententscheidungen. Zeitschrift für die gesamte Versicherungswissenschaft **97** (2008) 91.

[Dier11] *Diers, D.:* Modellierung versicherungstechnischer Risiken in Internen Modellen – Rüstzeug für Strategieentscheidungen des Managements der Zukunft. In: *Bennemann, C.; Oehlenberg, L.; Stahl, G. (Hrsg.):* Handbuch Solvency II. Schäffer-Poeschel, Stuttgart 2011, S. 141.

[Dint11] *Dinter, B.:* Ein Reifegradmodell für Business-Intelligence-Lösungen. HMD – Praxis der Wirtschaftsinformatik **48**:279 (2011) 91.

[EbGH05] *Ebersbach,A.; Glaser, M.; Heigl, R.:* WikiTools. Springer, Berlin 2005.

[EIOP11a] *EIOPA:* Introduction to the Technical Consultation on the Solvency II XBRL Taxonomy. 21 July 2011, EIOPA-CP-11/002. https://eiopa.europa.eu/con-sultations/consultation-papers/2011-closed-consultations/july-2011/consultation-on-the-solvency-ii-xbrl-taxonomy/index.html, Abruf am 10.03.2014.

[EIOP14] *EIOPA:* EIOPA Solvency II DPM and XBRL Taxonomy Framework Architecture, Version 1.4. 21 January 2014, https://eiopa.europa.eu/publications/eu-wide-reporting-formats/index.html/SII-Preparatoroy-2014-01-01-v1.2.zip, Abruf am 10.03.2014.

[EiSt01] *Eigner, M.; Stelzer, R.:* Produktdatenmanagement-Systeme – Ein Leitfaden für Product Development und Lifecycle Management. Springer, Berlin 2001.

[ElGR91] *Ellis, C.; Gibbs, S.; Rein, G.:* Groupware: Some Issues and Experiences: Perspectives on a Changing World. Communications of the ACM **34**:1 (1991) 39.

[ErRo02] *Erben, R. F.; Romeike, F.:* Risiko-Management-Informationssysteme – Potentiale einer umfassenden IT-Unterstützung des Risk-Managements. In: *Pastors, P. M.:* Risiken des Unternehmens – vorbeugen und meistern. Rainer Hampp Verlag, Mering 2002, S. 551.

[EvSc99] *Eversheim, W.; Schuh, G.:* Produktion und Management. Springer, Berlin 1999.

[FGKW07] *Fill, H.-G.; Gericke, A.; Karagiannis, D.; Winter, R.:* Modellierung für Integrated Enterprise Balancing. WIRTSCHAFTSINFORMATIK **49** (2007) 419.

[FrRü12] *Freund, J.; Rücker, B.:* Praxishandbuch BPMN 2.0. Carl Hanser, München 2012.

[Gaul10] *Gaulke, M.:* COBIT Val IT – Risk IT. dpunkt Verlag, Heidelberg, 2010.

[Glad11] *Gladen, W.:* Performance Measurement: Controlling mit Kennzahlen. Gabler, Wiesbaden 2011.

[GlGD08] *Gluchowski, P.; Gabriel, R.; Dittmar, C.:* Management Support Systeme und Business Intelligence. Springer, Berlin 2008.

[Gluc01] *Gluchowski, P.:* Business Intelligence – Konzepte, Technologien und Einsatzbereiche. HMD – Praxis der Wirtschaftsinformatik **38**:222 (2001) 5.

[Goek04] *Goeken, M.:* Referenzmodellbasierte Einführung von Führungsinformationssystemen – Grundlagen, Anforderungen, Methode. WIRTSCHAFTSINFORMATIK **46** (2004) 5.

[GoMo71] *Gorry, G. A.; Morton, M. S. S.:* A framework for management information systems. Sloan Management Review **13** (1971) 1, p. 55.

[GrGe00] *Grothe, M.; Gensch, P.:* Business Intelligence: Aus Informationen Wettbewerbsvorteile ziehen. Addison-Wesley, München 2000.

[GrKo07] *Gross, T.; Koch, M.:* Computer-Supported Cooperative Work. Interaktive Medien zur Unterstützung von Teams und Communities. Oldenbourg, München 2007.

[Grud91] *Grudin, J.:* CSCW: The Convergence of Two Development Contexts. In: *Robertson, S. P.; Olson, G. M.; Olson, J. S. (Hrsg.):* Proceedings of the ACM CHI 91 Conference on Human Factors in Computing Systems, April 28 – June 05, 1991, New Orleans, LA. ACM Press, New York 1991, S. 91.

[Heil94] *Heilmann,H.:* Workflow Management – Integration von Organisation und Informationsverarbeitung. HMD – Praxis der Wirtschaftsinformatik **33:**176 (1994) 8.

[HeRa00] *Hess, T., Rawolle, J.:* Redaktionssysteme für klassische und digitale Medien. HMD – Praxis der Wirtschaftsinformatik **37**:211 (2000) 53.

[HKKW10] *Heep-Altiner, M.; Kaya, H.; Krenzlin, B.; Welter, D.:* Interne Modelle nach Solvency II. Verlag Versicherungswirtschaft, Karlsruhe 2010.

[Holl95] *Hollingsworth, D.:* Workflow Management Coalition – The Workflow Reference Model. Workflow Management Coalition, Winchester, UK. Document Number TC00-1003, 1995.

[ISAC96] *ISACF Information Systems Audit and Control Foundarion (Hrsg.):* COBIT: Control Objectives for Information and Related Technologiy. Illinois, 1996 (www.isaca.org).

[JKSt00] *Junginger, S.; Kühn, H.; Strobl, R.:* Ein Geschäftsprozessmanagement-Werkzeug der nächsten Generation – ADONIS: Konzeption und Anwendungen. WIRTSCHAFTSINFORMATIK **42** (2000) 392.

[JuWi00] *Jung, R.; Winter, R.:* Data Warehousing: Nutzungsaspekte, Referenzarchitektur und Vorgehensmodell. In: *Jung, R.; Winter, R. (Hrsg.):* Data Warehousing Strategie: Erfahrungen, Methoden, Visionen. Springer, Berlin 2000, S. 3.

[KaPM96] *Katzenberg, B.; Pickard, F.; McDermott, J.:* Computer support for clinical practice – Embedding and evolving protocols of care. Proceedings of the CSCW '96 Conference on Computer Supported Cooperative Work. ACM, New York 1996, S. 57.

[KeBM10] *Kemper, H.-G.; Baars, H.; Mehanna, W.:* Business Intelligence – Grundlagen und praktische Anwendungen. Vieweg+Teubner, Wiesbaden 2010.

[Kirn95] *Kirn, S.:* Organisatorische Flexibilität durch Workflow-Management-Systeme?. HMD – Praxis der Wirtschaftsinformatik **34**:182 (1995) 100.

[KlSt12] *Klauck, K.-O.; Stegmann, C. (Hrsg.):* Basel III: Vom regulatorischen Rahmen zu einer risikoadäquaten Gesamtbanksteuerung. Schäffer-Poeschel, Stuttgart 2012.

[KoRo11] *Korte, T.; Romeike, F.:* Motivationsaspekte zur Entwicklung eines Internen Modells. Versicherungswirtschaft **66** (2011) 607.

[KrSc03] *Kranich, P.; Schmitz, H.:* Die Extensible Business Reporting Language – Standard, Taxonomien und Entwicklungsperspektiven. WIRTSCHAFTSINFORMATIK **45** (2003) 77.

[KrWZ98] *Krahl, D.; Windheuser, U.; Zick, F.-K.:* Data Mining – Einsatz in der Praxis. Addison-Wesley, Bonn 1998.

[LeCu01] *Leuf, B.; Cunningham, W.:* The Wiki Way: Quick Collaboration on the Web. Addison-Wesley, London 2001.

[MeGr02] *Meyer-Pries, L.; Gröner, S.:* Web-Publizität und Datenaustausch mit XBRL – Ein internationaler Standard für das eReporting. FinanzBetrieb **4** (2002) 44.

[MeMe09] *Mertens, P.; Meier, M. C.:* Integrierte Informationsverarbeitung 2 – Planungs- und Kontrollsysteme in der Industrie. Gabler, Wiesbaden 2009.

[MeSt99] *Mellis, W.; Stelzer, D.:* Das Rätsel des prozessorientierten Softwarequalitätsmanagements. WIRTSCHAFTSINFORMATIK **41** (1999) 31.

[Meye11] *Meyer N.:* Funktionales Stammdatenmanagement: Aufgabe der Business-Organisation. HMD – Praxis der Wirtschaftsinformatik **48**:279 (2011) 27.

[Neel11] *Neely, A.:* Business Performance Measurement: Unifying Theory and Integrating Practice. Cambridge University Press, Cambridge 2011.

[NuSt02] *Nutz, A.; Strauß, M.:* eXtensible Business Reporting Language (XBRL) – Konzept und praktischer Einsatz. WIRTSCHAFTSINFORMATIK **44** (2002) 447.

[OeSB11] *Oehlenberg, L.; Stahl, G.; Bennemann, C.:* Von der Standardformel zum Internen Modell – ein Überblick über Solvency II. In: *Bennemann, C.; Oehlenberg, L.; Stahl, G. (Hrsg.):* Handbuch Solvency II. Schäffer-Poeschel, Stuttgart 2011, S. 3.

[PWCC95] *Paulk, M. C.; Weber, C. V.; Curtis, M. B.; Chrissis, M. B.:* The Capability Maturity Model – Guidelines for Improving the Software Process. Addison-Wesley, Reading 1995.

[SaDe97] *Salcedo, M. R.; Decouchant, D.:* Structured Cooperative Authoring for the World Wide Web. Journal of Collaborative Computing **6** (1997) 157.

[Sche95] *Scheer, A.-W.:* Wirtschaftsinformatik – Referenzmodelle für industrielle Geschäftsprozesse. Springer, Berlin 1995.

[ScJW05] *Scheer, A.-W.; Jost, W.; Wagner, K. (Hrsg.):* Von Prozessmodellen zu lauffähigen Anwendungen: ARIS in der Praxis. Springer, Berlin 2005.

[ScMo83] *Scott Morton, M. S.:* State of the Art of Research in Management Support Systems. Center for Information Systems Research, Sloan School of Management, Massachusetts Institute of Technology, Cambridge. Working Paper CISR WP #107, 1983.

[SeGS03] *Seiler, C.-M.; Grauer, M.; Schäfer, W.:* Produktlebenszyklusmanagement. WIRTSCHAFTSINFORMATIK **45** (2003) 67.

[SlNe11] *Slama, D.; Nelius, R.:* Enterprise BPM: Erfolgsrezepte für unternehmensweites Prozessmanagement. dpunkt Verlag, Heidelberg 2011.

[Stei00] *Stein, T.:* Intranet-Organisation – Durch Content Management die Potentiale des unternehmensinternen Netzwerkzusammenschlusses nutzen. WIRTSCHAFTSINFORMATIK **42** (2000) 310.

[Stew99] *Stewart, G. B.:* The Quest for Value. A Guide for Senior Managers. HarperBusiness, New York 1999.

[StHa04] *Stahlknecht, P.; Hasenkamp, U.:* Einführung in die Wirtschaftsinformatik. Springer, Heidelberg 2004, Kap. 7.

[StSB11] *Stahl, G.; Sibbertsen, P.; Bertram, P.:* Modellrisiko, Spezifikation und Validierung. In: *Bennemann, C.; Oehlenberg, L.; Stahl, G. (Hrsg.):* Handbuch Solvency II. Schäffer-Poeschel, Stuttgart 2011, S. 235.

[SuWy84] *Suchman, L.; Wynn, E.:* Procedures and problems in the office. Office: Technology and People **2** (1984) 134.

[Wall06] *Wallmüller, E.:* SPI – Software Process Improvement mit CMMI und ISO 15504. Carl Hanser, München 2006.

[XBEU11] *XBRL Europe:* Comments on Technical Consultation on the Solvency II XBRL Taxonomy, 21 July 2011, EIOPA-CP-11/002, Comments received from XBRL Europe. https://eiopa.europa.eu/consultations/consultation-papers/2011-closed-consultations/july-2011/consultation-on-the-solvency-ii-xbrl-taxonomy/index.html, Abruf am 10.03.2014.

[Zwir11] *Zwirner, M.:* Datenbereinigung zielgerichtet eingesetzt zur permanenten Datenqualitätssteigerung. In: *Hildebrand, K.; Gebauer, M.; Hinrichs, H.; Mielke, M. (Hrsg.):* Daten- und Informationsqualität: auf dem Weg zur Information Excellence. Vieweg+Teubner, Wiesbaden 2011, S. 102.

# Teil II
# Strukturen und Konzepte des Risikomanagements

**Organisation, Strukturen, Planung, Frameworks, Umsetzung** Risikomanagement verfolgt einen ganzheitlichen Ansatz, den es bereits bei der Konzeption und Umsetzung im Unternehmen zu berücksichtigen gilt. Dementsprechend befasst sich Kap. 5 mit dem Risikomanagementprozess, den Grundlagen zur Organisation des Risikomanagements sowie verbreiteten Konzepten, Standards und Frameworks zur Umsetzung in der Praxis. Einen Überblick über Konzepte zu strategischer Planung, strategischer Analyse und der Analyse eigener Risiken gibt Kap. 6.

Kapitel 7 behandelt die für das Risikomanagement notwendigen oder gesetzlich vorgeschriebenen Governance-Strukturen.

Kapitel 8 fokussiert auf Aufgaben und Verantwortlichkeiten, das Geschäftsprozessmanagement sowie Unternehmensarchitekturen.

Die praktische Umsetzung zentraler Anforderungen zu Organisation, Geschäfts- und Risikostrategie, Limitsystemen, der vorausschauenden Beurteilung eigener Risiken sowie zu Offenlegungs- und Berichtsanforderungen ist Gegenstand von Kap. 9.

**Literaturempfehlungen** Ausführliche Darstellungen zum Risikomanagementprozess finden sich in Diederichs [Died12], Romeike & Müller-Reichart [RoMü08] oder Romeike & Finke [RoFi03]. Einen guten Überblick bietet auch das Werk von Brühwiler [Brüh11]. Eine umfassende Darstellung über Organisationsformen und die damit verbundenen Anforderungen für das moderne Management bieten Bullinger, Warnecke & Westkämper [BuWW03] oder Wehrlin [Wehr12]. Basierend auf den MaRisk behandeln Romeike & Korte [RoKo10] oder auch Schaaf [Scha10] die Umsetzung von aufsichtsrechtlichen und organisatorischen Anforderungen in Versicherungsunternehmen. Kompakte Darstellungen zu organisatorischen Themen mit Risikomanagementbezug finden sich auch in Brünger [Brün09], Gleißner [Glei11] oder Romeike & Brühwiler [RoBr10].

Zum Themenkomplex Frameworks und Standards existiert ein sehr umfangreiches Literaturangebot. Total Quality Management in Theorie und Praxis behandeln Hummel & Malorny [HuMa11], Rothlauf [Roth10] oder Schauenberg & Oess [ScOe12]. Eine Übersicht zur Entwicklung und Umsetzung von Managementsystemen mit EFQM, COBIT, ISO 20000 und ITIL findet sich beispielsweise in Johannsen & Goeken [JoGo11], Huber [Hube09] oder Scholderer [Scho11]. Vertiefende und gute Darstellungen zur Organisationsentwicklung mit EFQM bieten Kamiske & Sommerhoff [KaSo13] und Zink [Zin04]. Eine umfassende Einführung in die Integration von IT-Governance-Prozessen in die Corporate Governance auf Basis von COBIT bieten Gaulke [Gaul10] und Goltsche [Golt06]. Das COSO-Framework wird von Brünger [Brün09] ausführlich besprochen. Kompakte Darstellungen zur ISO 31000 und ONR 49000 geben Brühwiler [Brüh11], Meier [Meie11], Romeike & Brühwiler [RoBr10] oder Weis [Wei09].

Eine gute Übersicht zum Themenbereich strategische Planung und strategisches Management bieten Johnson, Scholes & Whittington [JoKW11]. Zur Einführung eignen sich Camphausen [Camp13] oder Ehrmann [Ehrm07]. Einführungen zu Controlling und Kennzahlenanalysen bieten Brecht [Brec12], Gladen [Glad11], Preißner [Prei10] oder Reichmann [Reic06]. Als Standardwerk gilt Horváth [Horv11]. Das Spezialthema Risiko-Controlling behandeln beispielsweise Burger & Buchart [BuBu02] oder Diederichs [Died12] oder Fischer [Fisc09]. Kosten- und Finanzanalysen sind umfassend in Coenenberg, Fischer & Günther [CoFG09] bzw. Coenenberg, Haller & Schultze [CoHS12] beschrieben. Das Standardwerk zu Balanced Scorecards wurde von Kaplan & Norton [KaNo97] verfasst. Einen Leitfaden für Praktiker bieten Horváth & Partners [Horv13]. Der Einsatz in Versicherungsunternehmen wird von Romeike [Rome03a] beschrieben.

Derzeit existiert kein Buch, das sich speziell mit dem Thema ORSA befasst. Kurze Besprechungen des ORSA finden sich z. B. bei Bennemann, Oehlenberg & Stahl [BeOS11] oder Schaaf [Scha10]. Die bereits im Rahmen des § 64a VAG und der MaRisk eingeführten Konzepte und Methoden beschreibt das Standardwerk von Romeike & Korte mit starkem Praxisbezug [RoKo10].

Für detaillierte Darstellungen zu Governance-Themen des Risikomanagements für Versicherungen sei auf einschlägige Fachliteratur sowie auf die in den Kap. 7 und 8 angegebenen Quellen verwiesen. Für eine erste Orientierung zum Geschäftsprozessmanagement eignen sich Freud & Rücker [FrRü12], Davenport [Dave93], Gadatsch [Gada12] oder Weilkiens, Weiss & Grass [WeWG10]. Einführungen in Unternehmensarchitekturen bieten Krallmann, Bobrik & Levina [KrBL13] oder Keller [Kell12]. Eine praxisorientierte Sicht findet sich bei Crameri & Heck [CrHe10].

## Literatur

[BeOS11] Bennemann, C.; Oehlenberg, L.; Stahl, G. (Hrsg.): Handbuch Solvency II. Schäffer-Poeschel, Stuttgart 2011.

[Brec12] Brecht, U.: Controlling für Führungskräfte: Was Entscheider im Unternehmen wissen müssen. Springer-Gabler, Wiesbaden 2012.

[Brüh11] Brühwiler, B.: Risikomanagement als Führungsaufgabe: ISO 3100 mit ONR 49000 wirksam umsetzen. Haupt, Bern 2011.

[Brün09] Brünger, C.: Erfolgreiches Risikomanagement mit COSO ERM: Empfehlungen für die Gestaltung und Umsetzung in der Praxis. Erich Schmidt, Berlin 2009.

[BuBu02] Burger, A.; Buchhart, A.: Risiko-Controlling. Oldenburg, München, 2002.

[BuWW03] Bullinger, H.-J.; Warnecke, H. J.; Westkämper, E. (Hrsg.): Neue Organisationsformen im Unternehmen: Ein Handbuch für das moderne Management. Springer, Berlin 2003.

[Camp13] Camphausen, B.: Strategisches Management: Planung, Entscheidung, Controlling. Oldenburg, München 2013.

[CoFG09] Coenenberg, A. G.; Fischer, T.; Günther, T.: Kostenrechnung und Kostenanalyse. Schäffer-Poeschel, Stuttgart 2009.

[CoHS12] Coenenberg, A. G.; Haller, A.; Schultze, W.: Jahresabschluss und Jahresabschlussanalyse. Schäffer-Poeschel, Stuttgart 2012.

[CoHS12] Coenenberg, A. G.; Haller, A.; Schultze, W.: Jahresabschluss und Jahresabschlussanalyse: Betriebswirtschaftliche, handelsrechtliche, steuerrechtliche und internationale Grundlagen – HGB, IAS/IFRS, US-GAAP, DRS. Schäffer-Poeschel, Stuttgart 2012.

[CrHe10] Crameri, M.; Heck, U.: Erfolgreiches IT-Management in der Praxis: Ein CIO-Leitfaden. Vieweg+Teubner, Wiesbaden 2010.

[Dave93] Davenport, T. H.: Process Innovation: Reengineering Work through Information Technology. Harvard Business School Press, Boston 1993.

[Died12] Diederichs, M.: Risikomanagement und Risikocontrolling: Gestaltungsempfehlungen für die unternehmerische Praxis. Vahlen, München 2012.

[Ehrm07] Ehrmann, T.: Strategische Planung: Methoden und Praxisanwendungen. Springer, Berlin 2007.

[Fisc09] Fischer, D.: Controlling – Balanced Scorecard, Kennzahlen, Prozess- und Risikomanagement. Vahlen, München 2009.

[FrRü12] Freund, J.; Rücker, B.: Praxishandbuch BPMN 2.0. Carl Hanser, München 2012.

[Gada12] Gadatsch, A.: Grundkurs Geschäftsprozess-Management. Vieweg+Teubner, Wiesbaden 2012.

[Gaul10] Gaulke, M.: COBIT Val IT – Risk IT. dpunkt Verlag, Heidelberg, 2010.

[Glad11] Gladen, W.: Performance Measurement: Controlling mit Kennzahlen. Gabler, Wiesbaden 2011.

[Glei11] Gleißner, W.: Grundlagen des Risikomanagements im Unternehmen: Controlling, Unternehmensstrategie und wertorientiertes Management. Vahlen, München 2011.

[Golt06] Goltsche, W.: COBIT kompakt und verständlich: Der Standard zur IT-Governance. Vieweg+Teubner, Wiesbaden 2006.

[Horv11] Horváth, P.: Controlling. 12. Aufl., Vahlen, München 2011.

[Horv13] Horváth & Partners: Balanced Scorecard umsetzen. Schäffer-Poeschel, Stuttgart 2013.

[Hube09] Huber, B. M.: Managementsysteme für IT-Serviceorganisationen: Entwicklung und Umsetzung mit EFQM, COBIT, ISO 20000, ITIL. dpunkt Verlag, Heidelberg 2009.

[HuMa11] Hummel, T.; Malorny, C.: Total Quality Management: Tipps für die Einführung. Carl Hanser, München 2011.

[JoGo11] Johannsen, W.; Goeken, M.: Referenzmodelle für IT-Governance: Methodische Unterstützung der Unternehmens-IT mit COBIT, ITIL & Co. dpunkt Verlag, Heidelberg 2011.

[JoKW11] Johnson, G.; Scholes, K.; Whittington, R.: Strategisches Management – Eine Einführung: Analyse, Entscheidung und Umsetzung. Pearson, München 2011.

[KaNo97] Kaplan, R. S.; Norton, D. P.: Balanced Scorecard – Strategien erfolgreich umsetzen. Schäffer-Poeschel, Stuttgart 1997.

[KaSo13] Kamiske, G. F.; Sommerhoff, B.: EFQM zur Organisationsentwicklung. Carl Hanser, München 2013.

[Kell12] Keller, W.: IT-Unternehmensarchitektur: Von der Geschäftsstrategie zur optimalen IT-Unterstützung. dpunkt Verlag, Haidelberg 2012.

[KrBL13] Krallmann, H.; Bobrik, A.; Levina, O.: Systemanalyse im Unternehmen: Prozessorientierte Methoden der Wirtschaftsinformatik. Oldenburg, München 2013.

[Meie11] Meier, P.: Risikomanagement nach der internationalen Norm ISO 31000:2009: Konzept und Umsetzung im Unternehmen. Expert-Verlag, Renningen 2011.

[Prei10] Preißner, A.: Praxiswissen Controlling: Grundlagen, Werkzeuge, Anwendungen. Carl Hanser, München 2010.

[Reic06] Reichmann, T.: Controlling mit Kennzahlen und Managementberichten. Vahlen, München 2006.

[RoBr10] Romeike, F; Brühwiler, B.: Praxisleitfaden Risikomanagement – ISO 31000 und ONR 49000 sicher andenden. Erich Schmidt, Berlin 2010.

[RoFi03] Romeike, F.; Finke, R. (Hrsg.): Erfolgsfaktor Risikomanagement: Chance für Industrie und Handel. Lessons learned, Methoden, Checklisten und Implementierung. Gabler, Wiesbaden 2003.

[RoKo10] Romeike, F; Korte, T.: MaRisk VA erfolgreich umsetzen: Praxisleitfaden für das Risikomanagment in Versicherungsunternehmen. Erich Schmidt, Berlin 2010.

[Rome03a] Romeike, F.: Balanced Scorecard in Versicherungen: Strategien erfolgreich in der Praxis umsetzen. Gabler, Wiesbaden 2003.

[RoMü08] Romeike, F.; Müller-Reichart, M.: Risikomanagement in Versicherungsunternehmen: Grundlagen, Methoden, Checklisten und Implementierung. Wiley-VCH, Weinheim 2008.

[Roth10] Rothlauf, J.: Total Quality Management in Theorie und Praxis: Zum ganzheitlichen Unternehmensverständnis. Oldenburg, München 2010.

[Scha10] Schaaf, M.: Risikomanagement und Compliance in Versicherungsunternehmen – aufsichtsrechtliche Anforderungen und Organverantwortung. Veröffentlichungen des Seminars für Versicherungslehre der Universität Frankfurt am Main, Bd. 21. Verlag Versicherungswirtschaft, Karlsruhe 2010.

[Scho11] Scholderer, R.: Management von Service Level Agreements: Methodische Grundlagen und Praxislösungen mit COBIT, ISO 20000 und ITIL. dpunkt Verlag, Heidelberg 2011.

[ScOe12] Schauenberg, B.; Oess, A.: Total Quality Management: Die ganzheitliche Qualitätsstrategie. Gabler, Wiesbaden 2012.

[Wehr12] Wehrlin, U.: Organisation und Organisationsentwicklung. Akademische Verlagsgemeinschaft, München 2012.

[WeWG10] Weilkiens, T.; Weiss, C.; Grass, A.: Basiswissen Geschäftsprozessmanagement: Aus- und Weiterbildung zum OMG Certified Expert in Business Process Management (OCEB) – Fundamental Level. dpunkt Verlag, Heidelberg 2010.

# 5 Organisation und Prozesse

Organisation ist das große Wort, dem die Zukunft gehört (Christian Morgenstern, deutscher Schriftsteller und Dramaturg, 1871–1914).

**Gelebte Strukturen und neue Anforderungen** In der Versicherungsbranche kommen – ebenso wie in anderen Wirtschaftszweigen – unterschiedliche Management- und Organisationsansätze zum Einsatz. Zudem existiert auch hier eine Vielzahl unterschiedlicher Typologien hinsichtlich der Führungs- und Organisationskultur (siehe z. B. [BuWW03; DeKe00; FMLL85; Hand05; Harr72; TrHa12]). Aus den aktuellen Entwicklungen im Rahmen von Solvency II resultieren zusätzliche Anforderungen an Versicherungsunternehmen, welche bei der unternehmensindividuellen Gestaltung organisatorischer, betriebswirtschaftlicher aber auch aufsichtsrechtlicher Sachverhalte und Vorgaben zu berücksichtigen sind [KoRo10; Meis12; Meye11a]. Wesentliche Aspekte, Ansätze, Vorgaben und Frameworks zur Organisation und Koordination des Aufgabenspektrums des Risikomanagements werden im Folgenden vorgestellt.

## 5.1 Risikomanagementprozess

**Unternehmenssteuerung und Risikomanagement** Ein ganzheitlich ausgerichtetes Risikomanagement erfasst unter Berücksichtigung von Unternehmenszielen, externen Anforderungen, Geschäfts- und Risikostrategie sowie der Geschäftsorganisation die Prozesse, Risiken und Chancen des Unternehmens. Das Risikomanagement ist somit in die wertorientierte Steuerung eingebunden. Die Grundlage für Bewertungen und Entscheidungen der Unternehmenssteuerung bildet das Chancen-Risiko-Profil des Unternehmens. Es wird mathematisch durch eine Wahrscheinlichkeitsverteilung beschrieben, mit deren Analyse das Risikomanagement die eigentliche Grundlage für eine angemessene und



B. Wolle, *Risikomanagementsysteme in Versicherungsunternehmen*, IT im Unternehmen, DOI 10.1007/978-3-8348-2309-0_5

transparente Unternehmensplanung liefert[1] [KrWo12, 2 ff.]. Dabei steht nicht die Risikovermeidung im Vordergrund[2], vielmehr bestehen die Ziele des Risikomanagements darin,

- Risiken und Chancen frühzeitig und systematisch zu identifizieren, zu analysieren und zu bewerten,
- angemessen und aktiv mit risikobehafteten Prozessen umzugehen sowie
- unter Berücksichtigung des Chancen-Risiko-Profils eine risikoadjustierte Unternehmenssituation zu erreichen und diese zu stabilisieren.

**Phasenmodell des Risikomanagementprozesses** Damit diese Zielsetzungen möglichst effektiv erreicht werden können, ist es notwendig, im Unternehmen dauerhaft einen Risikomanagementprozess (bzw. Risikokontrollprozess)[3] zu implementieren. Dieser Managementprozess muss eng mit der Unternehmenssteuerung verzahnt sein und kontinuierlich durchlaufen werden. Hierzu ist es notwendig, Rahmenbedingungen wie den Anwendungsbereich und die damit verbundenen Parameter festzulegen[4]. Der Risikomanagementprozess lässt sich als geschlossener Kreislauf mit vier aufeinanderfolgenden Phasen darstellen (Abb. 5.1) [Rome02; Rome03b; RoMü08, 60 ff.]:

- Strategisches Risikomanagement
  Das strategische Risikomanagement bildet die integrative Klammer und die Basis des gesamten Risikomanagementprozesses. Dabei geht es hauptsächlich um die Formulierung von Zielen, Vorgaben und Rahmenbedingungen zum Risikomanagement (Risikostrategie und -politik) sowie um Anforderungen an die Aufbau- und Ablauforganisation.
- Systematische Risikoidentifikation
  Ziel der Risikoidentifikation ist es, mit einer systematischen Analyse des Versicherungsunternehmens und seines ökonomischen Umfeldes unter Einsatz von zielgerichteten Verfahren und Tätigkeiten alle wesentlichen internen und externen Risiken zu

[1] Siehe auch die Ausführungen in Abschn. 3.1.

[2] Schließlich generieren Versicherungsunternehmen ihre Erträge durch den Betrieb von Versicherungsgeschäften zum Risikoschutz und Vorsorge für Haushalte, Industrie, Gewerbe und öffentliche Einrichtungen.

[3] Die ONR 49000 Pkt. 3.2.24 (ISO 31000 Pkt. 2.10) definiert den Risikomanagementprozess als „systematische Anwendung von Grundsätzen, Verfahren und Tätigkeiten einer Organisation, um über Risiken zu kommunizieren, Informationen auszutauschen, Zusammenhänge zu erstellen, Risiken zu identifizieren, zu analysieren, zu bewerten, zu bewältigen sowie Risiken aufzuzeigen, zu verfolgen und zu überwachen". Siehe hierzu auch die Unterpunkte zu Pkt. 7.3.2 MaRisk, wonach der Risikokontrollprozess aus Risikoidentifikation, Risikoanalyse und -bewertung, Risikosteuerung sowie Risikoüberwachung besteht.

[4] Die ONR 49001 Pkt. 5.3 (ISO 31000 Pkt. 5.3) ordnet das Festlegen von Rahmenbedingungen (Kontextfestlegung) dem Risikomanagementprozess zu. Nach ISO Guide 73, Definition 3.3.1 umfasst die Kontextfestlegung die „Definition von externen und internen Einflussfaktoren für die Risikohandhabung sowie die Festlegung von Geltungsbereich und Risikokriterien für die Risikopolitik".

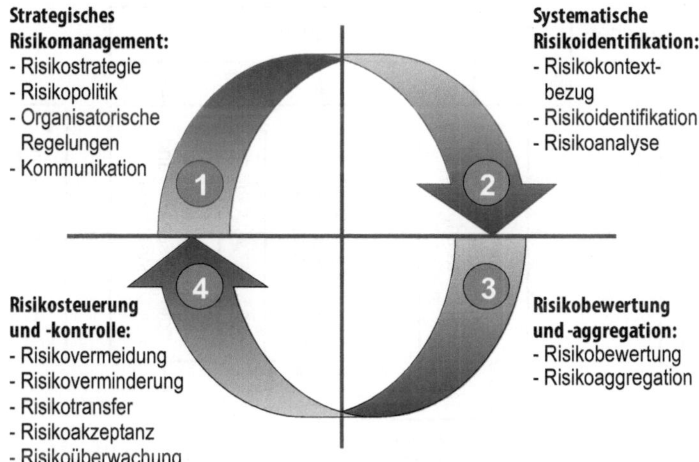


**Abb. 5.1** Der Risikomanagementprozess als geschlossener Regelkreis. Mit freundlicher Genehmigung von F. Romeike

erfassen und zu beschreiben[5]. Bei der Risikoidentifikation sind Risikotreiber und – soweit möglich – deren Abhängigkeiten untereinander zu erfassen sowie Bezugsgrößen, die von der Risikowirkung betroffen sind (sog. Risikobezugsgrößen), zu definieren[6]. Die Risikoidentifikation hat in allen Geschäftsbereichen des Unternehmens zu erfolgen[7], muss bereits im strategischen Planungsprozess beginnen und ist unter Berücksichtigung der festgelegten Rahmenbedingungen (Bezug zum Risikokontext) auf das Gesamtrisikoprofil des Unternehmens abzustimmen. Für wesentliche Risiken sollte zudem eine strukturierte Ursache-Wirkungs-Beschreibung vorgenommen werden [Shar02, 20], da dies die Einbindung des Risikomanagements in die wertorientierte Steuerung erleichtert (siehe Abb. 5.2). Die Risikoanalyse soll die identifizierten Risiken in vorgegebene Risikokategorien einordnen. Im Rahmen der Risikoanalyse wird ermittelt, welche Risikobezugsgrößen betroffen sind und welche Korrelationen zwischen den identifizierten Risiken bestehen. Das Ergebnis der Risikoidentifikation sollte systematisch in einer Risikobeschreibung, einem Risikokatalog oder einer Risikoinventarliste erfasst werden[8].

- Im Anschluss an die Risikoidentifikation erfolgt die Risikobewertung mit dem Ziel, eine qualitative und eine quantitative Einschätzung potenzieller und realisierter Zielab-

[5] Die ONR 49000 Pkt. 3.2.19 (ISO 31000 Pkt. 2.17) definiert die Risikoidentifikation als einen „Prozess, um Risiken zu finden und mit ihren Ursachen und Auswirkungen zu beschreiben".

[6] Siehe § 64a Abs. 7 Nr. 3 Lit. b (aa) VAG. Risikobezugsgrößen sollten laut den Erläuterungen zu Pkt. 7.3.2.1 Nr. 1 MaRisk so gewählt werden, dass sie die Wirkung auf die Wirtschafts-, Finanz- oder Ertragslage des Unternehmens widerspiegeln.

[7] Siehe Pkt. 7.3.2.1 Nr. 3 MaRisk.

[8] Siehe Pkt. 7.3.2.1 Nr. 2 MaRisk.

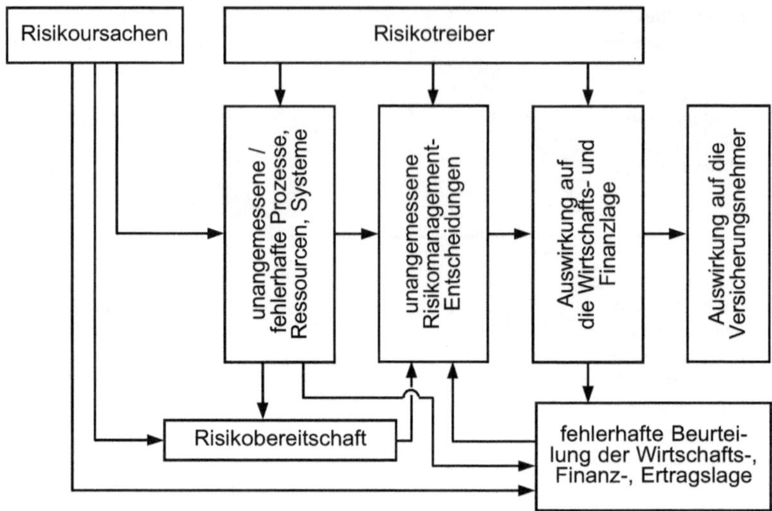


**Abb. 5.2** Strukturierte Darstellung von Ursache-Wirkungs-Beziehungen in Form einer sog. Risk-Map unter Berücksichtigung aufsichtsrechtlicher Kriterien

weichungen sowohl durch einzelne Risiken als auch durch das Gesamtrisiko zu erhalten[9]. Dementsprechend erfolgt die Risikobewertung in zwei Stufen, einer qualitativen Bewertung und nach Einschätzung auf einer unternehmensindividuellen Referenzskala einer quantitativen Bewertung[10]. Der Zeitpunkt der Bewertung hat im Einklang mit dem Planungshorizont des Unternehmens zu stehen, um eine konsistente Steuerung der zu ergreifenden Maßnahmen zu ermöglichen[11]. Die quantitative Bewertung der Risiken erfolgt mit Hilfe von Risikomodellen, die mit statistischen Methoden an die Vergangenheitsdaten des Unternehmens kalibriert werden[12] und Wahrscheinlichkeitsverteilungen für einzelne Risikokategorien liefern. Die einzelnen Risikokategorien müssen zu einem Gesamtrisikoprofil aggregiert werden können[13]. Mit Risikomaßen lassen sich widerspruchsfreie Kennzahlen zur Messung der Risiken ableiten. Das Ergebnis der Risikobewertung ist eine Zusammenstellung aller für das Unternehmen bestehenden Risiken und des dafür vorzuhaltenden Risikokapitals. Außerdem wird ermittelt, welche Risiken durch Steuerungsmaßnahmen beeinflusst werden sollen[14].

[9] Siehe § 64a Abs. 7 Nr. 3 Lit. b (aa) VAG, Pkt. 7.3.2.2 Nr. 1 MaRisk.
[10] Siehe Pkt. 7.3.2.2 Nr. 8 MaRisk.
[11] Siehe Pkt. 7.3.2.2 Nr. 3 MaRisk.
[12] Gemäß Pkt. 7.3.2.2 Nr. 2 MaRisk sind grundsätzlich geeignete Zufallsvariable und die entsprechenden Wahrscheinlichkeitsverteilungen zu ermitteln. Hierzu ist die Verteilung der Zufallsvariablen aus Vergangenheitsdaten zu bestimmen.
[13] Siehe Pkt. 7.3.2.2 Nr. 3 MaRisk sowie Pkt. 7.3.2.2 Nr. 7 MaRisk.
[14] Siehe § 64a Abs. 7 Nr. 3 Lit. b (aa) VAG, Pkt 7.3.2.2 Nr. 9 MaRisk.

- Die Risikosteuerung und -kontrolle beinhaltet alle Mechanismen und Maßnahmen zur Beeinflussung der Risikosituation[15,16] sowie die Überwachung aller identifizierten und analysierten Risiken[17]. Die Risikosteuerung zielt darauf ab, das ermittelte Chancen-Risiko-Profil entsprechend der Risikotoleranz der Geschäftsleitung im Einklang mit der strategischen Unternehmensplanung zu optimieren. Mit Hilfe geeigneter Daten, Methoden und Verfahren können in der Risikosteuerung auch dynamische, pfadabhängige Managementregeln[18] abgebildet werden, welche auf die Wechselwirkungen der Teilprozesse untereinander und mit dem Gesamtprozess reagieren. Risikosteuerung umfasst das Treffen konkreter Maßnahmen zu:
  - Risikovermeidung;
  - Risikoreduktion (Risikoverminderung und Risikotransfer);
  - Risikoakzeptanz.

  Die Risikovermeidung zielt darauf ab, den Eintritt gewisser Risiken zu verhindern und damit bestimmte Zielabweichungen gezielt auszuschließen[19]. Die Risikoreduktion fokussiert auf eine ursachenbezogene Minderung der Eintrittswahrscheinlichkeit von Schäden, eine wirkungsorientierte Senkung der Schadenhöhe oder das Heben von Diversifikationseffekten[20]. Im engeren Sinne kann auch der Risikotransfer – d. h. die ganz oder teilweise Übertragung eines Risikos auf andere Rechtssubjekte – zur Risikoreduk-

---

[15] Die MaRisk fassen die Risikosteuerung weiter. Nach Pkt. 7.3.2.3 Nr. 1 MaRisk beinhaltet die Risikosteuerung auch die hierzu erforderlichen Entwicklungs- und Umsetzungsprozesse von Strategien und Konzepten. Im hier vorgestellten Risikomanagementprozess sind diese Prozesse Teil des strategischen Risikomanagements.

[16] Anstelle des Begriffs „Risikosteuerung" verwendet die ONR 49000 den Begriff „Risikobewältigung", welcher in Pkt. 3.2.13 definiert ist als die „Auswahl und Umsetzung von Maßnahmen, um ein Risiko zu verändern" (vgl. ISO 31000 Pkt. 2.27). Die in der Norm vorgeschlagenen möglichen Maßnahmen zur Risikobewältigung sind: 1. Risikovermeidung (d. h. durch Maßnahmen eine Risikosituation nicht einzugehen oder sich ihr zu entziehen); 2. Risikoverminderung (d. h. eine günstige Beeinflussung von Eintrittswahrscheinlichkeit und/oder Auswirkung), 3. Risikodiversifikation (d. h. durch eine Kombination von Tätigkeiten mit unterschiedlichen Wahrscheinlichkeitsverteilungen potenzielle Verluste mit potenziellen Gewinnen ausgleichen); 4. Risikofinanzierung (z. B. durch Versicherung oder Einsatz interner Finanzinstrumente); 5. Risikoteilung (d. h. eine günstige Beeinflussung eines bestimmten Risikos zwischen Parteien, z. B. durch Vertrag).

[17] Siehe § 64a Abs. 7 Nr. 3 Lit. b (cc) VAG, Pkt. 7.3.2.4 Nr. 1 MaRisk.

[18] Gemäß den Erläuterungen zu Pkt. 7.3.2.3 Nr. 1 MaRisk stellen Managementregeln lediglich eine Analysemöglichkeit dar und sollen Handlungsalternativen aufzeigen. Sie ersetzen nicht die Entscheidung der Geschäftsleitung.

[19] Hierzu bieten sich Maßnahmen an wie z. B. eine restriktive Zeichnungspolitik, Leistungsausschlüsse in den Allgemeinen Versicherungsbedingungen, Vereinbarungen in den Besonderen Versicherungsbedingungen oder der Ausschluss riskanter Kapitalanlagen.

[20] Mögliche Maßnahmen zur Risikoreduktion umfassen beispielsweise: Limitsysteme zur Begrenzung von Kumulschäden, Kontrollen bei Leistungsprüfung und Schadenregulierung, Anreize durch Vereinbarungen zu Selbstbehalten, vertraglich vereinbarte Kündigungsrechte, Aktiv-Passiv-Management, Vertriebsmaßnahmen zum Beeinflussen der Bestandszusammensetzung, Diversifikation über Produkte und Sparten, sichere Auslegung von IT-Systemen, 4-Augen-Prinzip usw.

tion gezählt werden[21]. Risikosteuerung und Risikokontrolle (bzw. Risikoüberwachung) sind eng miteinander verzahnt. Die regelmäßige Überwachung der bewerteten Risiken bildet eine wesentliche Voraussetzung dafür, dass im gesamten Risikomanagementprozess gezielt Verbesserungen und Korrekturen vorgenommen werden können[22].

**Fazit** Der Risikomanagementprozess stellt von seiner Struktur her einen sog. Steuer- und Regelkreis dar. Die Risiken werden gesteuert, da die zur Beeinflussung der Risiken eingesetzten Steuerungsgrößen nicht gleichzeitig die Ausgangsgrößen (Risikobezugsgrößen) sind bzw. auf sich selbst wirken können. Der Regelkreis ergibt sich beispielsweise daraus, dass fortlaufend das Risikoprofil überwacht und im Sinne einer Angleichung an ein gewünschtes, optimales Risikoprofil beeinflusst wird.

## 5.2 Organisatorische Grundlagen des Risikomanagements

**Begriffsdefinition** Der Organisationsbegriff ist in der betriebswirtschaftlichen Literatur uneinheitlich beschrieben und definiert (siehe z. B. [PDFF12; Schr08]). Beispielsweise wird Organisation als das Bemühen der Unternehmensleitung verstanden, den komplexen Prozess betrieblicher Leistungserstellung und Leistungsverwertung so zu strukturieren, dass die Effizienzverluste auf der Ausführungsebene minimiert werden [WöDö13]. Als Organisation gelten auch die Strukturen von Systemen zur Erfüllung von Daueraufgaben [Groc72], oder die methodische Zuordnung von Menschen und Sachen, sodass durch ein bestmögliches Zusammenwirken gesetzte Ziele dauerhaft erreicht werden können[23] [Bloh77]. Teilweise werden in den Begriff der Organisation auch die Planung des Ordnungsrahmens oder die Grundsätze zur Führung eines Unternehmens einbezogen. Ganz allgemein kann Organisation als dauerhaftes Strukturieren bzw. Regeln von Verhaltenserwartungen in einem Unternehmen verstanden werden [Woll05, 154].

**Planung, Organisation, Führung** Zwischen Planung, Organisation und Führung bestehen wechselseitige Beziehungen. Grundsätzlich müssen alle betrieblichen Aktivitäten

[21] Maßnahmen zum Risikotransfer umfassen beispielsweise: Vereinbarungen zu Selbstbehalten und Haftungsobergrenzen, Mitversicherungen, der Zusammenschluss mehrerer Versicherungsunternehmen zum gemeinsamen Tragen von Risiken (Versicherungspools), Rückversicherungen, Nutzung von Finanzderivaten, Transfer finanzieller Risiken in den Versicherungsmarkt, Transfer versicherungstechnischer Risiken in den Finanzmarkt usw.

[22] Siehe § 64a Abs. 7 Nr. 3 Lit. b (bb) VAG, Pkt. 7.3.2.4 Nr. 1 MaRisk.

[23] Die MaRisk folgen dieser Sichtweise, denn die Aufbauorganisation ist auf die Unterstützung der wichtigsten Strategieziele des Unternehmens auszurichten (Pkt. 7.2.1 Nr. 1 S. 1 MaRisk). Außerdem sind gemäß Pkt. 7.2.2 Nr. 1 MaRisk alle mit wesentlichen Risiken behafteten Geschäftsabläufe so zu steuern, dass sie die Geschäftsziele unterstützen und Abweichungen hiervon gering halten.

geplant werden. Somit muss auch die Organisation geplant werden[24]. Organisieren bedeutet durch formale Regelungen – d. h. schriftlich und unabhängig von bestimmten Individuen – eine längerfristig gültige Struktur des Unternehmens bzw. seiner Teilbereiche festzulegen[25]. Beim Führen werden Verhaltenserwartungen nicht durch formale Regelungen durchgesetzt, vielmehr wird Verhalten eines Individuums oder einer Gruppe bezüglich gemeinsamer Ziele direkt beeinflusst.

**Organisationsstruktur und Organisationskultur** Die getroffenen Regelungen werden letztlich durch ein soziales System strukturiert. Die Ordnung erfolgt über die zum System gehörenden Menschen, den Einsatz von Mitteln[26] und die Verarbeitung von anfallenden Informationen[27,28] [Woll05, 154]. Die formale Organisation – d. h. die Organisationsstruktur – wird dabei von einem unsichtbaren Teil, der Organisationskultur, getragen [FrBe82]. Bezüglich des Begriffs der Organisationskultur existieren in der Fachliteratur ebenfalls unterschiedliche Definitionen [Brow98]. Verbreitet ist die Auffassung von Schein, wonach ein in sich logischer Satz allgemein akzeptierter und verwendeter Grundannahmen die Organisationskultur in einem Unternehmen ausmacht [Sche10]. Für das Risikomanagement stellt die Organisationskultur – bzw. die unternehmensindividuelle Risikokultur – einen zentralen Erfolgsfaktor dar[29,30].

---

[24] Gesetzlich besteht die Anforderung, dass der organisatorische Rahmen in angemessener Zeit an die Änderungen des Umfelds angepasst werden muss, wofür Leitlinien zur Organisationsentwicklung aufzustellen sind (§ 64a Abs. 7 Nr. 2 VAG, Pkt. 7.2.2.3 Nr. 1 MaRisk).

[25] Gemäß § 64a Abs. 3 VAG sind die aufbau- und ablauforganisatorischen Regelungen nachvollziehbar zu dokumentieren und sechs Jahre aufzubewahren. Die MaRisk fordern weiter, dass Aufgaben und Verantwortlichkeiten innerhalb der Aufbauorganisation klar zu definieren und aufeinander abzustimmen sind (Pkt. 7.2.1 Nr. 3 S. 1 MaRisk). Ebenso ist die Ablauforganisation klar zu definieren. Dabei sind für jeden mit Risiken behafteten Geschäftsablauf einschließlich der Übergabe von Daten und Ergebnissen entsprechende Verantwortlichkeiten zu definieren (Pkt. 7.2.2 Nr. 1 S. 3,4 MaRisk).

[26] Gemäß Pkt. 7.2.2.2 Nr. 2 MaRisk ist „die Angemessenheit der den Geschäftsbereichen zur Verfügung gestellten Mittel [...] zu bewerten und angemessen zu dokumentieren". Als zur Verfügung gestellte Mittel kommen u. a. Budgets, qualifiziertes Personal und die technische Ausstattung in Betracht.

[27] Gemäß Pkt. 10 Nr. 1 S. 1 MaRisk müssen den Entscheidungsträgern alle für die Funktionsfähigkeit des Risikomanagements wesentlichen Informationen exakt und vollständig zur Verfügung stehen.

[28] Gemäß Art. 41 Abs. 1 S. 2 RRL umfasst ein Governance-System zumindest eine angemessene transparente Organisationsstruktur mit einer klaren Zuweisung und angemessenen Trennung der Zuständigkeiten und ein wirksames System zur Gewährleistung der Übermittlung von Informationen.

[29] Gemäß Pkt. 7.3.3 Nr. 1 MaRisk versteht die Aufsicht unter Risikokultur den Umgang mit den unternehmensindividuellen Risiken. Dabei ist es entscheidend, dass die Risikokultur von der obersten Ebene her nach unten systematisch vorgelebt wird. Eine gelebte Risikokultur gewährleistet eine schnelle Anpassung an veränderte Rahmenbedingungen und verhindert bzw. begrenzt so Risiken schon vor ihrer Entstehung.

[30] Die ONR 49000 Pkt. 3.2.22 definiert Risikokultur als „Denken, Handeln und Verhalten einer Organisation nach den Regeln und Grundsätzen des Risikomanagements".

**Organisation des Risikomanagements** Aufgabe der Organisation des Risikomanagements ist es, in einem gewachsenen Unternehmensumfeld dauerhafte Strukturen zu etablieren, die eine möglichst optimale risiko- und wertorientierte risiko- und wertschöpfungsorientierte Entscheidungsfindung und Arbeitsweise ermöglichen und zu einer gelebten Risikokultur führen. Diese Aufgabe zählt zu den originären Leitungsaufgaben und liegt somit im Verantwortungsbereich des Vorstands[31] [Faus13, 45]. Um die Umsetzung zu erleichtern, sollte möglichst ein Veränderungsbedürfnis der betroffenen Mitarbeitergruppen entwickelt werden [Lewi47]. Des Weiteren ist zu klären, welche Priorität und welcher Stellenwert dem Risikomanagement innerhalb des Unternehmens zukommt, wie die Aufbauorganisation des Risikomanagement-Bereichs auszusehen hat, wie einzelne Funktionsbereiche strukturiert werden sollen und welche organisatorischen Regelungen zur Erreichung von Zwecken und Zielen des Unternehmens gelten müssen. Dabei sollten folgende Grundsätze berücksichtigt werden:

- Die Aufbauorganisation muss eine innerbetriebliche Abstimmung sowie eine effiziente Koordination der Risikomanagement-Aktivitäten erlauben[32].
- Die Organisation muss in angemessener Zeit an die Änderungen des Umfelds angepasst werden können[33].
- Die Risikokultur muss durch die gewählte Organisationsform gefördert werden[34].
- Die festgelegten Strukturen müssen unter Berücksichtigung des Grundsatzes der Funktionstrennung eine klare Festlegung von Aufgaben und Verantwortlichkeiten innerhalb der Aufbauorganisation erlauben[35].
- Die festgelegten Strukturen müssen gewährleisten, dass den Entscheidungsträgern alle wesentlichen Informationen exakt und vollständig zur Verfügung stehen[36].

**Grundformen der Organisation** Je nach Anforderung und Komplexität der Aufgaben und Zielsetzungen des unternehmensindividuellen Risikomanagements sind in der Praxis verschiedene Grundformen der Risikomanagement-Organisation anzutreffen [Dreh12]:

[31] Nach § 76 Abs. 1 AktG hat der Vorstand die Gesellschaft eigenverantwortlich zu leiten, und nach § 64a Abs. 1 S. 2 VAG obliegt die ordnungsgemäße Geschäftsorganisation der Geschäftsleitung.
[32] Gemäß § 64a Abs. 1 S. 3 VAG setzt eine ordnungsgemäße Geschäftsorganisation neben einer dem Geschäftsbetrieb angemessenen ordnungsgemäßen Verwaltung und Buchhaltung insbesondere ein angemessnes Risikomanagement voraus.
[33] Vgl. Pkt. 7.2.2.3 Nr. 1 MaRisk.
[34] Gemäß den Erläuterungen zu Pkt. 7.3.3 Nr. 1 MaRisk ist die Risikokultur entscheidend von der Unternehmenskultur geprägt.
[35] Vgl. Pkt. 7.2.1 Nr. 1 MaRisk sowie Pkt. 7.2.1 Nr. 3 MaRisk.
[36] Siehe Pkt. 10 Nr. 1 S. 1 MaRisk sowie Art. 41 Abs. 1 S. 2 RRL.

- Im Rahmen der Aufbauorganisation erfolgt die Gliederung in funktionsfähige Organisationseinheiten nach Funktionsträgern[37,38], Beauftragten auf Basis gesetzlicher Vorgaben[39], Stabsstellen bzw. Stabsabteilungen[40], Sparten usw.
- Bei der Ablauforganisation erfolgt die organisatorische Gestaltung anhand konkreter Arbeits- und Geschäftsabläufe[41].
- Bei einer zentralen Organisation liegt die Entscheidungsbefugnis bei einem oder wenigen Entscheidungsträgern.
- Bei einer dezentralen Organisation erfolgt eine weitgehende Delegation der Entscheidungskompetenz auf tiefere Ebenen.
- Bei einer Risikomanagement-Organisation mit Ausgliederung werden aus wirtschaftlichen oder strategischen Gründen bestimmte Aufgaben oder Funktionen unter Beachtung gesetzlicher Vorgaben ganz oder zu einem wesentlichen Teil einem anderen Unternehmen auf Dauer übertragen[42].
- Bei eindimensionalen Organisationsformen werden die Aufgaben des Risikomanagements nach einem einzigen Kriterium zur Strukturierung zusammengefasst.
- Mehrdimensionale Organisationsformen sind dadurch gekennzeichnet, dass die Strukturierung nach mehr als einem Kriterium erfolgt. Hier liegt in der Regel eine Matrix- oder Tensororganisation[43] vor.

[37] Die MaRisk definieren hinsichtlich der Festlegung von Verantwortlichkeiten Vorgaben für die vier Funktionsträger Geschäftsleitung, unabhängige Risikocontrollingfunktion, operative Geschäftsbereiche und interne Revision (siehe Pkt. 7.2.1 Nr. 3 MaRisk).

[38] Unter Solvency II umfasst dies die vier Schlüsselfunktionen Risikomanagementfunktion (Art. 44 Abs. 4 RRL), Compliance-Funktion (Art. 46 Abs. 1 RRL), versicherungsmathematische Funktion (Art. 48 RRL) und interne Revision (Art. 47 RRL), die Beschwerdemanagementfunktion sowie die Funktionsträger Geschäftsleitung (vgl. Art 42 RRL) und operative Geschäftsbereiche (vgl. Art. 41 Abs. 3 S. 4 RRL oder Art. 123 S. 1 RRL).

[39] Dies beinhaltet den Geldwäschebeauftragten nach § 80d Abs. 3 VAG, den Schadenregulierungsbeauftragten nach § 7b VAG, den Verantwortlichen Aktuar gemäß § 11a, § 12 Abs. 2, 3 VAG, den Datenschutzbeauftragten nach § 4 f BDSG, den Schwerbehindertenbeauftragten in Folge des § 98 SGB IX, den Ausbildungsverantwortlichen nach § 28 BBiG usw.

[40] Dies umfasst Organisationseinheiten zu Notfallplanung, IT-Sicherheit, Qualitätsmanagement usw.

[41] Für jeden mit Risiken behafteten Geschäftsablauf einschließlich der Übergabe von Daten und Ergebnissen sind entsprechende Verantwortlichkeiten zu definieren (siehe Pkt. 7.2.2 Nr. 1 S. 3,4 MaRisk).

[42] Siehe § 64a Abs. 4 VAG sowie Pkt. 8 MaRisk. Gemäß Erwägungsgrund 31 RRL kann ein Unternehmen bei der Festlegung einer Funktion frei darüber entscheiden, wie diese Funktion in der Praxis organisiert wird. Es kann die Funktion mit eigenem Personal besetzen, sich auf Beratung durch externe Fachleute stützen oder innerhalb gesetzlicher Grenzen an Fachleute outsourcen. Eine Ausgliederung der Leitungsaufgaben der Geschäftsführung ist allerdings wegen § 64a Abs. 1 S. 2 VAG bzw. § 76 Abs. 1 AktG nicht ausgliederungsfähig (siehe auch die Erläuterungen zu Pkt. 8 Nr. 1 MaRisk).

[43] Tensororganisationen sind Verallgemeinerungen von Matrixorganisationen, die sich dadurch ergeben, dass bestimmte Organisationseinheiten in verschiedenen Matrixorganisationen verschiedene Aufgaben wahrnehmen (mit geänderten Rollen und Verantwortlichkeiten). Dies ist vor allem für

- Temporäre Organisationsformen (z. B. Task-Forces oder Projekte) bieten sich an, wenn eine bestimmte Aufgabe innerhalb einer gewissen Zeit gelöst werden muss[44].

**Transaktionskostentheorie** Einen Ansatzpunkt zur Auswahl geeigneter Organisationsformen bietet die Transaktionskostentheorie [Coas37; PiSc02]. Sie liefert einen theoretischen Rahmen zur Entscheidungsfindung bei Ausgliederungsansätzen oder der Bewertung der Effizienz bestimmter Organisationsformen im unternehmensindividuellen Kontext.

## 5.3 Frameworks und Standards

**Integriertes Management** Interpretation und Inhalt von Managementaufgaben im funktionalen Sinn – d. h. als Beschreibung der Prozesse und Funktionen, die sich aus der Arbeits- und Aufgabenteilung in Organisationen ergeben – unterliegen aufgrund von sich ändernden Rahmen- und Marktbedingungen sowie Paradigmenwechseln einer hohen Änderungsdynamik [Zink04]. Lösungsansätze bieten Konzepte des integrierten Managements [Rüeg03]. Sie gehen u. a. von der Prämisse aus, dass komplexe Fragestellungen effektiver durch ein ganzheitliches Denken gelöst werden können. Diese Konzepte sind geprägt durch [UlFl95; Zink04]

- eine angemessene Berücksichtigung von Umweltfaktoren;
- verknüpftes Denken und Handeln (z. B. Führung als Regelkreis mit kontinuierlicher Verbesserung);
- Interdisziplinarität im Denken und bei der Zusammenarbeit;
- systematisches Strukturieren von Sachverhalten.

**Kombination von Frameworks** Management, Organisation und Koordination des Risikomanagements umfassen sowohl normative und strategische als auch operative Komponenten. Allerdings existieren keine Frameworks und Standards, die vom Management bis hin zur IT alle Ebenen ausreichend detailliert berücksichtigen. In der Praxis kommt deshalb eine Kombination spezifischer Frameworks und Verfahren zum Einsatz, sodass auf allen Ebenen der für eine Umsetzung notwendige Detaillierungsgrad erreicht werden kann.

**EFQM** Das EFQM-Modell der European Foundation for Quality Management (EFQM) repräsentiert das bekannteste Vorgehensmodell zur Umsetzung der Idee des Total Quali-

kleine und weniger komplexe Unternehmen von Bedeutung. Erwägungsgrund 32 RRL weist explizit darauf hin, dass es mit Ausnahme der internen Revisionsfunktion für diese Unternehmen möglich sein soll, mehr als eine Funktion von einer Person oder Organisationseinheit auszuführen.

[44] Beispielsweise die Weiterentwicklung eines vollständigen oder partiellen internen Modells oder Modelländerungen (siehe Art. 44 Abs. 5 RRL, Art. 115 RRL) und Verbesserungen des Governance-Systems.

ty Management (TQM)[45] [Hube09; Malo99]. Es bietet den Unternehmen konzeptionelle Hilfestellung für den Aufbau und die kontinuierliche Weiterentwicklung von umfassenden Managementsystemen [Roth10]. Auf der Grundlage von Selbstbewertungen und einem dreistufigen Reifegradmodell können Stärken und Verbesserungspotenziale identifiziert, initiiert und der Unternehmenserfolg verbessert werden. Das EFQM-Modell basiert auf acht Grundsätzen[46] und besteht aus den drei thematischen Blöcken

- Menschen,
- Prozesse, Produkte und Dienstleistungen sowie
- Ergebnisse,

die in neun Kriterien gegliedert werden (Abb. 5.3). Die Umsetzung eines TQM-Ansatzes erfolgt stufenweise[47]. Dabei stellt die Einbindung der Mitarbeiter in einen kontinuierlichen Verbesserungsprozess[48] ein zentrales Erfolgskriterium für die Umsetzung dar [Demi86; Malo99]. Insgesamt bietet das EFQM-Modell eine gute Hilfestellung für den Aufbau und die kontinuierliche Weiterentwicklung von Risikomanagementsystemen.

**COBIT** COBIT [Bern12; ISAC12a; ISAC96] bietet ein Framework, um IT-Governance-Prozesse so in die Corporate Governance zu integrieren, dass sie aus der Perspektive der Geschäftsanforderungen zusammenspielen [Gaul10; Hube09]. Dabei fungiert COBIT als Bindeglied zwischen den unternehmensweiten Steuerungs-Frameworks wie COSO und IT-spezifischen Modellen wie ITIL oder ISO/IEC 27002 [JoGo11; Moel13; vBVe06].

[45] Die außer Kraft gesetzte Norm DIN ISO 8402:1994 „Qualitätsmanagement und Qualitätssicherung – Begriffe" übersetzte „Total Quality Management" mit „umfassendes Qualitätsmanagement" und definierte es als eine „auf der Mitwirkung aller ihrer Mitglieder gestützte Managementmethode einer Organisation, die Qualität in den Mittelpunkt stellt und durch Zufriedenstellen der Kunden auf langfristigen Geschäftserfolg sowie Nutzen für die Mitglieder der Organisation und für die Gesellschaft zielt".

[46] Die Grundsätze sind: 1. Ausgewogene Ergebnisse erzielen, denn durch ausgewogene Ergebnisse lassen sich kurz- und langfristige Bedürfnisse der Anspruchsgruppen befriedigen oder übertreffen; 2. Kundennutzen mehren, indem die Bedürfnisse und Erwartungen der Kunden verstanden und antizipiert werden; 3. Mit Vision, Inspiration und Integrität führen, sodass die Führungskräfte die Zukunft gestalten und verwirklichen sowie vorbildlich für Werte und Ethik einstehen; 4. Mittels Prozessen lenken, sodass die Steuerung des Unternehmens mittels strukturierter und strategisch ausgerichteter Prozesse erfolgt und die Entscheidungsfindung faktenbasiert ist; 5. Durch Menschen erfolgreich sein, da sich mit einer Kultur unternehmerischer und sozialer Verantwortung sowohl persönliche als auch Ziele der Organisation in ausgewogenem Umfang erreichen lassen; 6. Innovation und Kreativität fördern, denn durch das Nutzen der Kreativität der Anspruchsgruppen können Wertschöpfung und Leistung im Rahmen einer kontinuierlichen und systematischen Erneuerung gesteigert werden; 7. Partnerschaften aufbauen, denn vertrauensvolle Beziehungen zu unterschiedlichen Partnern helfen dabei, wechselseitigen Erfolg zu erzielen; 8. Verantwortung für eine nachhaltige Zukunft übernehmen, indem eine ethische Haltung, klare Werte und höchste Verhaltensstandards zu integralen Bestandteilen der Organisationskultur werden.

[47] 1. Sensibilisierung; 2. Realisierung; 3. Stabilisierung; 4. Excellence.

[48] Siehe auch die Ausführungen zu Kanban in der IT in Abschn. 3.4, S. 49.

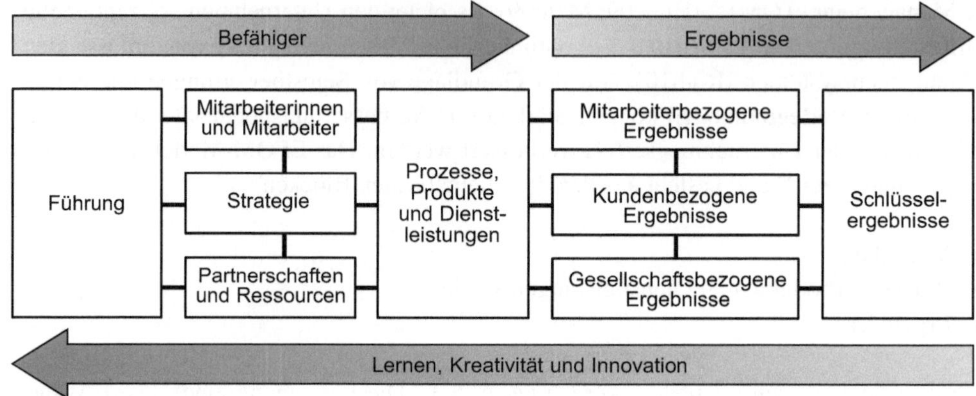


**Abb. 5.3** Das Excellence-Modell 2013 der EFQM unterscheidet neun Kriterien. Davon sind fünf Befähiger und vier sind Ergebnisse. Mit freundlicher Genehmigung der EFQM

Für eine Umsetzung liefert es allerdings nicht den nötigen Detaillierungsgrad[49]. COBIT verfolgt einen Top-Down-Steuerungsansatz, der dafür sorgen soll, dass die IT die geschäftlichen Anforderungen unterstützt, einen Wertbeitrag liefert und dabei sowohl ökonomisch als auch risikobewusst agiert. Die aus den Interessen der Anspruchsgruppen abgeleiteten Unternehmensziele werden im Rahmen von COBIT in Beziehung zu den IT-Zielen gesetzt, welche wiederum die IT-Architektur beeinflussen. Angemessen definierte und betriebene IT-Prozesse gewährleisten die Verarbeitung von Informationen, die Erbringung von Services sowie die Verwaltung von Personal, Technologie, Daten und Anwendungen. Ein Rollenmodell deckt die Aktivitäten und Verantwortlichkeiten der IT- und der Geschäftsfunktionen ab.

**COBIT 5** Die neuste Version (COBIT 5) basiert direkt auf dem Standard ISO/IEC 38500 zur Corporate Governance der IT [ISAC12a][50]. Die Governance-Struktur ist in Abb. 5.4 dargestellt. Die Zieldefinition erfolgt in COBIT 5 durch einen Balanced-Scorecard-Ansatz. Um die Unternehmensziele zu erreichen, müssen bestimmte IT-bezogene Ergebnisse (sog. „IT-related goals“) vorliegen. Die Ziele mit IT-Bezug werden in einer IT-Balanced-

[49] Entsprechend referenziert COBIT gezielt auf ITIL und andere gängige Standards (vgl. hierzu auch [vBVe06]). Das ist beispielsweise an der Positionierung der Service-Management-Prozesse innerhalb von Prozessdomänen oder beim Lebenszyklusansatz zu erkennen.

[50] Der Standard ISO/IEC 38500:2008 „Corporate governance in information technology“ entstand auf Basis des Standards AS8015:2005 „Australian Standard for Corporate Governance of Information and Communication Technology (ICT)“. Dieses Referenzmodell richtet sich an die obere Führungsebene und Entscheidungsträger und zielt auf eine effektive, effiziente und rechtskonforme Nutzung der IT ab. Zentrale Elemente sind die systematische Bewertung des IT-Einsatzes sowie die ständige Überwachung der Planumsetzung.

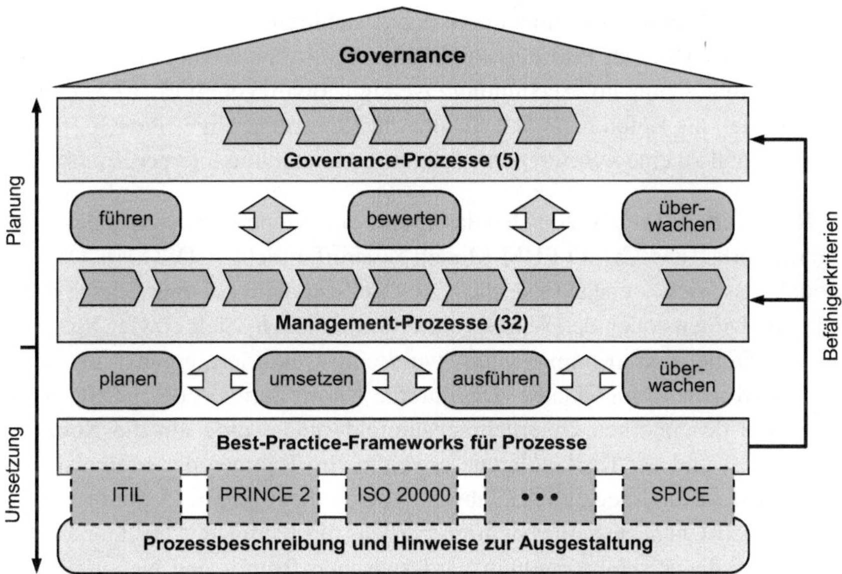


**Abb. 5.4** Prinzipielle Governance-Struktur des Frameworks von COBIT 5

Scorecard festgehalten[51]. COBIT 5 umspannt mit 37 standardisierten Prozessen aus einer Ende-zu-Ende-Sichtweise heraus die Geschäfts- und die IT-Aktivitäten [ISAC12b][52]. Input und Output werden sowohl auf Ebene der Einzelprozesse als auch mit dem Fokus auf übergeordnete Management- oder Governance-Praktiken definiert.

**COSO-IC-Modell** Das Committee of Sponsoring Organizations of the Treadway Commission (COSO) entwickelte 1992 einen Standard zur Dokumentation, Analyse und Gestaltung eines internen Kontrollsystems (COSO-IC-Modell)[53], das die Bereiche operationelle Risiken, Finanzberichterstattung und Compliance umfasst. Besondere Bekanntheit hat das COSO-Modell durch den Sarbanes-Oxley Act gefunden, wonach die Geschäftsführung von an U.S.-amerikanischen Börsen notierten Unternehmen ein internes Kontrollsystem einzuführen und seine Wirksamkeit jährlich zu bestätigen hat[54]. Ab einer gewissen

[51] Diese Ansätze werden bereits seit über einem Jahrzehnt in der Literatur diskutiert und in der Praxis eingesetzt (siehe hierzu die Ausführungen in Abschn. 6.3 sowie z. B. [KaNo97; Klin01; Wefe00]).

[52] In COBIT 5 ersetzen die Governance- und Management-Praktiken die in früheren Versionen definierten „Control Objectives". Mit diesem Begriff wurden wesentliche Bereiche bezeichnet, die im Prozess berücksichtigt sein müssen, um über das Prozessziel sowie das IT-Ziel die Unternehmensziele zu erreichen (siehe z. B. [Gaul10]). Die „Control Practices" sind in COBIT 5 als Aktivitäten der Management-Praktiken abgebildet.

[53] Die Komponenten des internen Kontrollsystems nach dem COSO-IC-Modell sind Kontrollumfeld, Risikobeurteilung, Kontrollaktivitäten, Information und Kommunikation sowie Überwachung.

[54] Siehe Section 404 SOX.

Größe ist diese Wirksamkeitsprüfung durch den Abschlussprüfer zu kontrollieren und zu bestätigen [Brün09, 18]. Der Prüfungsstandard Nr. 5 des durch den Sarbanes-Oxley Act geschaffenen Public Company Accounting Oversight Board (PCAOB) weist explizit auf das COSO-Modell als Referenzmodell für interne Kontrollen hin[55] [PACO07], wodurch das Modell offiziell zu einem Referenzmodell für die Gestaltung interner Kontrollen wird.

**COSO-ERM-Modell** Im Jahr 2004 hat das COSO eine Weiterentwicklung des ursprünglichen Frameworks, das COSO-ERM-Modell[56] veröffentlicht [COSO04]. Das COSO-ERM-Modell lässt sich – ebenso wie das COSO-IC-Modell – in Würfelform darstellen (Abb. 5.5). Die Dimensionen des Würfels sind Komponenten, Ziele sowie Organisationseinheiten. Die Dimension „Komponenten" wurde umstrukturiert, ergänzt und beinhaltet bei COSO-ERM acht Komponenten. Das interne Kontrollumfeld des COSO-IC ist ein Unterbestandteil des internen Unternehmensumfelds und wurde um die Konzepte der Risikobereitschaft und der Risikotoleranz erweitert. Im Rahmen der Ereignisidentifikation werden positive und negative Zielabweichungen identifiziert. Dadurch können mit COSO-ERM auch Chancen berücksichtigt werden, die häufig mit bestimmten Risiken einhergehen. Bei der Risikobeurteilung wird zwischen Brutto- und Nettorisiken unterschieden. Außerdem werden die Wechselwirkungen zwischen den Risiken berücksichtigt. Bei der Dimension „Ziele" berücksichtigt COSO-ERM analog zu COSO-IC operative Ziele und Compliance-Ziele. Anstelle der Finanzberichterstattungsziele treten umfassende Berichtsziele. Zusätzlich berücksichtigt das COSO-ERM die strategischen Ziele. Risikomanagement im Rahmen des COSO-ERM beginnt damit bereits in der Strategiefindung und Strategiefestlegung [Brün09; Moel11]. Insgesamt bildet das COSO-ERM-Modell aufgrund seiner Zieldimensionen und des integrierten internen Kontrollsystems einen etablierten und bedeutenden Standard für die Dokumentation, Analyse und Konzeption von integrierten Risikomanagementsystemen, welche rechtlichen Vorgaben zu genügen haben.

**ISO 31000 und ONR 49000** Für die Vernetzung des Risikomanagements mit der strategischen und operativen Unternehmensführung sowie den Anforderungen der Corporate Governance ist neben dem COSO-Standard noch die internationale Norm ISO 31000:2009 „Risk Management – Principles and guidelines" und deren Spezifikation für eine wirksame Umsetzung durch die ONR 49000 von Bedeutung. Im Gegensatz zum COSO-Standard ist die ISO 31000 nicht durch eine gesetzliche bzw. regulatorische Kontrollstruktur geprägt, sondern durch einen strategischen Ansatz, der dem Mandat und der Verpflichtung der Unternehmensleitung entspringt [Brüh11]. Die ISO 31000 gliedert sich im Wesentlichen in die fünf Abschnitte

- Anwendungsbereich;
- Begriffe und Definitionen;
- Grundsätze des Risikomanagements;

[55] Vgl. Pkt. 5 (Fußnote) sowie Pkt. 87 PACOB Standard No. 5.
[56] COSO Enterprise Risk Management – Integrated Framework.

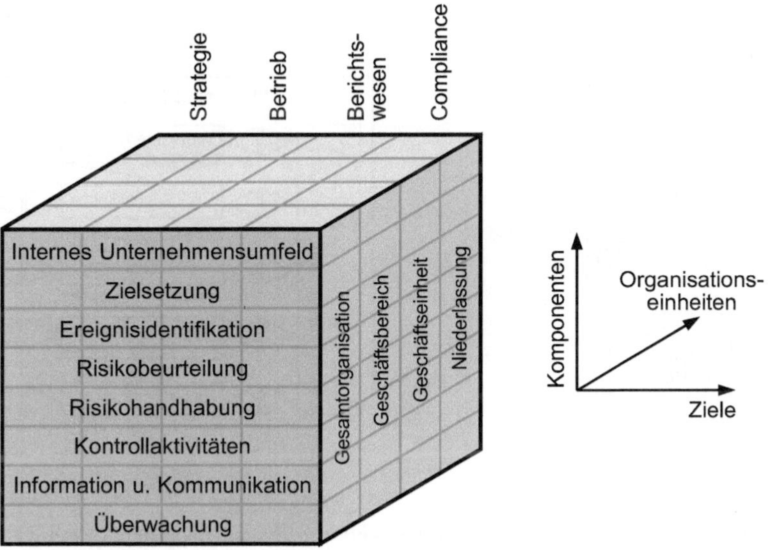


**Abb. 5.5** COSO-ERM-Würfel. Mit freundlicher Genehmigung des Committee of Sponsoring Organizations of the Treadway Commission (COSO)

- Struktur des Risikomanagementsystems sowie
- Struktur des Risikomanagementprozesses.

Für eine erfolgreiche Einführung und nachhaltige Anwendung von Risikomanagementsystemen ist eine Reihe von unternehmenskulturellen Grundsätzen[57], organisatorischen Rahmenbedingungen und Führungsaufgaben zu verwirklichen [Brüh11; Meie11; RoBr10; Weis09]. Die Grundsätze können nach ihrer unternehmensindividuellen Konkretisierung die Basis für Leitlinien zum Risikomanagement sein. Gemäß ISO 31000 liegt die Einführung eines Risikomanagements und dessen Weiterentwicklung in der Verantwortung der Geschäftsleitung[58]. Die ISO 31000 verfolgt einen ausgesprochen prozessorientierten Ansatz. Hierzu definiert das Risikomanagementsystem der ISO 31000 den aufbau- und ablauforganisatorischen Rahmen. Es stellt nicht nur die Steuerung und Kontrolle der Risiken sicher, sondern fokussiert auch auf die Wirksamkeit und Verbesserung des Risikomanagements. Dabei steht der aus dem Qualitätsmanagement nach ISO 9001 bekannte

[57] Die Norm ISO 31000 führt an, dass Risikomanagement grundsätzlich: Werte schafft und schützt; ein integraler Bestandteil aller organisatorischen Abläufe ist; Bestandteil der Entscheidungsfindung ist; Unsicherheiten explizit adressiert; systematisch, strukturiert und zeitnah erfolgt; auf den besten verfügbaren Informationen basiert; unternehmensindividuell ausgestaltet ist; menschliche und kulturelle Faktoren berücksichtigt; transparent und umfassend ist; dynamisch und iterativ ist und auf Veränderungen reagiert; die kontinuierliche Verbesserung im Unternehmen erleichtert.

[58] Siehe Abschn. 4.2 ISO 31000 (Mandat und Verpflichtung). Diese Forderung deckt sich mit § 64a Abs. 7 VAG und Pkt. 6 Nr. 1 MaRisk.

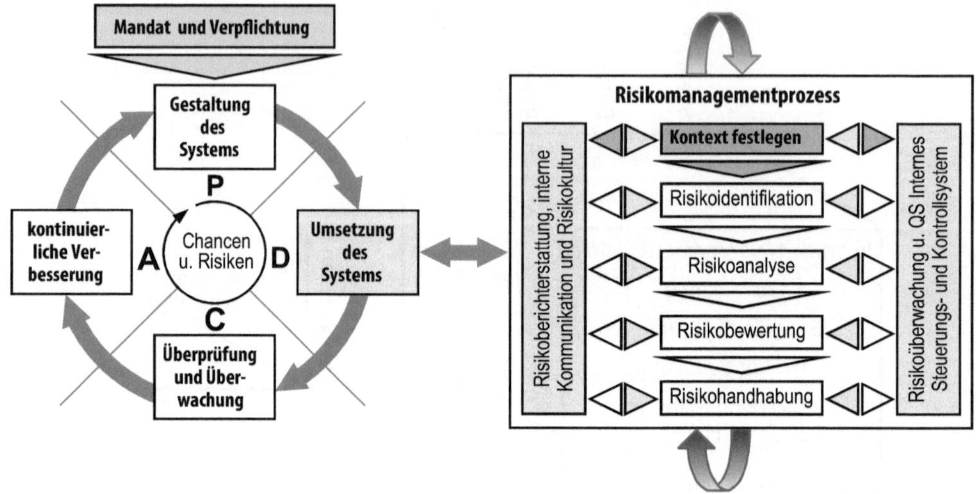


**Abb. 5.6** Struktur von Risikomanagementsystem und -prozess auf Basis der Norm ISO 31000

Managementregelkreis „Plan-Do-Check-Act" (PDCA) bzw. Planung (Design), Umsetzung, Bewertung und Verbesserung des Risikomanagementsystems im Mittelpunkt. Der Risikomanagementprozess liefert die Strukturen und Vorgaben, welche die Führungskräfte und Risikoeigner für den bewussten Umgang mit Unsicherheiten bzw. Risiken benötigen [Brüh11; RoBr10]. Das System ist in Abb. 5.6 schematisch dargestellt.

## Literatur

[Bern12] *Bernard, P.:* COBIT 5: A Management Guide. Van Haren Publishing, Zaltbommel 2012.

[Bloh77] *Blohm H.:* Organisation, Information und Überwachung. Gabler, Wiesbaden 1977.

[Brow98] *Brown, A.:* Organisational Culture. Financial Times Management – Prentice Hall, Harlow 1998.

[Brüh11] *Brühwiler, B.:* Risikomanagement als Führungsaufgabe: ISO 3100 mit ONR 49000 wirksam umsetzen. Haupt, Bern 2011.

[Brün09] *Brünger, C.:* Erfolgreiches Risikomanagement mit COSO ERM: Empfehlungen für die Gestaltung und Umsetzung in der Praxis. Erich Schmidt, Berlin 2009.

[BuWW03] *Bullinger, H.-J.; Warnecke, H. J.; Westkämper, E. (Hrsg.):* Neue Organisationsformen im Unternehmen: Ein Handbuch für das moderne Management. Springer, Berlin 2003.

[Coas37] *Coase, R. H.:* The Nature of the Firm. Economica **4** (1937) 386.

[COSO04] *Committee of Sponsoring Organizations of the Treadway Commission:* COSO Enterprise Risk Management – Integrated Framework, Application Techniques. AICPA, New Jersey 2004.

[DeKe00] *Deal, T. E.; Kennedy, A. A.:* Corporate Cultures – the Rites and Rituals of Corporate Life. Perseus Books, New York 2000.

[Demi86] *Deming, W. E.:* Out of the crisis. MIT Center for Advance Engineering Study, MIT Press, Cambridge 1986.

[Dreh12] *Dreher, M.:* Begriff und Inhaber der Schlüsselfunktionen nach Solvency II und VAG 2012. VersR **63** (2012) 933.

[Faus13] *Faust, C.:* Die vorstandsinterne Delegation von Aufgaben des Risikomanagements einer Aktiengesellschaft nach § 64a VAG. In: *Looschelders, D; Michael, L. (Hrsg.):* Düsseldorfer Schriften zum Versicherungsrecht, Bd. 14. Verlag Versicherungswirtschaft, Karlsruhe 2013.

[FMLL85] *Frost, P. J.; Moore, L. F.; Louis, M. R.; Lundberg, C. C.; Martin, J.:* Organizational Culture. Sage, Newbury Park 1985.

[FrBe82] *French, W. L.; Bell, C. H.:* Organisationsentwicklung. UTB 486. Paul Haupt, Bern 1982.

[Gaul10] *Gaulke, M.:* COBIT Val IT – Risk IT. dpunkt Verlag, Heidelberg, 2010.

[Groc72] *Glochla, E.:* Unternehmensorganisation. Rohwolt, Hamburg 1972.

[Hand05] *Handy, C.:* Understanding Organizations. Penguin Books, London 2005.

[Harr72] *Harrison, R.:* Understanding your Organization's Character. Harvard Business Review **50** (1972) 119.

[Hube09] *Huber, B. M.:* Managementsysteme für IT-Serviceorganisationen: Entwicklung und Umsetzung mit EFQM, COBIT, ISO 20000, ITIL. dpunkt Verlag, Heidelberg 2009.

[ISAC12a] *ISACF Information Systems Audit and Control Foundarion (Hrsg.):* COBIT 5: A Business Framework for the Governance and Management of Enterprise IT. Illinois, 2012 (www.isaca.org).

[ISAC12b] *ISACF Information Systems Audit and Control Foundarion (Hrsg.):* COBIT 5: Enabling Processes. Illinois, 2012 (www.isaca.org).

[ISAC96] *ISACF Information Systems Audit and Control Foundarion (Hrsg.):* COBIT: Control Objectives for Information and Related Technologiy. Illinois, 1996 (www.isaca.org).

[JoGo11] *Johannsen, W.; Goeken, M.:* Referenzmodelle für IT-Governance: Methodische Unterstützung der Unternehmens-IT mit COBIT, ITIL & Co. dpunkt Verlag, Heidelberg 2011.

[KaNo97] *Kaplan, R. S.; Norton, D. P.:* Balanced Scorecard – Strategien erfolgreich umsetzen. Schäffer-Poeschel, Stuttgart 1997.

[Klin01] *Klingebiel, N. (Hrsg.):* Performance Measurement und Balanced Scorecard. Vahlen, München 2001.

[KoRo10] *Korte, T.; Romeike, F.:* MaRisk VA erfolgreich umsetzen – Praxisleitfaden für das Risikomanagement in Versicherungen. Erich Schmidt, Berlin 2010.

[KrWo12] *Kriele, M.; Wolf, J.:* Wertorientiertes Risikomanagement von Versicherungsunternehmen. Springer, Heidelberg 2012.

[Lewi47] *Lewin, K.:* Frontiers in Group Dynamics – Social Equilibria and Social Change. Human Relation **1** (1947) 5.

[Malo99] *Malorny, C.:* TQM umsetzen – der Weg zur Business Excelence. Schäffer-Poeschel, Stuttgart 1999.

[Meie11] *Meier, P.:* Risikomanagement nach der internationalen Norm ISO 31000:2009: Konzept und Umsetzung im Unternehmen. Expert-Verlag, Renningen 2011.

[Meis12] *Meister, D. G.:* Corporate Governance und Compliance-Management für Versicherungsunternehmen – Vor dem Hintergrund der Umsetzung von Solvency II, AV Akademikerverlag, Saarbrücken 2012.

[Meye11a] *Meyer, J. P.:* Anforderungen an das Governance-System von Versicherungsunternehmen und -gruppen. In: *Bennemann, C.; Oehlenberg, L.; Stahl, G. (Hrsg.):* Handbuch Solvency II. Schäffer-Poeschel, Stuttgart 2011, S. 87.

[Moel11] *Moeller, R. R.:* COSO Enterprise Risk Management: Establishing Effective Governance, Risk, and Compliance Processes. John Wiley & Sons, Hoboken 2011.

[Moel13] *Moeller, R. R.:* Executive's Guide to IT Governance: Improving Systems Processes with Service Management, COBIT, and ITIL. John Wiley & Sons, Hoboken 2013.

[PACO07] *PACOB:* Auditing Standard No. 5: An Audit of Internal Control Over Financial Reporting That Is Integrated with An Audit of Financial Statements (Supersedes Auditing Standard No. 2). 27. July 2007, PCAOB Release No. 2007-005A, http://pcaobus.org/Standards/Auditing/Pages/Auditing_Standard_5.aspx, Abruf am 10.03.2014.

[PDFF12] *Picot, A.; Dietl, H.; Franck, E.; Fiedler, M.; Royer, S.:* Organisation: Theorie und Praxis aus ökonomischer Sicht. Schäffer-Poeschel, Stuttgart 2012.

[PiSc02] *Picot, A.; Schuller, S.:* Transaktionskosten. In: *Küpper, H.-U.; Wagenhofer, A. (Hrsg.):* Handwörterbuch Unternehmensrechnung und Controlling. Schäffer-Poeschel, Stuttgart 2002, S. 1966.

[RoBr10] *Romeike, F; Brühwiler, B.:* Praxisleitfaden Risikomanagement – ISO 31000 und ONR 49000 sicher andenden. Erich Schmidt, Berlin 2010.

[Rome02] *Romeike, F.:* Risiko-Management als Grundlage einer wertorientierten Unternehmenssteuerung. RATINGaktuell o.J. (2002) 12.

[Rome03b] *Romeike, F.:* Der Prozess des strategischen und operativen Risikomanagements. In: *Romeike, F.; Finke, R. (Hrsg.):* Erfolgsfaktor Risikomanagement: Chance für Industrie und Handel. Lessons learned, Methoden, Checklisten und Implementierung. Gabler, Wiesbaden 2003, S. 153.

[RoMü08] *Romeike, F.; Müller-Reichart, M.:* Risikomanagement in Versicherungsunternehmen: Grundlagen, Methoden, Checklisten und Implementierung. Wiley-VCH, Weinheim 2008.

[Roth10] *Rothlauf, J.:* Total Quality Management in Theorie und Praxis: Zum ganzheitlichen Unternehmensverständnis. Oldenburg, München 2010.

[Rüeg03] *Rüegg-Stürm, J.:* Das neue St. Galler Management-Modell. Grundkategorien einer integrierten Managementlehre. Der HSG-Ansatz. Haupt, Bern 2003.

[Sche10] *Schein, E. H.:* Organizational Culture and Leadership. Jossey-Bass, San Francisco 2010.

[Schr08] *Schreyögg, G.:* Organisation: Grundlagen moderner Organisationsentwicklung. Gabler, Wiesbaden 2008.

[Shar02] *Sharma, P.:* Prudential Supervision of Insurance Undertakings. Conference of the Insurance Supervisory Services of the Member States of the European Union. Report, December 2002. ec.europa.eu/internal_market/insurance/docs/solvency/solvency2-conference-report_en.pdf, Abruf am 10.03.2014.

[TrHa12] *Trompenaars, F.; Hampden-Turner, C.:* Riding the Waves of Culture. McGraw-Hill, New York 2012.

[UlFl95] *Ulrich, P.; Fluri, E.:* Management. UTB, Stuttgart 1995.

[vBVe06] *van Bon, J.; Verheijen, T. (Hrsg.):* Frameworks for IT Management. Van Haren Publishing, Zaltbommel 2006.

[Wefe00] *Wefers, M.:* Strategische Unternehmensführung mit der IV-gestützten Balanced Scorecard. WIRTSCHAFTSINFORMATIK **42** (2000) 123.

[Weis09] *Weis, U.:* Risikomanagement nach ISO 31000. WEKA MEDIA, Kissing 2009.

[WöDö13] *Wöhe, G.; Döring, U.:* Einführung in die Allgemeine Betriebswirtschaftslehre, 25. Auflage, Vahlen, München 2013.

[Woll05] *Wolle, B.:* Grundlagen des Software-Marketing. Vieweg, Wiesbaden 2005.

[Zink04] *Zink, K. J.:* TQM als integratives Managementkonzept. Das EFQM Excellence Modell und seine Umsetzung. Carl Hanser, München 2004.

# 6 Strategische Planung

Je planmäßiger die Menschen vorgehen, desto wirksamer vermag sie der Zufall zu treffen (Friedrich Dürrenmatt, Schweizer Schriftsteller, Dramatiker und Maler, 1921–1990).

**Chancen analysieren und nutzen** Für grundlegende strategische Entscheidungen sollte das eigene Unternehmen und sein Umfeld einer kritischen Analyse unterzogen werden. Dabei interessiert vor allem, welche Position das Unternehmen derzeit am Markt einnimmt, welche Entwicklungsmöglichkeiten sich bieten und welche Risiken sich für das Unternehmen ergeben könnten. Allerdings führt der Druck des laufenden Tagesgeschäfts häufig dazu, dass eigene Schwächen und Risiken, aber auch eigene Stärken und Chancen zu wenig wahrgenommen und hinterfragt werden. Im Folgenden wird gezeigt, dass systematische Analysen sowie die Aufbereitung und Verdichtung von Informationen helfen, Entscheidungsprobleme des Risikomanagements transparent zu machen und zu optimieren.

## 6.1 Grundlagen strategischer Analysen

**Konzeption des Risikomanagementsystems** Die Konzeption eines Risikomanagementsystems ist das Ergebnis detaillierter Analysen. Sie umfasst Festlegungen auf vier Konzeptionsebenen, nämlich der Grundsatz-, der Strategie-, der Organisations- und der Prozessebene. Dabei werden die Ziele als grundsätzliche, zukunftsbezogene Vorgaben für das Unternehmen (Unternehmensphilosophie) angesehen. Die Strukturierung der Unternehmensgrundsätze erfolgt durch Strategien. Damit aus den Strategien Handlungsvorgaben für das operative Tagesgeschäft abgeleitet werden können, müssen im ersten Schritt einzelne Instrumente auf der Organisationsebene festgelegt werden. Diese Instrumente werden auf einzelne Geschäftsabläufe heruntergebrochen und auf der Prozessebene nachvollziehbar dokumentiert. Damit die Skalierbarkeit des Risikomanagementsystems gewährleistet ist, sollte eine Segmentierung auf für die aus Unternehmenssicht relevanten betrieblichen Bereiche erfolgen.


B. Wolle, *Risikomanagementsysteme in Versicherungsunternehmen*, IT im Unternehmen, DOI 10.1007/978-3-8348-2309-0_6

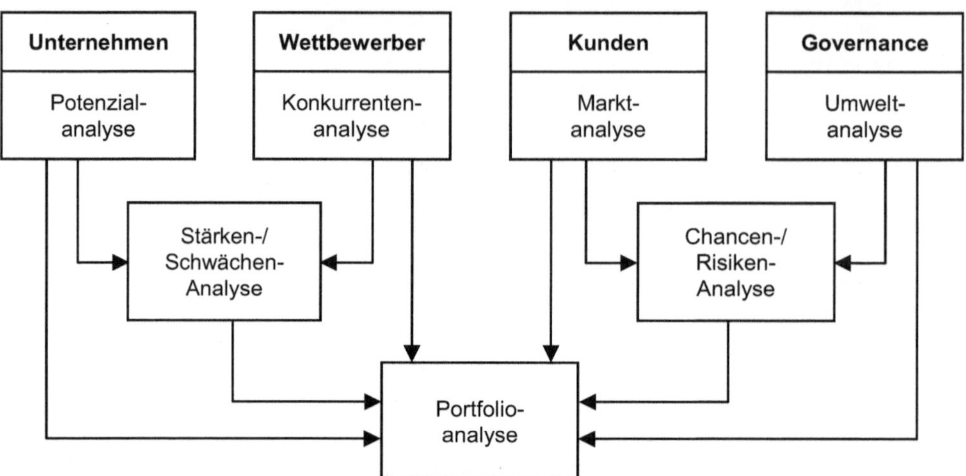


**Abb. 6.1** System der strategischen Situationsanalyse

**Zielfestlegung** Im Rahmen strategischer Analysen werden zunächst die relevanten Ziele festgelegt. Ziele sollten so formuliert werden, dass die Zielerreichung zu einem späteren Zeitpunkt objektiv beurteilt werden kann. In der Praxis hat sich die SMART-Regel bewährt. Danach müssen Ziele spezifisch, messbar, akzeptiert, realistisch und terminierbar sein [Dora81].

**Zielsystem** Die Ziele können z. B. in einem Zielsystem abgebildet werden. Ein Zielsystem besteht im Wesentlichen aus Zielelementen und Zielrelationen [Amsh93]. Die Zielelemente sind: Zielobjekt, Zieleigenschaft, Zielmaßstab, Zielfunktion und Zeitbezug. Die Zielrelationen werden nach Interdependenzen, Präferenzen und Instrumenten strukturiert [Jasp97, 229].

**Situationsanalyse** Die strategische Analyse eines Unternehmens basiert auf einer spezifischen Vorgehensweise zur Gewinnung betriebswirtschaftlich relevanter Informationen über das soziotechnische System Unternehmung [NiDH02; Schn02]. Als Instrumente der strategischen Diagnose dienen die Stärken-Schwäche-Analyse, die Chancen-Risiken-Analyse sowie die Portfolioanalyse (Abb. 6.1).

**SWOT-Analyse** Die Stärken-Schwäche-Analyse und die Chancen-Risiken-Analyse bilden zusammen die sog. SWOT-Analyse (*strengths*, *weaknesses*, *opportunities*, *threats*). Dabei sollten so weit wie möglich objektiv nachprüfbare Daten verwendet werden, damit die SWOT-Analyse brauchbare Anregungen für die Diskussion und Entwicklung von Strategiekonzepten liefern kann [Schn02]. Im Rahmen der SWOT-Analyse soll das Unternehmen auf interne und externe Veränderungen vorbereitet werden, sodass es im Wettbewerb eine möglichst günstige Position einnehmen kann [Eick09]. Des Weiteren sollen Möglichkeiten identifiziert werden, wie negative Einflüsse verhindert werden können. Hierzu sind die Hauptrisiken und Hauptchancen regelmäßig zu überprüfen [MeBK11].

**Portfolio-Modell** Im Portfolio-Modell wird die Beziehung von Objekten in einem Achsenkreuz abgebildet. Neben den zwei Dimensionen der Koordinaten wird üblicherweise eine dritte dargestellt, indem pro Objekt ein Kreis eingetragen wird, dessen Radius mit der dritten Dimension korreliert. Mit diesem Verfahren kann z. B. die innerbetriebliche Leistung analysiert oder überbetriebliche Marktbeziehungen verschiedener Unternehmen dargestellt werden (vgl. z. B. [Beck12; KoBl01; MeBK11]). Die verbreitete Darstellung mit vier Feldern und als Radius Umsatz oder Gewinn wurde von der Boston Consulting Group entwickelt [Hedl77]. Problematisch ist, dass Einflüsse auf die Objekte eines Portfolios nur anhand von zwei Einflussfaktoren diskutiert werden. Zudem wird die Abgrenzung der Quadranten meist relativ willkürlich vorgenommen und die Entwicklung des Cash-Flows als Funktion der Zeit kann nicht ausreichend konkretisiert werden [Koch80].

## 6.2 Kennzahlenanalyse

**Entscheidungen und Fakten** Die objektive Beschreibung der Eigenschaften, Zustände und Zustandsänderungen von Objekten und Erscheinungen unserer Umwelt basiert in der Regel auf quantitativen Angaben. Dabei werden die Eigenschaften von Objekten in Beziehung gesetzt oder gleichartige Ereignisse bzw. Zustände gezählt. Derartige Beschreibungen gelten als Voraussetzung für faktenbasierte Entscheidungen, die wiederum die Basis für das unternehmerische Handeln darstellen. Allerdings basieren die in der Praxis eingesetzten Entscheidungsmodelle auf einem alphanumerischen Zeichensatz und weisen daher eine erhebliche abstrakte Distanz zur betrieblichen Realität auf.

**Skalentypen** Der Einsatz der Methoden für die Erhebung und Auswertung von Datensätzen ist abhängig vom Skalenniveau der einzelnen Daten. Dabei werden Nominalskalen, Ordinalskalen, Intervallskalen und Rationalskalen unterschieden [Zuse98]. Nominalskalen (z. B. Typenklassenskala) sind nur zur Bestimmung von Gleichheit und Ungleichheit geeignet. Rangfolgen können mit Ordinalskalen (z. B. Notenskala) festgelegt werden. Intervallskalen (z. B. Celsius-Skala) erlauben zusätzlich Intervallvergleiche. Mit Rationalskalen (z. B. Längenskala) lassen sich Verhältnisse von metrischen Daten bilden.

**Kennzahlen** Bei unternehmerischen Entscheidungen sind insbesondere Intervall- oder Rationalzahlen von Bedeutung, weil sie durch den Einsatz geeigneter Kennzahlen die Verdichtung von umfangreichen Daten zu wenigen zentralen Größen ermöglichen. Die verwendeten Kennzahlen müssen relevante Indikatoren für die Entwicklung kritischer Erfolgsgrößen darstellen (vgl. hierzu [SiRS10]).

**Kennzahlensystem** Der Zusammenhang zwischen einzelnen Kennzahlen wird in Kennzahlensystemen abgebildet [Lach76]. Gute Kennzahlensysteme strukturieren einen gegebenen Sachverhalt mittels einer geeigneten Darstellung von Kennzahlen möglichst vollständig und übersichtlich[1]. Häufig basieren Kennzahlensysteme auf Kennzahlen mit schwach ausgeprägten Korrelationen [ItLa04].

**Anforderungen an Kennzahlensysteme** Aufgrund kognitiver Beschränkungen des Menschen verbessert eine Zunahme von zur Verfügung stehenden Informationen nicht auch automatisch den Entscheidungsprozesses [Simo81]. Bei der Quantifizierung der Auswirkungen von Entscheidungen mit Hilfe von Kennzahlen müssen deshalb gegenseitige Abhängigkeiten berücksichtigt und gleichzeitig nicht relevante Detailinformationen unterdrückt werden. Außerdem müssen die eingesetzten Kennzahlen hinreichend gut mit der Strategieebene gekoppelt sein. Im Rahmen von Kennzahlensystemen für das Risikomanagement ist deshalb die Installation eines konsistenten Systems von Limiten erforderlich, welches die im Einklang mit der Risikostrategie gesetzten Begrenzungen im Rahmen der Risikosteuerung auf die wichtigsten Organisationsbereiche herunter bricht, und die Auslastung dieser Limite durch Kennzahlen darstellt[2].

## 6.3 Balanced Scorecard

**BSC und strategisches Management** Die Balanced Scorecard (BSC) ist eines der erfolgreichsten und verbreitetsten Managementinstrumente zur Überführung von Strategien in Kennzahlensysteme. Ihre Konzeption basiert auf einer Studie von Kaplan & Norton, die bei zwölf US-amerikanischen Unternehmen die damals eingesetzten Informations- und Steuerinstrumente untersuchten [KaNo92; KaNo97]. Die BSC wird teilweise als eine Gruppierung von Kennzahlen missverstanden, bei der die üblichen finanziellen Kennzahlen um weitere, nicht-finanzielle ergänzt werden [Wefe00]. Tatsächlich bildet die BSC die Grundlage für ein strategisches Managementsystem, welches unter Berücksichtigung finanzieller und nicht-finanzieller Kennzahlen (Indikatoren) Unternehmensstrategien in Form von Ursache-Wirkungs-Beziehungen abbildet. Sie hilft dabei, Strategien – z. B. Geschäfts- und Risikostrategie – durch Ziele und definierte Maßnahmen umzusetzen (vgl. z. B. [Klin01; MaAh00]).

**Struktur der BSC** Klassisch wird die BSC aus vier „Perspektiven" zusammengesetzt, die zusammengenommen ein ausgewogenes Kennzahlensystem bilden. Leitfragen erleichtern die Kommunikation und die Verknüpfung strategischer Ziele mit Maßnahmen und Kennzahlen. Durch die Ursache-Wirkungs-Beziehungen werden die Zusammenhänge zwischen Leistungstreibern (Frühindikatoren) und Ergebnissen (Spätindikatoren) als Hypothesen aufgezeigt und zusammengeführt [JLMM04]. Die Bildung der Wirkungszusammenhänge erfolgt in der Regel sowohl aufgrund eigener Erfahrungen als auch mittels

[1] Das älteste Kennzahlensystem ist das 1919 entwickelte Du Pont System of Financial Control zur Ermittlung des Return of Investment als relatives Verhältnis von Gewinn zu Kapitaleinsatz [Bott97; Pro04].

[2] Vgl. Pkt. 7.3.1 Nr. 5 MaRisk sowie Art. 45 Abs. 1 Lit. a RRL.

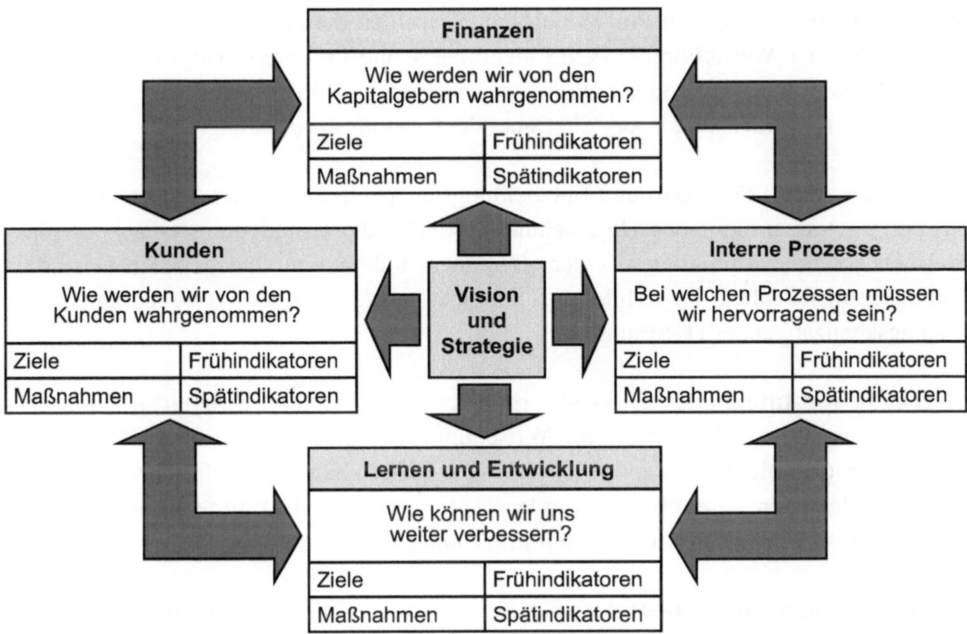


**Abb. 6.2** Perspektiven der Balanced Scorecard

logischer Schlussfolgerungen und empirischer Ergebnisse [Wall01]. Die zumeist intuitiv getroffenen Annahmen zur Bildung von Ursache-Wirkungs-Beziehungen zwischen den einzelnen strategischen Zielen sind durchaus kritisch zu sehen [Nørr00], denn die in der Praxis eingesetzten Beziehungen sind aufgrund zahlreicher Abhängigkeiten und Rückkopplungen auch empirisch schwer nachweisbar [Glei97; Reic06]. Die Perspektiven sind um die aus der Unternehmensvision (oder -mission) abgeleitete Unternehmensstrategie angeordnet. Sie decken die finanzielle Sicht, die Kundensicht, die interne Prozesssicht sowie die Lern- und Entwicklungssicht ab (siehe Abb. 6.2).

**Finanzsicht** In der Finanzperspektive werden die klassischen finanziellen Kennzahlen erfasst, die Aufschluss darüber geben, inwiefern die Umsetzung der Unternehmensstrategie zur Verbesserung des wirtschaftlichen Ergebnisses beigetragen hat. Typische Indikatoren sind Beitragseinnahmen, Wachstums-, Liquiditäts-, Gewinn- oder Rentabilitätskennzahlen.

**Kundensicht** Die Kundenperspektive beleuchtet die Kunden- und Marktsegmente, in denen das Unternehmen aktiv sein möchte und in denen es in Konkurrenz zu Wettbewerbern steht. Hier eignen sich Indikatoren wie Marktanteil, Kundenzufriedenheit, Neugeschäft, Dienstleistungsqualität oder Produktqualität.

**Prozesssicht** In der internen Prozessperspektive werden die erfolgskritischen Kernprozesse entlang der Wertschöpfungskette identifiziert und optimiert. Mögliche Indikatoren sind Entwicklungsdauer neuer Produkte, Fehlerquoten, Bearbeitungsdauern von Beschwerden, Arbeitsrückstände oder die Dauer der Leistungsbearbeitung.

**Entwicklungssicht** Die Lern- und Entwicklungsperspektive fokussiert auf die Ressourcen und die Infrastruktur des Unternehmens, welche die Grundvoraussetzung für das Erreichen von Wachstumszielen bilden. Geeignete Indikatoren sind beispielsweise die Mitarbeiterzufriedenheit, Weiterbildungs- und Schulungsquoten oder Verfügbarkeits- und Leistungskennzahlen der IT-Systeme.

**Integration von Intangibles** Die BSC ermöglicht aufgrund ihrer Struktur, firmenbezogenes Wissen oder auch andere, zur Wertschöpfung beitragende immaterielle Vermögenswerte (Intangible Assets) zu berücksichtigen. Dabei können je nach Messansatz verschiedene Methoden unterschieden werden (vgl. z. B. [Beck03]). Eine Bewertung von Intangible Assets basiert in der Regel auf prozentualen Angaben[3].

**Einsatz im Risikomanagement** Das Konzept der BSC ist flexibel und auf unterschiedliche strategische Themen verallgemeinerbar. Bei zu hoher Komplexität können kaskadierende Scorecards verwendet werden [Wefe00]. Des Weiteren vereint es Planungs-, Steuerungs-, Kontroll- und Informationsinstrumente. Damit bietet der BSC-Ansatz einen guten Ausgangspunkt für die Integration des Risikomanagements in die Unternehmensprozesse. Die BSC muss hierfür um Risikoaspekte ergänzt werden, was seit einiger Zeit in der Literatur behandelt wird (vgl. z. B. [Heim07; Pete08; RoMü08; Sieb11; WuMa01]). Zur Integration von Risikoaspekten in das Konzept der BSC existieren die folgenden vier Grundkonzepte [Heim07]:

- Balanced Scorecard Plus
- Balanced Scorecard mit separater Risikoperspektive
- Balanced Chance and Risk Card
- Risikoorientierte Erfolgsfaktorenbasierte Balanced Scorecard

**BSC Plus** Bei der Balanced Scorecard Plus [WeWL99] bleibt der klassische Aufbau der BSC erhalten. Innerhalb der vier Perspektiven werden zu jedem Ziel die dazu gehörenden Risiken mit den zugehörenden Einflussfaktoren erfasst und unmittelbar integriert. Für jedes Risiko ergeben sich klare Verantwortlichkeiten, da die Zielverantwortlichen gleichzeitig als Risikoeigner fungieren. Außerdem können die Risiken anhand der Ursache-Wirkungs-Beziehungen strukturiert identifiziert und zugeordnet werden [PeSc04].

[3] Eigentlich unterliegt jeder einzelne Wert der Fuzzy-Logik. In einer BSC sollten derartige Werte ebenfalls über Fuzzy-Logik verknüpft werden, um aussagefähige Ergebnisse zu erhalten [Bisc05].

**BSC mit Risikoperspektive** Das Konzept der BSC lässt sich grundsätzlich um zusätzliche Perspektiven erweitern, sodass deren Anzahl und Inhalte individuell gestaltet werden können. Beim Konzept mit separater Risikoperspektive werden die bestehenden Perspektiven beibehalten und alle für das Unternehmen relevanten Risiken zentral in einer eigenen Perspektive dargestellt. Durch eine Risikoperspektive können alle Risiken vollständig erfasst und eindeutig strukturiert werden. Dies schließt auch Risiken ein, die sich nicht eindeutig einer klassischen Perspektive zuordnen lassen, etwa Rechtsrisiken, politische Risiken oder Naturkatastrophen [HoSH05].

**BCR-Card** Die Balanced Chance and Risk Card (BCR-Card) ist eine Weiterentwicklung der klassischen BSC, die nicht mehr dem Standardaufbau folgt [PeSc04]. Als Kennzahlen auf oberster Ebene werden der Discounted Cash Flow, der Economic Value Added, der Market Value Added oder Risk Adjusted Performance Measures vorgeschlagen [FaBu05]. Die Chancen werden mit entsprechenden Kennzahlen in einer Chance-Card, die Risiken in einer Risk-Card abgebildet. Die klassischen Perspektiven werden durch strategische Erfolgsfaktoren wie Finanzen, Kunden, Leistungserstellung und Personal ersetzt. Bei der Risk-Card kommt das Unternehmensumfeld als strategischer Erfolgsfaktor hinzu [ReFo00].

**EF-BSC** Analog zur BCR-Card werden bei der risikoorientierten Erfolgsfaktorenbasierten BSC (EF-BSC) unternehmensspezifische, strategische Erfolgsfaktoren sowie zusätzlich eine Risk-Scorecard verwendet [Tewa04]. Zu jedem strategischen Erfolgsfaktor wird eine eigene Scorecard entwickelt, die aus einem Kernteil, einer Risikotabelle sowie einem untergeordneten Teil mit Messkriterien besteht. Im untergeordneten Teil werden anhand der Messkriterien Frühindikatoren abgeleitet, die mit der Entwicklung des strategischen Erfolgsfaktors korreliert sind. In der Risikotabelle werden die für den Erfolgsfaktor relevanten Risiken berücksichtigt. Die Risk-Scorecard besteht zur Erfassung der Risiken ebenfalls aus zwei Teilen. Diese dienen zur Unterscheidung zwischen konstitutiven und aktionsabhängigen Risiken. Bei den konstitutiven Risiken findet eine Unterteilung in aus dem Unternehmen heraus entstehende Risiken (endogene Risiken) und durch das Unternehmensumfeld verursachte Risiken (exogene Risiken) statt. Zur besseren Übersicht werden die Risiken auf Basis von Scoring-Modellen zu einem Risikoportfolio verdichtet [Tewa04].

**IT-gestützte Realisierung** Der langfristig erfolgreiche Einsatz von BSC-Konzepten hängt von einer adäquaten IT-Unterstützung ab. Empfehlenswert ist der Einsatz generischer und fachspezifisch vorkonfigurierter BI-Werkzeuge. So kann einerseits die technische Integration der unterschiedlichen Perspektiven bzw. strategischen Erfolgsfaktoren und andererseits die automatische Versorgung mit fachlichen Daten ausreichender Qualität gewährleistet werden [GlPi05]. Dies gilt insbesondere für den gegenwärtigen und zukünftigen Einsatz im Rahmen des Risikomanagements bei Versicherungsunternehmen, weil hier der Gesetzgeber bzw. die Aufsichtsbehörde erhöhte Anforderungen an die Datenqualität stellt[4] [KlMa11].

## 6.4 Unternehmenseigene Risikoanalyse

**Solvency II und ORSA** Nach Art. 45 RRL soll zukünftig jedes Versicherungsunternehmen eine unternehmenseigene Risiko- und Solvabilitätsbeurteilung (ORSA) vornehmen[5]. CEIOPS bzw. EIOPA definiert das ORSA als die Gesamtheit der Prozesse und Verfahren, die eingesetzt werden, um kurz- und langfristige Risiken, denen ein Versicherungsunternehmen ausgesetzt ist oder ausgesetzt sein könnte, zu erkennen, einzuschätzen, zu überwachen, zu managen, darüber Bericht zu erstatten, und um das Eigenkapital zu bestimmen, das zur Sicherstellung der jederzeitigen Erfüllung des Gesamtsolvabilitätsbedarfs notwendig ist ([CEIO08], Nr. 9]). Das ORSA gilt als ein wichtiges Element, um das Risikomanagement von Versicherungsunternehmen der EU zu verbessern und ein besseres Verständnis sowohl für den Gesamtsolvabilitätsbedarf des Unternehmens als auch für den Zusammenhang zwischen Risiko- und Kapitalmanagement zu fördern [EIOP11b]. Die gestellten Anforderungen sollen gewährleisten, dass die Öffentlichkeit ausreichende und klare Informationen über das Risikoprofil des Unternehmens erhält. Außerdem soll das ORSA die Verantwortung der Unternehmensleitung erhöhen, nicht mehr Risiken einzugehen als es die Kapitaldecke erlaubt [EIOP12b].

**Kernumfang des ORSA** Nach Maßgabe des Art. 45 Abs. 1 RRL muss die Beurteilung mindestens folgende Komponenten umfassen:

- Den Gesamtsolvabilitätsbedarf unter Berücksichtigung von Risikoprofil, Risikotoleranzschwellen[6] sowie der Geschäftsstrategie;
- die kontinuierliche Einhaltung der Eigenkapitalanforderungen sowie der Anforderungen der versicherungstechnischen Rückstellungen;
- die Signifikanz der Abweichung des Risikoprofils von den Annahmen, welche der Solvenzkapitalanforderung zugrunde liegen und gemäß der Standardformel oder in Form der Voll- oder Partialmodelle berechnet wurden.

**Prüfung von Finanz- und Risikosteuerung** Das ORSA verbindet Geschäftsmodell und Strategie mit Risiko- und Kapitalmanagement sowie dem internen Kontrollsystem, um mögliche Schwachstellen in und zwischen den einzelnen Säulen zu erkennen und Ansätze

[4] Vgl. z. B. Pkt. 7.3.2.2 MaRisk sowie die Art. 82, 83, 121 RRL.

[5] Im Rahmen der Vorbereitungsphase auf Solvency II wird von den Unternehmen erwartet, dass sie eine vorausschauende Beurteilung der eigenen Risiken (basierend auf den ORSA-Grundsätzen) gemäß Art. 45 RRL aktiv vorbereiten und beginnen [EIOP13a, 3].

[6] Im § 28 Abs. 2 Nr. 1 VAG-E als „Risikotoleranzlimite" und in Pkt. 7.3.1 Nr. 5 MaRisk als „Limit" bezeichnet.

zur Beseitigung zu identifizieren. Das unternehmenseigene Risikoprofil und der daraus resultierende interne Kapitalbedarf werden kontinuierlich und unabhängig von der eigentlichen Ermittlung der aufsichtsrechtlichen Solvenzkapitalanforderung analysiert und bewertet. Diese Bewertung erfordert weder die Entwicklung eines internen Modells, noch dient sie zur Berechnung einer anderen Kapitalanforderung als der Solvenzkapitalanforderung oder der Mindestkapitalanforderung[7]. Gemäß Art. 120 RRL ist ein eventuell vorhandenes internes Modell in Form eines Voll- oder Partialmodells zwingend bei der Bewertung einzusetzen.

**ORSA: Herzstück von Solvency II** Das ORSA bildet die inhaltliche Klammer zwischen den vernetzten Themen der drei Säulen [Meyb12]. Es enthält sowohl explizite als auch implizite Anforderungen, die von den Unternehmen nur in einem iterativen Prozess erarbeitet und umgesetzt werden können [BrBr11]. Dabei sind unternehmensbezogene sowie aufsichtsrechtliche Sichtweisen zu berücksichtigen. Auf der unternehmensbezogenen Seite stellt das ORSA ein Werkzeug für die Selbsteinschätzung des kurz- und langfristig zu erwartenden Gesamtsolvabilitätsbedarfs dar. Auf der aufsichtsrechtlichen Seite ist es eine Informationsquelle für die Aufsichtsbehörden[8].

**Materialität und Proportionalität** ORSA ist als Teil des neuen Risikomanagementsystems bzw. des Governance-Systems im Sinne von Solvency II definiert. Daher gelten für das ORSA alle Prinzipien, die Solvency II zugrunde liegen. Dies betrifft insbesondere den Grundsatz der Materialität sowie den Grundsatz der Proportionalität[9]. Gemäß des Grundsatzes der Materialität sollen in der Risikobetrachtung nur solche Risiken berücksichtigt werden, die für die Risikolage der Versicherungsunternehmen wesentlich sind[10] [DrBa12]. Bei der Festlegung der Prozesse und Verfahren des ORSA geht es nicht darum, eine möglichst anspruchsvolle unternehmenseigene Risiko- und Solvabilitätsbeurteilung durchführen zu können, sondern eine die den wesentlichen Risiken nach Wesensart, Umfang und Komplexität angemessen ist[11] und durch die integrative Sicht für die Unternehmen einen Mehrwert generiert [DeKS12].

**ORSA, VAG und MaRisk (VA)** Mit der Einführung von § 64a VAG sollten die Änderungen von Solvency II teilweise vorweg genommen und für die Versicherungsunternehmen der Übergang in das Solvency-II-Regime erleichtert werden. Auch für das ORSA wurden deshalb wichtige Komponenten bereits in deutsches Recht transferiert. Dies betrifft

[7] Siehe Erwägungsgrund 36 RRL sowie Art. 45 Abs. 7 RRL.
[8] Siehe Erwägungsgrund 36 RRL bzw. Art. 45 Abs. 6 RRL.
[9] Nach Art. 29 Abs. 3 RRL.
[10] Vgl. z. B. auch Art. 121 Abs. 4 RRL.
[11] Siehe Leitlinie 4 – Verhältnismäßigkeit – der Leitlinien zur vorausschauenden Beurteilung der eigenen Risiken [EIOP13a].

- das Erfassen des Gesamtrisikoprofils auf Basis einer ökonomischen Bewertung gemäß Pkt. 7.3.1 Nr. 2 MaRisk[12];
- die Bewertung der Risiken auf Basis einer sowohl qualitativen als auch quantitativen Einschätzung gemäß Pkt. 7.3.2.2 Nr. 1 MaRisk[13];
- etablierte Prozesse zur Identifikation, Analyse und Bewertung von Risiken laut § 64a Abs. 1 S. 4 Nr. 3 Lit. b VAG[14];
- die Erstellung eines Risikotragfähigkeitskonzeptes aus welchem ein Limitsystem hergeleitet wird laut § 64a Abs. 1 S. 4 Nr. 3 Lit. a VAG[15];
- die kontinuierliche Einhaltung der Eigenkapitalanforderungen in Pkt. 7.3.1 Nr. 1 MaRisk[16];
- die Erläuterung der eingesetzten Bewertungsmethoden gemäß Ziff 7.3.1 Nr. 4 MaRisk[17];
- die Konzeption des ORSA als integraler Bestandteil der Geschäftsstrategie und dessen Berücksichtigung bei strategischen Entscheidungen durch die Pkt. 7.1 Nr. 2 MaRisk und 7.3.1 Nr. 2 MaRisk[18];
- die regelmäßige Durchführung der Bewertung sowie ihre Durchführung bei einer wesentlichen Änderung des Risikoprofils durch Pkt. 7.1 Nr. 3, 4 MaRisk[19].
- die Überprüfung des Risikoprofils auf signifikante Veränderungen insbesondere im Zusammenhang mit der Aufnahme neuer Geschäftsfelder, der Einführung neuer Produkte oder signifikanter Veränderungen von Marktparametern und Risikoeinschätzungen durch § 64a Abs. 7 Nr. 1 Lit. c VAG[20].

**Pläne und Prognoserechnungen des VAG** In der aktuellen Fassung des Versicherungsaufsichtsgesetzes existieren in den §§ 55b und 81b weitere Anforderungen zur Erstellung von Berechnungen und Plänen, die einen gewissen Bezug zum ORSA der Solvency-II-Richtlinie aufweisen. Dies betrifft

- Prognoserechnungen, die auf Verlangen der Aufsichtsbehörde über das erwartete Geschäftsergebnis, die erwartete Solvabilitätsspanne, die erwarteten Bewertungsreserven und über die Risikotragfähigkeit in adversen Situationen zu erstellen sind (§ 55b S. 1 Nr. 1–4 VAG);

[12] Siehe Erwägungsgrund 64 RRL sowie Art. 76 ff., 101 ff. RRL.

[13] Siehe Nr. 78 im Issues Paper der CEIOPS zum Own Risk and Solvency Assessment (ORSA) [CEIO08].

[14] Vgl. Art. 45 Abs. 2 RRL.

[15] Vgl. Art. 45 Abs. 1 Lit. a RRL.

[16] Vgl. Art. 45 Abs. 1 Lit. b RRL.

[17] Vgl. Art. 45 Abs. 2 RRL.

[18] Vgl. Art. 45 Abs. 4 RRL.

[19] Vgl. Art. 45 Abs. 5 RRL.

[20] Die explizite Überprüfung des Risikoprofils auf signifikante Veränderungen Abweichungen von den der Solvenzkapitalanforderung zugrunde liegenden Annahmen bleibt dagegen in den derzeit gültigen aufsichtsrechtlichen Vorgaben noch unberücksichtigt. Gleiches gilt für die Rolle und die Aufgaben der versicherungsmathematischen Funktion gemäß Art. 47 Abs. 1 Lit. i RRL.

- die drohende oder eingetretene Nichtbedeckung der Solvenzkapitalanforderung, verbunden mit der Forderung einen Solvabilitätsplan[21] zu erstellen (§ 81b Abs. 1 VAG[22]);
- die Nichtbedeckung der Mindestkapitalanforderung gemäß § 81b Abs. 2 VAG, verbunden mit der Forderung einen Finanzierungsplan zu erstellen[23];
- die gefährdete Erfüllbarkeit der Verpflichtungen aus Versicherungsverträgen, verbunden mit der Forderung einen finanziellen Sanierungsplan zu erstellen (§ 81b Abs. 2a VAG).

**Erfüllbarkeit der Verpflichtungen unter Solvency II** Damit die Versicherungsunternehmen der dauernden Erfüllbarkeit der Verpflichtungen gegenüber Versicherungsnehmern und Begünstigten nachkommen können, ist die Bildung ausreichender versicherungstechnischer Rückstellungen sowohl unter Solvency II als auch im geltenden Versicherungsaufsichtsrecht vorgeschrieben[24]. Die Berechnung der versicherungstechnischen Rückstellungen sollte marktkonform sein und mit der Bewertung von Vermögenswerten und sonstigen Verbindlichkeiten im Einklang stehen. Der Wert der versicherungstechnischen Rückstellungen sollte dem Betrag entsprechen, den ein anderes Versicherungsunternehmen (Referenzunternehmen) erwartungsgemäß benötigen würde, um die zugrunde liegenden Verpflichtungen aus Versicherungsverträgen zu übernehmen und zu erfüllen[25].

**Leitlinien der EIOPA** In den Leitlinien zur vorausschauenden Beurteilung der eigenen Risiken konkretisiert EIOPA ihre Erwartungen an die Versicherungsunternehmen [EIOP13a]. Die Leitlinien legen den Fokus darauf, was mit der Beurteilung erreicht werden soll und nicht wie sie durchgeführt werden soll[26]. Damit hält sich EIOPA an die bereits skizzierten Konzepte der strategischen Planung, wonach zunächst die Ziele, dann die Strukturen, anschließend die Instrumente und erst dann die Abläufe festzulegen sind[27]. Die wesentlichen Aussagen der Leitlinien sind:

[21] Die Solvency-II-Richtlinie führt den Begriff „Solvabilitätsplan" nicht an. Der Solvabilitätsplan des § 81b VAG entspricht sinngemäß dem Sanierungsplan des Art. 138 RRL. Der Sanierungsplan des § 81b VAG hängt mit der Nichterfüllbarkeit der Verpflichtungen aus Versicherungen zusammen. Die RRL sieht u. a versicherungstechnische Rückstellungen nach Art. 76–86 vor (vgl. Erwägungsgründe 53–55). Die geplante VAG-Novelle bereinigt dies und verwendet in den §§ 125, 126 VAG-E die Terminologie der Art. 138, 139 RRL.

[22] Entspricht sinngemäß Art. 138 Abs. 2 RRL und Art. 142 RRL.

[23] Entspricht sinngemäß Art. 139 Abs. 2 RRL und Art. 142 RRL.

[24] Vgl. Erwägungsgrund 53 und Art. 76–86 RRL sowie § 81 Abs. 1 S. 1 VAG für die Finanzaufsicht, die Aufgaben des Verantwortlichen Aktuars gemäß § 11a Abs. 3 Nr. 1 VAG oder § 12 Abs. 3 Nr. 1 VAG und die Vorgaben der §§ 53c ff. VAG.

[25] Siehe Erwägungsgründe 54 und 55 RRL.

[26] Siehe Rz. 1.12 der Leitlinien zur vorausschauenden Beurteilung der eigenen Risiken [EIOP13a].

[27] Siehe Abschn. 6.1.

- Verhältnismäßigkeit
  Die Beurteilung ist unter Berücksichtigung von Wesensart, Umfang und Komplexität der unternehmensspezifischen Risiken passend auf die Organisationsstrukturen und das Risikomanagementsystem zu gestalten (Proportionalitätsprinzip).
- Verantwortung der Unternehmensleitung
  Die Unternehmensleitung hat die Beurteilung zu steuern und die Ergebnisse kritisch zu hinterfragen.
- Leitlinien
  Die innerbetrieblichen Leitlinien sollten auf die eingesetzten Prozesse und Verfahren, den Zusammenhang zwischen Risikoprofil, Limiten und Gesamtsolvabilitätsbedarf eingehen, sowie Stresstests, Sensitivitätsanalysen, Datenqualität und Modalitäten zur Auslösung und Terminvorgaben behandeln.
- Dokumentation
  Der Mindestumfang der Dokumentation beinhaltet eine Leitlinie (bzw. Politik)[28], einen internen Bericht, einen Bericht an die Aufsichtsbehörde sowie Aufzeichnungen der einzelnen Prozesse und Durchläufe der Beurteilung. Die Dokumentation sollte systematisch und sorgfältig vorgenommen werden. Ergebnisse und Schlussfolgerungen sind intern an das relevante Personal zu kommunizieren.
- Gesamtsolvabilitätsbedarf
  Der Gesamtsolvabilitätsbedarf soll quantitativ dargestellt und durch eine qualitative Erläuterung der Risiken ergänzt werden. Der Einsatz von zu Solvency II abweichenden Bilanzierungs- und Bewertungsgrundlagen ist nachvollziehbar zu begründen. Die Auswirkungen der abweichenden Bilanzierungs- und Bewertungsgrundlagen auf die Gesamtsolvenzsituation sind quantitativ abzuschätzen. Hinsichtlich der Risiken müssen ausreichende Stresstests und Szenarioanalysen einschließlich Reverse Stresstests[29] angewandt werden.

[28] Obwohl die Begriffe „Politik“ und „Leitlinie“ unterschiedliche Bedeutungen haben, wird in der deutschen Fassung der RRL das englische „policy“ meistens mit „Leitlinie“ übersetzt. Allerdings wird „Politik“ in Art. 48 Abs. 1 Lit. g RRL, Art. 50 RRL, Art. 142 Abs. 1 Lit. e RRL verwendet. Die entsprechenden Artikel der VAG-Novelle übernehmen diese Terminologie (§ 31 Abs. 2 VAG-E, § 115 Abs. 1 Nr. 3 VAG-E, § 127 Abs. 1 Nr. 5 VAG-E). Der Begriff „Leitlinie“ wird z. B. in Art. 41 Abs. 3 RRL, Art. 55 RRL, Art. 115 verwendet. Gleiches gilt für die §§ 24, 102 VAG-E. In § 50 VAG-E zum SFCR fehlt allerdings die explizite Vorgabe des Art. 55 RRL, wonach der Bericht auf Basis einer Leitlinie zu erstellen ist. Die englische Fassung der RRL verwendet hier durchgängig korrekt den Begriff „policy“. Hingegen werden bei der Gruppenaufsicht in Art. 248 Abs. 6 RRL die Begriffe „guidelines“ bzw. „Leitlinien“ verwendet. Das VAG kennt den Begriff der Leitlinie nicht. Verwendung findet dagegen der Begriff der Politik, beispielsweise in § 81b Abs. 2a Nr. 5 VAG oder in § 115 Abs. 3 VAG. In den MaRisk (VA) findet sich Geschäftspolitik (Pkt. 7.3.4 Nr. 3 MaRisk), Vertriebs- und Zeichnungspolitik sowie Aufnahme- und Zeichnungsrichtlinien (Pkt. 7.2.2 Nr. 2 MaRisk) und ansonsten Leitlinien (z. B. in Pkt. 7.2 Nr. 1 MaRisk).

[29] Reverse Stresstests fokussieren auf das Risikodeckungspotenzial. Dabei wird durch Vorgabe einer Gesamtverlusthöhe untersucht, ab welcher Schwelle die Risiken in verschiedenen Szenarien für das Unternehmen existenzbedrohend werden können.

- Abläufe und Verfahren
  Es sind Abläufe und Verfahren zu implementieren, die eine kontinuierliche Einhaltung der Eigenkapitalanforderungen und der Vorschriften zu den versicherungstechnischen Rückstellungen gewährleisten. Mögliche Änderungen des Risikoprofils sowie adverse Situationen sind zu berücksichtigen.
- Signifikanz
  Differiert das Risikoprofil von den im Standardansatz verwendeten Annahmen, ist die Signifikanz der Abweichung zu quantifizieren[30].
- Rückkopplung
  Die Erkenntnisse der Beurteilung müssen in das Governance-System, das Kapitalmanagement, den Geschäftsplan, die Produktentwicklung und das interne Modell einfließen.
- Häufigkeit
  Die Beurteilung ist mindestens einmal jährlich durchzuführen, sogar häufiger, wenn der Gesamtsolvabilitätsbedarf im Verhältnis zur Kapitaldecke stark schwankt.
- Gruppenbeurteilung
  Auf Gruppenebene soll die Beurteilung alle Unternehmen beinhalten, die der Gruppenaufsicht unterliegen. Dabei sind die Transferierbarkeit und die Fungibilität mit Drittländern zu berücksichtigen. Die Beurteilung sollte alle gruppenspezifischen Risiken identifizieren, analysieren und bewerten, steuern, überwachen und darüber berichten. Außerdem sind die Risikotreiber und die Diversifikationseffekte darzustellen. Die Nicht-Anwendung vollständiger oder partieller interner Modelle durch einzelne Gruppenunternehmen sowie abweichende Planungsperioden sind zu begründen.
- Gruppenbericht
  Der entsprechende Bericht muss in der Sprache des Gruppenaufsehers und in der jeweiligen Landessprache der nationalen Aufsichtsbehörde abgefasst werden[31]. Auf Solo-Ebene sollte die Dokumentation klar und angemessen sein.

**Unternehmenssteuerung prägt Zielbild** Bei der Konzeption eines Zielbilds ist es plausibel, zwischen den Anforderungen, dem Prozess an sich, und der Dokumentation zu unterscheiden [AxKa11]. Werden die Prinzipien der strategischen Planung angewandt, stellt sich der Prozess der Beurteilung – wie in Abb. 6.3 dargestellt – als eine umfassende finanzielle Unternehmenssteuerung unter unternehmensspezifischen sowie aufsichtsrechtlichen Gesichtspunkten dar. Die Steuerung setzt sich aus den Komponenten strategische

[30] Hierzu müssen spezielle Verfahren implementiert werden [GiPS12].

[31] Die Solvency-II-Richtlinie enthält hinsichtlich der zu gebrauchenden Amtssprache keine generellen Vorgaben. Damit gilt zunächst nationales Verwaltungsrecht. In Deutschland ist die Amtssprache deutsch (§ 23 Abs. 1 VwVfG), ebenso die Gerichtssprache (§ 184 S. 1 GVG). Dies ist problematisch, weil die Fachsprache in Bereichen wie IT, Solvency II, Mathematik und internationale Rechnungslegung Englisch ist. Der Grundsatz, dass die Amtssprache deutsch ist, wird aber teilweise aufgeweicht, z. B. in § 19 Abs. 1 S. 2 WpPG. Ebenso akzeptiert das BSI im Zertifizierungsverfahren nach § 5 BSIG i. V. m. BSIZertV eingereichte Unterlagen, die in Englisch verfasst sind.

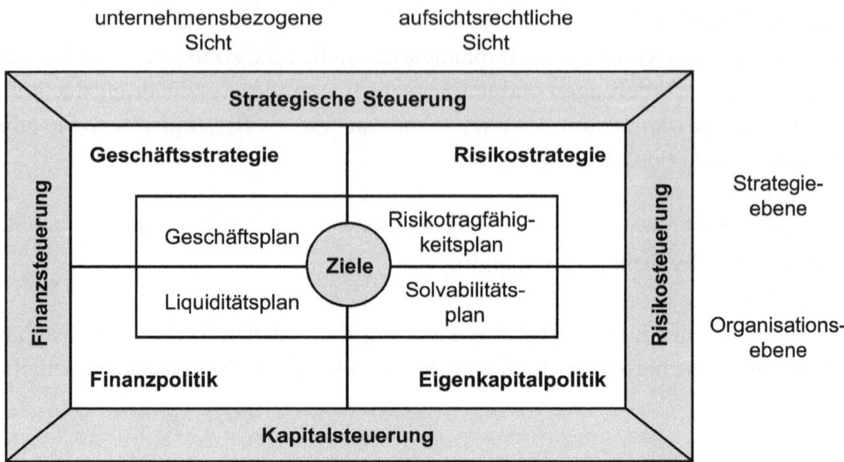


**Abb. 6.3** Schematisches Zielbild für das ORSA, das auch den geltenden Rechtsgrundlagen genügt

Steuerung, Kapitalsteuerung, Finanzsteuerung und Risikosteuerung zusammen. Die Ziele der Beurteilung werden auf der Strategieebene über Geschäfts- und Risikostrategie sowie auf der Organisationsebene über Finanz- und Eigenkapitalpolitik mit Instrumenten wie strategischen Analysen und Bilanzanalysen, Szenario- und Prognoserechnungen oder Stresstests in Geschäftspläne, Risikotragfähigkeitspläne, Solvabilitätspläne und Liquiditätspläne überführt. Die zugehörigen Daten werden mittels Projektionsrechnungen und Bilanzen – beispielsweise Solvency-Bilanzen, Liquiditäts-, Vermögens-, Handels-, Steuerbilanz oder Sonderbilanzen – generiert [CoHS12].

**ORSA als Steuerungskreislauf** Das ORSA beinhaltet viele Aspekte der internen Unternehmensrechnung für intern zu treffende Führungs- und Kontrollentscheidungen auf Basis der Bilanzanalyse (vgl. [CoFG09]). Der eigentliche ORSA-Prozess kann damit formal als Steuerungskreislauf gestaltet werden, der in Anlehnung an die Bilanzanalyse die einzelnen Geschäfts-, Liquiditäts-, Risiko- und Solvabilitätsziele miteinander verbindet (vgl. [CoHS12] Kap. 17, 20). Es ergibt sich das in Abb. 6.4 dargestellte Steuerungsschema.

**Ökonomische Risikosteuerung** Im aufsichtsrechtsbezogenen Teil wird durch eine Risikotragfähigkeitsanalyse das zur Verfügung stehende Risikodeckungspotenzial auf Basis des Risikoprofils und einer ökonomischen Bewertung ermittelt[32]. Entsprechend der Risikoneigung der Unternehmensleitung wird festgelegt, wie viel davon zur Abdeckung der Risiken zu verwenden ist. Limite werden als Indikatoren eingesetzt[33], um die gesetzten

[32] Vgl. Pkt. 7.3.1 Nr. 2 MaRisk; Art. 76 ff., 101 ff. RRL.

[33] Die MaRisk (VA) definieren Limite als Instrumente, um die gewählte Strategie unter Berücksichtigung der Risikotragfähigkeit umzusetzen (Pkt. 7.3.1 Nr. 2 MaRisk). Limite sind nicht mit Kennzahlen zu verwechseln. Vielmehr bilden sie – analog zum BSC-Konzept – die Risikostrategie

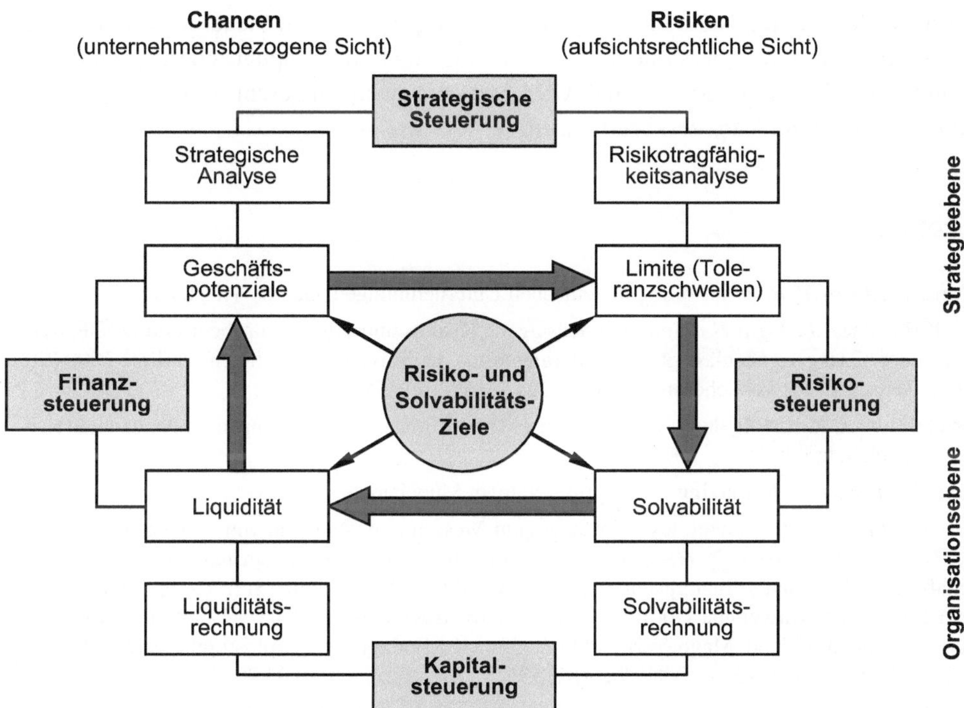


**Abb. 6.4** Zusammenhang von Zielen und Instrumenten des ORSA

Begrenzungen – die konsistent zur Risikostrategie sein sollen – auf die wichtigsten zu steuernden Unternehmens- und Organisationsbereiche herunter zu brechen. Der Indikator „Solvabilität" wird über eine Solvabilitätsrechnung konsistent zur Risikostrategie abgeleitet. Risikokennzahlen verknüpfen die Indikatoren „Limite" und „Solvabilität", sodass die Risikokennzahlen die operative Risikosteuerung unterstützen.

**Chancensteuerung** Im unternehmensbezogenen Teil des ORSA-Prozesses wird mittels strategischer Analysen das bestehende Erfolgspotenzial auf Basis des Chancenprofils und einer Buch- bzw. Marktwertsicht ermittelt. Nach Vorgaben der Unternehmensleitung wird der zum Realisieren von Chancen einzusetzende Anteil der Finanzmittel bestimmt. Aus dem Erfolgspotenzial werden die Geschäftspotenziale als Indikatoren zur Finanzsteuerung der wichtigsten Geschäftsbereiche abgeleitet. Finanzkennzahlen verknüpfen die Indikatoren „Geschäftspotenziale" sowie „Liquidität" und unterstützen so die operative Finanzsteuerung. Der Indikator „Liquidität" wird über eine Liquiditätsrechnung konsistent zur Geschäftsstrategie abgeleitet.

derart in Form von Ursache-Wirkungs-Beziehungen ab, dass diesen Limiten zur Steuerung geeignete Kennzahlen hinterlegt werden können.

**Bindeglieder: strategische und Kapitalsteuerung** Die beiden Steuerungsstränge werden schließlich durch die strategische Steuerung sowie die Kapitalsteuerung unter Beachtung von Geschäfts-, Risiko- und ALM-Strategie zu einem geschlossenen Steuerungskreislauf, dem ORSA-Prozess, verbunden.

## Literatur

[Amsh93] *Amshoff, B.:* Controlling in deutschen Unternehmungen. Gabler, Wiesbaden 1993.

[AxKa11] *Axer, J.; Kaya H.:* Unternehmenseigene Risiko- und Solvabilitätsbeurteilung (ORSA) – Neue oder bislang vernachlässigte Anforderungen aus der Solvency-II-Rahmenrichtlinie 2009 (SII-RL)?. Zeitschrift für Versicherungswesen o. J. 15–16 (2011) 543.

[Beck03] *Beck, R.:* Erfolg durch wertorientiertes Controlling – Entscheidungen unterstützende Konzepte. Erich Schmidt, Berlin 2003.

[Beck12] *Becker, J.:* Marketing-Konzeption, Vahlen, München 2012.

[Bisc05] *Bischoff, R.:* Intangibles – Ansätze zum Messen und Managen von Wissen. In: *Biethan, J.; Lackner, A.; Nissen, V. (Hrsg.):* Information-Mining und Wissensmanagement in Wissenschaft und Wirtschaft. Tagungsband zum 8. Göttinger Symposium Soft Computing am 14. Juni 2005 an der Universität Göttingen. AFN – Arbeitsgemeinschaft Fuzzy Logik und Soft Computing Norddeutschland, Magdeburg, 2005, S. 53. www.brainguide.de/upload/publication/04/hxco/a903dc974df11bb7c5f45c5e434e0e9c_1311535255.pdf, Abruf am 10.03.2014.

[Bott97] *Botta, V.:* Kennzahlensysteme als Führungsinstrumente: Planung, Steuerung und Kontrolle der Rentabilität im Unternehmen. Erich Schmidt, Berlin 1997.

[BrBr11] *Brinkmann, C.; Bruhns, P.:* Own Risk and Solvency Assessment als Zentrum aller Aktivitäten. Versicherungswirtschaft **66** (2011) 411.

[CEIO08] *CEIOPS:* Issues Paper: Own Risk and Solvency Assessment (ORSA). 27 May 2008, CEIOPS-IGSRR-09/08, Nr. 9. https://eiopa.europa.eu/fileadmin/tx_dam/files/consultations/IssuesPaperORSA.pdf, Abruf am 10.03.2014.

[CoFG09] *Coenenberg, A. G.; Fischer, T.; Günther, T.:* Kostenrechnung und Kostenanalyse. Schäffer-Poeschel, Stuttgart 2009.

[CoHS12] *Coenenberg, A. G.; Haller, A.; Schultze, W.:* Jahresabschluss und Jahresabschlussanalyse. Schäffer-Poeschel, Stuttgart 2012.

[CoHS12] *Coenenberg, A. G.; Haller, A.; Schultze, W.:* Jahresabschluss und Jahresabschlussanalyse: Betriebswirtschaftliche, handelsrechtliche, steuerrechtliche und internationale Grundlagen – HGB, IAS/IFRS, US-GAAP, DRS. Schäffer-Poeschel, Stuttgart 2012.

[DeKS12] *Devor, E.; Kimmerle, D.; Salchegger, M.:* Orsa organisatorisch und technologisch umsetzen. Versicherungswirtschaft **67** (2012) 1683.

[Dora81] *Doran, G. T.:* There's a S.M.A.R.T. way to write management's goals and objectives. Management Review **70**:11 (1981) 35.

[DrBa12] *Dreher, M.; Ballmeier, C.:* Die unternehmenseigene Risiko- und Solvabilitätsbeurteilung (ORSA) nach Solvency II und VAG 2012. VersR **63** (2012) 129.

[Eick09] *Eickenberg, V.:* Versicherungsmarketing: Schritte zur erfolgreichen Marktpositionierung mit der SWOT-Analyse. Verlag Versicherungswirtschaft Karlsruhe 2009.

[EIOP11b] *EIOPA:* Consultation Paper On the Proposal for Guidelines On Own Risk and Solvency Assessment. 7 November 2011, EIOPA-CP-11/008.

[EIOP12b] *EIOPA:* EIOPA Final Report on Public Consultation No. 11/008 On the Proposal for Guidelines On Own Risk and Solvency Assessment. 9 July 2012, EIOPA-258/12.

[EIOP13a] *EIOPA:* Leitlinien zur vorausschauenden Beurteilung der eigenen Risiken (basierend auf den ORSA-Grundsätzen). 31. Oktober 2013, EIOPA-CP-13/09 DE.

[FaBu05] *Faisst, U.; Buhl, H. U.:* Integrated Enterprise Balancing mit integrierten Ertrags- und Risikodatenbanken. WIRTSCHAFTSINFORMATIK **47** (2005) 403.

[GiPS12] *Gillessen, T.; Prossner, A.; Spengler, W.:* Wann ist eine Abweichung für die Aufsicht signifikant?. Versicherungswirtschaft **67** (2012) 434.

[Glei97] *Gleich, R.:* Balanced Scorecard. Die Betriebswirtschaft **57** (1997) 432.

[GlPi05] *Gleißner, W.; Piechota, S.:* Die Balanced Scorecard: Chancen und Gefahren – oder: Wie falsch darf eine Balanced Scorecard sein. In: *Gerberich C. (Hrsg.):* Praxishandbuch Controlling. Gabler, Wiesbaden 2005.

[Hedl77] *Hedley, B.:* Strategy and the „business portfolio". Long Range Planning **1** (1977) 9.

[Heim07] *Heimer, S.:* Die Balanced Scorecard als Instrument zur Unterstützung des Risikomanagements. In: *Hölscher, R. (Hrsg.):* Studien zum Finanz-, Bank- und Versicherungsmanagement. Bd. 13, Technische Universität Kaiserslautern, 2007.

[HoSH05] *Homburg, C.; Stephan, J.; Haupt M.:* Risikomanagement unter Nutzung der Balanced Scorecard. Der Betrieb **58** (2005) 1069.

[ItLa04] *Ittner, C. D.; Lackner, D. F.:* Wenn die Zahlen versagen. Harvard Business Manager **26**:2 (2004) 71.

[Jasp97] *Jaspersen T.:* Computergestütztes Marketing. Oldenburg, München, 1997.

[JLMM04] *Jonen, A.; Lingnau, V.; Müller, J.; Müller, P.:* Balanced IT-Decision-Card – Ein Instrument für das Investitionscontrolling von IT-Projekten. WIRTSCHAFTSINFORMATIK **46** (2004) 196.

[KaNo92] *Kaplan, R. S.; Norton, D. P.:* The Balanced Scorecard – Measures that drive performance. Harvard Business Review **70** (1992) 71.

[KaNo97] *Kaplan, R. S.; Norton, D. P.:* Balanced Scorecard – Strategien erfolgreich umsetzen. Schäffer-Poeschel, Stuttgart 1997.

[Klin01] *Klingebiel, N. (Hrsg.):* Performance Measurement und Balanced Scorecard. Vahlen, München 2001.

[KlMa11] *Klevenhaus, D.; Martin, A.:* Datenqualität muss für Solvency II weiter verbessert werden. Versicherungswirtschaft **66** (2011) 1677.

[KoBl01] *Kotler P.; Bliemel, F.:* Marketing-Management, Schäffer-Poeschel, Stuttgart 2001.

[Koch80] *Koch, H.:* Marktwachstum-Marktanteil-Analyse versus Cash-Verkaufsanalyse. Zeitschrift für Organisation **49** (1980) 369.

[Lach76] *Lachnit, L.:* Zur Weiterentwicklung betriebswirtschaftlicher Kennzahlensysteme. Zeitschrift für betriebswirtschaftliche Forschung **28** (1976) 216.

[MaAh00] *Mayer, R.; Ahr, H.:* „Translating strategy into action.": Strategieimplementierung mit der Balanced Scorecard in Versicherungsunternehmen. Zeitschrift für die gesamte Versicherungswissenschaft **89** (2000) 673.

[MeBK11] *Meffert, H.; Burmann, C.; Kirchgeorg M.:* Marketing – Grundlagen marktorientierter Unternehmensführung. Gabler, Wiesbaden 2011.

[Meyb12] *Meybom, P.:* Own Risk and Solvency Assessment könnte sich als Damoklesschwert erweisen. Zeitschrift für Versicherungswesen o. J.:22 (2012) 54.

[NiDH02] *Nieschlag, R.; Dichtl, E.; Hörschgen H.:* Marketing, Dunker & Humbolt, Berlin 2002.

[NørrOO] *Nørreklit, H.:* The balance of the balanced scorecard – a critical analysis of some of its assumptions. Management Accounting Research **11** (2000) 65.

[PeSc04] *Pedell B.; Schwihel A.:* Integriertes Strategie- und Risikomanagement mit der Balanced Scorecard. Dargestellt am Beispiel eines Energieversorgungsunternehmens. Controlling **16** (2004) 149.

[Pete08] *Peters, D.:* Der Einsatz der Balanced Scorecard im Risikomanagement. In: *Kramer, J.: (Hrsg.):* Wismarer Schriften zu Management und Recht, Bd. 9, Salzwasser Verlag, Paderborn, 2008.

[Pro04] *Probst, H.-J.:* Kennzahlen leicht gemacht – Welche Zahlen zählen wirklich?. Ueberreuter, Frankfurt 2004.

[ReFo00] *Reichmann, T.; Form, S.:* Balanced Chance and Risk-Management. Controlling **12** (2000) 189.

[Reic06] *Reichmann, T.:* Controlling mit Kennzahlen und Managementberichten. Vahlen, München 2006.

[RoMü08] *Romeike, F.; Müller-Reichart, M.:* Risikomanagement in Versicherungsunternehmen: Grundlagen, Methoden, Checklisten und Implementierung. Wiley-VCH, Weinheim 2008.

[Schn02] *Schneider, D. J. G.:* Einführung in das Technologie-Marketing. Oldenburg, München 2002.

[Sieb11] *Siebert, D.:* Die Balanced Scorecard – Entwicklungstendenzen im deutschsprachigen Raum. In: *Rietz, S.* (Hrsg.): Internationale und interkulturelle Projekte erfolgreich umsetzen. Bd. 6, Diplomica Verlag, Hamburg 2011.

[Simo81] *Simon, H. A.:* Entscheidungsverhalten in Organisationen – eine Untersuchung von Entscheidungsprozessen in Management und Verwaltung. Moderne Industrie, Landsberg am Lech 1981.

[SiRS10] *Siegwart, H.; Reinecke, S.; Sander, S.:* Kennzahlen für die Unternehmensführung. Haupt, Bern 2010.

[Tewa04] *Tewald, C.:* Risikomanagement aus der Isolation im Unternehmen herausführen: Konzeption und Umsetzung Erfolgsfaktorenbasierter Balanced Scorecards mit integriertem Risikomanagement. Controlling **16** (2004) 261.

[Wall01] *Wall, E.:* Ursache-Wirkungsbeziehungen als ein zentraler Bestandteil der Balanced Scorecard – Möglichkeiten und Grenzen ihrer Gewinnung. Controlling **13** (2001) 65.

[Wefe00] *Wefers, M.:* Strategische Unternehmensführung mit der IV-gestützten Balanced Scorecard. WIRTSCHAFTSINFORMATIK **42** (2000) 123.

[WeWL99] *Weber, J.; Weißenberger, B. E.; Liekweg, A.:* Risk Tracking and Reporting – Unternehmerisches Chancen- und Risikomanagement nach dem KonTraG. In: Schriftenreihe Neue Aufgabenfelder und Instrumente. Bd. 11, Vallendar 1999.

[WuMa01] *Wurl, H.-J.; Mayer, J.:* Balanced Scorecard und industrielles Risikomanagement – Möglichkeiten der Integration. In: *Klingebiel, N. (Hrsg.):* Performance Measurement und Balanced Scorecard. Vahlen, München 2001, S. 179.

[Zuse98] *Zuse, H.:* A Framework for Software Measurement. de Gryuter, Berlin 1998.

# Governance des Risikomanagements 7

Es ist das Schicksal jeder Generation, in einer Welt unter Bedingungen leben zu müssen, die sie nicht geschaffen hat (John F. Kennedy, U.S.-amerikanischer Politiker und 35. U.S.-Präsident, 1917–1963).

**Komplexität des zwingenden und nicht zwingenden Rechts** Für die Versicherungswirtschaft entstehen durch Solvency II und die damit einhergehende Reform des Aufsichtsrechts sowie durch Initiativen in Verbindung mit der Finanzmarktstabilisierung zahlreiche zusätzliche gesetzliche Anforderungen. Ebenfalls von Relevanz ist der Bereich des nicht zwingenden Rechts. Zum Bereich des nicht zwingenden Rechts gehören Empfehlungen und Corporate-Governance-Kodizes. Diese werden zwar auf nationaler Ebene erlassen, dennoch empfiehlt die sog. Abschlussprüferrichtlinie[1] die Anwendung von Corporate-Governance-Kodizes, indem börsennotierten Unternehmen vorgeschrieben wird, dass sie sich in ihrer Corporate-Governance-Erklärung auf einen Kodex beziehen und über ihre Einhaltung dieses Kodexes nach dem Grundsatz „Mittragen oder begründen!" berichten[2].

**Corporate Governance und Unternehmensführung** Die Gesamtheit der Anforderungen, die es bei der Gestaltung juristischer und betriebswirtschaftlicher Sachverhalte zu berücksichtigen gilt, haben nicht nur zu einem neuen Verständnis über die Grundsätze der Unternehmensführung geführt [Meis07], sondern auch den Begriff der Corporate Governance nachhaltig geprägt. Im Allgemeinen wird Corporate Governance als ein Ordnungsrahmen für verantwortliche und auf die langfristige Wertschöpfung ausgerichtete Organisation der Leitung und Kontrolle von Unternehmen verstanden [Rose01; Witt00].

[1] Richtlinie 2006/46/EG des Europäischen Parlamentes und des Rates vom 14. Juni 2006 zur Änderung der Richtlinien des Rates 78/660/EWG über den Jahresabschluss von Gesellschaften bestimmter Rechtsformen, 83/349/EWG über den konsolidierten Abschluss, 86/635/EWG über den Jahresabschluss und den konsolidierten Abschluss von Banken und anderen Finanzinstituten und 91/674/EWG über den Jahresabschluss und den konsolidierten Abschluss von Versicherungsunternehmen, Amtsblatt der Europäischen Union L 224/1 vom 16.08.2006.

[2] Englisch: comply or explain.



B. Wolle, *Risikomanagementsysteme in Versicherungsunternehmen*, IT im Unternehmen, DOI 10.1007/978-3-8348-2309-0_7

Die Vorgaben zur Corporate Governance stellen kein festes Regelwerk dar, sondern unterliegen einem stetigen Wandel und kontinuierlichen Anpassungen. Damit beinhaltet Corporate Governance ein System zur erfolgreichen Unternehmensführung und -kontrolle, ergänzt um eine Reihe definierter Beziehungen zwischen der Führung und dem Leitungsorgan des Unternehmens sowie zu seinen Aktionären und sonstigen Akteuren[3] [Cadb92; OECD04; EuKo11]. Im Rahmen der Corporate Governance sollen Verfügungsrechte optimal verteilt [WöDö13] und Führungs- und Kontrollstrukturen in Großunternehmen verbessert werden [HoHW09].

**Corporate Governance: Definition** Im Kontext wertorientierter Unternehmensführung, Compliance und Risikomanagement ist Corporate Governance zusammengefasst das gesamte System der Leitung und Überwachung eines Unternehmens, inklusive seiner Organisation, seiner geschäftspolitischen Grundsätze, Wertvorstellungen und Leitbilder sowie der internen und externen Kontroll- und Überwachungsinstrumente.

## 7.1 Allgemeine Governance-Anforderungen

**Risikomanagement, Corporate Governance, BilMoG** In Deutschland wurden viele Vorgaben zur Corporate Governance über das Bilanzrechtsmodernisierungsgesetz (BilMoG)[4] umgesetzt. Mit einer Reihe der hierin enthaltenen Bestimmungen soll die Corporate Governance – insbesondere der auf den Kapitalmarkt ausgerichteten Unternehmen – weiter ausgebaut und verbessert werden [PeZw09]. Danach müssen börsennotierte Gesellschaften und Aktiengesellschaften, die andere Wertpapiere als Aktien am organisierten Markt zum Handel ausgegeben haben, die Zielgruppen der Rechnungslegung gemäß § 289a HGB in einer „Erklärung zur Unternehmensführung" über ihre Corporate Governance und die Praktiken der Unternehmensführung informieren. Außerdem sind nach §§ 289 Abs. 5 und 315 Abs. 2 Nr. 5 HGB das interne Kontrollsystem und das Risikomanagementsystem bezogen auf den Konzernrechnungslegungsprozess in einem Lagebericht zu beschreiben[5]. Ergänzend enthält der Deutsche Corporate Governance Kodex[6] Empfehlungen im Rahmen des geltenden Unternehmensrechts, die sich auf Aufgaben und Zusammenwirken von Vorstand und Aufsichtsrat sowie Transparenzvorschriften beziehen [MeZK03; Lutt09].

[3] Vgl. auch die Begriffsdefinitionen der Norm ISO/IEC 38500:2008 – Corporate governance of information technology.

[4] Gesetz zur Modernisierung des Bilanzrechts (Bilanzrechtsmodernisierungsgesetz – BilMoG). BGBl. I (2009) 1102.

[5] Siehe Rz. K168–178, Deutscher Rechnungslegungsstandard – Nr. 20 (DRS 20) – Konzernlagebericht (Bundesministerium der Justiz, BAnz AT 04.12.2012 B1).

[6] Der Deutsche Corporate Governance Kodex wurde am 26.02.2002 verabschiedet. Der Kodex besitzt über die Entsprechenserklärung gemäß § 161 AktG eine gesetzliche Grundlage. Die Bekanntgabe der für die Erklärung nach § 161 AktG maßgeblichen Fassung vom 20.08.2002 erfolgte im elektronischen Bundesanzeiger (Bundesministerium der Justiz, eBAnz AT1 2002 B1).

**Konzepte zur Umsetzung** Eine Kombination aus verbindlichen Rechtsvorschriften, nicht zwingendem Recht und unternehmensindividuellen Vorgaben und Kodizes muss geeignet strukturiert werden, damit eine angemessene und konforme Umsetzung im Unternehmen vorgenommen werden kann. Hierfür eignet sich das in Abschn. 1.1 vorgestellte Framework[7]. Dabei besteht hinsichtlich der operativen Umsetzung des Governance-Rahmens durch die Unternehmensführung weitgehende Gestaltungsfreiheit. Als Orientierungshilfe kann die prinzipienorientierte ISO/IEC 38500 herangezogen werden. Das dort vorgestellte Governance-Konzept ist inhaltlich und strukturell in Einklang mit dem Cadbury-Bericht [Cadb92] und den OECD-Prinzipien [OECD04]. Es ist stark geschäftsprozessorientiert und basiert im Wesentlichen auf dem Managementkreislauf „führen-bewerten-überwachen“[8]:

- Führen (und planen):
  Im Rahmen der Führung werden Pläne erstellt, welche den Rahmen und die Zielsetzungen für Investitionen und für den laufenden Geschäftsbetrieb definieren. Mit Leitlinien bzw. Geschäftspolitiken und Vorgaben soll ein Umfeld geschaffen werden, welches gewährleistet, dass die Geschäftsprozesse ordnungsgemäß eingesetzt und durchlaufen werden.
- Bewerten (und steuern):
  Bei der Bewertung der Geschäftsprozesse sind interne aber auch externe Aspekte wie z. B. wirtschaftliche, technologische oder politische Einflüsse zu berücksichtigen. Im Rahmen der Bewertung untersucht und beurteilt die Unternehmensleitung die gegenwärtige und die zukünftige Geschäftstätigkeit im Zusammenhang mit den Geschäftsprozessen unter Berücksichtigung der Geschäftsstrategien sowie Vorschlägen, Vorlagen und sonstigen relevanten Informationen.
- Überwachen (und informieren):
  Die Überwachung zielt primär auf die betriebswirtschaftliche Leistungsfähigkeit ab. Grundlage hierfür bilden die mit einem Kennzahlensystem verknüpften Geschäftsprozesse. Das Kennzahlensystem ermöglicht quantitative Aussagen hinsichtlich der Leistungsfähigkeit sowohl auf Geschäftsprozessebene als auch in aggregierter Form. Die tatsächliche Leistungsfähigkeit sollte in Einklang mit den Geschäftsplänen und Geschäftszielen sein. Ein weiterer Aspekt der Überwachung zielt auf die Konformität. Hierbei ist sicherzustellen, dass Organisation und Geschäftsprozesse konform zu externen und innerbetrieblichen Anforderungen sind.

[7] Vgl. Ebenen der wertorientierten Steuerung, Kap. 1, S. 8–10.

[8] Wird der Zyklus der ISO/IEC 38500 in „bewerten-führen-überwachen-steuern“ unterteilt, entspricht er inhaltlich und konzeptionell dem PDCA-Zyklus des Qualitätsmanagements nach ISO 9001.

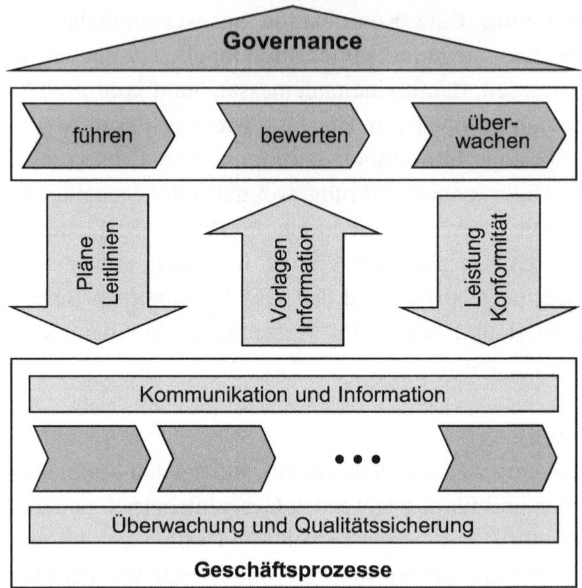


**Abb. 7.1** Das Governance-Konzept mit Managementkreislauf, Governance-Instrumenten und Geschäftsprozessebene

**ISO-konforme Konzeption von Governance-Systemen** Abbildung 7.1 zeigt dieses Governance-Konzept. Mit dem Managementkreislauf „führen-bewerten-überwachen" und Governance-Instrumenten wie Plänen, Leitlinien, Vorlagen, Informationen sowie Vorgaben zur Bestimmung von Leistungsfähigkeit und Konformität ist ein System zur erfolgreichen Unternehmensführung auf Grundlage der wichtigsten Geschäftsprozesse gegeben.

**Anforderungen des Aufsichtsrechts** Sowohl auf Grundlage des § 64a VAG als auch nach Art. 44 RRL (und § 27 VAG-E) ist Risikomanagement konzeptionell ein integraler Bestandteil des Governance-Systems von Versicherungsunternehmen [LoRa12]. Das betriebswirtschaftliche Modell des Risikomanagements umfasst alle Aspekte und Aufgaben ganzheitlich in Form eines integrierten Risikomanagementsystems[9].

[9] Begrifflich und inhaltlich ist ein Risikomanagementsystem nicht mit dem in Art. 44 RRL bzw. in § 27 VAG-E beschriebenen Risikomanagementsystem zur Identifikation, Bewertung, Steuerung, Überwachung und Berichterstattung von Risiken gleichzusetzen. Vielmehr entsprechen die Vorgaben des Art. 44 RRL bzw. des § 27 VAG-E konzeptionell und inhaltlich dem ISKS nach Pkt. 7.3.2 MaRisk. Das ISKS ist auch kein Managementsystem für Risiken, sondern ein systematischer Ansatz zur internen Risikosteuerung und -überwachung.

## 7.2 Aufsichtsrechtliche Governance-Anforderungen

**Anforderungen gemäß VAG, RRL und VAG-E** Zur Ausgestaltung des Risikomanagements sowie der Corporate Governance definieren vor allem die §§ 7a, 64a, 64b VAG[10], die Art. 41–50 der Solvency-II-Richtlinie (in der VAG-Novelle in den §§ 24 bis 33 gefasst) konkrete Mindestanforderungen zu

- allgemeiner Unternehmensführung einschließlich der Ausgestaltung der vier Schlüsselfunktionen Risikomanagementfunktion, versicherungsmathematische Funktion, Compliance-Funktion sowie die Funktion der internen Revision;
- der Ausgestaltung des Risikomanagements inklusive des Einsatzes von (partiellen) internen Modellen;
- Offenlegung, Transparenz und Berichterstattung an Aufsicht und Öffentlichkeit.

**10 Punkte des Governance-Systems** Die gesetzlichen Vorgaben zu einem Kriterienkatalog mit zehn Kernpunkten zusammenfassen (vgl. Abb. 7.2) [Meye11a]. Durch deren Umsetzung – unter Berücksichtigung von Proportionalität und Materialität – entsteht ein Governance-System, mit dessen Hilfe strukturiert und nachvollziehbar ein solides und umsichtiges Management des Geschäfts unter Berücksichtigung aufsichtsrechtlicher Anforderungen gewährleistet werden kann. Im Einzelnen bedeutet dies:

1. Versicherungsunternehmen müssen über eine wirksame und ordnungsgemäße Geschäftsorganisation verfügen, die eine angemessene, transparente Organisationsstruktur aufweist[11].
2. Dabei ist auf eine klare Zuweisung und eine angemessene Trennung der Zuständigkeiten zu achten[12].
3. Im Rahmen der Geschäftsorganisation ist ein wirksames unternehmensinternes Kommunikationssystem einzurichten[13].
4. Die Geschäftsleitung hat dafür zu sorgen, dass die Geschäftsorganisation regelmäßig intern überprüft wird[14].

[10] Die Vorschriften des § 64b VAG werden durch die Versicherungsvergütungsverordnung (VersVergV) konkretisiert.
[11] Vgl. § 64a Abs. 1 S. 1 u. 3 VAG, § 25 Abs. 1 FKAG; Art. 41 Abs. 1 S. 1–2 RRL; § 24 Abs. 1 VAG-E. Bei Solvency II sind die Kriterien der Angemessenheit gemäß Art. 41 Abs. 2 RRL zu beachten.
[12] Vgl. § 64a Abs. 7 Nr. 2 VAG, Art. 41 Abs. 1 RRL; § 24 Abs. 1 VAG-E.
[13] Vgl. § 64a Abs. 1 S. 4 Nr. 3 Lit. c, d VAG, § 64a Abs. 3 S. 1 VAG, § 64a Abs. 7 Nr. 3 Lit. c VAG; Pkt. 7.3.3 Nr. 1 MaRisk; Art. 41 Abs. 1 S. 2 RRL; § 24 Abs. 1 VAG-E. Ein Kommunikationssystem i. S. d. RRL ist kein Management- oder IT-System. Gemeint sind angemessene Prozesse zur Identifikation, Bewertung, Steuerung, Überwachung und Kommunikation von Dokumenten und Informationen.
[14] Vgl. § 64a Abs. 1 S. 4 Nr. 4 VAG, § 64a Abs. 7 Nr. 4 VAG sowie § 80d Abs. 4 VAG; Pkt. 7.1 Nr. 4 MaRisk, Pkt. 7.5 Nr. 1 MaRisk; Art. 41 Abs. 1 S. 4 RRL; § 24 Abs. 2 VAG-E.

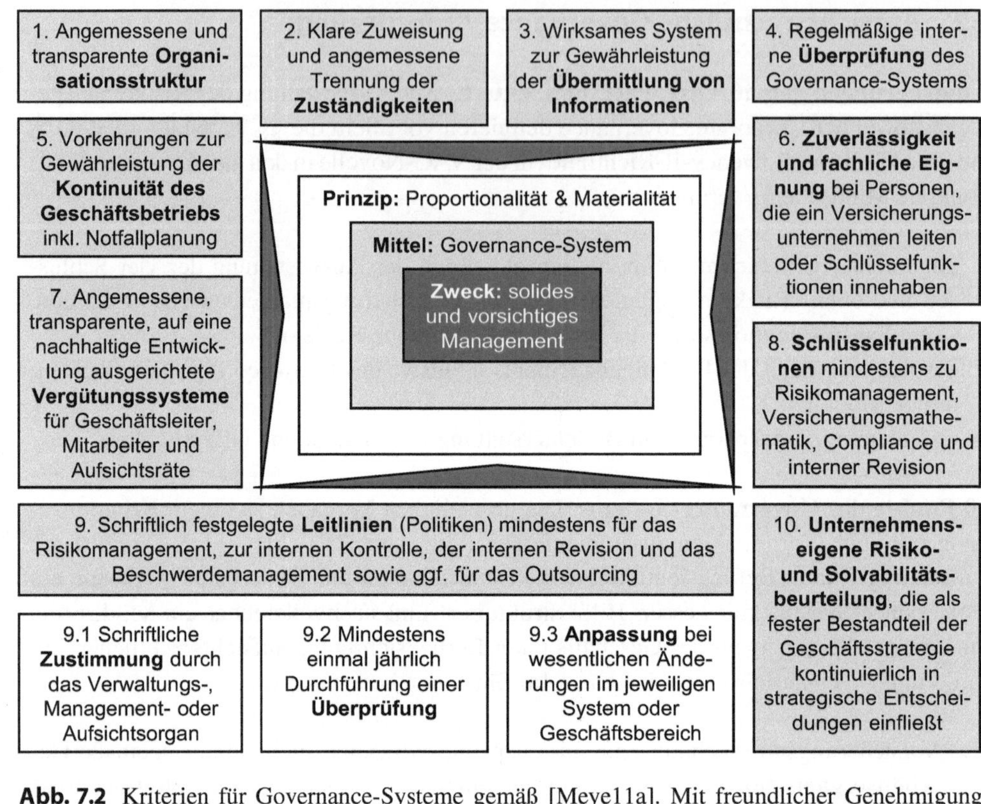


**Abb. 7.2** Kriterien für Governance-Systeme gemäß [Meye11a]. Mit freundlicher Genehmigung von J. P. Meyer und Schäffer-Poeschel (© 2011 Schäffer-Poeschel Verlag für Wirtschaft, Steuern und Recht GmbH in Stuttgart)

5. Um die Kontinuität des Geschäftsbetriebs zu gewährleisten, müssen die Unternehmen angemessene Vorkehrungen treffen. Dies beinhaltet die Entwicklung von Notfallplänen[15].
6. Personen, die ein Versicherungsunternehmen tatsächlich leiten oder andere Schlüsselaufgaben innehaben, müssen zuverlässig und fachlich geeignet sein[16]. Dies erfordert angemessene theoretische und praktische Kenntnisse in Versicherungsgeschäften[17] sowie im Fall der Wahrnehmung von Leitungsaufgaben Leitungserfahrung von i. d. R. mindestens nachweislich drei Jahren[18].
7. Die Vergütungssysteme müssen angemessen, transparent und auf eine nachhaltige Entwicklung des Unternehmens ausgerichtet sein[19].

[15] Vgl. Pkt. 9 MaRisk; Art. 41 Abs. 4 S. 1 RRL; § 24 Abs. 4 VAG-E.
[16] Vgl. § 7a Abs. 1 S. 1–3 VAG, § 11a Abs. 1 S. 2 VAG; Art. 41 Abs 1 RRL; § 25 Abs. 1 VAG-E.
[17] Vgl. § 7a Abs. 1 S. 2 VAG; § 25 Abs. 1 S. 3 VAG-E.
[18] Vgl. § 7a Abs. 1 S. 3 VAG; § 25 Abs. 1 S. 3 VAG-E.
[19] Vgl. § 64b Abs. 1 VAG; § 3 Abs. 1 VersVergV; § 26 Abs. 1 VAG-E.

8. Die Versicherungsunternehmen müssen zur Wahrnehmung von bestimmten Schlüsselaufgaben sog. Schlüsselfunktionen[20] einrichten. Als Schlüsselfunktionen im Sinne von Solvency II gelten die Risikocontrollingfunktion (URCF)[21], die Compliance-Funktion[22], die Funktion der internen Revision[23] und die versicherungsmathematische Funktion[24]. Bei der internen Revision ist – anders als bei anderen Funktionen und ungeachtet der Geltung des Proportionalitätsgrundsatzes – zu beachten, dass Personen neben den Aufgaben der internen Revision keine anderen operationellen oder Kontroll- und Steuerungsaufgaben wahrnehmen dürfen[25]. Unternehmensintern kann es aber auch ohne aufsichtsrechtliche Vorgabe sinnvoll sein, mit weiteren Bereichen und Stabsfunktionen analog zum Konzept der Schlüsselfunktion zu verfahren[26].
9. Unternehmen müssen die Zielfestlegungen, Aufgaben, Berichtspflichten und die Vorgehensweise nachvollziehbar in schriftlichen Leitlinien[27] festlegen, welche die verschiedenen Strategien des Unternehmens für das Tagesgeschäft konkretisieren und damit ihre Umsetzung ermöglichen. Die Leitlinien müssen unter Solvency II mindestens Vorgaben zum Risikomanagement, zum internen Kontrollsystem, zur internen

[20] Gemäß Art. 13 Nr. 29 RRL ist der Begriff der Funktion definiert als „eine interne Kapazität innerhalb des Governance-Systems zur Übernahme praktischer Aufgaben". Sofern nichts anderes bestimmt ist, können die Unternehmen frei darüber entscheiden, wie diese Funktion in der Praxis unter dem Gesichtspunkt der Proportionalität organisiert wird. Eine „Funktion" kann dabei nicht nur von einer Person, sondern auch von mehreren wahrgenommen werden.

[21] Vgl. Pkt. 7.2.1 Nr. 3 Lit. c MaRisk; Art. 13 Nr. 29 RRL, Art. 44 Abs. 4 RRL; § 27 Abs. 5 VAG-E. Allerdings entstehen durch den Einsatz interner Modelle gesetzlich auch Unterschiede (Art. 44 Abs. 5 RRL).

[22] Siehe die implizite Anforderung des § 64a Abs. 1 S. 1 VAG zur Gewährleistung der Einhaltung der zu beachtenden Gesetze, Verordnungen und aufsichtsbehördlichen Anforderungen; vgl. Art. 13 Nr. 29 RRL, Art. 46 Abs. 1 S. 2 RRL; § 29 Abs. 1 VAG-E. Siehe dazu die Ausführungen von Dreher [Dreh08, Dreh12].

[23] Vgl. § 64a Abs. 1 S. 4 Nr. 4 VAG, Pkt. 7.4 MaRisk; Art. 13 Nr. 29 RRL, Art. 47 RRL; § 30 Abs. 1 VAG-E.

[24] Vgl. Art. 13 Nr. 29 RRL, Art. 48 RRL; § 31 Abs. 1 VAG-E.

[25] Vgl. Pkt. 7.4 Nr. 3 MaRisk; Art. 47 Abs. 2 RRL; § 30 Abs. 2 S. 1 VAG-E.

[26] Schlüsselfunktionen sind im Solvency-II-System durch die RRL abschließend geregelt und damit nicht durch nationales Versicherungsaufsichtsrecht erweiterbar. Der Begriff der Schlüsselaufgabe ist im Solvency-II-Kontext mit dem der Schlüsselfunktion gleichzusetzen und besitzt keine eigene rechtliche Bedeutung (vgl. hierzu die Ausführungen von Dreher [Dreh12]). Es existieren zahlreiche gesetzliche Anforderungen für spezielle Befugnisse bzw. Aufgaben, die dennoch nicht mit Schlüsselfunktionen gleich gesetzt werden dürfen. Beispiele sind der Geldwäschebeauftragte nach § 80d Abs. 3 VAG, der Schadenregulierungsbeauftragte nach § 7b VAG, der Verantwortliche Aktuar gemäß § 11a, § 12 Abs. 2, 3 VAG, der Datenschutzbeauftragte gemäß § 4 f BDSG, der Schwerbehindertenbeauftragte als Folge der individuellen Ausgestaltung des § 98 SGB IX, oder auch der Ausbilder nach § 28 BBiG für den besondere Anforderungen an die persönliche Zuverlässigkeit und fachliche Eignung gestellt werden (§§ 29, 30 BBiG).

[27] Ein Versicherungsunternehmen kann nicht völlig frei entscheiden, ob es weitere Leitlinien aufstellt oder nicht. Die Notwendigkeit ergibt sich teilweise aus anderen gesetzlichen Regelungen, kann aber auch daraus folgen, dass andernfalls ein ordnungsgemäßer Ablauf in einem bestimmten Bereich nicht sichergestellt werden kann.

Revision und, soweit relevant, zur Ausgliederung von Funktionen und Tätigkeiten machen[28].
Sie unterliegen der vorherigen Zustimmung durch den Vorstand und sind mindestens einmal jährlich zu überprüfen sowie bei wesentlichen Änderungen der Bereiche oder Systeme, auf die sie sich beziehen, entsprechend anzupassen[29].

10. Die Versicherungsunternehmen haben regelmäßig – sowie im Fall wesentlicher Änderungen in ihrem Risikoprofil unverzüglich – eine unternehmenseigene Risiko- und Solvabilitätsbeurteilung vorzunehmen. Die Risiko- und Solvabilitätsbeurteilung gehört zum internen Risikosteuerungs- und Kontrollsystem (ISKS). Sie muss außerdem fester Bestandteil der Geschäftsstrategie des Unternehmens sein[30].

## 7.3 Risikoorientiertes Governance-System

**Strukturebenen berücksichtigen** Im Rahmen der weiteren Strukturierung des Corporate Governance-Systems sind die einzelnen Bestandteile und Elemente, die aus den verschiedenen betriebswirtschaftlichen und aufsichtsrechtlichen Kriterien abgeleitet werden, angemessen und sinnvoll einer Grundsatz-, Struktur- sowie einer Organisationsebene zuzuordnen[31] und miteinander in Beziehung zu setzen.

**Geschäftsleitung und Schlüsselfunktionen** Grundsätzlich trägt die Geschäftsleitung die Gesamtverantwortung für eine erfolgreiche Unternehmensführung und für die Schaffung eines ordnungsgemäßen und angemessenen Ordnungsrahmens. Durch die Gleichstellung von Personen, die Schlüsselaufgaben innehaben, mit Personen, die das Unternehmen tatsächlich leiten, sind die Schlüsselfunktionen ebenfalls für den Ordnungsrahmen wesentlicher Elemente des Governance-Systems verantwortlich. Im Solvency-II-System sind die Schlüsselfunktionen auch ohne die formale Zugehörigkeit zur Geschäftsleitung hinsichtlich Leitungsaufgaben und Verantwortung besonders herausgehoben [Dreh12]. Die internen Regelungen zu den Funktionen sollten in Politiken, Leitlinien und speziellen Aufgabenbeschreibungen (z. B. Ordnungen[32]) dokumentiert werden.

Für einige wesentliche Elemente des Governance-Systems bestehen gesetzliche oder regulatorische Vorgaben, diese als größere, wirksame Strukturen (Teilsysteme) im Governance-System umzusetzen. Dies betrifft z. B. das Risikosteuerungs- und Kontrollsystem, das interne Kontrollsystem oder das Vergütungssystem[33]. Bei anderen Elementen liegt die

[28] Inhaltlich entspricht dies dem aktuellen VAG. Siehe Pkt. 7.2 Abs. 1 MaRisk; Art. 42 Abs. 1 S. 1 RRL; § 24 Abs. 3 VAG-E.

[29] Siehe Art. 42 Abs. 1 S. 3 RRL; § 24 Abs. 3 VAG-E.

[30] Vgl. § 28 VAG-E; Art. 45 RRL. Siehe hierzu ausführlich die Ausführungen in Kap. 6.

[31] Siehe hierzu S. 10.

[32] Analog etwa zur Geschäftsordnung des Vorstands.

[33] Systeme (Managementsysteme) beinhalten – unabhängig von ihrer Bedeutung oder Größe – aufeinander abgestimmte Prozesse zur Identifikation, Bewertung, Steuerung, Überwachung und

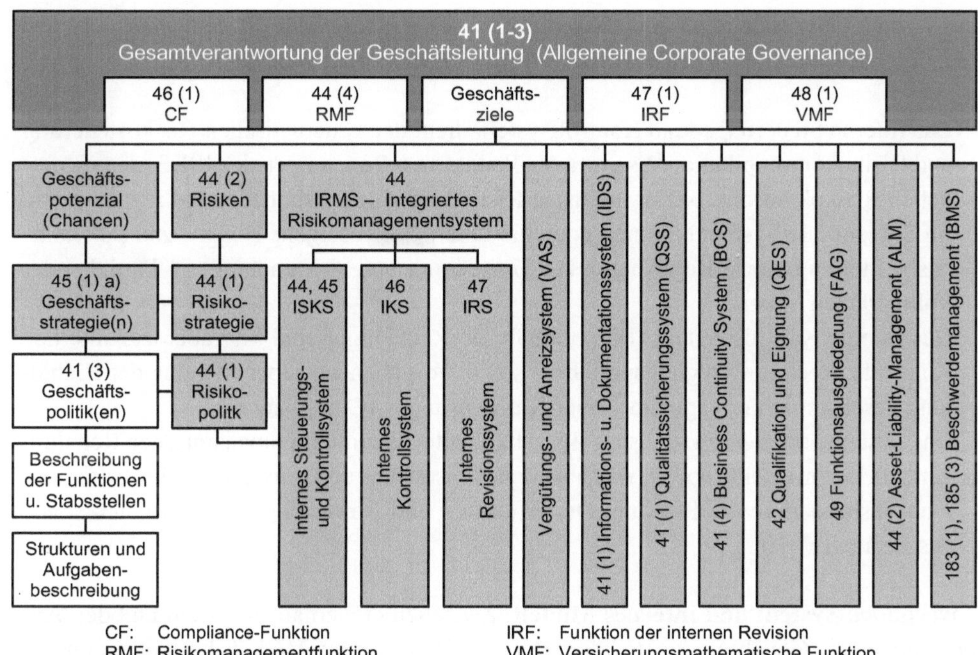


**Abb. 7.3** Schematisches Zielbild eines angemessenen Governance-Systems, das sowohl Solvency II als auch den geltenden aufsichtsrechtlichen Anforderungen genügt. Die Ziffern verweisen auf Artikel der Solvency-II-Richtlinie

genaue organisatorische Ausgestaltung im Organisationsermessen der Geschäftsleitung[34]. Die Funktion der internen Revision hat allerdings nach Art. 47 Abs. 2 RRL und § 64a Abs. 7 Nr. 4 VAG vollständig unabhängig zu sein. Unter Aspekten der Vereinheitlichung und besseren Skalierbarkeit ist es empfehlenswert, die Regelungen zu den Informations- und Dokumentationsanforderungen, der Qualitätssicherung, der Qualifikation und Eignung ebenfalls dem Grunde nach als Managementsysteme zu konzipieren. Des Weiteren lassen sich das ISKS, das IKS sowie die Regelungen und Abläufe der internen Revision so strukturieren, dass sie ein integriertes Risikomanagementsystem bilden. Damit ergibt sich das in Abb. 7.3 dargestellte risikoorientierte Governance-System.

**Integriertes RMS** Konzeptionell besteht das integrierte Risikomanagementsystem in seiner betriebsorganisatorischen Umsetzung aus den drei zentralen Säulen des Steue-

Berichterstattung, sowie Vorgaben und Verfahren zu deren Umsetzung und Anwendung. Beispielsweise definiert der § 2 Nr. 3 VersVergV das Vergütungssystem als „alle unternehmensinternen Regelungen zur Vergütung sowie deren tatsächliche Umsetzung und Anwendung durch die Unternehmen".

[34] Gemäß Pkt. 1 Nr. 2 MaRisk hat eine Berücksichtigung der unternehmensindividuellen Risiken, der Art und des Umfangs des Geschäftsbetriebs sowie des gewählten Geschäftsmodells zu erfolgen.

rungs- und Überwachungs- bzw. Kontrollsystems (ISKS), des Systems der internen Revision (IRS) und des internen Kontrollsystems (IKS):

- Das Interne Steuerungs- und Kontrollsystem dient der systematischen Risikosteuerung und Risikokommunikation. Es umfasst alle internen Regelungen des ISKS, den eigentlichen Risikokontrollprozess, inklusive Risikotragfähigkeitskonzept und Limitsystem. Im Solvency-II-System kommen noch die unternehmenseigene Risiko- und Solvabilitätsbeurteilung sowie Regelungen zur Umsetzung und Anwendung von Partial- oder Vollmodellen hinzu[35].
- Das Interne Kontrollsystem (IKS) enthält die Regelungen und Vorgaben zur internen Kontrolle, Rechnungslegungsverfahren sowie Vorgaben zur Überwachung der Einhaltung gesetzlicher und regulatorischer Anforderungen (Compliance).
- Das System der internen Revision (IRS) beinhaltet alle unternehmensinternen Regelungen zur Innenrevision sowie Vorgaben zur Umsetzung und Anwendung im Unternehmen, insbesondere die Planung, Durchführung und Bewertung von Prüfungen sowie das Berichtswesen.

**Governance-System und internes Modell** Zwischen Governance-System und den Anforderungen zur Genehmigung und dem Betrieb eines internen Modells besteht ein unmittelbarer Zusammenhang. Der Antrag ist nur dann genehmigungsfähig, wenn die Systeme zur Risikoerkennung, -messung, -überwachung und -steuerung angemessen sind und das interne Modell den in den Art. 120–125 RRL genannten Anforderungen genügt. Damit werden im Rahmen der aufsichtsrechtlichen Prüfung auch weite Teile des Governance-Systems und des Risikomanagementsystems einer kritischen Prüfung unterzogen[36].

## Literatur

[Cadb92] *Cadbury, A.:* The Financial Aspects of Corporate Governance, Report of The Committee on the Financial Aspects of Corporate Governance and Gee and Co. Ltd., London 1992, www.ecgi.org/codes/documents/cadbury.pdf, Abruf am 10.03.2014.

[Dreh08] *Dreher, M.:* Risikomanagement nach § 64 a VAG und Solvency II. VersR **59** (2008) 998.

[Dreh12] *Dreher, M.:* Begriff und Inhaber der Schlüsselfunktionen nach Solvency II und VAG 2012. VersR **63** (2012) 933.

[35] Strukturell unterscheidet sich dieser Ansatz von dem in Art. 44 RRL definierten Risikomanagementsystem dadurch, dass die Risikostrategie und die ihr nachgelagerten Strategien die Geschäftsstrategie ergänzen und nicht dem ISKS zugeschlagen werden. Dies steht im Einklang mit Empfehlungen internationaler Standards zur Grundstruktur von integrierten Managementsystemen wie beispielsweise der Norm ISO 31000.

[36] Vor dem Hintergrund des § 64a VAG lässt sich argumentieren, dass ein Antrag für ein internes Modell nur dann erfolgreich ist, wenn die Anforderungen des § 64a Abs. 1, 7 VAG und die zusätzlichen Anforderungen der Solvency-II-Richtlinie zum Governance-System grundsätzlich erfüllt sind.

[EuKo11] *Europäische Kommission:* Grünbuch Europäischer Corporate Governance-Rahmen, Europäische Kommission, Brüssel, 05.04.2011, KOM (2011) 164.

[HoHW09] *Hommelhoff, P.; Hopt, K. J.; von Werder, A. (Hrsg.):* Handbuch Corporate Governance – Leitung und Überwachung börsennotierter Unternehmen in der Rechts- und Wirtschaftspraxis. Otto Schmitt, Köln 2009.

[LoRa12] *Louven, C.; Raapke, J.:* Aktuelle Entwicklungen in der Corporate Governance von Versicherungsunternehmen. VersR **63** (2012) 257.

[Lutt09] *Lutter, M.:* Deutscher Corporate Governance Codex. In: *Hommelhoff, P.; Hopt, K. J.; von Werder, A. (Hrsg.):* Handbuch Corporate Governance – Leitung und Überwachung börsennotierter Unternehmen in der Rechts- und Wirtschaftspraxis. Otto Schmitt, Köln 2009, S. 123.

[Meis07] *Meister, D.:* Corporate Governance und Compliance-Management für Versicherungsunternehmen, VDM Verlag Dr. Müller e. K., Saarbrücken 2007.

[Meye11a] *Meyer, J. P.:* Anforderungen an das Governance-System von Versicherungsunternehmen und -gruppen. In: *Bennemann, C.; Oehlenberg, L.; Stahl, G. (Hrsg.):* Handbuch Solvency II. Schäffer-Poeschel, Stuttgart 2011, S. 87.

[MeZK03] *Meyer, M.; Zarnekow, R.; Kolbe, L.:* IT-Governance – Begriff, Status quo und Bedeutung. Wirtschaftsinformatik **45** (2003) 445.

[OECD04] *OECD:* OECD-Grundsätze auf dem Gebiet der Corporate Governance, 2004, www.oecd.org/corporate/ca/corporategovernanceprinciples/31557724.pdf, Abruf am 10.03.2014.

[PeZw09] *Petersen, K.; Zwirner, C.:* Bilanzrechtsmodernisierungsgesetz BilMoG. C. H. Beck, München 2009.

[Rose01] *Rosen, R. v.:* Corporate Governance: Eine Bilanz. Die Bank o. Jg.:4 (2001) 283.

[Witt00] *Witt, P.:* Corporate Governance im Wandel. Zeitschrift Führung und Organisation **69**:3 (2000) 159.

[WöDö13] *Wöhe, G.; Döring, U.:* Einführung in die Allgemeine Betriebswirtschaftslehre, 25. Auflage, Vahlen, München 2013.

# 8 Risikoorientierte Unternehmensarchitekturen

Wer immer tut, was er schon kann, bleibt immer das, was er schon ist (Henry Ford, U.S.-amerikanischer Ingenieur und Industrieller, 1863–1947).

**Anforderungen an die Gestaltung von Architekturen** Die wachsende Verzahnung von Geschäftsorganisation, Risikomanagement und IT führt dazu, dass eine gute Architektur nicht nur die IT prägt, sondern die Gestaltung des Unternehmens sowie seiner Organisation mit einschließt. Die Entwicklung und das Management von Unternehmensarchitekturen erfordern somit eine organisatorische Verankerung und die Festlegung von Governance-Strukturen unter Berücksichtigung von wirtschaftlichen Aspekten und gesetzlichen Anforderungen. Im Folgenden werden Strukturen und Zusammenhänge von Unternehmensarchitekturen im Kontext des Risikomanagements vorgestellt.

## 8.1 Aufgabengliederung und Verantwortlichkeiten

**Organisationsstrukturen und Risikomanagement** Im Rahmen der Organisationsstruktur eines Unternehmens leisten verschiedene unternehmensinterne und externe Anspruchsgruppen, Organe und Organisationseinheiten einen Beitrag zum unternehmensweiten Risikomanagement:

- Überwachungsorgan
  Der Aufsichtsrat oder Verwaltungsrat[1] überwacht die Geschäftsleitung und legt einen Rahmen hinsichtlich Integrität und Werten fest, die von der Geschäftsleitung erwartet werden. Das gesellschaftsrechtliche Aufsichtsorgan überwacht das unternehmensweite Risikomanagement, indem es sich einen Überblick darüber verschafft, ob die Ge-

[1] Das Aufsichtsorgan der Aktiengesellschaft ist gemäß §§ 95 ff. AktG der Aufsichtsrat. Gleiches gilt gemäß § 35 VAG für den Versicherungsverein auf Gegenseitigkeit. Bei der Europäischen Gesellschaft kann zwischen Aufsichtsrat (§ 15 ff. SEAG) und Verwaltungsrat (§ 20 ff. SEAG) gewählt werden. Siehe hierzu auch § 33 Abs. 2 VAG-E.



B. Wolle, *Risikomanagementsysteme in Versicherungsunternehmen*, IT im Unternehmen, DOI 10.1007/978-3-8348-2309-0_8

schäftsleitung ein angemessenes und wirksames Risikomanagementsystem implementiert hat[2]. Das Aufsichtsorgan hat im Rahmen gesetzlich oder vertraglich vereinbarter Informationsrechte und -pflichten die Möglichkeit, Informationen direkt von der unabhängigen Risikocontrollingfunktion einzuholen[3].

- Geschäftsführungsorgan
  Der Vorstand bzw. die Geschäftsleitung ist unmittelbar für die Geschäftsorganisation verantwortlich. Dies schließt das unternehmensweite Risikomanagement ein[4]. Damit ist die Geschäftsleitung verantwortlich für die Festlegung von Leitlinien für die interne Revision[5] und für das Risikomanagement, die Festlegung von Geschäfts- und Risikostrategie, die Festlegung der Risikotoleranz und die Einhaltung der Risikotragfähigkeit, das Treffen wesentlicher risikostrategischer Vorgaben, die laufende Überwachung des Risikoprofils, die Einrichtung eines Frühwarnsystems sowie die Lösung risikorelevanter Ad-hoc-Probleme[6]. Des Weiteren hat die Geschäftsleitung das Aufsichtsorgan adäquat und regelmäßig über die Risikosituation zu informieren[7]. Sie hat außerdem eingeführte Managementregeln grundsätzlich zu erläutern und zu dokumentieren[8] sowie für neue Produkte vor Anwendung oder Verkauf eine offizielle Freigabe zu erteilen[9].
- Unabhängige Risikocontrollingfunktion
  Durch eine abgestimmte Verfahrensweise im Sinne einer Gesamtkoordination gegenüber dem Geschäftsführungsorgan sorgt die unabhängige Risikocontrollingfunktion für die unternehmensweite und einheitliche Aggregation und Plausibilisierung der Risiken sowie für die Unterbreitung von Vorschlägen zur Risikobegrenzung. Sie koordiniert und verantwortet die Identifikation, Bewertung und Analyse von Risiken, die Berichterstattung, die Entwicklung von Methoden und Prozessen zur Risikobewertung und -überwachung, den Vorschlag von Limiten sowie die Überwachung von Limiten und Risiken auf aggregierter Ebene. Sie hat geplante Strategien und neue Produkte unter Risikoaspekten zu bewerten. Die unabhängige Risikocontrollingfunktion ist gegenüber

[2] Gemäß § 107 Abs. 3 S. 2 AktG kann der Aufsichtsrat einen Prüfungsausschuss bestellen, der sich „mit der Überwachung des Rechnungslegungsprozesses, der Wirksamkeit des internen Kontrollsystems, des Risikomanagementsystems und des internen Revisionssystems sowie der Abschlussprüfung, hier insbesondere der Unabhängigkeit des Abschlussprüfers und der vom Abschlussprüfer zusätzlich erbrachten Leistungen befasst". Gemäß § 35 Abs. 3 S. 1 VAG gilt dies für Versicherungsvereine auf Gegenseitigkeit entsprechend. (Vgl. hierzu auch die §§ 33 und 176 VAG-E).

[3] Siehe Pkt. 7.2.1 Nr. 3b MaRisk. Falls das Aufsichtsorgan von seinem direkten Informationsrecht Gebrauch machen möchte, sollte dies in einer allgemeingültigen Informationsordnung detailliert festgelegt werden (Erläuterungsteil zu Pkt. 7.2.1 Nr. 3b MaRisk).

[4] Siehe § 64a Abs. 1 MaRisk und die §§ 76 Abs. 1 und 91 Abs. 2 AktG.

[5] Siehe Pkt. 7.4 Nr. 4 MaRisk.

[6] Siehe Pkt. 7.2.1 Nr. 3a MaRisk.

[7] Siehe Pkt. 1 Nr. 2 MaRisk.

[8] Siehe die Erläuterungen zu Pkt. 7.3.2.3 Nr. 1 MaRisk.

[9] Siehe Pkt. 7.2.2.1 Nr. 1 MaRisk.

der gesamten Geschäftsleitung berichtspflichtig[10]. Unter Solvency II hat die unabhängige Risikocontrollingfunktion bei Versicherungsunternehmen, die ein internes Modell verwenden, zusätzlich die Aufgabe, das interne Modell zu entwickeln, umzusetzen, zu testen, zu validieren und einschließlich späterer Änderungen zu dokumentieren. Darüber hinaus analysiert sie die Leistungsfähigkeit des internen Modells und berichtet dem Geschäftsführungsorgan über diese Analyse, gibt Anregungen zur Verbesserung des Modells und unterrichtet das Geschäftsführungsorgan über Korrekturmaßnahmen für festgestellte Mängel oder Schwächen[11].

- Operative Geschäftsbereiche
  Die operativen Geschäftsbereiche sind für die Umsetzung der Identifikation, die Analyse und insbesondere die Steuerung aller wesentlichen Risiken ihres Bereichs zuständig. Innerhalb des Geschäftsbereichs sind die Aufgaben, Verantwortlichkeiten, Kompetenzen und Vertretungsregelungen festzulegen und zu dokumentieren. Des Weiteren können die Geschäftsbereiche bei Bedarf die vom Geschäftsführungsorgan vorgegebenen Limite detaillierter aufteilen[12].
- Interne Revision
  Die interne Revision ist ein notwendiger Bestandteil der ordnungsgemäßen Geschäftsorganisation von Versicherungsunternehmen[13]. Sie untersteht lediglich den Weisungen des Geschäftsführungsorgans[14]. Die interne Revision prüft selbstständig und unabhängig alle Geschäftsbereiche, Abläufe, Verfahren und Systeme. Auf Grundlage ihrer Überprüfungen soll sie frühzeitig Risiken, Gefahren und Mängel erkennen und diese an das Geschäftsleitungsorgan berichten[15].
- Organisationseinheiten
  Alle Organisationseinheiten haben der internen Revision sofort zu melden, wenn wesentliche Mängel zu erkennen oder wesentliche finanzielle Schäden aufgetreten sind oder ein konkreter Verdacht auf Unregelmäßigkeiten besteht[16].
- Mitarbeiter
  Alle Mitarbeiter haben bei der Erledigung ihres Tagesgeschäfts risikobewusst im Sinne des unternehmensindividuellen Risikomanagements zu agieren[17]. Damit liegt das unternehmensweite Risikomanagement zu einem gewissen Grad in der Verantwortung aller Mitarbeiter eines Unternehmens.
- Compliance-Funktion

[10] Das Aufgabenspektrum der unabhängigen Risikocontrollingfunktion im Vorfeld von Solvency II wird in Pkt. 7.2.1 Nr. 3b MaRisk beschrieben.

[11] Siehe Art. 44 Abs. 5 RRL bzw. § 27 Abs. 5 VAG-E.

[12] Siehe Pkt. 7.2.1 Nr. 3c MaRisk.

[13] Siehe § 64a Abs. 1 S. 4 Nr. 4 VAG sowie § 64a Abs. 7 Nr. 4 VAG.

[14] Siehe Pkt. 7.4 Nr. 3 S. 4 MaRisk.

[15] Siehe Pkt. 7.2.1 Nr. 3d MaRisk. Gemäß den Erläuterungen zu Pkt. 7.4 Nr. 1 MaRisk setzt die Aufsicht voraus, dass den Mitarbeitern der internen Revision die für ihre berufliche Praxis benötigten nationalen und internationalen Standards bekannt sind und von ihnen angewandt werden.

[16] Siehe Pkt. 7.4 Nr. 5 MaRisk.

[17] Siehe die Erläuterungen zu Pkt. 7.3.3 Nr. 1 MaRisk.

Die Compliance-Funktion hat die Einhaltung der Gesetze und Verwaltungsvorschriften zu überwachen, die für den Betrieb des Versicherungsgeschäfts gelten[18]. Sie berät diesbezüglich das Geschäftsleitungsorgan und ist für die Identifikation und Beurteilung des mit der Nicht-Einhaltung der rechtlichen Vorgaben verbundenen Risikos zuständig[19].

- Verantwortlicher Aktuar
  Der Verantwortliche Aktuar in der Lebensversicherung überwacht eine ausreichend sichere Kalkulation der Beiträge, sichere Rückstellungen, eine sachgerechte Verteilung der Überschüsse und prüft, ob das Unternehmen unter Berücksichtigung der Finanzlage dauerhaft seine Verpflichtungen gegenüber den Versicherungsnehmern erbringen kann[20].
- Versicherungsmathematische Funktion
  Unter Solvency II koordiniert und überwacht die versicherungsmathematische Funktion die Berechnung der versicherungstechnischen Rückstellungen. Sie berichtet dem Geschäftsleitungsorgan und gewährleistet die Angemessenheit von Daten, Methoden und Annahmen. Sie nimmt Stellung zur Zeichnungs- und Annahmepolitik und leistet einen Beitrag zur Wirksamkeit des Risikomanagementsystems[21].
- Aufsichtsbehörden
  Als Rechts- und Finanzaufsicht überwacht die Aufsichtsbehörde den gesamten Geschäftsbetrieb der Versicherungsunternehmen[22]. Sie ist befugt Prüfungen in den Räumen des Versicherungsunternehmens vorzunehmen[23]. Zur ständigen Unterrichtung sind der Aufsichtsbehörde Revisionsbericht und Risikobericht sowie für die Lebensversicherung zusätzlich der Erläuterungsbericht und der Angemessenheitsbericht des Verantwortlichen Aktuars vorzulegen[24]. Im Rahmen von Solvency II wird die Versicherungsaufsicht umfassend neu geregelt[25] und sowohl der Umfang des Überprüfungsverfahrens als auch der Umfang der zu übermittelnden Informationen deutlich ausgeweitet[26].
- Gesetzgebung
  Risikomanagement wird sowohl durch nationales als auch durch internationales Recht sowie nationale Verordnungen beeinflusst. Die Gesetzgebung ist außerdem einer hohen gesellschaftspolitischen Dynamik unterworfen[27].
- Abschlussprüfer

[18] Vgl. Art. 46 Abs. 1 RRL.
[19] Vgl. Art. 46 Abs. 2 RRL.
[20] Vgl. die §§ 11 und 11a VAG. Hieraus ergibt sich auch, dass ein vorhandenes Risikomanagement aus Sicht des Verantwortlichen Aktuars auf Angemessenheit und Wirksamkeit zu prüfen ist.
[21] Siehe Art. 48 Abs. 1 RRL. Im Gegensatz zum Verantwortlichen Aktuar obliegen der versicherungsmathematischen Funktion auch Aufgaben hinsichtlich Aufbau und Umsetzung des Risikomanagements.
[22] Siehe § 81 Abs. 1 S. 1 VAG sowie die Ausführungen in Abschn. 10.3.
[23] Siehe § 83 VAG.
[24] Siehe die §§ 55c, 11a Abs. 4 Nr. 2 VAG.
[25] Siehe die Art. 27 bis 39 RRL sowie die §§ 289 bis 304 VAG-E.
[26] Siehe Art. 36 RRL und Art. 35 RRL.
[27] Siehe hierzu die Ausführungen in den Kap. 10 und 11.

Bei Aktiengesellschaften hat die Prüfung des Frühwarnsystems durch den Abschlussprüfer zu erfolgen[28]. Bei börsennotierten Aktiengesellschaften ist im Rahmen der Prüfung zusätzlich zu beurteilen, ob die Governance-Anforderungen gemäß § 91 Abs. 2 AktG erfüllt sind.

- Externe Dienstleister
  Sofern die Ordnungsmäßigkeit der Geschäftsorganisation nicht beeinträchtigt wird, kann ein Unternehmen grundsätzlich alle Funktionen, Prozesse oder Aufgaben auf eigenes Personal übertragen, oder sich durch externe Fachleute beraten lassen oder innerhalb gesetzlicher Grenzen an Fachleute outsourcen[29,30]. Das Unternehmen muss auf Basis einer Risikoanalyse festlegen, welche Funktionen, Prozesse oder Aufgaben unter Risikogesichtspunkten ausgegliedert werden können. Die mit der Ausgliederung verbundenen Risiken müssen identifiziert, analysiert, bewertet und angemessen gesteuert werden. Des Weiteren müssen die ausgegliederten Funktionen, Prozesse oder Aufgaben ordnungsgemäß überwacht werden[31].
- Geschäftspartner
  Kunden, Geschäfts- und Kooperationspartner und andere Akteure, die in Geschäftskontakt mit einem Unternehmen stehen sind wichtige Informationsquellen für das unternehmensweite Risikomanagement [Brün09, 29]. Die erhaltenen Informationen können einen wichtigen Einfluss auf die Unternehmensziele und Unternehmensstrategien haben.
- Analysten, Ratingagenturen und Presse
  Finanzanalysten und Ratingagenturen liefern wertvolle Hinweise darauf, wie Außenstehende das Unternehmen wahrnehmen und bewerten. Diese Informationen können zur Verbesserung des Risikomanagements genutzt werden.

**Definition von Rollen und Verantwortlichkeiten** Häufig wird in Unternehmen zwischen Akteuren und Anspruchsgruppen unterschieden, die in den Risikomanagementprozess einbezogen sind und solchen, die es nicht sind. Diese Unterscheidung ist kritisch zu bewerten, denn das Risikomanagement ist Aufgabe der gesamten Organisation. Zu beachten ist auch, dass unternehmensexterne Akteure – beispielsweise Abschlussprüfer – zur kontinuierlichen Verbesserung des Risikomanagements beitragen, obwohl sie kein Bestandteil der Risikomanagementorganisation eines Unternehmens sind[32] [Brün09].

[28] Siehe § 317 Abs. 4 HGB.
[29] Die Ausgliederung der Leitungsaufgaben der Geschäftsführung ist nicht ausgliederungsfähig (siehe § 64a Abs. 1 S. 2 VAG bzw. § 76 Abs. 1 AktG sowie die Erläuterungen zu Pkt. 8 Nr. 1 MaRisk).
[30] Ein Sonderfall entsteht gemäß § 8a VAG, falls ein Versicherungsunternehmen die Rechtsschutzversicherung zusammen mit anderen Sparten betreibt. Die Funktionsausgliederung der Leistungsbearbeitung in diesem Versicherungszweig an ein Schadenabwicklungsunternehmen ist dann vorgeschrieben.
[31] Siehe Pkt. 8 Nr. 3 MaRisk sowie § 64a Abs. 7 Nr. 4 VAG.
[32] Im Gegensatz zu vertraglich geregelten Funktionsausgliederungen.

Deshalb ist es besser die Unterscheidung über Rollenmodelle und die Zuordnung von Verantwortlichkeiten vorzunehmen.

## 8.2 Geschäftsprozessmanagement

**Risikomanagement fördert Prozessorientierung** Das Denken in Prozessen verbreitet sich vor dem Hintergrund gesetzlicher Anforderungen zum Risikomanagement in der Versicherungsbranche in zunehmendem Maße[33]. Ein effektives Risikomanagement basiert auf einer strukturierten und umfassenden Risikoidentifikation, welche bei der Analyse der vorhandenen Geschäftsprozesse ansetzt [Died12; Menz04; Wolf03; WoRu09]. Auch die Anforderung, dass ein wirksames Risikomanagementsystem eine Verzahnung mit vorhandenen Organisationsstrukturen und Entscheidungsprozessen erfordert[34], verstärkt den Fokus auf die Geschäftsprozesse des Unternehmens. Des Weiteren ermöglichen erst die Geschäftsprozesse die Umsetzung des jeweiligen Geschäftsmodells. Damit ist es Aufgabe der Geschäftsleitung das Prozessdenken im Unternehmen anzustoßen, umzusetzen und kontinuierlich weiterzuentwickeln [GeMW11].

**Begriffsbestimmungen** Die Herausforderungen bei diesen Aufgaben beginnen bereits damit, dass in der Literatur unterschiedlichste Definitionen des Begriffs „Prozess" existieren (vgl. z. B. [BuWi09; Dave93; Gada12; HaCh93; Köni95]). Überwiegend werden Prozesse als Abfolge von Aktivitäten oder Aufgaben beschrieben, die darauf abzielen, unter Einbeziehung von Eingangsobjekten eine spezifische Leistung zu erbringen [BuWi09]. Prozessbeschreibungen sind strukturierte Vorgaben hinsichtlich der Art und Weise auf welche die Arbeitsabläufe jeweils durchzuführen sind. Geschäftsprozessmanagement[35] bezeichnet einen Ansatz zur Gestaltung, Einführung, Steuerung und Weiterentwicklung betrieblicher Führungs-, Kern- und Unterstützungsprozesse sowie der Beziehungen und Abhängigkeiten zwischen diesen Prozessen im Rahmen einer prozessorientierten Organisationsgestaltung [BuWi09; KuVi12].

**Modellierungssprachen, Reifegradmodelle** Zur Planung, Kontrolle und Steuerung von Geschäftsprozessen stehen verschiedene Modellierungssprachen zur Verfügung. Beispiele sind das Petri-Netz [Petr62; vASt11], die Ereignisgesteuerte Prozesskette (EPK) [KeNS92; Sche02], das UML-Aktivitätendiagramm nach ISO/IEC 19505 [Gada12; Stau10] oder Business Process Model and Notation (BPMN) [FrRü12; GöLi12; OMG11]. Außerdem entwickelten Wissenschaft und Praxis Methoden und Referenzmodelle für die Prozessorganisation [BeDK04; BuWi09; FeLo04]. Dennoch tendieren

[33] Beispielsweise sind gemäß Pkt. 7.3.2.1 Nr. 1 MaRisk alle Risiken in allen betrieblichen Prozessen, Funktionsbereichen und Hierarchieebenen unter Berücksichtigung von internen und externen Faktoren, welche Einfluss auf die Risiken haben können, zu erfassen.
[34] Vgl. § 64a Abs. 7 Nr. 2 VAG sowie Pkt. 7 Nr. 1 MaRisk.
[35] Bzw. Business Process Management (BPM).

die Unternehmen dazu, das Konzept des Geschäftsprozessmanagements in unterschiedlicher Art und Weise umzusetzen [ArPM99]. Zur Klassifikation bzw. der Objektivierung des Reifegrads von Geschäftsprozessen wurde in Anlehnung an das Capability Maturity Model[36] [PWCC95] oder darauf aufbauende Modelle wie SPICE (ISO 15504) [Wall06] oder COBIT [ISAC96] von der Object Management Group (OMG) das Business Process Maturity Model (BPMM) entwickelt [HoNü09, OMG08]. Das Modell unterscheidet fünf Reifegradstufen[37]:

- Erste Stufe – initial
  Es findet kein Prozessmanagement statt. Die Prozesse laufen weitgehend ungeplant ab.
- Zweite Stufe – wiederholbar
  Die Prozesse sind definiert und wiederholbar. Die Abteilungen managen ihre Prozesse und Teilprozesse isoliert.
- Dritte Stufe – standardisiert
  Es sind unternehmensweite und standardisierte „Ende-zu-Ende"-Prozesse definiert.
- Vierte Stufe – vorhersagbar
  Es findet eine quantitative Planung und Überwachung der Prozesse statt, um vorhersagbare Ergebnisse zu erzielen.
- Fünfte Stufe – optimierend
  Die Prozesse werden kontinuierlich weiterentwickelt und verbessert.

Das BPMM definiert für verschiedene Prozessbereiche (process areas) konkrete Anforderungen zur Erreichung jeder Stufe. Die Prozessbereiche sind wiederum in fünf Gruppen (process area threads) mit verschieden Verantwortungsebenen unterteilt[38]. Für jeden Prozessbereich definiert das BPMM zu erreichende Ziele. Dabei wird zwischen bereichsspezifischen und unternehmensspezifischen (institutionellen) Zielen unterschieden[39]. Den

[36] Bzw. das Capability Maturity Model Integration (CMMI) [ChKS09; HeKn11].

[37] Im englischen Original [OMG08, 72 ff.]: initial, managed, standardized, predictable, innovating.

[38] Die fünf Gruppen der Prozessbereiche sind [OMG08, 87 f.]: 1. Aufbau und Weiterentwicklung des Prozessmanagements (Organizational Process Management), wobei die Hauptverantwortung bei der Unternehmensleitung liegt. 2. Planung, Ressourcenbereitstellung, Steuerung auf Unternehmensebene (Organizational Business Management), wobei die Hauptverantwortung bei der Unternehmensleitung liegt. 3. Management der Produkt- und Service-Erstellung, -Lieferung und -Unterstützung (Domain Work Management) mit der mittleren Führungsebene als Hauptverantwortliche. 4. Produkt- und Service-Erstellung, -Lieferung und -Unterstützung selbst (Domain Work Performance), wobei die Verantwortung bei den operativ tätigen Mitarbeitern liegt. 5. Unterstützende Aktivitäten (Organizational Support), z. B. zur Vorbereitung, Überprüfung und Überwachung von Kernaktivitäten. Die Verantwortung liegt bei den unterstützenden Organisationseinheiten.

[39] Beispielsweise ist für den Bereich „Organizational Process Management" der Stufe 3 als Zielvorgabe definiert, dass die Stärken und Schwächen der Prozesse des Unternehmens und seiner Produkte bekannt sind und Verbesserungen erfolgt sind. Des Weiteren sind Standardprozesse Für Entwicklung, Vorbereitung, Einsatz, Betrieb und Support der Produkte und Dienstleistungen des Unternehmens sind etabliert. Außerdem ist gefordert, dass die Unternehmensprozesse auf Basis ihrer Entwicklung und Verwendung laufend analysiert und verbessert werden [OMG08, 204].

Zielen werden Verfahren und Methoden zugeordnet, die zur Erreichung des Ziels dienen[40].

**Bewertung des BPMM** Das BPMM bietet ein gut strukturiertes Framework, um die Umsetzung der im Rahmen des Prozessmanagements erforderlichen bzw. nützlichen Verfahren und Methoden zu unterstützen. Die Stärken des Modells liegen vor allem darin, stabile und ordnungsmäßige Prozesse nachzuweisen, sie zu messen sowie zu überwachen. Allerdings betrachtet das Modell nicht die Wechselwirkungen zwischen Aufbau- und Ablauforganisation. Der Fokus liegt auf Prozessen. Eine durch die zunehmende Reife oder neue Geschäftsmodelle getriebene Ausrichtung der Aufbauorganisation an den Geschäftsprozessen wird nicht betrachtet. Dies ist aber insbesondere für die Versicherungsbranche von Bedeutung [HeRP09]. Im Gegensatz zu anderen verbreiteten Standards und Frameworks werden Rollen und Prozessverantwortlichkeiten nicht thematisiert[41] [HoNü09]. Auch das Thema IT-Unterstützung der Geschäftsprozesse klammert BPMM fast vollständig aus. Aufgrund seiner Komplexität sowie der Tatsache, dass viele der aufgeführten Kriterien nicht für alle Unternehmen gleich relevant sind, sollte BPMM für den praktischen Einsatz unternehmensindividuell zugeschnitten und angepasst werden.

**Ganzheitlichkeit basiert auf Prozessorientierung** Ein ganzheitliches und wertschöpfungsorientiertes Risikomanagement erlaubt einen effektiven Umgang mit den unternehmensindividuellen Risiken und setzt bei einem prozessorientierten Risikomanagement an. Dabei sind alle mit wesentlichen Risiken behafteten Geschäftsprozesse und deren Schnittstellen so zu steuern, dass sie die Geschäftsziele unterstützen und mögliche Zielabweichungen gering halten[42]. Deshalb ist es erforderlich, das Risikopotenzial für diese Geschäftsprozesse zu dokumentieren (wirkungsbezogene Risikoauffassung)[43]. Außerdem müssen die zugehörigen Risiken gesteuert werden können[44]. Des Weiteren sollen prozessinhärente Schwachstellen (d. h. Fehler und Risiken) sowie deren Behebungs- und Verbesserungsmöglichkeiten darlegbar sein (ursachenbezogene Risikoauffassung)[45] [RiWi08].

[40] Für die drei bereichsspezifischen Ziele des „Organizational Process Management" der Stufe 3 werden dreizehn Verfahren definiert. Hierzu zählen die Festlegung von Prozesszielen und -anforderungen, regelmäßige Reviews, die Festlegung von Standardprozessen und Regeln zur Anpassung, die Informationsbereitstellung sowie die unternehmensweite Verbreitung und Implementierung der festgelegten Prozesse [OMG08, 205 ff.].

[41] Bspw. werden Rollen und Verantwortlichkeiten bei COBIT, COSO, ISO 31000 oder ITIL berücksichtigt.

[42] Siehe Pkt. 7.2.2 Nr. 1 MaRisk und Pkt. 7.2.2 Nr. 2 MaRisk.

[43] Vgl. Pkt. 5 Nr. 1 MaRisk und den Erläuterungstext hierzu, sowie Pkt. 7.3.2.1 Nr. 1 MaRisk. In dieser Sichtweise ergibt sich das Risikopotenzial der Geschäftsprozesse aus eventuellen Abweichungen von den Geschäftszielen.

[44] Siehe Pkt. 7.3.2.3 MaRisk.

[45] Siehe bspw. Pkt. 7.4 Nr. 7–9 MaRisk.

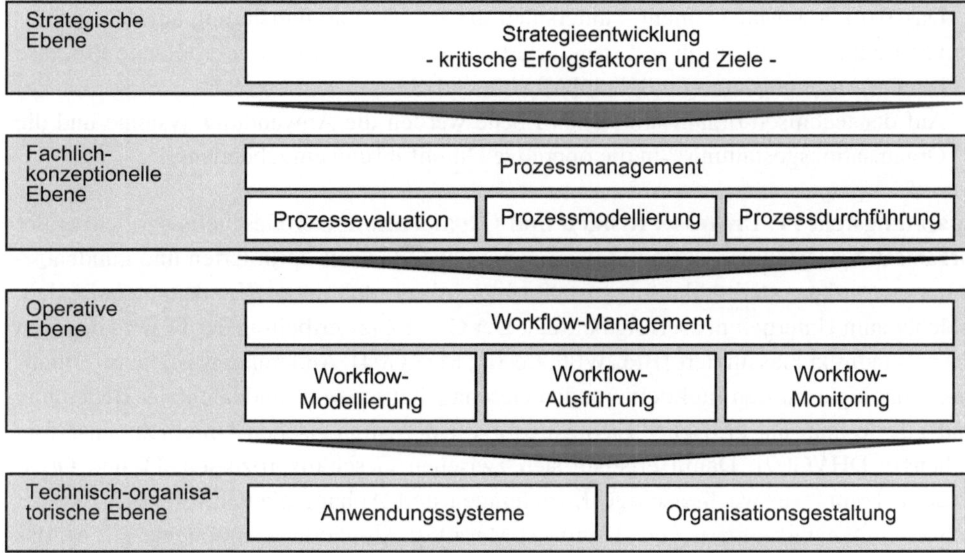


**Abb. 8.1** Gestaltungsrahmen des integrierten Ansatzes für das Geschäftsprozess- und Workflow-Management. Mit freundlicher Genehmigung von A. Gadatsch

**Integriertes Geschäftsprozess- und Workflow-Management** Die Verwendung von Prozessmodellen zur Dokumentation von Risiken sowohl in der Geschäftsorganisation (Corporate Governance) als auch in der IT-Governance vereinfacht die Verzahnung von Risikomanagement, Prozessmanagement und Organisationsgestaltung, da Risiken im prozessualen Kontext leichter ersichtlich sind [RiWi08]. Prozessmanagement kann deshalb als zentrale Komponente eines integrierten Ansatzes für das Geschäftsprozess- und Workflow-Management angesehen werden. Es dient zum Abgleich mit der Geschäfts- und Risikostrategie, der Gestaltung von Strukturen der Aufbauorganisation und Prozessen sowie deren technischer Umsetzung bzw. Unterstützung mit geeigneten IT-Systemen.

**Gestaltungsrahmen** Wie in Abb. 8.1 dargestellt, umfasst der Gestaltungsrahmen des integrierten Ansatzes für das Geschäftsprozess- und Workflow-Management dementsprechend mehrere in Wechselwirkung stehende Ebenen [Gada09; GeGa99]:

- Auf der strategischen Ebene werden die Geschäftsbereiche einschließlich der kritischen Erfolgsfaktoren betrachtet. Gegenstand ist die Erarbeitung von Geschäfts- und Risikostrategie und hieraus abzuleitender Prozessstrategien.
- Auf der fachlich-konzeptionellen Ebene erfolgt die Ableitung der Prozesse im Rahmen des Prozessmanagements. Hierbei wird ein phasenorientierter Ansatz verfolgt[46].

[46] Das Prozessmanagement umfasst die Phasen der Prozessevaluation, der Prozessmodellierung und der Prozessdurchführung [Gada12; RiWi08]. Ausgehend von strategischen Vorgaben und

- Das Workflow-Management[47] unterstützt die Prozessautomatisierung auf der operativen Ebene. Vor allem für gut strukturierbare und sich häufig wiederholende Prozesse ist eine Automatisierung möglich [Allw05; GeHS95].
- Auf der technisch-organisatorischen Ebene werden die Anwendungssysteme und die Organisationsgestaltung[48] in die operative Durchführung eingebunden.

**Spannungsfeld IT, Prozesse, Risiken und Organisation** Der Geschäftswertbeitrag der Organisationsgestaltung ist unmittelbar ersichtlich, denn mit optimierten und kundenorientierten Aufbau- und Ablauforganisationen wird ein definierter Kundennutzen erzielt, welcher zum Unternehmenserfolg beiträgt. Der Geschäftswertbeitrag der IT wird dagegen eher als indirekt klassifiziert [BFGW06; Lee01; MeKG04]. Andererseits ist die Informationstechnologie für den funktionierenden Geschäftsbetrieb von fundamentaler Bedeutung und gilt deshalb als kritischer Erfolgsfaktor für den strategischen Unternehmenserfolg [Chen10; DHVG09]. Damit ergeben sich zwischen Geschäftsprozessen, IT und Organisation komplexe, wechselseitige Beziehungen und Abhängigkeiten, die zudem einer gewissen Dynamik unterliegen [Domb11; Masa06]. Als vierte Komponente gilt es, das Risikomanagement im bestehenden Spannungsfeld von Prozessen, IT und Organisation zu integrieren (vgl. hierzu Abb. 8.2).

**EPK und Risikomanagement** Als methodisches Hilfsmittel zur Komplexitätsreduktion kommt der Modellierung[49] im Geschäftsprozessmanagement eine besondere Bedeu-

---

kritischen Erfolgsfaktoren werden bei der Prozessevaluation zunächst mögliche Prozesse identifiziert und bewertet. Anschließend werden die zu modellierenden und zu implementierenden Prozesse ausgewählt. Bei der Prozessmodellierung werden komplexe Sachverhalte der Realität von Geschäftsbereichen unter einer fachlich-konzeptionellen Perspektive in einem Geschäftsprozess abgebildet. Die Prozessdurchführung hat zum Ziel, Prozesse an Messgrößen – den sog. Prozessführungsgrößen – auszurichten, um den Prozesserfolg quantifizierbar zu machen. Dabei werden die Prozessführungsgrößen aus den kritischen Erfolgsfaktoren der jeweiligen Geschäftsbereiche abgeleitet.

[47] Workflow-Management kann in die Phasen Modellierung, Ausführung und Monitoring unterteilt werden [Gada09; Gada12]. Im Rahmen der Workflow-Modellierung werden die Prozessmodelle um Spezifikationen erweitert, die für eine automatisierte Prozessausführung unter Kontrolle eines Workflow-Management-Systems notwendig sind. Die Workflow-Ausführung beinhaltet die Erzeugung und den Durchlauf von sog. Prozessobjekten entlang der Bearbeitungsstationen unter Kontrolle eines Workflow-Management-Systems. Das Workflow-Monitoring mittels Prozessführungsgrößen dient der laufenden Überwachung des Prozessverhaltens und ermöglicht Soll-Ist-Abgleiche auf Workflow-Ebene.

[48] Organisationsgestaltung bezeichnet die Tätigkeit der Ausformung der Organisationsstruktur durch Organisationsplanung, Organisationsrealisation und Organisationskontrolle. Dabei stellt die Organisationsentwicklung ein ganzheitliches Konzept für die planmäßig-strategische Organisationsgestaltung dar [Brau03, 1]. Hauptzielsetzung der modernen Organisationsgestaltung ist die integrative Gestaltung von Aufbau- und Ablauforganisation mit einer konsequenten Ausrichtung auf den Kunden bzw. dessen Nutzen [Brau03, 6].

[49] Bei der Modellierung sind Fachexperten und Spezialisten aus den Fachabteilungen für die fachliche Prozessbeschreibung, Organisatoren für die sachgerechte Berücksichtigung von IT-Aspekten

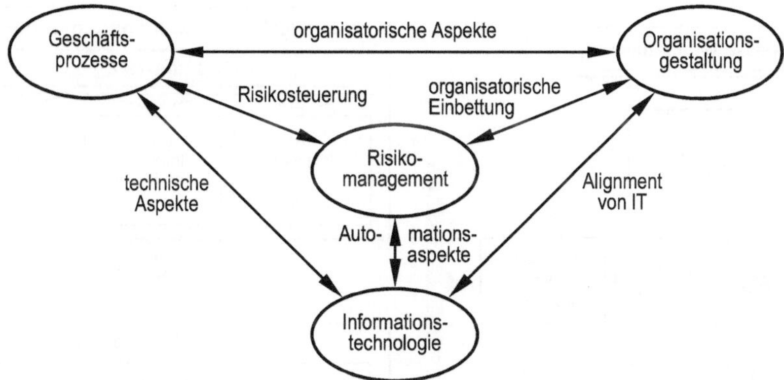


**Abb. 8.2** Spannungsfeld zwischen Geschäftsprozessen, Organisation, Risiken und IT

tung zu [Domb11; Gada12; HeRP09]. Aufgrund ihres großen Modellierungspotenzials hat sich international die BPMN-Methode etabliert, während die Ereignisgesteuerte Prozesskette in Deutschland stark verbreitet ist [BäKo12; Gada09]. Die Ereignisgesteuerte Prozesskette eignet sich aufgrund der einfachen Integration zusätzlicher Aspekte für viele prozessorientierte Betrachtungen und Zielsetzungen [HeRP09; LaSW97; SeSc07]. Im Zusammenhang mit der Umsetzung des Risikomanagements wird sie für spezielle Fragestellungen herangezogen [Died12]. Dies beinhaltet beispielsweise die prozessorientierte Risikoidentifikation [BrOc02], die Analyse, Aggregation und Dokumentation von Risiken [zMRo05], Simulationsmodelle zur Bewertung von operationellen Risiken mittels bedingter Wahrscheinlichkeiten, um Aussagen über den Prozess, die Risiken und die Kontrollen zu treffen [Heng05] oder die Berücksichtigung des Risikomanagements in bestehenden Prozessmodellen[50] [RiWi08].

**Umsetzung in der Praxis** Praxisnahe Ansätze zum prozessorientierten Risikomanagement sollten deshalb primär auf bestehenden Unternehmensprozessmodellen basieren und sich gängiger Modellierungswerkzeuge und Standards bedienen. Ziel ist eine vom zentralen Risikomanagement losgelöste Zuordnung der Risiken in den modellierten Prozessen durch die Prozessverantwortlichen. Dadurch lassen sich die Prozessmodellierung, die Risikozuordnung und die Risikoauswertung getrennt und mit geringem koordinativen Aufwand durchführen [RiWi08]. Beispielsweise können IT-Risiken eines Geschäftsprozesses bereits bei der Prozessaufnahme von methodisch versierten, aber ansonsten fachfremden Prozessmodellierern erfasst und bei der Modellierung berücksichtigt werden. Ihre Bewertung kann dann zu einem späteren Zeitpunkt durch die zuständigen IT-Verantwortlichen erfolgen. Im Rahmen eines IT-Controllings lassen sich somit Risiken von IT-Investitionen

und Ressourcen sowie Prozessmodellierer für die Erstellung von standardisierten Prozessbeschreibungen zuständig [Gada12; HeRP09].

[50] Vgl. ONR 49002-1, Kap. 6, zur Integration des Risikomanagements.

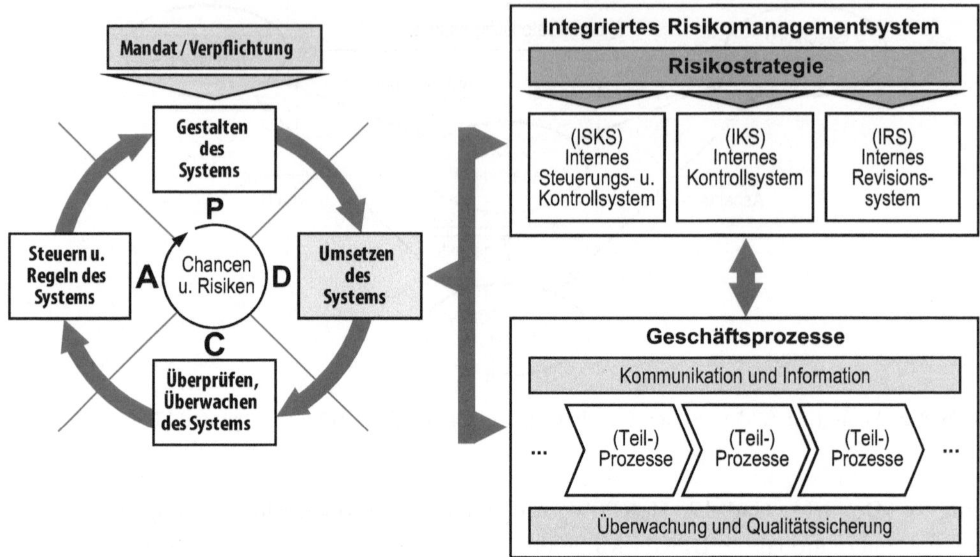


**Abb. 8.3** Framework zur Integration von wertorientierter Steuerung mit Risikomanagementsystemen und Geschäftsprozessen

wertorientiert steuern [WeHS06]. Die Integration von wertorientierter Steuerung, Risikomanagementsystemen (MaRisk, Solvency II oder andere) und Geschäftsprozessen kann, wie in Abb. 8.3 dargestellt, auf Basis der ISO 31000 erfolgen.

## 8.3 Wertorientiertes Risikomanagement

**Solvency II und real-time Economy** Durch die gestiegene Verfügbarkeit von Informationen und ihre schnelle, weltweite Verbreitung können sich die Unternehmen ein zeitnahes, objektives Bild von Geschäftslage, Marktverhältnissen und Risikosituation machen. Damit wird es prinzipiell möglich, ein Unternehmen in unmittelbarer Reaktion auf die individuelle Risiko- und Chancensituation, welche sich durch Kundenbedürfnisse, Aktionen von Wettbewerbern sowie von versicherungstechnischen Risiken oder Risiken des Kapitalmarkts auszurichten und zu führen. Dieser Ansatz wird mit dem Schlagwort „*real-time economy*" beschrieben[51]. Im Kontext von Solvency II gewinnt er vor allem durch die Anforderung, dass im Rahmen der allgemeinen Geschäftsorganisation ein wirksames System zur Informationsübermittlung einzurichten ist, für die risiko- und wertorientier-

[51] Der Begriff „Real-Time Economy" wurde erstmals in der Reportage „How about now? Special report: The real-time economy" verwendet. The Economist **264** (2002) 4 ff., vom 02.02.2002.

te Steuerung von Versicherungsunternehmen an Bedeutung[52]. Während gesetzlich derzeit lediglich eine „ausreichende unternehmensinterne Kommunikation über die als wesentlich eingestuften Risiken" erforderlich ist[53], Risiken andererseits in allen betrieblichen Prozessen und allen Funktionsbereichen zeitnah aufzunehmen sind[54], stellt Solvency II deutlich höhere Anforderungen an Zeitnähe, Umfang und Verwendung der zu übermittelnden Informationen[55]. Dies folgt auch aus den Leitlinien der EIOPA für die Vorbereitung auf Solvency II[56] [EIOP13b; EIOP13c, Rz. 1.25 u. 1.69]. Aus den Anforderungen folgt, dass Informationssysteme ausreichende, verlässliche, konsistente, zeitnahe und relevante Informationen zu Geschäftsaktivitäten und den Risiken denen es ausgesetzt ist, zur Verfügung stellen sollten[57]. Außerdem sind die Informationen zeitnah an alle Personen zu übermitteln, die diese benötigen[58].

**Unzureichend: Traditionelle Managementkonzepte** Viele Unternehmen müssen allerdings zum Teil noch erhebliche Investitionen in ihre Infrastruktur und organisatorischen Fähigkeiten vornehmen, damit Informationen über ihre Geschäftsaktivitäten in Echtzeit oder zumindest sehr zeitnah vorliegen und effektiv zur wertorientierten Unternehmensführung eingesetzt und im Rahmen einer aktiven Kommunikationsstrategie genutzt werden können[59]. Dies liegt vor allem an den etablierten Organisations- und Management-Konzepten, die den Schwerpunkt auf aus unternehmensinterner Sicht optimal gestaltete

[52] Gemäß Art. 41 Abs. 2 S. 2 RRL umfasst ein Governance-System „zumindest eine angemessene transparente Organisationsstruktur mit einer klaren Zuweisung und angemessener Trennung der Zuständigkeiten und ein wirksames System zur Gewährleistung der Übermittlung von Informationen."

[53] Vgl. § 64a S. 4 Nr. 3 Lit. c VAG sowie Pkt. 7.3.3 Nr. 1 MaRisk.

[54] Siehe Pkt. 7.3.2.1 Nr. 1 MaRisk.

[55] Die Anforderungen an die zu übermittelnden Informationen sind in Art. 35 Abs. 3–4 RRL definiert.

[56] Die Leitlinien betreffen das Governance-System, die vorausschauende Beurteilung der eigenen Risiken, die Informationsübermittlung an die zuständigen nationalen Behörden sowie die Vorantragsphase für interne Modelle. https://eiopa.europa.eu/publications/eiopa-guidelines/index.html. Abruf am 10.03.2014.

[57] Abgesehen vom aktiven Teilen von Informationen sollte ein effektives Informationssystem ausreichende, verlässliche, konsistente, zeitnahe und relevante Informationen hinsichtlich aller Geschäftsaktivitäten zur Verfügung stellen, einschließlich der übernommenen Verpflichtungen und der Risiken, welchen das Unternehmen ausgesetzt ist. Siehe hierzu frühere Aussagen von EIOPA [EIOP13d, Rz 1.21].

[58] Um ein effektives System zur Übermittlung von Informationen zu gewährleisten, sollten die Unternehmen klare Berichtswege einführen, die eine zeitnahe Übermittlung von Informationen an alle Personen gewährleisten, die diese benötigten [EIOP13d, Rz 1.20].

[59] Es ist zu erwarten, dass dies durch fachlich-technische Anforderungen an das Informationssystem unter Solvency II weiter forciert wird. So könnten die Unternehmen künftig festzulegen haben, welche Informationen wann und von wem zu verteilen sind. Dabei wäre zu berücksichtigen, dass Informationen sowohl vertikal zwischen verschiedenen Hierarchieebenen als auch horizontal zwischen verschiedenen Geschäftsbereichen zu fließen haben. Außerdem wären Zugangsrechte für die Informationsbereitstellung und den Informationsabruf zu definieren. Damit müsste auch das Personal bestimmt werden, welches einen passiven Zugang zu dem System benötigt, um Daten zur

Geschäftsabläufe legen. Auch konzentrierten sich die Versicherungsunternehmen bisher im Wesentlichen darauf, ihre Vertriebsstrategie zu optimieren. Änderungen an der Kommunikationsstrategie sind derzeit vor allem extern durch die gestiegenen Berichts- und Informationsanforderungen motiviert [Völk14].

Die meisten der in der Praxis eingesetzten Konzepte und Ansätze sind außerdem nicht wertschöpfungsorientiert. Zwar werden wichtige Bereiche der Wertschöpfungskette unterstützt, greifen aber zu spät bzw. berücksichtigen die Konstellation Kunden bzw. Versicherungsnehmer, eigenes Potenzial, Marktsituation in Verbindung mit Risiken nur unzureichend. Vor allem der Kunde rückt im Rahmen wertorientierter Ansätze in den Mittelpunkt der Betrachtung, denn durch seine Kaufentscheidung trägt er zum Erfolg oder Misserfolg des Unternehmens bei [Liss07; Tewe03]. Unternehmen, die in dynamischen und kompetitiven Märkten tätig sind, benötigen außerdem Geschäfts- und Kooperationspartner zu denen sie für beide Seiten vorteilhafte Geschäftsbeziehungen unterhalten [Köhn06; KoJM02; ScFK05] und Informationen für das Risikomanagement austauschen [Brün09].

**Ganzheitliches Management als Zielsetzung** Insofern gilt es, die Kundenvorteile aus Sicht und Verständnis des Kunden zu identifizieren, die eigenen Kernkompetenzen im Geschäftskontext zu nutzen, mit Geschäfts- und Kooperationspartnern ein Netzwerk aufzubauen sowie das eigene Risikomanagement auszubauen und im Unternehmen dauerhaft zu verankern. Ziel sollte ein ganzheitlicher Managementansatz sein, der es ermöglicht, die Wertschöpfungskette dann anzustoßen, wenn eine Kundenanfrage vorliegt. Hierzu können bewährte Konzepte und Erkenntnisse der allgemeinen Betriebswirtschaftslehre und des Dienstleistungsmarketings[60] auf die Versicherungswirtschaft übertragen werden. Allerdings ist dies in der Praxis mit großen Herausforderungen verbunden, da die wesentlichen Merkmale des Versicherungsgeschäftes zu berücksichtigen sind [ZeRe10]. Ganzheitliche Ansätze, bei welchem alle betrieblichen Bereiche auf den Markt und seine Anforderungen ausgerichtet werden, gewinnen deshalb erst in den letzten Jahren auch in der Versicherungswirtschaft zunehmend an Bedeutung [Görg07; Pusch03]. Dabei ist ebenfalls zu berücksichtigen, dass die Versicherungswirtschaft von drei wichtigen Werttreibern beeinflusst wird: dem Kundenwert, den Kernkompetenzen und einer risikoadjustierten Unternehmenssituation (siehe Abb. 8.4).

**Kundenwert** Bei der Übertragung des Kundenwertkonzepts auf Versicherungen[61] sind die Besonderheiten, verschiedenen Funktionsweisen und Rahmenbedingungen des Versicherungsgeschäfts zu berücksichtigen. Insbesondere der aufgrund des Risikogeschäfts

Gewährleistung eines ordnungsgemäßen Arbeitsablaufs abrufen zu können [EIOP13d, Rz. 1.20 und 1.21].

[60] In seinem Aufbau orientiert sich das Versicherungsmarketing am Dienstleistungsmarketing [ZeRe10]. Einen Überblick über die Konzepte des Dienstleistungsmarketings geben z. B. Meffert & Bruhn [MeBr06] oder Scheuer [Sche11]. Einen Leitfaden zur Kundengewinnung und -bindung im Rahmen des Dienstleistungsmarketings bietet z. B. Matys [Maty11].

[61] Für ein Versicherungsunternehmen ist der rechnerische Kundenwert der Saldo aus den Summen aller abdiskontierten Zuflüsse und Abflüsse des Kapitals einer Kundenverbindung [Wagn11, 384].

| Werttreiber | Handlungsmöglichkeiten |
|---|---|
| **Kundenwert** | • Kundenorientiert handeln<br>• Auf Kundenwert und Kunden-zufriedenheit konzentrieren<br>• Vertrieb auf Kundenpräferenzen abstimmen<br>• Langfristige Kundenbeziehungen erarbeiten und nutzen |
| **Kernkompetenzen** | • Funktionen und Aufgaben aus-gliedern, die andere effektiver oder effizienter erledigen können<br>• Kontinuierlich neue Wettbewerbs-vorteile aufbauen<br>• Best-Practice-Vergleiche mit Wettbewerbern anstellen<br>• Abteilungsübergreifende Teams für Geschäftsprozesse einsetzen |
| **risikoadjustierte Unternehmenssituation** | • Auf ausreichende Eigenmittel zum Ausgleich von signifikanten Ver-lusten achten<br>• Auf eine richtige Messung und Handhabung von Risiken achten<br>• Auswirkungen der Risiken auf die Wirtschafts- und Finanzlage richtig beurteilen<br>• Angemessene Risikomanagement-entscheidungen treffen |

**Abb. 8.4** Werttreiber in der Versicherungswirtschaft

bestehende stochastische Charakter der Versicherungsleistung, dessen Dienstleistungseigenschaften sowie spartenspezifische aufsichtsrechtliche Vorschriften im Rahmen der Kapitalanlagen oder der Überschussdeklaration müssen in das Konzept integriert werden [FriS06]. Die Kundenbewertung sollte beim Kundenmanagement angesiedelt sein und möglichst effizient und effektiv gestaltet werden [Hein02]. Allerdings existieren derzeit noch keine ausgereiften und allgemein akzeptierten Modelle zur Berechnung von Kundenwerten. Die verschiedenen Wertbeiträge von Kunden – materielle wie immaterielle – werden meistens nur unvollständig berücksichtigt [GüHe06]. Diese werden aber benötigt, um Kundenbedürfnisse zu erkennen, Cross-Selling-Angebote zu entwickeln, die Kundenfluktuation zu minimieren und Kunden langfristig zu binden [KoJM02].

**Kernkompetenzen** Die meisten Unternehmen sind in drei Bereichen tätig, nämlich in der Produktinnovation und dem Vertrieb, im Kundenmanagement sowie im operativen

Bereich und seiner Infrastruktur [KoJM02]. Durch Solvency II hat jeder dieser Bereiche neue, zusätzliche Anforderungen zu erfüllen. So erfordert auch die Ausgliederung von Funktionen, Prozessen oder Aufgaben an Unternehmen, die sie effizienter ausführen können, eine Risikoanalyse und eine ordnungsgemäße Überwachung[62]. Um erfolgreich zu bleiben, müssen Unternehmen kontinuierlich nachhaltige Wettbewerbsvorteile aufbauen [Port10]. Außerdem gilt es, aus Vergleichen mit den Leistungen der Wettbewerber eigene Verbesserungspotenziale zu erkennen und zu nutzen [MeSK12; Töpf11] sowie Prozesse abteilungsübergreifend so zu gestalten, dass sie aus Sicht der Kunden reibungslos ablaufen [HaCh93; Komu11].

**Risikoadjustierte Unternehmenssituation** Solvency II soll zu einem besseren Schutz der Versicherungsnehmer führen[63]. Dies setzt nach Auffassung der europäischen Gesetzgebung voraus, dass die Versicherungsunternehmen wirksamen Solvabilitätsvorschriften unterliegen[64]. Dabei soll die Solvenzkapitalanforderung anrechnungsfähige Eigenmittel in einer Höhe widerspiegeln, die es ermöglicht, signifikante Verluste auszugleichen und den Versicherungsnehmern somit hinreichende Gewähr dafür bietet, dass Zahlungen bei Fälligkeit geleistet werden[65]. Unter Solvency II sind Risiken stets mit ausreichend Eigenmittel abzusichern. Für die Versicherungsunternehmen ist deshalb eine richtige Messung und Handhabung von Risiken von fundamentaler Bedeutung[66]. Manche Risiken werden jedoch nicht durch die Solvenzkapitalanforderung, sondern nur durch Governance-Anforderungen hinreichend angesprochen. Ein wirksames Governance-System ist somit für die Führung eines Versicherungsunternehmens unerlässlich[67]. Es unterstützt dabei, die Auswirkungen der Risiken auf die Wirtschafts- und Finanzlage richtig zu beurteilen und im Rahmen des Risikomanagements angemessene Entscheidungen treffen zu können[68,69].

**Ganzheitliches Managementmodell** Diese Anforderungen sind in einem ganzheitlichen Managementansatz zu berücksichtigen. Außerdem müssen bestehende Organisationsstrukturen kurzfristig angepasst werden können, falls dies durch Markt-, Unternehmens-, oder Risikosituation erforderlich wird. Des Weiteren müssen Abhängigkeiten zwischen

[62] Siehe Pkt. 8 Nr. 3 MaRisk.
[63] Siehe Erwägungsgrund 17 RRL.
[64] Siehe Erwägungsgrund 14 RRL.
[65] Siehe Erwägungsgrund 62 RRL.
[66] Siehe Erwägungsgrund 15 RRL.
[67] Siehe Erwägungsgrund 29 RRL.
[68] Bereits im Sharma-Report wurden Entscheidungen im Risikomanagement, externe Auslöser und adverse Wirtschafts- und Finanzergebnisse als für eine erfolgreiche Unternehmensführung besonders kritische Bereiche identifiziert [Shar02, 9] und in einer detaillierten Risikolandkarte zusammengestellt [Shar02, 22].
[69] Gemäß Art. 44 Abs. 1 S. 2 RRL ist das Risikomanagementsystem gut in die Organisationsstruktur und die Entscheidungsprozesse zu integrieren. Vgl. hierzu auch Art. 120 S. 1 Lit. a RRL und Art. 121 Abs. 4 S. 2 RRL für interne Modelle.

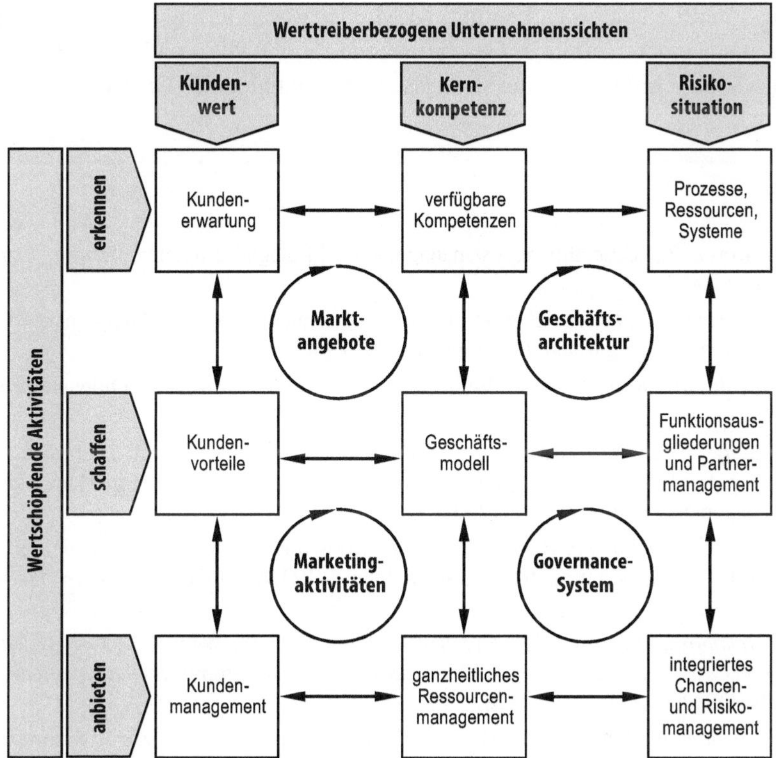


**Abb. 8.5** Ganzheitliches Managementmodell

Risiken und Aktivitäten behandelt, Geschäftsaktivitäten wertorientiert gesteuert[70] sowie Marktteilnehmer und wertschöpfende Unternehmensaktivitäten als Impulsgeber berücksichtigt werden können. Ein mögliches Modell, das diesen Anforderungen genügt, ist in Abb. 8.5 illustriert. Es basiert auf einem ganzheitlichen Managementmodell von Kotler, Jain & Maesincee [KoJM02]. Dabei werden Marktangebote, Geschäftsarchitektur, Marketing und das Governance-System miteinander verknüpft. Ein effektives Kundenmanagement hilft herauszufinden, wer die (potenziellen) Kunden sind, was sie wollen, was sie brauchen und wie sie sich verhalten. Diese Informationen werden verwendet, um zeitnah eventuelle Marktchancen nutzen zu können. Die vom Kundenmanagement gesteuerte Flexibilität setzt motivierte Mitarbeiter sowie ein effektives internes Ressourcenmanagement zur Unterstützung wichtiger Geschäftsprozesse und Kompetenzräume

[70] Zentrale Kennzahl einer risikoadjustierten Erfolgssteuerung ist der RAROC (Risk-Adjusted Return on Capital), das Verhältnis von risikoadjustiertem Ertrag zu ökonomischem Kapital. Die Wertschöpfung ergibt sich als Differenz zwischen risikoadjustiertem Ertrag und dem ökonomischen Kapital multipliziert mit der Hurdle Rate, wobei die Hurdle Rate die Mindestrendite ist (siehe z. B. [Hull11; ScLK08]).

wie Antrags- und Leistungsbearbeitung, ALM oder Reservierung voraus. Das Chancen- und Risikomanagement verbindet Geschäftsmodell mit Risiko- und Kapitalmanagement und liefert wichtige Impulse für die strategische Ausrichtung des Unternehmens.

## Literatur

[Allw05] *Allweyer, T.:* Geschäftsprozessmanagement: Strategie, Implementierung, Controlling. W3L, Herdecke 2005.

[ArPM99] *Armistead, C.; Pritchard, J.-P.; Machin, S.:* Strategic Process Management for Organizational Effectiveness. Long Range Planning **32** (1999) 96.

[BäKo12] *Bächle, M.; Kolb, A.:* Einführung in die Wirtschaftsinformatik. Oldenburg, München 2012.

[Brau03] *Braun, J.:* Grundlagen der Organisationsgestaltung. In: Bullinger, H.-J.; Warnecke, H. J.; Westkämper, E. (Hrsg.): Neue Organisationsformen im Unternehmen: Ein Handbuch für das moderne Management. Springer, Berlin 2003, S. 1.

[BeDK04] *Becker, J.; Delfmann, P.; Knackstedt, R.:* Konstruktion von Referenzmodellierungssprachen – Ein Ordnungsrahmen für Informationsmodelle. WIRTSCHAFTSINFORMATIK **46** (2004) 251.

[BFGW06] *Beimborn, D.; Franke, J.; Gamber, P.; Wagner, H.-T.; Weitzel, T.:* Die Bedeutung des Alignment von IT und Fachressourcen in Finanzprozessen – Eine empirische Untersuchung. WIRTSCHAFTSINFORMATIK **48** (2006) 331.

[BrOc02] *Brabänder, E.; Ochs, H.:* Analyse und Gestaltung prozessorientierter Risikomanagementsysteme mit Ereignisgesteuerten Prozessketten. In: *Nüttgens, M.; Rump, F. J. (Hrsg.):* Proceedings der EPK 2002. Geschäftsprozessmanagement mit Ereignisgesteuerten Prozessketten. Trier, 21.–22. November 2002. GI-Arbeitskreis Geschäftsprozessmanagement mit Ereignisgesteuerten Prozessketten.

[Brün09] *Brünger, C.:* Erfolgreiches Risikomanagement mit COSO ERM: Empfehlungen für die Gestaltung und Umsetzung in der Praxis. Erich Schmidt, Berlin 2009.

[BuWi09] *Bucher, T.; Winter, R.:* Geschäftsprozessmanagement – Einsatz, Weiterentwicklung und Anpassungsmöglichkeiten aus Methodiksicht. HMD – Praxis der Wirtschaftsinformatik **46**:266 (2009) 5.

[Chen10] *Chen, D.:* Information Systems Strategy: Reconceptualization, Measurement, and Implications. MIS Quarterly **34** (2010) 233.

[ChKS09] *Chrissis, M. B.; Konrad, M.; Shrum, S.:* CMMI®. Richtlinien für Prozess-Integration und Produkt-Verbesserung. Addison-Wesley, München 2009.

[Dave93] *Davenport, T. H.:* Process Innovation: Reengineering Work through Information Technology. Harvard Business School Press, Boston 1993.

[DHVG09] *De Haes, S.; Van Grembergen, W.:* An exploratory study into IT governance implementation and ist impact on business/IT alignment. Information Systems Management 26 (2009) 123.

[Died12] *Diederichs, M.:* Risikomanagement und Risikocontrolling: Gestaltungsempfehlungen für die unternehmerische Praxis. Vahlen, München 2012.

[Domb11] *Dombrowski, B.:* Potenziale und Herausforderungen des Geschäftsprozessmanagements im Enterprise 2.0 unter Berücksichtigung der Dynamik unternehmerischer Systeme. Logos, Berlin 2011.

[EIOP13b] *EIOPA:* Leitlinien für die Informationsübermittlung an die zuständigen nationalen Behörden. 31. Oktober 2013, EIOPA-CP-13/010 DE.

[EIOP13c] *EIOPA:* Leitlinien zum Governance-System. 31. Oktober 2013, EIOPA-CP-13/08 DE.

[EIOP13d] *EIOPA:* Explanatory Text on the Proposal for the Guidelines on the System of Governance. 27 March 2013, EIOPA-BoS-13/26.

[FeLo04] *Fettke, P.; Loos, P.:* Referenzmodellierungsforschung. WIRTSCHAFTSINFORMATIK **46** (2004) 331.

[FriS06] *Friedrichs-Schmidt, S.:* Kundenwert aus Sicht von Versicherungsunternehmen. Versicherung und Risikoforschung, Band 50. Deutscher Universitäts-Verlag, Wiesbaden 2006.

[FrRü12] *Freund, J.; Rücker, B.:* Praxishandbuch BPMN 2.0. Carl Hanser, München 2012.

[Gada09] *Gadatsch, A.:* Integriertes Geschäftsprozess- und Workflow-Management. HMD – Praxis der Wirtschaftsinformatik **46**:266 (2009) 37.

[Gada12] *Gadatsch, A.:* Grundkurs Geschäftsprozess-Management. Vieweg+Teubner, Wiesbaden 2012.

[GeGa99] *Gehring, H.; Gadatsch, A.:* Ein Rahmenkonzept für die Prozessmodellierung. Information Management & Consulting **14**:4 (1999) 69.

[GeHS95] *Georgakopoulos, D.; Hornik, M.; Sheth, A.:* An Overview of Workflow Management: From Process Modeling to Workflow Automation Infrastructure. Journal of Distributed and Parallel Databases **2** (1995) 119.

[GeMW11] *Gensch, C.; Moormann, J.; Wehn, R.:* Das neue Prozessmanagement nimmt die Biologie zum Vorbild. Versicherungswirtschaft **66** (2011) 1264.

[GöLi12] *Göpfert, J.; Lindenbach, H.:* Geschäftsprozessmodellierung mit BPMN 2.0. Oldenburg, München 2012.

[Görg07] *Görgen, F.:* Versicherungsmarketing: Strategien, Instrumente und Controlling. Kohlhammer 2007.

[GüHe06] *Günter, B.; Helm, S. (Hrsg.):* Kundenwert: Grundlagen – innovative Konzepte – Praktische Umsetzungen. Gabler, Wiesbaden 2006

[HaCh93] *Hammer, M.; Champy, I.:* Reengineering the Corporation: A Manifesto for Business Revolution. Harper Collins, New York 1993.

[Hein02] *Heinrich, B.:* Methode zur wertorientierten Analyse und Gestaltung der Kundenbeziehung: Zur Rolle eines Service Integrators im Privatkundengeschäft von Kreditinstituten. Logos, Berlin 2002.

[HeKn11] *Hertneck, C.; Kneuper, R.:* Prozesse verbessern mit CMMI® for Services: Ein Praxisleitfaden mit Fallstudien. dpunkt Verlag, Heidelberg 2011.

[Heng05] *Hengmith, L.:* Geschäftsprozessmodellierung und -simulation als Hilfsmittel zum Management operationeller Risiken. Banking and Information Technology **6**:2 (2005) 17.

[HeRP09] *Heger, C.; Rehle, U.; Prackwieser, C.:* Prozessmanagement in Zeiten organisatorischer und technologischer Veränderungen. HMD – Praxis der Wirtschaftsinformatik **46**:266 (2009) 71.

[HoNü09] *Hogrebe, F.; Nüttgens, M.:* Business Process Maturity Model (BPMM): Konzeption, Anwendung und Nutzenpotenziale. HMD – Praxis der Wirtschaftsinformatik 46:**266** (2009) 17.

[Hull11] *Hull, J. C.:* Risikomanagement: Banken, Versicherungen und andere Finanzinstitutionen. Pearson, München 2011.

[ISAC96] *ISACF Information Systems Audit and Control Foundarion (Hrsg.):* COBIT: Control Objectives for Information and Related Technologiy. Illinois, 1996 (www.isaca.org).

[KeNS92] *Keller, G.; Nüttgens, M.; Scheer, A.-W.:* Semantische Prozessmodellierung auf der Grundlage „Ereignisgesteuerter Prozessketten (EPK)". In: *Scheer, A.-W. (Hrsg.):* Veröffentlichungen des Instituts für Wirtschaftsinformatik (IWi) der Universität des Saarlandes, Heft 89. Saarbrücken 1992.

[Köhn06] *Köhne, T.:* Marketing im strategischen Unternehmensnetzwerk: Erklärungsmodell und praktische Anwendung in der Versicherungswirtschaft. neue betriebswirtschaftliche forschung, Band 348. Deutscher Universitäts-Verlag, Wiesbaden 2006.

[KoJM02] *Kotler, P.; Jain, D. C.; Maesincee, S.:* Marketing der Zukunkt: Mit Sense and Response zu mehr Wachstum und Gewinn. Campus, Frankrurt/Main 2002.

[Komu11] *Komus, A. (Hrsg.):* BPM Best Practice: Wie führende Unternehmen ihre Geschäftsprozesse managen. Springer, Berlin 2011.

[Köni95] *König, W. (Hrsg.):* Wirtschaftsinformatik '95: Wettbewerbsfähigkeit, Innovation, Wirtschaftlichkeit. Springer, Berlin 1995.

[KuVi12] *Kugeler, M.; Vieting, M.:* Gestaltung einer prozessorientiert(er)en Aufbauorganisation. In: *Becker, J.; Kugeler, M.; Rosemann, M. (Hrsg.):* Prozessmanagement: Ein Leitfaden zur prozessorientierten Organisationsgestaltung. Springer Gabler, Berlin 2012, S. 229.

[LaSW97] *Langner, P.; Schneider, C.; Wehler, J.:* Prozeßmodellierung mit ereignisgesteuerten Prozeßketten und Petri-Netzen. WIRTSCHAFTSINFORMATIK **39** (1997) 479.

[Lee01] *Lee, C. S.:* Modeling the Business Value of Information Technology. Information & Management **39** (2001) 191.

[Liss07] *Lissautzki, M.:* Kundenwertorientierte Unternehmenssteuerung. Deutscher Universitäts-Verlag, Wiesbaden 2007.

[Masa06] *Masak, D.:* IT-Alignment: IT-Architektur und Organisation. Springer, Berlin 2006.

[Maty11] *Matys, E.:* Dienstleistungsmarketing: Kunden gewinnen und binden – mit Leitfaden zum Marketingkonzept. Redline, München 2011.

[MeBr06] *Meffert, H.; Bruhn, M.:* Dienstleistungsmarketing. Grundlagen – Konzepte – Methoden. Gabler, Wiesbaden 2006.

[MeKG04] *Melville, N.; Kraemer, K. L.; Gurbaxani, V.:* Information Technology and Organizational Performance: An Integrative Model of IT Business Value. MIS Quarterly **28** (2004) 283.

[Menz04] *Menzies, C. (Hrsg.):* Sarbanes-Oxley-Act. Professionelles Management interner Kontrollen. Schäffer-Poeschel, Stuttgart 2004.

[MeSK12] *Mertins, K.; Siebert, G. E.; Kempf, S.:* Benchmarking: Praxis in Deutschen Unternehmen. Springer, Berlin 2012.

[OMG08] *Object Management Group (OMG):* Business Process Maturity Model (BPMM) Version 1.0. OMG Document Number formal/2008-06-01. Needham 2008, www.omg.org/spec/BPMM/1.0/PDF, Abruf am 10.03.2014.

[OMG11] *Object Management Group (OMG):* Business Process Model And Notation (BPMN) Version 2.0. OMG Document Number formal/2011-01-03. Needham 2011, www.omg.org/spec/BPMN/2.0/PDF, Abruf am 10.03.2014.

[Petr62] *Petri, C. A.:* Kommunikation mit Automaten. Dissertation. Schriften des Rheinisch-Westfälisches Instituts für Instrumentelle Mathematik (IIM) der Universität Bonn, Nr. 2. Bonn 1962.

[Port10] *Porter, M. E.:* Wettbewerbsvorteile: Spitzenleistungen erreichen und behaupten. Campus, Frankfurt 2010.

[Pusch03] *Puschmann, K.-H.:* Praxis des Versicherungsmarketings: Marketinglösungen für Anbieter und Vermittler der Vorsorgebranche als Teil eines ganzheitlichen Marktmanagements mit besonderer Vertiefung des Versicherungswesens. Verlag Versicherungswirtschaft Karlsruhe 2003.

[PWCC95] *Paulk, M. C.; Weber, C. V.; Curtis, M. B.; Chrissis, M. B.:* The Capability Maturity Model – Guidelines for Improving the Software Process. Addison-Wesley, Reading 1995.

[RiWi08] *Rieke, T.; Winkelmann, A.:* Modellierung und Management von Risiken – Ein prozessorientierter Risikomanagment-Ansatz zur Identifikation und Behandlung von Risiken in Geschäftsprozessen. WIRTSCHAFTSINFORMATIK **50** (2008) 346.

[ScFK05] *Schuh, G.; Friedli, T., Kurr, M. A.:* Kooperationsmanagement: Systematische Vorbereitung – Gezielter Auf- und Ausbau – Entscheidende Erfolgsfaktoren. Carl Hanser, München 2005.

[Sche02] *Scheer, A.-W.:* ARIS – Vom Geschäftsprozess zum Anwendungssystem. Springer, Berlin 2002.

[Sche11] *Scheuer, T.:* Marketing für Dienstleister: Wie Sie unsichtbare Leistungen erfolgreich vermarkten. Gabler, Wiesbaden 2011.

[ScLK08] Schierenbeck, H.; Lister, M.; Kirmße, S.: Ertragsorientiertes Bankmanagement: Band 2 – Risiko-Controlling und integrierte Rendite-/Risikosteuerung. Gabler, Wiesbaden 2008.

[SeSc07] *Seidlmeier, H.; Scherfer, G.:* Modellgetriebene Integration und Migration – vom Fachprozess zur ausführbaren Anwendung. HMD – Praxis der Wirtschaftsinformatik **44**:257 (2007) 92.

[Shar02] *Sharma, P.:* Prudential Supervision of Insurance Undertakings. Conference of the Insurance Supervisory Services of the Member States of the European Union. Report, December 2002. ec.europa.eu/internal_market/insurance/docs/solvency/solvency2-conference-report_en.pdf, Abruf am 10.03.2014.

[Stau10] *Staud, J. L.:* Unternehmensmodellierung: Objektorientierte Theorie und Praxis mit UML 2.0. Springer, Berlin 2010.

[Tewe03] *Tewes, M.:* Der Kundenwert im Marketing: Theoretische Hintergründe und Umsetzungsmöglichkeiten einer wert- und marktorientierten Unternehmensführung. ebs-Forschung, Band 45, European Business School Oestrich-Winkel, Schloss Reinhartshausen. Deutscher Universitäts-Verlag, Wiesbaden 2003.

[Töpf11] *Töpfer, A.:* Benchmarking: Der Weg zu Best Practice. Springer, Berlin 2011.

[vASt11] *van der Aalst, W. M. R.; Stahl, C.:* Modeling Business Processes: A Petri Net-Oriented Approach. MIT Press, Cambridge 2011.

[Völk14] *Völker, A.:* Das Offenlegungsverhalten börsennotierter Unternehmen während der Finanzmarktkrise: Eine empirische Untersuchung europäischer Versicherungsunternehmen. KoR o. J. (2014) 138.

[Wagn11] *Wagner, F. (Hrsg.):* Gabler Versicherungslexikon. Gabler, Wiesbaden 2011.

[Wall06] *Wallmüller, E.:* SPI – Software Process Improvement mit CMMI und ISO 15504. Carl Hanser, München 2006.

[WeHS06] *Wehrmann, A.; Heinrich, B.; Seifert, F.:* Quantitatives IT-Portfoliomanagement: Risiken von IT-Investitionen wertorientiert steuern. WIRTSCHAFTSINFORMATIK **48** (2006) 234.

[Wolf03] *Wolf, K.:* Risikomanagement im Kontext der wertorientierten Unternehmensführung. Deutscher Universitäts-Verlag, Wiesbaden 2003.

[WoRu09] *Wolf, K.; Runzheimer, B.:* Risikomanagement und KonTraG. Gabler, Wiesbaden 2009.

[ZeRe10] *Zerres, M. P.; Reich, M. (Hrsg.):* Handbuch Versicherungsmarketing. Springer, Berlin 2010.

[zMRo05] *zur Muehlen, M.; Rosemann, M.:* Integrating Risks in Business Process Models. In: Proceedings of the 16th Australasian Conferences on Information Systems (ACIS 2005), Sydney, Australia, 30. November – 2. December 2005. http://aisel.aisnet.org/acis2005/50, Abruf am 10.03.2014.

# 9 Praktische Umsetzung zentraler Anforderungen

Praxis ohne Theorie leistet immer noch mehr als Theorie ohne Praxis (Quintilian, römischer Rhetor und Schriftsteller, um 30–96).

**Praktische Umsetzung erfordert Transparenz** Bei der Umsetzung der Anforderungen zum Risikomanagement kommen klaren Zielvorgaben, einer transparenten Aufbau- und Ablauforganisation, einer gelebten Risikokultur und einer offenen Kommunikation eine besondere Bedeutung zu. Im Rahmen der Unternehmenssteuerung soll so ein pro-aktiver Umgang mit operationellen, strategischen und finanziellen Risiken gewährleistet werden. Zentrale Aspekte der praktischen Umsetzung werden nachfolgend vorgestellt.

## 9.1 Risikomanagement-Organisation

**Strukturen und Aufgaben in der Praxis** Um ein effizientes Risikomanagementsystem zu gewährleisten, müssen die einzelnen Funktionen und Gremien innerhalb der gesamten Organisation des Unternehmens zusammenwirken. Gleichzeitig ist das Grundprinzip der Trennung von Risikoüberwachung und Risikoverantwortung durchgängig zu beachten. Daher sind die Strukturen, Aufgaben und Rollen bei den großen Versicherungsunternehmen – auch aufgrund gesetzlicher und regulatorischer Vorgaben – in der Praxis ähnlich umgesetzt:

- Der Aufsichtsrat berät und überwacht den Vorstand bei der Leitung des Unternehmens, unter anderem auch im Hinblick auf die Risikostrategie und das Risikomanagement. Hierzu können bei Bedarf spezielle Ausschüsse etabliert werden.
- Der Vorstand trägt die Gesamtverantwortung für das Risikomanagement und legt die geschäftspolitischen Ziele sowie die zugehörige Risikostrategie fest. Er ist außerdem für die Funktionsfähigkeit des Risikomanagements verantwortlich.
- Die Funktion des Chief Risk Officers (CRO) haben sieben der zehn größten Versicherungskonzerne und -unternehmen eingerichtet. In den Verantwortungsbereich des CRO



B. Wolle, *Risikomanagementsysteme in Versicherungsunternehmen*, IT im Unternehmen, DOI 10.1007/978-3-8348-2309-0_9

gehört die konzern- und geschäftsfeldübergreifende Risikoüberwachung (systematische Identifikation, Bewertung, Kontrolle bzw. Überwachung und Berichterstattung von Risiken) aller wesentlichen Risiken. Dem CRO kann das Recht eingeräumt werden, an Vorstandssitzungen teilzunehmen. Alternativ kann bei kleineren Unternehmen ein Risikomanagementbeauftragter (RMB) die Aufgaben eines CROs wahrnehmen.

- Ein Expertengremium aus allen Risikoverantwortlichen in Form eines Risikokomitees oder einer Risikokonferenz unterstützt den CRO oder den RMB und das zentrale Risikomanagement bei der die Identifikation und Bewertung wesentlicher Risiken. Das Gremium legt ebenfalls Maßnahmen und Verantwortlichkeiten für die operative Risikosteuerung fest.
- Das zentrale Risikomanagement besitzt die Methoden- und Richtlinienkompetenz für die konzeptionelle Weiterentwicklung des unternehmensweiten Risikomanagements und die Risikoberichterstattung. Ihm obliegt die unternehmensweite Überwachung der Wirksamkeit des Risikomanagementsystems sowie der Existenz und Aktualität der schriftlich festgelegten Leitlinien. Das zentrale Risikomanagement steuert den Risikomanagementprozess auf Konzernebene und führt ihn durch. Es berät und unterstützt den CRO sowie Gremien zum Risikomanagement und ggf. ein eingerichtetes Komitee.
- Das dezentrale Risikomanagement übernimmt die Risikoüberwachung in den Konzernunternehmen. Es ist zuständig für die Steuerung und Durchführung des Risikomanagementprozesses in den einzelnen Unternehmen. Es ist verantwortlich für die Umsetzung der zentral definierten Leitlinien, Verfahren und Methoden. Ihm obliegt die Anwendung der Limitsysteme und Schwellenwerte im Rahmen der Überwachung und Berichterstattung. Gleichzeitig ist das dezentrale Risikomanagement Ansprechpartner für den Vorstand der Konzernunternehmen und die Risikoverantwortlichen.
- Die operativen Einheiten bzw. die Risikoverantwortlichen sind für die Risikoidentifikation und Risikobewertung in ihren Geschäftsbereichen zuständig. Sie steuern die Risiken im Rahmen der zentral vorgegebenen Standards und berichten an das zentrale sowie das dezentrale Risikomanagement.
- Im Auftrag des Vorstands ist die Konzernrevision für die prozessunabhängige Überwachung und Prüfung zuständig.
- Die Compliance-Organisation ist bei den meisten Unternehmen dezentral mit einem Chief Compliance Officer oder einem Compliance-Beauftragten umgesetzt. Die Compliance-Organisation überwacht die Einhaltung rechtlicher und unternehmensinterner Vorgaben. Von zentraler Bedeutung ist die Überwachung der Einhaltung von Verhaltensregeln für den Umgang mit personenbezogenen Daten[1]. Insofern ist der Daten-

[1] Die Versicherungswirtschaft ist darauf angewiesen, in großem Umfang personenbezogene Daten von Versicherten zu verwenden. Diese Daten werden vor allem zur Antrags-, Vertrags- und Leistungsbearbeitung sowie zur Beratung und Betreuung von Versicherten benötigt. Der Gesamtverband der Deutschen Versicherungswirtschaft (GDV) hat deshalb gemeinsam mit Mitgliedsunternehmen, Daten- und Verbraucherschützern Verhaltensregeln (Code of Conduct) für den Umgang mit personenbezogenen Daten der Versicherten aufgestellt, die vom Berliner Beauftragten für Daten-

schutzbeauftragte[2] ebenfalls Teil einer Compliance-Organisation. Als zentrales Kommunikationsgremium zu Compliance-Themen, Rechtsrisiken und Reputationsrisiken hat sich ein Compliance-Komitee bewährt.
- Risikorelevante Themen werden auch in diversen Spezialgremien – etwa dem Kapitalanlageausschuss, dem Asset-Liability-Komitee oder dem Komitee für interne Modelle – besprochen und behandelt.

**Typische Zusammensetzung der RMF** Je nach Unternehmensstruktur besteht eine in der Praxis bewährte Zusammensetzung für die Risikomanagementfunktion aus

- dem CRO oder dem Risikomanagementbeauftragten,
- der Organisationseinheit für das zentrale Risikomanagement,
- den dezentralen Risikomanagern bzw. den Beauftragten für das dezentrale Risikomanagement oder den Leitern der Organisationseinheiten für das dezentrale Risikomanagement,
- dem Verantwortlichen Aktuar oder den Leitern der aktuariellen Organisationseinheiten.

## 9.2 Operationalisierung von Geschäfts- und Risikostrategie

**Anforderungen an Geschäfts- und Risikostrategie** Die Darstellungen zur geschäftspolitischen Ausrichtung, den Zielsetzungen und Planungen zum Betrieb von Versicherungsgeschäften zu Risikoschutz und Vorsorge für den Versicherungsnehmer bilden die wesentlichen Bestandteile der Geschäftsstrategie von Versicherungsunternehmen[3]. Die Risikostrategie beschreibt die Leitlinien für den Umgang mit den sich aus der Geschäftsstrategie ergebenden und vorhandenen Risiken sowie die Fähigkeit des Unternehmens, neu hinzu gekommene Risiken zu tragen. Des Weiteren werden die Risiken bezüglich ihres Einflusses auf die Wirtschafts-, Finanz- oder Ertragslage dargestellt[4]. Sie hat konsistent zur Geschäftsstrategie zu sein und Art, Umfang und Zeithorizont des betriebenen Geschäfts zu berücksichtigen. Außerdem muss die Risikostrategie für jedes angegebene Risiko eine Darstellung der Art des Risikos, der Risikotoleranz, der Herkunft und des Zeithorizontes des Risikos sowie der Risikotragfähigkeit enthalten[5].

schutz und Informationsfreiheit genehmigt wurden. http://www.gdv.de/wp-content/uploads/2013/03/GDV_Code-of-Conduct_Datenschutz_2012.pdf. Abruf am 30.11.2013.

[2] Die Rechtsgrundlage für den Datenschutzbeauftragten ist § 4 f BDSG.

[3] Die Geschäftsstrategie enthält die geschäftspolitische Ausrichtung, die Zielsetzungen und Planungen des Unternehmens über einen angemessenen Zeithorizont (vgl. den Erläuterungstext zu Pkt. 7.1. Nr. 1 MaRisk). Sie erfasst die nachhaltigen Geschäftserwartungen – bspw. Art des Geschäftes, anvisiertes Volumen, Gewinnerwartung, Kosten (vgl. den Erläuterungstext zu Pkt. 7.1. Nr. 2 MaRisk).

[4] Vgl. die Erläuterungen zu Pkt. 7.1 Nr. 1 und Nr. 2 MaRisk.

[5] Vgl. § 64a Abs. 7 Nr. 1 VAG.

**Unternehmenspraxis: verbreitete Ziele** Typische, in einer Risikostrategie festgelegte globale Ziele des Risikomanagements sind:

- Nachhaltige Sicherstellung der Wirtschafts- und Finanzstärke
  - zum Schutz und zur Mehrung des Aktionärsvermögens,
  - zum Schutz der Ansprüche von Kunden oder Mitgliedern;
- Schutz des Unternehmens vor strategischen Risiken;
- Schutz der Reputation des Unternehmens[6];
- Sicherstellung der Angemessenheit und Korrektheit von Prozessen und Systemen sowie der Zuteilung von finanziellen, sachlichen, technischen und personellen Ressourcen;
- Gewährleistung von angemessenen Risikomanagemententscheidungen.

**Quantifizierung mittels GQM** Der Goal-Question-Metric-Ansatz (GQM) ist eine systematische Vorgehensweise zur Erstellung von Modellen für die Sicherung und Verbesserung der Qualität von Prozessen [BaWe84; RoBa87; vSBe99]. Das Vorgehensmodell des GQM beginnt mit der Charakterisierung des organisatorischen und fachlichen Umfelds zur Herstellung des Kontextes. Unter Berücksichtigung des Umfelds werden dann die Informationsbedürfnisse mittels Zielen (Goal)[7] und zugehörenden Fragen (Questions) erfasst. Als nächstes werden Mechanismen zur Datengewinnung (Metrics) entwickelt. Dann können die Daten gesammelt, analysiert und interpretiert werden. Schließlich werden die Ergebnisse[8] zusammengefasst und aufbereitet. Obwohl der GQM-Ansatz für das Software-Qualitätsmanagement entwickelt wurde, lässt er sich leicht auf den Einsatz im Risikomanagement anpassen und liefert aussagekräftige Kennzahlen. Er ist für Steuerungszwecke ebenfalls gut mit dem Konzept der Balanced Scorecard kombinierbar.

**Definition spezifischer Ziele** Die Definition von Zielen hilft, sich auf das Wesentliche und Wichtige zu konzentrieren. Die Formulierung von Fragen erlaubt es, Ziele genauer

[6] Die Bedeutung von Reputationsrisiken für Versicherungsunternehmen verdeutlicht der „Global Trust Report 2013“ des GfK-Nürnberg e. V. Danach belegen Banken und Versicherungen in Bezug auf das Vertrauen der Verbraucher in Deutschland mit 29 % den letzten Platz bei den 11 untersuchten Branchen. http://www.gfk.com/de/Docu-ments/Pressemitteilungen/2013/20130207_PM-GfK-Verein-Global-Trust-2013-fin_dt.pdf. Abruf am 30.11.2013.

[7] Es gibt zwei Arten von GQM-Zielen: Geschäftsziele und Messziele. Jedes GQM-Ziel wird durch fünf Aspekte beschrieben: Fokus, Zweck, Messobjekt, Perspektive, Kontext. Der Fokus ist abhängig vom Einsatzgebiet des Ansatzes. Im Rahmen des Qualitätsmanagements steht der Qualitätsfokus im Vordergrund, beim Risikomanagement ist es der Risikofokus. Der jeweilige Fokus wird durch geeignete Attribute (bspw. Sicherheit, Angemessenheit, Nachvollziehbarkeit, Effizienz, Konformität, Zuverlässigkeit) konkretisiert.

[8] GQM bietet zwei Arten von Ergebnissen: Messergebnisse in Form von validierten und analysierten Daten sowie „Lessons Learned“ als eine Sammlung von Erfahrungen, Hinweisen, Fehlern, Risiken usw. zur Initiierung eines kontinuierlichen Verbesserungsprozesses.

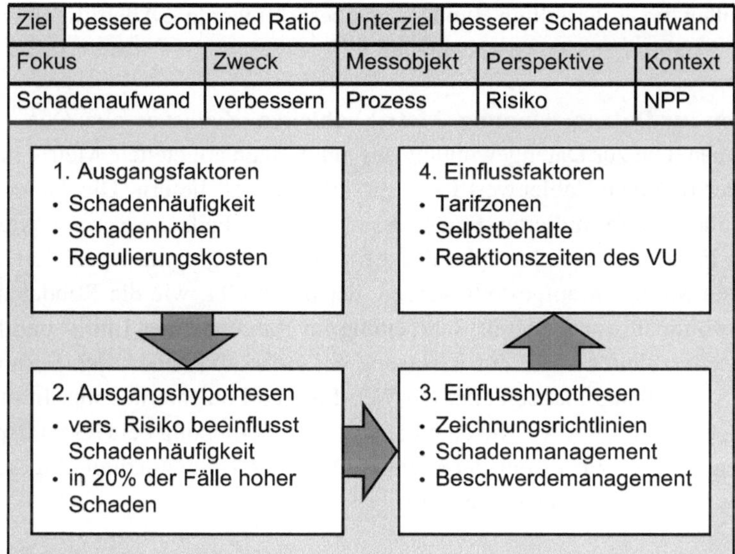


**Abb. 9.1** Abstraktionsdiagramm eines Neue-Produkte-Prozesses bei einem Schadenversicherer

zu spezifizieren und gleichzeitig relevante Metriken abzuleiten[9]. Umgekehrt werden die gemessenen Werte durch die Fragen im Kontext der Ziele interpretiert.

**Strukturierung mit Abstraktionsdiagrammen** Mit Hilfe von Abstraktionsdiagrammen können einem Ziel relevante Informationen zugeordnet werden. Dabei drücken die einzelnen Aspekte aus, welchem Ziel das Diagramm zuzuordnen ist. Die Ausgangsfaktoren charakterisieren den gewünschten Aspekt. Die Ausgangshypothesen sind die Vermutungen wie es zurzeit mit den definierten Ausgangsfaktoren steht. Die Einflusshypothesen beschreiben die Vermutungen was auf welche Weise welchen Ausgangsfaktor beeinflusst. Die Einflussfaktoren stellen die Stellschrauben dar, um die Ausgangsfaktoren zu steuern. Abbildung 9.1 zeigt ein einfaches Beispiel für einen Schadenversicherer. Das Messobjekt ist der Prozess zur Entwicklung von Produkten mit hohem Schadenpotenzial im Kontext des Neue-Produkte-Prozesses (NPP)[10] im Hinblick auf die Combined Ratio[11].

**Ableitung von Fragen** Aus dem Abstraktionsdiagramm können dann die Fragen abgeleitet werden, die eine qualitative Beschreibung oder Erfassung des betrachteten Aspekts ermöglichen. Die Fragen sollen helfen festzustellen, wie gut ein Ziel schon erreicht ist.

[9] Geeignete Fragen sind bspw.: Warum soll was getan werden (Zweck)? Was wird betrachtet (Fokus)? Was soll untersucht werden (Objekt)? Aus welcher Sicht soll gemessen werden (Perspektive)?.

[10] Gemäß Pkt. 7.2.2.1 MaRisk bzw. nach Maßgabe der Leitlinie Nr. 18 der Leitlinien zum Governance-System (EIOPA-CP-13/08 DE).

[11] Die Combined Ratio ist das Verhältnis von Kosten für eingetretene Schäden und Ausgaben für Verwaltung und Abschlusskosten zu Prämieneinnahmen.

Außerdem sollen die aufgestellten Hypothesen überprüft werden. Allerdings existiert kein allgemeines Verfahren, um Fragen abzuleiten[12].

**Mechanismen zur Datengewinnung (Metrik) ableiten** Ziel ist es, eine Quantifizierbarkeit zu erreichen. Die zur Datengewinnung aus den Fragen abgeleitete Metrik muss einen absoluten oder relativen Zahlenwert bzw. „ja" oder „nein" liefern. Die Messergebnisse der Metrik sollen die formulierten Fragen beantworten[13]. Falls etwas schwierig messbar ist, muss die Frage umformuliert oder das Abstraktionsdiagramm modifiziert werden[14]. Dann muss ein Messplan aufgestellt werden, der beschreibt, wie die Rohdaten erhoben werden und wohin sie zur weiteren Bearbeitung im Rahmen eines Limit- und Kennzahlensystems weiterzuleiten sind. Zur Erfassung der Rohdaten haben sich Formulare und Datenblätter, die halbautomatisch über ein Web-Frontend im Internet oder Intranet abgefragt werden, Checklisten sowie die automatische Datenerhebung bei Geschäftsprozessen durch Verwendung der zur technischen Umsetzung oder Unterstützung eingesetzten IT-Systeme bzw. Software-Lösungen bewährt.

## 9.3 Aufbau konsistenter Limitsysteme

**Aufbau großer Risikopositionen vermeiden** Bei allen geschäftskritischen Abläufen ist das damit einhergehende Risiko mit zu betrachten. Außerdem ist sicherzustellen, dass eine unabhängige Bewertung der Risiken erfolgt. Zusätzlich soll ein geeignetes Limitsystem verhindern, dass trotz einer adäquaten Bewertung der Risiken eine große Risikoposition aufgebaut wird. Hierfür müssen die Limite konsistent zu Geschäfts- und Risikostrategie und durch die Risikotragfähigkeit im Hinblick auf ihre Wirksamkeit abgedeckt sein[15]. Um eine konkrete Ausgestaltung des Limitsystems vornehmen zu können, müssen die Unternehmen im Vorfeld einige konzeptionelle Grundlagen klären.

---

[12] Die Fragen sollten sich aus praktischen Gründen zunächst auf Hervorgehobenes, Adjektive, Mengenangaben usw. konzentrieren. Im Beispiel der Abb. 9.1 lautet für die Ausgangshypothese „in 20 % der Fälle hoher Schaden" eine mögliche Frage: „Wie hoch ist der Schaden in wie vielen Fällen?" Anschließend können auch Zusammenhänge betrachtet werden – etwa wie Ausgangsfaktor, Einflussfaktor und Einflusshypothese voneinander abhängen. Im angeführten Beispiel ließe sich fragen: „In welcher Weise hat die interne Reaktionszeit ab Schadenmeldung Einfluss auf die zu regulierende Schadenhöhe?"

[13] Für die in Abb. 9.1 angeführte Ausgangshypothese „in 20 % der Fälle hoher Schaden" könnte die Metrik lauten; „Ermittle die Schadenhöhe pro Schadenereignis im Zeitraum x."

[14] Generell sollten nicht zu viele Fragen und Metriken aufgestellt werden. Wenige, aber dafür wesentliche Fragen sind in der Praxis ausreichend. Die Detailtiefe von Zielen, Fragen usw. ist zu begrenzen, d. h. eine weitere Unterteilung und Verfeinerung sollte nur vorgenommen werden, falls dies unbedingt notwendig ist. Bei den Zielen sollten subjektive Begriffe wie „schön", „gut" oder „schnell" entweder vermieden werden, oder sie müssen durch quantifizierbare Fragen konkretisiert werden.

[15] Vgl. hierzu § 64a Abs. 7 Nr. 3 Lit. a VAG.

**Risikomaß und Konfidenzintervall** Gemäß Solvency II wird jedem Risiko aufsichtsrechtlich erforderliches Risikokapital ($SCR_i$) zugeordnet, welches auf Basis des Risikomaßes Value-at-Risk (VaR) zum Konfidenzintervall 99,5 Prozent ermittelt wird[16]. Jedes Unternehmen muss selbst entscheiden, ob dieses Konfidenzintervall für die interne Steuerung ausreichend ist, oder ob höhere Anforderungen zu stellen sind[17]. Dabei gilt: je höher das Konfidenzintervall, desto höher fällt das ökonomische Risikokapital aus[18]. Das Unternehmen muss außerdem das für die interne Steuerung zu verwendende Risikomaß festlegen. Dabei ist zu beachten, dass das Risikomaß VaR für Steuerungszwecke weniger gut geeignet sein kann, denn es ermöglicht keine konsistente Allokation von Risikokapital auf die einzelnen Unternehmensbereiche und Geschäftsfelder[19].

**Aggregation von Risiken** Nachdem geklärt ist, welches Risikomaß und welches Konfidenzintervall zur Quantifizierung eingesetzt werden sollen, müssen die bewerteten Risiken auf Unternehmensebene aggregiert werden[20]. Hierzu existieren grundsätzlich zwei verschiedene Verfahren sowie Mischformen zwischen diesen Verfahren:

- Unter Verwendung vorgegebener Korrelationen zwischen den Risiken bzw. Risikosegmenten erfolgt die Aggregation der einzelnen Risikobewertungen mit der Wurzelformel[21].
- Die pfadidentische Aggregation setzt eine Monte-Carlo-Simulation zur Quantifizierung der Risiken voraus (interne Modelle), wobei die Risiken über alle Risikoquantifizierungen hinweg auf einer einheitlichen Menge von Risikofaktoren basieren[22]. Dabei

[16] Siehe Art. 101 Abs. 3 RRL.

[17] Vgl hierzu auch Pkt. 7.3.2.2 MaRisk.

[18] Die Allianz SE senkte 2012 das Konfidenzintervall für ihr internes Risikokapitalmodell von 99,97 % auf 99,5 %. Dies führte zu einem Rückgang des Risikokapitals um 7,8 Mrd. Euro (Geschäftsbericht der Allianz SE 2012, S. 43. https://www.allianz.com/v_1363795776000/media/investor_relations/de/berichte_und_finanzdaten/geschaefts-bericht/gb2012/gb2012_se.pdf. Abruf am 31.05.2013).

[19] Der VaR erfüllt nicht das Kriterium der Subadditivität. Zur Steuerung sind kohärente Risikomaße $R$ – bspw. der Tail-Value-at-Risk – besser geeignet. Sie erfüllen folgende Kriterien (vgl [McFE05], Kap. 6):

$R(cX) = cR(X)$ (positive Homogenität)

$R(c + X) = R(X) + c$ (Translationsinvarianz)

$R(X + Y) \leq R(X) + R(Y)$ (Subadditivität)

$R(X) \leq R(Y)$ für alle $X \leq Y$ (Monotonität).

[20] Vgl. hierzu Art. 44 Abs. 1 RRL sowie Pkt. 7.3.1 Nr. 5 MaRisk.

[21] Gemäß Solvency II beschreibt der Vektor $\boldsymbol{SCR}$ mit seinen Komponenten $SCR_{Markt}$, $SCR_{Leben}$, $SCR_{Nichtleben}$, $SCR_{Kranken}$, $SCR_{Ausfall}$ usw. die Solvenzkapitalanforderung für näherungsweise linear abhängige Risikosegmente. Die Basissolvenzkapitalanforderung (BSCR) ist dann gegeben durch $BSCR^2 = \boldsymbol{SCR}^T \cdot \boldsymbol{C} \cdot \boldsymbol{SCR}$, wobei $\boldsymbol{C}$ die Varianz-Kovarianz-Matrix ist (siehe auch Abschn. 3.1).

[22] Bei $n$ Risikosegmenten $R_i$ hängt das Ergebnis für jedes zu berechnende Risikosegment $X(R_i)$ von $m$ Risikofaktoren $F_{i,j}$ ab: $X(\boldsymbol{R_i}) = X(F_{i,1},\ldots,F_{i,m})$. Damit ist die Menge $S$ der übergreifenden Risikofaktoren gerade die Vereinigungsmenge aller paarweisen Schnittmengen der Risikofaktoren der zu

müssen prinzipiell alle das Ergebnis bestimmenden Faktoren entsprechend ihrer risikotheoretischen Streuung innerhalb der Menge enthalten sein [RöBr09].

**Allokation des Risikokapitals** Unabhängig vom gewählten Verfahren zur Risikoallokation muss als nächstes festgelegt werden, wie der Diversifikationseffekt der Risiken auf Unternehmensebene auf die aggregierten Risikosegmente verteilt wird. Hierzu existieren in der Praxis verschiedene Verfahren (vgl. [AlKo04; Hübe13; NgRo13; Till06]):

- Die Allokation des Risikokapitals kann auf Basis eines kohärenten Risikomaßes (in der Regel auf Basis des TVaR) vorgenommen werden, sofern zuvor die Aggregation pfadidentisch erfolgte. Dabei folgt das Risikokapital aus der Menge der Ergebnispfade, die auf Unternehmensebene zu einem Ergebnis oberhalb des gewählten Konfidenzintervalls geführt und damit zum gewählten Risikomaß beigetragen haben.
- Bei der proportionalen Allokation wird das Risikokapital auf Unternehmensebene proportional zu den zuvor aggregierten Risikokapitalanforderungen der einzelnen Segmente verteilt. Dieses einfache Verfahren erlaubt allerdings keine Berücksichtigung des Einflusses eines bestimmten Risikosegments auf das Gesamtrisikokapital.
- Die in der Praxis verbreitete kovarianzbasierte Allokation erlaubt die Berücksichtigung des Einflusses eines bestimmten Risikosegments auf das restliche Unternehmen. Das Kovarianzprinzip basiert auf der Tatsache, dass die Varianz des Gesamtschadens eines Portfolios auch im Falle abhängiger Risikosegmente linear aufgespaltet werden kann.
- Bei der rechenintensiven iterativen Allokation wird das zur Berechnung des Risikokapitals gewählte Konfidenzintervall solange abgesenkt bis die Summe des Risikokapitals der einzelnen Risikosegmente mit dem Risikokapital auf Unternehmensebene (inklusive Diversifikation) übereinstimmt.

**Notwendiges und zugewiesenes Risikokapital** Bei der Allokation von Risikokapital ist es sinnvoll, zwischen notwendigem und zugewiesenem Risikokapital zu unterscheiden:

- Das notwenige Risikokapital (NRC – Necessary Risk Capital) umfasst mindestens die aufsichtsrechtliche Solvenzkapitalanforderung, d. h. das zur Bedeckung bestimmter Risiken nach aufsichtsrechtlichen Berechnungsvorschriften zu ermittelnde und vorzuhaltende Risikokapital (SCR)[23].

berechnenden Risikosegmente. Mittels Monte-Carlo-Simulation müssen dann pfadweise für jedes Element der Menge $S$ die konkreten Werte der Faktoren bestimmt werden. Auf Basis dieser Werte erfolgt nun für jedes Risikosegment die konkrete Berechnung des Ergebnisses, d. h. in Abhängigkeit von einem konkreten Pfad ergibt sich für ein bestimmtes Risikosegment ein konkreter Wert. Diese Werte lassen sich ohne Vorgabe expliziter Korrelationen je Pfad aggregieren. Als Ergebnis erhält man eine Verteilung der aggregierten Ergebnisse über die Pfade, aus welcher sich das Risikokapital ableiten lässt.

[23] Unternehmensseitig kann das notwendige Risikokapital auch höher angesetzt werden. Vgl. hierzu Pkt. 7.3.1 Nr. 1 MaRisk.

- Das zugewiesene Risikokapital (ARC – Assigned Risk Capital) eines Risikosegments lässt sich in der Regel nicht mathematisch errechnen. Die Zuweisung des Risikokapitals erfolgt durch die Geschäftsleitung unter Berücksichtigung von Geschäfts- und Risikostrategie, des unternehmensindividuellen Risikoprofils[24] sowie des insgesamt zur Bedeckung der Risiken zur Verfügung stehenden und aufsichtsrechtlich anerkannten Kapitals (ASM – Available Solvency Margin bzw. das Risikodeckungspotenzial).

Die Bestimmung von notwendigem und zugewiesenem Risikokapital liefert erste Limite bzw. Risikotoleranzschwellen je Risikosegment, denn für die einzelnen Risikosegmente $i$ sollte

- das aktuell vorhandene Kapital zur Bedeckung der Risiken das notwendige Kapital nie unterschreiten ($ASC_i \geq NRC_i$);
- das aktuell benötigte Kapital zur Bedeckung der Risiken das zugewiesene Risikokapital nie überschreiten ($NRC_i \leq ARC_i$).

**Herausforderung: Ableitung operationaler Limite** Diese Limite erfüllen zwar prinzipiell die aufsichtsrechtlichen Anforderungen, allerdings sind sie für die Steuerung der operativen Geschäftsbereiche eher ungeeignet. Es ist daher notwendig, aus den risikotheoretisch bestimmten Limiten vereinfachte operationale Limite abzuleiten bzw. genäherte Limite zu bestimmen und diese regelmäßig zu validieren. Hierzu wird die Sensitivität des Risikokapitals hinsichtlich der Änderung von operativen Steuerungsgrößen[25] benötigt. In der Praxis wird das mathematische Modell mit individuellen Änderungen bei den Eingabeparametern ausgeführt, um die Empfindlichkeit der Ergebnisse auf diese Änderungen zu bestimmen (Sensitivitätsanalysen)[26].

**Beispiel Schaden-/Unfall-Versicherer** Im folgenden einfachen Beispiel soll die Solvenzkapitalanforderung für einen Schaden-/Unfall-Versicherer 250 Mio. Euro betragen (Abb. 9.2). Das Risikodeckungspotenzial soll 500 Mio. Euro betragen. Außerdem wird angenommen, dass das notwendige Risikokapital gerade der aufsichtsrechtlichen Solvenzkapitalanforderung in Höhe von 250 Mio. Euro entspricht (NRC gleich SCR). Gemäß der Risikobereitschaft wird die Risikotoleranz auf 90 Mio. Euro festgesetzt. Das insgesamt zugewiesene Risikokapital beträgt deshalb 340 Mio. Euro. Die Limitierung soll nun in Schritten von 30 Mio. Euro erfolgen, was $s = 12\,\%$ des SCR entspricht (siehe Abb. 9.3). Im Rahmen einer Sensitivitätsanalyse wird der Bestand unter der Annahme, dass sich dadurch

[24] Vgl. hierzu Art. 45 RRL und Pkt. 7.3.1 Nr. 2 MaRisk.

[25] Etwa Neugeschäft, Storno, RfB-Zuführung, Verwaltungskosten usw.

[26] Grundsätzlich ist es auch möglich, historische Daten des Unternehmens zu analysieren und konform zum gewählten mathematischen Modell zu quantifizieren. Allerdings stellt dies sehr hohe Anforderungen an die Prozesse, IT-Systeme sowie Umfang und Qualität aktueller und historischer Daten, sodass diesem Ansatz – von wenigen Ausnahmen abgesehen – keine praktische Relevanz zukommt.

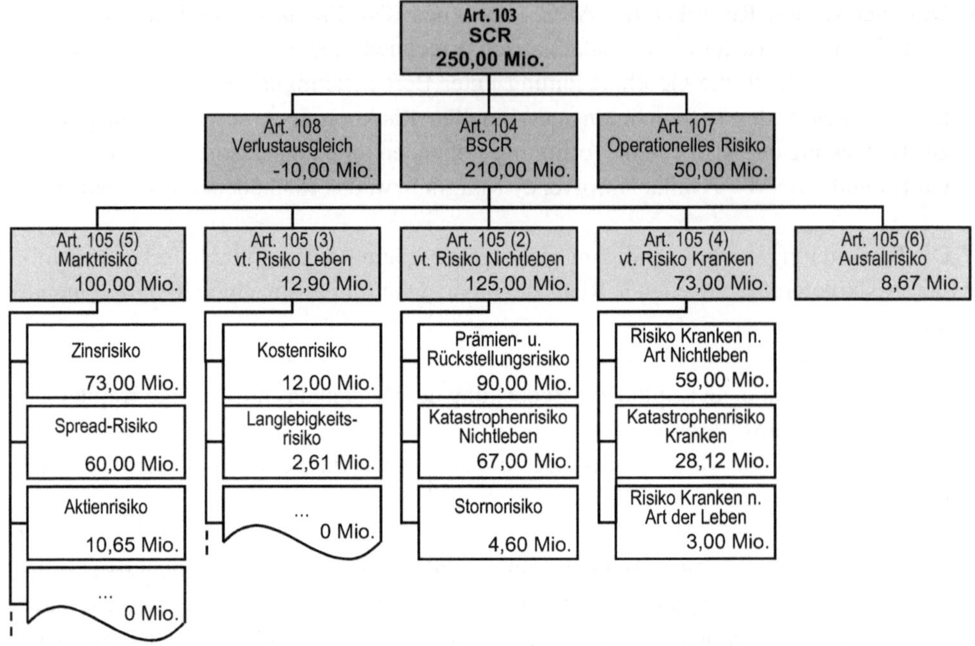


**Abb. 9.2** Risikosegmente und Solvenzkapitalanforderung nach Solvency II für ein fiktives Schaden-/Unfall-Versicherungsunternehmen

das Risikoprofil des Bestands nicht ändert, pauschal um $p = 10\,\%$ des Beitragsvolumens erhöht. Das mathematische Modell weist dann eine Änderung des SCR um 10,89 Mio. Euro aus, was einer Änderung von $q = 4{,}356\,\%$ des SCR entspricht. Soll sich jetzt das SCR um nicht mehr als 30 Mio. Euro ändern, könnte der Bestand um $p_{\max} \approx 27{,}55\,\%$ wachsen, ohne das Limit zu überschreiten[27].

Mit Hilfe der kovarianzbasierten Allokation lässt sich auch die gesetzliche Anforderung erfüllen, dass die gesetzten Begrenzungen der Risiken auf die wichtigsten steuernden Organisationsbereiche des Unternehmens herunter zu brechen sind[28]. Hierzu wird untersucht, bei welchen Risikosegmenten sich eine größere prozentuale Änderung spürbar auf einer aggregierten Ebene auswirkt. Für die Solvenzkapitalanforderung aus Abb. 9.2 ist der Beitrag des Gegenparteiausfallrisikos und des lebensversicherungstechnischen Risikos auf Ebene der Basissolvenzkapitalanforderung im Vergleich zum Beitrag von nichtlebensversicherungstechnischem Risiko, Marktrisiko und krankenversicherungstechnischem Risiko vernachlässigbar klein[29].

[27] Mit SCR = NRC ist das maximal erlaubte Bestandswachstum $p_{\max}$: $p_{\max} \approx \frac{p(\mathrm{ARC}-\mathrm{NRC})}{q\,\mathrm{NRC}} = \frac{p(\mathrm{SCR}(1+s)-\mathrm{SCR})}{q\,\mathrm{SCR}} = \frac{p\,s}{q} \approx 27{,}548\,\%$. Zum Vergleich liefert eine genauere Rechnung den Wert $p_{\max} = 27{,}15\,\%$.

[28] Siehe § 64 a Abs. 7 Nr. 3 Lit. a VAG.

[29] Eine Änderung des lebensversicherungstechnischen Risikos um 50 % auf 19,35 Mio. Euro ändert das BSCR um 0,9 % (1,88 Mio. Euro).

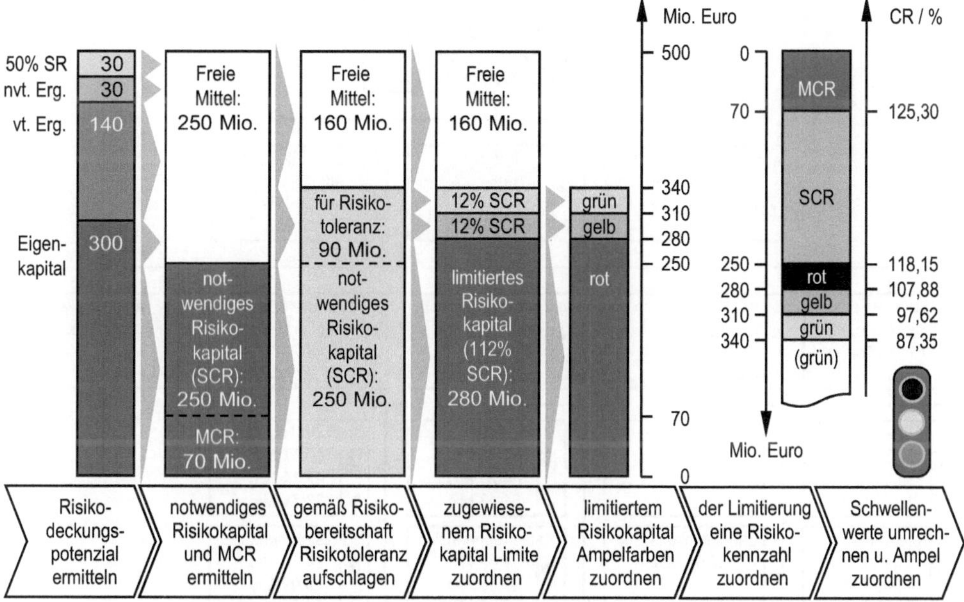


**Abb. 9.3** Risikodeckungspotenzial und Limitierung für einen fiktiven Schaden-/Unfall-Versicherer

Daher ist es wenig sinnvoll, diesen Risikosegmenten Limite zuzuordnen. Analog kann innerhalb der einzelnen Risikosegmente verfahren werden. Die Allokation des limitierten Risikokapitals zu den einzelnen Risikosegmenten erfolgt kovarianzbasiert unter Berücksichtigung der Risikotoleranz. Für den fiktiven Schaden-/Unfall-Versicherer lässt sich der Bezug zum operativen Geschäft auf aggregierter Ebene über die Combined Ratio herstellen. Es ergibt sich das in Abb. 9.4 dargestellte Limitsystem. Hier wurde nicht zugeordnetes Risikokapital dem operationellen Risiko zugeschlagen, damit es keine Abweichung zur ursprünglichen Solvenzkapitalanforderung gibt.

**Fazit** Auch wenn diese Vorgehensweise nur eine grobe Approximation ist, da sich Risiken nichtlinear verhalten, eignet sie sich dennoch für die operative Steuerung, sofern anhand der tatsächlichen Risikowerte eine regelmäßige – z. B. quartalsweise – Überprüfung des Limitsystems durchgeführt und hierüber berichtet wird.

## 9.4 Vorausschauende Beurteilung eigener Risiken

**Zentrale Anforderungen** Die vorausschauende Beurteilung der eigenen Risiken (forward looking assessment of own risks – FLAOR) ist ein auf den ORSA-Prinzipien basierendes, unternehmensinternes Bewertungsverfahren der Vorbereitungsphase für Solvency II. Dabei sind folgende zentrale Anforderungen der Aufsichtsbehörden zu erfüllen:

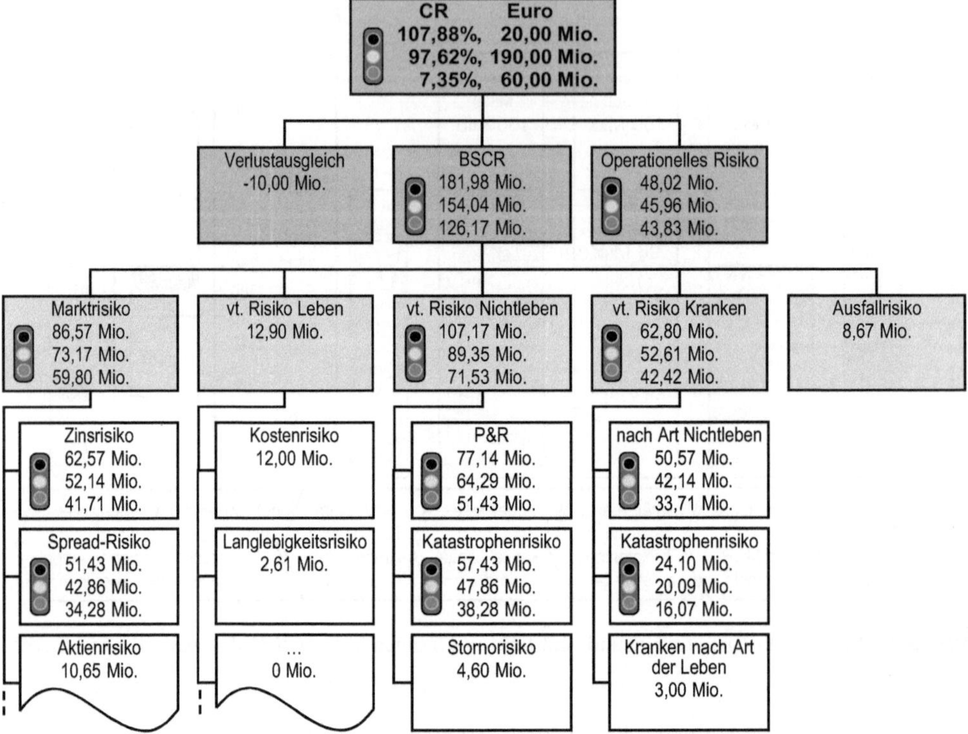


**Abb. 9.4** Limitsystem, bei dem sich die Limitierung auf die Risikosegmente beschränkt, deren Beitrag zum SCR nicht vernachlässigt werden kann

- Der Gesamtsolvabilitätsbedarf ist zu beurteilen und zu quantifizieren. Die Quantifizierung ist durch eine qualitative Beschreibung der wesentlichen Risiken zu ergänzen[30].
- Die ermittelten wesentlichen Risiken sind einem ausreichend breiten Spektrum an Stresstests und Szenarioanalysen zu unterziehen, um eine angemessene Grundlage für die Beurteilung des Gesamtsolvabilitätsbedarfs zu schaffen[31].
- Die Beurteilung des Gesamtsolvabilitätsbedarfs muss vorausschauend sein und gegebenenfalls auch eine mittel- oder langfristige Perspektive umfassen[32].

[30] Siehe Leitlinie 12 – Beurteilung des Gesamtsolvabilitätsbedarfs – der Leitlinien zur vorausschauenden Beurteilung der eigenen Risiken [EIOP13a], Pkt. 7.3.1 Nr. 2 MaRisk und Pkt. 7.3.2.2 Nr. 1 MaRisk sowie auch Erwägungsgrund 64 RRL sowie Art. 76 ff., 101 ff. RRL.

[31] Siehe Leitlinie 12 – Beurteilung des Gesamtsolvabilitätsbedarfs – der Leitlinien zur vorausschauenden Beurteilung der eigenen Risiken [EIOP13a] sowie die Erläuterungen zu Pkt. 7.3.2.1 Nr. 1 und Pkt. 7.3.2.2 Nr. 2 und 3 MaRisk.

[32] Siehe Leitlinie 13 – Vorausschauende Perspektive des Gesamtsolvabilitätsbedarfs – der Leitlinien zur vorausschauenden Beurteilung der eigenen Risiken [EIOP13a]. Die MaRisk fordern eine Betrachtung über einen angemessenen Zeithorizont (siehe die Erläuterung zu Pkt. 7.1 Nr. 1 MaRisk),

**Maßnahmen zur erfolgreichen Verankerung** Die vorausschauende Beurteilung der eigenen Risiken muss als integraler Bestandteil eines gelebten Risikomanagements verankert sein. Dies erfordert eine Reihe von Maßnahmen:

- Planung und Organisation
  Die Umsetzung der vorausschauenden Beurteilung der eigenen Risiken im Unternehmen hängt stark von einer strukturierten Planung mit klaren Zielen, definierten Rollen und Verantwortlichkeiten sowie Regelungen zur Zusammenarbeit der beteiligten Funktionen und Organisationseinheiten ab. Dabei muss das Verwaltungs-, Management- oder Aufsichtsorgan (VMAO) eine aktive Rolle wahrnehmen, indem es die Beurteilung lenkt und seine Ergebnisse hinterfragt.
- Schulung
  Ausreichende Schulungsmaßnahmen und eine adressatengerechte Vorbereitung des Verwaltungs-, Management- oder Aufsichtsorgans sowie des beteiligten Personals tragen entscheidend zum Verständnis der Ziele der vorausschauenden Beurteilung der eigenen Risiken bei und erhöhen den langfristigen Nutzen für das Unternehmen.
- Risikokultur
  Bei der Risikokultur ist entscheidend, dass sie von oben her nach unten systematisch im Unternehmen vorgelebt wird. Eine gelebte Risikokultur ist ein kritischer Erfolgsfaktor für das Risikomanagement und damit auch für die vorausschauende Beurteilung der eigenen Risiken.
- Kommunikation
  Es ist Aufgabe der Geschäftsleitung und der Führungskräfte eine ausreichende unternehmensinterne Kommunikation über alle wesentlichen Risiken sicherzustellen. Dies setzt eine angemessene Risikokultur innerhalb des Unternehmens voraus, die eine ausreichende Risikotransparenz herstellt[33]. Dies gilt insbesondere für die vorausschauende Beurteilung der eigenen Risiken. Sie liefert für das Unternehmen keinen Mehrwert, wenn ihre Relevanz nicht offen und nachhaltig kommuniziert wird und sie im Unternehmen als rein „aufsichtsrechtliche Pflichtübung“ verstanden wird.

**Phasenmodell des FLAOR/ORSA** Die vorausschauende Beurteilung der eigenen Risiken lässt sich in die Phasen Initiierung, Planung, Durchführung und Abschluss unterteilen, die wiederum aus verschiedenen Arbeitspaketen und Prozessen bestehen:

- Bei der Initiierung sind die genauen Zielsetzungen der vorausschauenden Beurteilung der eigenen Risiken unter Berücksichtigung des aktuellen internen Unternehmensumfelds mit dem Verwaltungs-, Management- oder Aufsichtsorgan zu klären und im weiteren Verlauf zu berücksichtigen[34]. Auf Basis dieser Informationen sind ggf. die Leitlinien anzupassen oder durch eine Detailplanung zu ergänzen.

---

wobei die Mindestbetrachtung bei einem Jahr liegt (siehe die Erläuterung zu Pkt. 7.3.2.2 Nr. 4 MaRisk).

[33] Siehe auch Pkt. 7.3.3 Nr. 1 MaRisk.

[34] Dies betrifft interne Prioritäten, verfügbare technische und personelle Ressourcen, Umfang, Detaillierungsgrad, Zeithorizont usw.

- Die Planung muss bereits in den Leitlinien beschrieben sein. Sie umfasst einen Organisationsplan mit Rollen und Verantwortlichkeiten, einen Ablaufplan mit Angabe von Dokumentationsanforderungen, eine Ressourcenplanung, den Terminplan, einen Plan zur Erfüllung von Qualitätsanforderungen (insbesondere hinsichtlich der Datenqualitätsstandards), eine Darstellung welche Analysen wie durchgeführt werden sollen (Analyseplan) sowie eine Beschreibung zu Kommunikation und Berichterstattung der Ergebnisse (Kommunikationsplan). Die Planung ist vor der eigentlichen Durchführung des FLAOR/ORSA zu prüfen und ggf. zu aktualisieren.
- Die Durchführung der der vorausschauenden Beurteilung der eigenen Risiken folgt schematisch dem in Abb. 9.5 dargestellten Ablauf. Die Durchführung ist durch das Unternehmen in angemessener Weise zu belegen sowie intern zu dokumentieren[35]. Hierzu gehört, dass zu Sitzungen und Workshops, die zur Besprechung der nächsten Schritte oder der Vorstellung von Zwischenergebnissen dienen, Ergebnisprotokolle angefertigt werden sollten. Ebenfalls ist darauf zu achten, dass alle wesentlichen Methoden, Verfahren, Analysen, Tests, Handlungen, Entscheidungen und Beschlüsse nachvollziehbar dokumentiert werden. Die Ergebnisse, Zwischenergebnisse, festgestellte Mängel und Schlussfolgerungen sollten außerdem im Rahmen einer Qualitätssicherung aufgezeichnet und offiziell freigegeben werden, da sie allen relevanten Mitarbeitern mitgeteilt werden müssen[36].
- In der Abschlussphase muss die Dokumentation zur vorausschauenden Beurteilung der eigenen Risiken konsolidiert, ein interner und ein aufsichtsrechtlicher Bericht erstellt werden. Die Berichte sind zu prüfen und zu genehmigen[35,37]. Die Ergebnisse sind intern zu kommunizieren.

## 9.5 Dokumentations-, Berichts- und Publikationsanforderungen

**Framework für das Berichtswesen** Im Kontext von Solvency II ist ein Bericht ein identifizierbares Kommunikationsmittel, welches die Verknüpfung von einzelnen Informationen für das integrierte Risikomanagement deutlich macht. Des Weiteren dienen Berichte Nachweis- und Rechenschaftszwecken. Solvency II erfordert daher ein Framework für das Berichtswesen[38]. Die zu erfüllenden Informations-, Dokumentations-, Berichts- und Publikationsanforderungen folgen dabei aus diversen Artikeln der Rahmenrichtlinie.

[35] Siehe Leitlinie 8 – Dokumentation jeder vorausschauenden Beurteilung der eigenen Risiken – der Leitlinien zur vorausschauenden Beurteilung der eigenen Risiken [EIOP13a].

[36] Siehe Leitlinie 9 – Interner Bericht über die vorausschauende Beurteilung der eigenen Risiken – der Leitlinien zur vorausschauenden Beurteilung der eigenen Risiken [EIOP13a]. Vgl. Pkt. 10 Nr. 1 MaRisk.

[37] Siehe Leitlinie 10 – Aufsichtsrechtlicher Bericht über die vorausschauende Beurteilung der eigenen Risiken – der Leitlinien zur vorausschauenden Beurteilung der eigenen Risiken [EIOP13a].

[38] Gemäß Art. 35 Abs. 1–4 RRL werden Umfang der Berichterstattung, Befugnisse der Aufsichtsbehörde, Arten und Umfang der zu übermittelnden Informationen sowie die Grundsätze der Informationsbereitstellung geregelt. Hierzu sind vom Unternehmen schriftliche Leitlinien zu er-

|  | | |
|---|---|---|
| Risiken identifizieren, analysieren und qualitativ sowie quantitativ bewerten | VMAO: | Beauftragt zu ermitteln, welchen Risiken das Unternehmen im Zeithorizont der strategischen Planungsperiode ausgesetzt sein könnte |
| | Team: | Liefert ein Gesamtrisikoprofil der wesentlichen unternehmensindividuellen Risiken inklusive einer qualitativen und quantitativen Bewertung |
| Risikotoleranz und Risikokapitalallokation beschließen | VMAO: | Entscheidet über Risikotoleranz, welche Risiken mit Risikokapital zu unterlegen sind und welche Risiken nur mit Managemententscheidungen vermindert werden |
| | Team: | -/- |
| Risiken quantifizieren und Maßnahmen entwickeln | VMAO: | Fordert auf, Risiken zu quantifizieren und angemessene Managementmaßnahmen für die nicht mit Risikokapital bedeckten Risiken zu entwickeln |
| | Team: | Quantifiziert die Risiken mit Unterstützung der Organisation und entwickelt angemessene Managementmaßnahmen |
| Sensitivitätsanalysen durchführen und Auswirkung bestimmen | VMAO: | Hinterfragt, wie robust die Risikobewertung gegen Änderungen geschäftspolitischer Vorgaben ist und was dies für die wichtigsten Geschäftsprozesse bedeutet |
| | Team: | Führt Sensitivitätsanalysen durch und bestimmt die Auswirkungen auf die Kapitalanforderungen und auf die wichtigsten Geschäftsprozesse |
| Szenarioanalysen durchführen und Maßnahmen ableiten | VMAO: | Benötigt einen Überblick über die möglichen zukünftigen Szenarien, denen das Unternehmen ausgesetzt sehen könnte sowie deren wahrscheinlicher Auswirkung |
| | Team: | Führt spezifische Szenarioanalysen durch, bestimmt die Auswirkungen auf die Kapitalanforderungen und entwickelt mögliche Managementmaßnahmen |
| Stresstests durchführen und Maßnahmen ableiten | VMAO: | Hinterfragt, wie sich unternehmensindividuelle Stresse auf die Kapitalanforderung auswirken und welche externen Stresse noch nicht berücksichtigt wurden |
| | Team: | Führt interne und externe Stresstests durch, bestimmt deren Auswirkungen auf die Kapitalanforderungen und entwickelt mögliche Managementmaßnahmen |
| Reverse Stresstests durchführen und Maßnahmen ableiten | VMAO: | Gibt eine Gesamtverlusthöhe vor und will wissen, ab welcher Schwelle die Risiken in den verschiedenen untersuchten Szenarien existenzbedrohend werden können |
| | Team: | Führt reverse Stresstests durch, ermittelt ab welcher Schwelle die Risiken existenzbedrohend werden und entwickelt mögliche Managementmaßnahmen |
| Annahmen zur Unternehmensfortführung ermitteln | VMAO: | Hinterfragt die fundmentalen Annahmen, welche im Rahmen des Grundsatzes der Unternehmensfortführung zu beachten sind |
| | Team: | Identifiziert die Annahmen und Rahmenbedingungen, die für eine Unternehmensfortführung von fundamentaler Bedeutung sind |
| Auswirkung auf die Solvenzkapitalanforderung untersuchen | VMAO: | Beauftragt die Abweichung des unternehmenseigenen Risikoprofils von den Annahmen, die der Solvenzkapitalanforderung gemäß der Standardformel oder dem internen Modell zugrunde liegen, zu ermitteln und zu bewerten |
| | Team: | Evaluiert die Auswirkungen und korrigiert – falls erforderlich – die SCR-Ermittlung |

**Abb. 9.5** Prinzipieller Ablauf des FLAOR/ORSA wobei das Verwaltungs-, Management- oder Aufsichtsorgan (VMAO) eine aktive Rolle bei der Leitung, der Art und Weise der Durchführung der Beurteilung sowie bei der Hinterfragung der Ergebnisse übernimmt

Sie lassen sich durch die Dimensionen Adressaten, Berichtsstufen und Berichtsprinzipien strukturieren wie in Abb. 9.6 dargestellt.

stellen (Art. 35 Abs. 5 RRL). Die genannten Informationen werden in Durchführungsmaßnahmen spezifiziert (Art. 35 Abs. 6 RRL). Die Gruppenberichterstattung regeln Art. 220, 254 RRL.

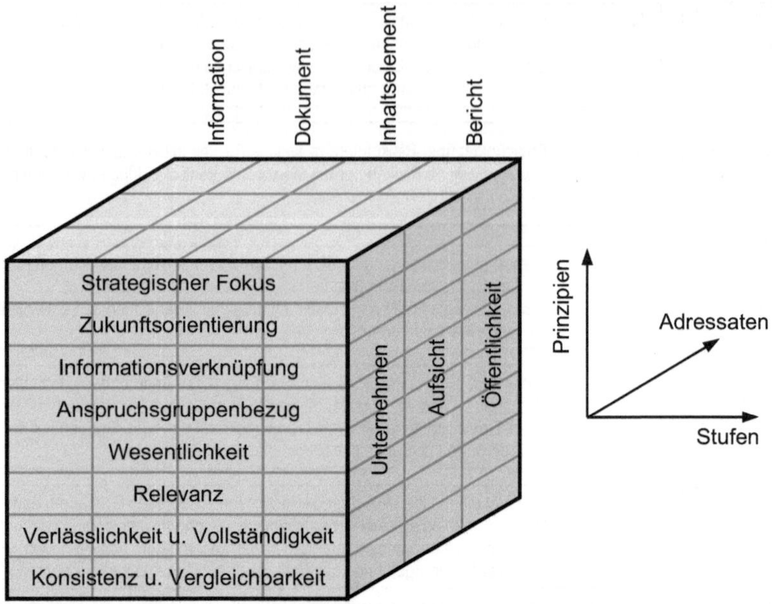


**Abb. 9.6** Framework für das integrierte Berichtswesen gemäß Solvency II

**Adressaten** Die Adressaten von Berichten können unterteilt werden in:

- Unternehmen
  Relevante Empfänger im Rahmen der internen Berichterstattung sind Geschäftsleitung, Schlüsselfunktionen, Aufsichtsrat, Wirtschaftsprüfer, Ratingagenturen sowie Mitarbeiter.
- Aufsichtsbehörde
  Die Aufsichtsbehörde ist Adressat der regulären Berichterstattung bestehend aus dem Bericht an die Aufsicht (Report to Supervisiors – RTS[39]) sowie der außerordentlichen Berichterstattung zu vordefinierten Ereignissen (etwa dem FLAOR) oder speziellen Anfragen durch die Behörde[40].
- Öffentlichkeit
  Die öffentliche Berichterstattung basiert auf dem Bericht über die Solvabilität und Finanzlage (Solvency and Financial Condition Report – SFCR[41]). Adressaten sind

[39] Siehe CEIOPS' Advice for Level 2 Implementing measures on Solvency II: Supervisory Reporting and Public Disclosure Requirements [CEIO09b] S. 82–120. Der RTS besteht aus einem qualitativen Teil sowie aus quantitativen Angaben, die mittels harmonisierter Berichtsvorlagen (Quantitative Reporting Templates – QRT) vierteljährlich und jährlich erhoben werden [EIOP11c; EIOP12c, EIOP13b].

[40] Siehe Leitlinie 6 – Dokumentation – der Leitlinien zur vorausschauenden Beurteilung der eigenen Risiken [EIOP13a] sowie [CEIO09c] S. 137–140.

[41] Vgl. Art. 51 RRL, sowie [CEIO09c] S. 25–79.

Kunden, Mitglieder, Versicherungsvermittler, Geschäftspartner, die Presse, Institutionen sowie die Bürger im Allgemeinen.

**Berichterstellung in Stufen** Ein Bericht geht über die reine Zusammenfassung von Informationen hinaus und sollte dementsprechend stufenweise aufgebaut werden. Die Dokumentation von Informationen erfordert nicht zwangsläufig, dass neue oder vollständig getrennte Berichte erstellt werden[42]. Aus den Anforderungen der Rahmenrichtlinie können folgende vier Berichtsstufen abgeleitet werden:

1. Information
   Unter Solvency II haben Informationen zweckdienlich zu sein[43] und verschiedene Informationselemente sowie geeignete Kombinationen hieraus zu umfassen[44].
2. Dokument
   Bei einem Dokument[45] handelt es sich um einen Informationsträger, welcher einen spezifischen Sachverhalt mit den enthaltenen Informationen kontextbezogen darstellt.
3. Inhaltselement
   Die Inhalte eines Berichts werden durch Inhaltselemente umrissen[46], wobei die individuelle Situation des Unternehmens zu berücksichtigen ist.
4. Bericht
   Die einzelnen Inhaltselemente werden im Bericht als miteinander verbundene Themenfelder dargestellt und so bewertet, dass die Zusammenhänge und Abhängigkeiten zwischen ihnen deutlich werden. Auf freiwilliger Basis können weitere Inhaltselemente und Informationen in einen Bericht aufgenommen werden, sofern damit nicht gegen Berichtsgrundsätze und gesetzliche Vorgaben verstoßen wird[47].

[42] Nach Auffassung der EIOPA ist es ausreichend, auf bestehende Dokumente zu verweisen, sofern diese die relevanten Informationen enthalten. Zusätzliche Informationen sind nur aufzunehmen, wenn und soweit dies aus Gründen der Nachvollziehbarkeit oder zur Vermittlung eines vollständigen Bildes erforderlich ist. Siehe hierzu Rz. 3.14 der Erläuterungen zu Leitlinien zur vorausschauenden Beurteilung der eigenen Risiken [EIOP13a].

[43] Vgl. die Anforderungen in Art. 35 Abs. 1 oder in Art. 41 Abs. 1 RRL.

[44] Gemäß Art. 35 Abs. 3 RRL existieren folgende Informationselemente: qualitative, quantitative, historische, aktuelle und prospektive Elemente sowie interne oder externe Daten.

[45] Dokumentation bzw. dokumentieren bezeichnet das Zusammenstellen unterschiedlicher Informationen und deren Hinterlegung in elektronischer oder physischer Form mit dem Ziel, die hinterlegte Information nutzbar und wieder auffindbar zu machen. Die ONR 49001:2010 unterscheidet bei Dokumenten zwischen Vorgabedokumenten (Strategien, Leitlinien usw.), Verfahrensbeschreibungen und Aufzeichnungen bzw. Nachweisen (Aufträge, Checklisten, Kontrollpläne, Protokolle, Berichte usw.).

[46] Beispielsweise sieht Art. 51 Abs. 1 für den Bericht über Solvabilität und Finanzlage folgende Inhaltselemente vor: Beschreibung der Geschäftstätigkeit und der Leistung des Unternehmens; Beschreibung des Governance-Systems; Beschreibung des Risikoprofils; Beschreibung der Vermögenswerte, versicherungstechnischen Rückstellungen und sonstigen Verbindlichkeiten; Beschreibung des Kapitalmanagements.

[47] Vgl. bspw. Art. 54 Abs. 2 i. V. m. Art. 35 Abs. 4 RRL.

**Berichtsprinzipien** Analog zu aktuellen Standards für das integrierte Berichtswesen – etwa dem Rechnungslegungsstandard DRS 20 (Konzernlagebericht) oder dem Integrated Reporting Framework [IIRC13] – fordert auch Solvency II die Einhaltung gewisser Berichtsprinzipien:

- Strategischer Fokus
  Die Ausführungen zu den Zielen und Strategien sollen einen Einblick in den Geschäftsverlauf, die wirtschaftliche Lage, die voraussichtliche Geschäftsentwicklung sowie die wesentlichen Risiken und Chancen des Unternehmens geben[48].
- Zukunftsorientierung
  Die dargestellten Informationen sollen Rückschlüsse ermöglichen, ob das Unternehmen in Zukunft in der Lage ist, Wert zu schaffen und die Solvenzkapitalanforderungen kontinuierlich einzuhalten. Dies beinhaltet die Identifikation und die angemessene Beurteilung von kurz- und langfristigen Risiken, denen es ausgesetzt ist oder ausgesetzt sein könnte[49].
- Informationsverknüpfung
  Berichte sollen ein ganzheitliches Bild von Zusammenhängen, den Wechselbeziehungen und Abhängigkeiten der Faktoren vermitteln, welche die Wirtschafts-, Finanz-, Ertrags- und Risikolage des Unternehmens beeinflussen. Dies umfasst Verknüpfungen zwischen verschiedenen Berichten, Berichtsteilen und einzelnen Inhaltselementen, zwischen Kapitalarten, zwischen qualitativen und quantitativen sowie finanziellen und nicht-finanziellen, aber auch zwischen den Zeitdimensionen Vergangenheit, Gegenwart und Zukunft sowie intern genutzten und extern berichteten Informationen[50].
- Anspruchsgruppenbezug
  Die Wertschöpfung eines Unternehmens hängt auch von den Beziehungen zu wichtigen Anspruchsgruppen ab. Deshalb sollte ein Bericht Angaben zu Art und Qualität dieser Beziehungen enthalten. Dabei ist darzulegen, wie das Unternehmen mit den Bedürfnissen und Interessen der Anspruchsgruppen umgeht. Auf diese Weise erhöht der Bericht die Transparenz und dient auch dem Rechenschaftszweck.
- Wesentlichkeit
  Die dargestellten Sachverhalte müssen der Art, dem Umfang und der Komplexität der Geschäftstätigkeit des Unternehmens und den damit einhergehenden Risiken Rechnung tragen. Es ist darzulegen, welche Sachverhalte kurz-, mittel- und langfristig den effektiven Umgang mit den eingegangenen oder potenziellen Risiken substanziell beeinflussen[51].

[48] Siehe Art. 35 Abs. 1 Lit. a, 45 Abs. 1 Lit. a und 45 Abs. 4 RRL.
[49] Vgl. hierzu Art. 35 Abs. 3 Lit. b und Art. 45 Abs. 1 Lit. b RRL sowie Art. 45 Abs. 2 und Art. 101 Abs. 3 RRL.
[50] Siehe beispielsweise Art. 35 Abs. 3, Art. 51 Abs. 1 und Art. 54 RRL.
[51] Siehe Art. 35 Abs. 4 Lit. a RRL sowie Art. 45 Abs. 2 RRL.

- Relevanz
  Der Bericht hat primär die Informationen zu enthalten, welche für das Verständnis des vom Unternehmen angewandten Governance-Systems, der Risikomanagementsysteme, der tatsächlichen Risikosituation sowie der für Solvabilitätszwecke zugrunde liegenden Bewertungsprinzipien notwendig sind. Weniger relevante Informationen dürfen die Verständlichkeit nicht erschweren[52]. Falls erforderlich, kann für detaillierte Ausführungen auf andere Quellen verwiesen werden.
- Verlässlichkeit und Vollständigkeit
  In den Berichten sind alle wesentlichen Sachverhalte ausgewogen und unverzerrt darzustellen. Dies kann durch die Nutzung robuster interner Kontroll- und Berichtssysteme sowie interne und externe Prüfungen gewährleistet werden[53]. Bei der Ermittlung der Vollständigkeit sind der Umfang der Informationen, der Grad ihrer Genauigkeit und die Zugänglichkeit zu berücksichtigen[54].
- Konsistenz und Vergleichbarkeit
  Die Informationen müssen in materieller und formeller Hinsicht kohärent dargestellt werden können und den Vergleich über mehrere Jahre ermöglichen. Hierzu sind die Berichtsprinzipien und -methoden im Zeitverlauf einheitlich anzuwenden, sofern nicht eine Veränderung zur Steigerung der Berichtsqualität notwendig ist[55].

**Kommunikations- und Berichterstattungsstrategie** Im Rahmen der Berichterstattung wird von den Unternehmen erwartet, dass sie geeignete Systeme und Strukturen einrichten, um einen angemessenen Informationsaustausch mit den zuständigen nationalen Behörden zu ermöglichen[56]. Um die umfangreichen Dokumentations- und Berichtsanforderungen strukturiert und angemessen erfüllen zu können, sollte eine Berichterstattungs- oder Kommunikationsstrategie erstellt werden[57], in der

- dargelegt wird, welcher Geschäftsbereich für welche Meldungen und Berichte zuständig ist und durch welche Geschäftsbereiche die Meldungen überprüft werden;
- die Prozesse und Fristen für die Erstellung der Berichte sowie für die Überprüfung und Genehmigung festgelegt sind;

[52] Vgl. Art. 35 Abs. 4 Lit. c RRL sowie Art. 35 Abs. 1 Lit. a RRL.
[53] Siehe Leitlinien 34 und 37 der Leitlinien zum Governance-System [EIOP13c].
[54] Vgl. Art. 35 Abs. 4 Lit. b, c RRL sowie Art. 82 und 121 Abs. 3 RRL.
[55] Vgl. Art. 35 Abs. 4 Lit. b und Art. 51 Abs. 2 b i. V. m. Rz. 1.90 c der Leitlinien für die Informationsübermittlung an die zuständigen nationalen Behörden [EIOP13b].
[56] Siehe Rz. 1.8 der Leitlinien für die Informationsübermittlung an die zuständigen nationalen Behörden [EIOP13b].
[57] Siehe Leitlinie 34 – Berichterstattungsstrategie der Unternehmen – der Leitlinien für die Informationsübermittlung an die zuständigen nationalen Behörden [EIOP13b] sowie Art. 35 Abs. 5 RRL.

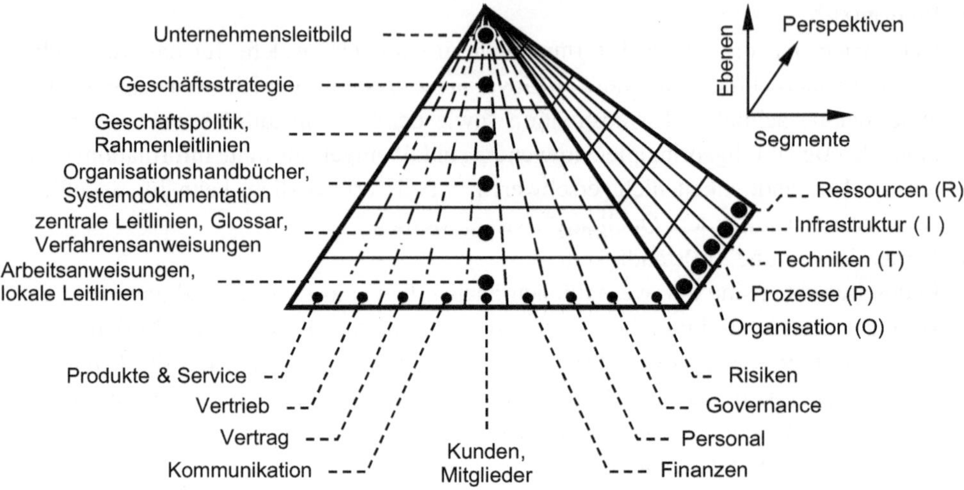


**Abb. 9.7** Framework für Vorgabedokumente

- die Prozesse und Kontrollen erläutert werden, mit denen die Zuverlässigkeit, Vollständigkeit und Kohärenz der gemeldeten Daten[58] sowie die kontinuierliche Angemessenheit der veröffentlichten Informationen gewährleistet wird[59].

**Framework für Vorgabedokumente** Damit die Informationen in den Berichten miteinander verknüpft werden können, müssen die Strukturen und Abläufe im Unternehmen auf allen Ebenen anhand konsistenter Vorgabedokumente aufeinander abgestimmt sein. Hierzu sollte anhand der Strategien eine Segmentierung vorgenommen werden. In den einzelnen Dokumenten sind relevante Sachverhalte zu Organisation, Prozessen, Techniken, Infrastruktur und Ressourcen darzustellen. Ein derartiges Framework zeigt Abb. 9.7.

**Stand der Berichterstattung** Eine Auswertung der Geschäfts- und Lageberichte der zehn größten Versicherungsunternehmen für 2012 in Deutschland zeigt, dass bei fast allen der größten Unternehmen bereits ein integriertes Berichtswesen auf Basis des DRS 20 oder vergleichbar zum Einsatz kommt[60]. Wie in Abb. 9.8 dargestellt, enthalten die Berichte Angaben zu den Merkmalen des konzernweiten Risikomanagements, wobei auf die

[58] Bei der vierteljährlichen Berichterstattung sind Proportionalität und Wesentlichkeit in Bezug auf die Daten zu beurteilen. Die vierteljährlichen Daten können in größerem Umfang auf Schätzungen und Schätzmethoden basieren als die jährlichen Daten. Allerdings müssen die resultierenden Informationen verlässlich sein und die Anforderungen an die Datenqualität erfüllen. Es sind alle wesentlichen Informationen zu berichten, die für das Verständnis notwendig sind. Siehe hierzu Rz. 1.21 der Leitlinien für die Informationsübermittlung an die zuständigen nationalen Behörden [EIOP13b].

[59] Für den SFCR sind hierzu nach Art. 55 Abs. 1 RRL schriftliche Leitlinien zu erstellen.

[60] Der Standard ist erstmals für nach dem 31. Dezember 2012 beginnende Geschäftsjahre zu beachten. Er fasst die bisherigen Standards DRS 15 (Lageberichterstattung) und DRS 5 (Risikoberichter-

| Versicherungsunternehmen, Versicherungskonzern oder Versicherungsgruppe | BE 2012 in Mio. Euro | Geschäftsbericht enthält genauere Angaben zu | | | | | |
|---|---|---|---|---|---|---|---|
| | | RMO | RMP | Risiko-profil | Inter-nem Modell | Solva-bilitäts-quote | VaR |
| Allianz Konzern[1] | 106.383 | ja | ja | ja | ja | 197 % | 99,50 |
| Munich Re[2] | 51.969 | ja | ja | ja | ja | 225 % | 99,50 |
| Thalanx AG[3] | 27.437 | ja | ja | ja | ja | 225 % | 99,50 |
| Generali Deutschland Konzern[4] | 17.231 | ja | ja | ja | ja | 173 % | 99,50 |
| Ergo Versicherungsgruppe AG[5] | 17.091 | ja | ja | ja | ja | erfüllt | k. A. |
| Hannover Rück SE[6] | 13.774 | ja | ja | ja | ja | 174 % | 99,97 |
| R+V Konzern[7] | 11.875 | ja | ja | ja | ja | 148 % | k. A. |
| Axa Konzern AG[8] | 10.468 | ja | ja | ja | ja | 136 % | k. A. |
| Debeka Versicherungen[9] | 9.335 | ja | nein | ja | nein | k. A. | k. A. |
| Versicherungskammer Bayern[10] | 6.855 | ja | ja | ja | ja | 170 % | k. A. |

[1]https://www.allianz.com/de/investor_relations/ergebnisse_berichte/ geschaeftsberichte.html. Abruf am 10.03.2014.
[2]http://www.munichre.com/de/ir/annual-report-2012/default.aspx. Abruf am 10.03.2014.
[3]http://geschaeftsbericht2012.talanx.com. Abruf am 10.03.2014.
[4]http://www.generali-deutschland.de/online/portal/gdinternet/de /content/311198/308374. Abruf am 10.03.2014.
[5]http://www.ergo.com/de/Unternehmen/Overview/Zahlen-Daten-Fakten/Geschaeftsberichte. Abruf am 10.03.2014.
[6]http://geschaeftsbericht.hannover-rueck.de/reports/hannoverre/annual/2012/gb/German/0/home.html. Abruf am 10.03.2014.
[7]http://www.ruv.de/de/ueber_uns/ueber_r_v/geschaeftsberichte.jsp. Abruf am 10.03.2014.
[8]http://www.axa.de/servlet/PB/menu/1078498/index.html. Abruf am 10.03.2014.
[9]http://www.debeka.de/unternehmen/presse/informationen_zur_de1/ geschaeftsberichte.html. Abruf am 10.03.2014.
[10]https://www.vkb.de/web/html/pk/ihre_vkb/geschaeftsbericht/ Abruf am 10.03.2014.

**Abb. 9.8** Geschäftsberichte 2012 nach Beitragseinnahmen (RMO – Risikomanagementorganisation; RMP – Risikomanagementprozess)

Ziele und die Strategie sowie auf die Strukturen und Prozesse des Risikomanagements eingegangen wird. Im Rahmen der Darstellung des Risikomanagementprozesses finden sich bis auf eine Ausnahme Angaben und Erläuterungen zu Identifikation, Bewertung, Steuerung und Kontrolle der Risiken sowie zur internen Überwachung dieser Abläufe. Überwiegend wurden die dargestellten Risiken quantifiziert, die intern ermittelten Werte angegeben sowie die verwendeten Modelle und deren Annahmen dargestellt und erläutert.

stattung) sowie die Standards zu Risikoberichterstattung bei Banken und Versicherungsunternehmen (DRS 5-10 und DRS 5-20) zusammen.

## Literatur

[AlKo04] *Albrecht, P.; Koryciorz, S.:* Methoden der risikobasierten Kapitalallokation im Versicherungs- und Finanzwesen. Zeitschrift für die gesamte Versicherungswirtschaft **93** (2004) 123.

[BaWe84] *Basili, V. R.; Weiss, D. M.:* A Methodology for Collecting Valid Software Engineering Data. IEEE Transactions On Software Engineering **SE-10**:6 (1984) 728.

[CEIO09b] *CEIOPS*: Consultation Paper No. 58, Draft CEIOPS' Advice for Level 2 Implementing measures on Solvency II: Supervisory Reporting and Public Disclosure Requirements. 2 July 2009, CEIOPS-CP-58/09.

[CEIO09c] *CEIOPS:* CEIOPS' Advice for Level 2 Implementing measures on Solvency II: Supervisory Reporting and Public Disclosure Requirements, 10 November 2009, CEIOPS-DOC-50/09.

[EIOP11c] *EIOPA:* Consultation Paper On the proposal on Quantitative Reporting Templates. 8 November 2011, EIOPA-CP-11/009b.

[EIOP12c] *EIOPA:* EIOPA Final Report on Public Consultations No. 11/009 and 11/011 On the Proposal for the Reporting and Disclosure Requirements. 9 July 2012, EIOPA-260-2012.

[EIOP13a] *EIOPA:* Leitlinien zur vorausschauenden Beurteilung der eigenen Risiken (basierend auf den ORSA-Grundsätzen). 31. Oktober 2013, EIOPA-CP-13/09 DE.

[EIOP13b] *EIOPA:* Leitlinien für die Informationsübermittlung an die zuständigen nationalen Behörden. 31. Oktober 2013, EIOPA-CP-13/010 DE.

[EIOP13c] *EIOPA:* Leitlinien zum Governance-System. 31. Oktober 2013, EIOPA-CP-13/08 DE.

[Hübe13] *Hübel, M.:* Aufsichtsrechtliche Eigenmittelanforderungen an Kompositversicherungsunternehmen unter Soilvency II nach dem Standardmodell. In: *Wagner, F. (Hrsg.):* Leipziger Schriften zur Versicherungswirtschaft, Bd. 17. Verlag Versicherungswirtschaft, Karlsruhe 2013.

[IIRC13] *International Integrated Reporting Council (IIRC)*: The International ⟨IR⟩ Framework. www.theiirc.org/wp-content/uploads/2013/12/13-12-08-THEINTER-NATIONAL-IR-FRAMEWORK-2-1.pdf, Abruf am 10.03.2014.

[McFE05] *McNeil, A. J.; Frey, R.; Embrechts, P.:* Quantitative Risk Management: Concepts, Techniques, Tools. Princeton University Press, Princeton 2005.

[NgRo13] *Nguyen, T.; Romeike, F.:* Versicherungswirtschaftslehre: Grundlagen für Studium und Praxis. Springer-Gabler, Wiesbaden 2013.

[RoBa87] *Rombach, H. D.; Basili, V. R.:* Quantitative Software-Qualitätssicherung: Eine Methode zur Definition und Nutzung geeigneter Maße. Informatik Spektrum **10** (1987) 145.

[RöBr09] *Röhl, A.; Brandt, K.:* Aufbau konsistenter Limitsysteme gemäß MaRisk (VA). Versicherungswirtschaft **64** (2009) 613.

[Till06] *Tillmann, M.:* Methoden der Risikokapitalallokation – Allokation von Risikokapital im Versicherungsgeschäft (Teil 2). Risiko Manager **1**:5 (2006) 22.

[vSBe99] *van Solingen R.; Berghout E.:* The Goal/Question/Metric Mothod – A Practical Guide for Quality Improvement of Software Development. McGraw-Hill, London 1999.

# Teil III
# Risikomanagement und Rechtsrahmen

**Rechtsgrundlagen, Privatversicherungsrecht und Solvency II** Das Risikomanagement in Versicherungsunternehmen wird zunehmend von juristischen Sachverhalten geprägt. Dies betrifft rechtliche Voraussetzungen beim Einsatz von Software zur Modellierung unternehmensindividueller Risiken genauso wie die Rechtsformwahl eines Unternehmens und seiner Niederlassungen oder die Rechtsvorschriften für die Kapitalanlagen und die Versicherungsprodukte und Dienstleistungen. Erfolgreiches Risikomanagement setzt daher neben einem Verständnis allgemeiner nationaler und internationaler Rechtsgrundlagen auch Kenntnisse zu speziellen Bereichen des Sonderprivatrechts voraus.

In Kap. 10 geht es daher zunächst um die Vermittlung der juristischen Arbeitsmethode und des Strukturdenkens. Der Schwerpunkt liegt auf den Grundlagen des Privatrechts sowie der Einordnung einschlägiger Sonderprivatrechte. Einflüsse des öffentlichen und des europäischen Rechts werden ebenso kurz diskutiert wie die für das Risikomanagement relevanten Grundzüge des Gesellschaftsrechts sowie zugehörige Fragen zur Haftung von Managern und Arbeitnehmern.

Kapitel 11 befasst sich mit den Grundlagen des Privatversicherungsrechts. Dabei gilt es zu beachten, dass die rechtlichen Grundlagen des Privatversicherungsrechts sehr komplex, vielfältig und sehr dynamisch sind. Die Darstellung in diesem Kapitel soll lediglich eine Orientierungshilfe bieten und beschränkt sich deshalb auf die Versicherungsaufsicht, die Grundlagen der Geschäftsführung in Zusammenhang mit den MaRisk (VA), das Versicherungsaufsichtsgesetz, die Grundlagen der betrieblichen Altersversorgung, den Versicherungsvertrag sowie die Versicherungsvermittlung.

Mit Solvency II ändert sich die Aufsicht über Versicherungsunternehmen auf europäischer und nationaler Ebene radikal. Die zahlreichen gesetzlichen Anforderungen und die damit verbundenen Veränderungen bei kritischen Unternehmensabläufen stellen die Versicherungsunternehmen vor große Herausforderungen. Die Umsetzung der Vorgaben und die Entwicklung angemessener Lösungen wird durch ein Verständnis der gesetzlichen Zusammenhänge erheblich erleichtert. Gegenstand von Kap. 12 sind deshalb die Solvency-II-Richtlinie, die Grundlagen der europäischen Versicherungsaufsicht und die VAG-Novelle. Das Kapitel schließt mit einem Abriss zum Thema Compliance.

Kapitel 13 enthält Checklisten zu den Anforderungen an das Risikomanagement sowie zur Prozessmodellierung.

**Literaturempfehlungen** Bei allen rechtlichen Fragen ist ein Blick in die jeweiligen Gesetze hilfreich. Hierzu bietet sich z. B. der Online-Dienst des Bundesministeriums der Justiz an [BMJ13].

Grundlagen des Bürgerlichen Rechts und des Privatrechts werden in einschlägigen Werken wie Bähr [Bähr08], Klunzinger [Klun11a], Palandt [Pala13], Emmerich [Emme12a], Führich [Führ12], Jesgarzewski [Jesg12], Kallwaas & Abels [KaAb11], oder Müssig [Müss13] behandelt. Grundlagen zum Handelsrecht sind beispielsweise in Alpmann [Alpm11], Baumbach & Hopt [BaHo12], Jung [Jung12] oder Klunzinger [Klun11b] dargestellt. Zum Thema Wettbewerbsrecht seien Berlit [Berl11] und Lehr [Lehr07] sowie als Einstieg Eisenmann & Jautz [EiJa12] oder Götting [Gött10] empfohlen. Einen guten Überblick über das Kartellrecht geben Emmerich [Emme12b] oder auch Schulte & Just [ScJu11]. Umfassende Erläuterungen zum Europarecht und der europäischen Methodenlehre bietet Riesenhuber [Ries10]. Darstellungen zum Gesellschaftsrecht finden sich in Grundmann [Grun11], Hüffer & Koch [HüKo11] oder Windbichler [Wind13]. Die Managerhaftung wird beispielsweise bei Krieger & Schneider [KrSc10] oder Binder, Borchert & Jessenberger [BiBJ07] behandelt.

Eine sehr empfehlenswerte Gesamtdarstellung zum Versicherungswesen bietet Koch [Koch13]. Kompakte Darstellungen zum Versicherungsrecht geben Kerst & Jäckel [KeJä10] oder Wandt [Wand10]. Einen Überblick auf Basis des VVG geben Beckmann & Matusche-Beckmann [BeMa09]. Die aktuelle Rechtsprechung ist in van Bühren [vBüh12] zusammengefasst. Eine Übersicht über die Versicherungsvermittlung bietet Zinnert [Zinn10].

Eine umfassende Darstellung zum Thema Solvency II und VAG geben Fahr, Kaulbach, Bähr & Pohlmann [FKBP12] und Gründl & Perlet [GrPe12]. Etwas älter, aber empfehlenswert sind die Übersichten von Bennemann, Oehlenbeck & Stahl [BeOS11] und Rittmann [Ritt09]. Als weiterführende Literatur zum Thema Compliance bieten sich die Werke von Behringer [Behr13], Bürkle [Bürk09] oder Schaaf [Scha10] an. Einen guten und umfassenden Überblick gibt Hauschka [Haus10].

## Literatur

[Alpm11] Alpmann, J.: Skript Handelsrecht. Alpmann Schmidt, Münster 2011.

[BaHo12] Baumbach, A.; Hopt, K. J.: Handelsgesetzbuch: HGB – mit GmbH & Co., Handelsklauseln, Bank- und Börsenrecht, Transportrecht (ohne Seerecht). C. H. Beck, München 2012.

[Bähr08] Bähr, P.: Grundzüge des Bürgerlichen Rechts. Vahlen, München 2008.

[Behr13] Behringer, S.: Compliance kompakt. Erich Schmidt, Berlin 2013.

[BeMa09] Beckmann, R.; Matusche-Beckmann, A.: Versicherungsrechts-Handbuch. C. H. Beck, München 2009.

[BeOS11] Bennemann, C.; Oehlenberg, L.; Stahl, G. (Hrsg.): Handbuch Solvency II. Schäffer-Poeschel, Stuttgart 2011.

[Berl11] Berlit, W.: Wettbewerbsrecht. C. H. Beck, München 2011.

[BiBJ07] Binder, J.-H.; Borchert, J.; Jessenberger, J.: Rechtliche Grundlagen des Risikomanagements. Erich Schmidt, Berlin 2007.

[BMJ13] Bundesministerium der Justiz (BMJ): , Berlin 2013.

[Bürk09] Bürkle, J.: Compliance in Versicherungsunternehmen. C. H. Beck, München 2009.

[EiJa12] Eisenmann, H.; Jautz, U.: Grundriss gewerblicher Rechtsschutz und Urheberrecht. C. F. Müller, Heidelberg 2012.

[Emme12a] Emmerich, V.: BGB-Schuldrecht – Besonderer Teil. C. F. Müller, Heidelberg 2012.

[Emme12b] Emmerich, V.: Kartellrecht – ein Studienbuch. C. H. Beck, München 2012.

[FKBP12] Fahr, U.; Kaulbach, D.; Bähr, G.; Pohlmann P. (Hrsg.): Versicherungsaufsichtsgesetz – VAG. C. H. Beck, München 2012.

[Führ12] Führich, E.: Wirtschaftsprivatrecht. Vahlen, München 2012.

[Gött10] Götting, H.-P.: Gewerblicher Rechtsschutz. C. H. Beck, München 2010.

[GrPe12] Gründl, H.; Perlet, H. (Hrsg.): Solvency II & Risikomanagement: Umbruch in der Versicherungswirtschaft. Springer-Gabler, Wiesbaden 2012.

[Grun11] *Grundmann, S.:* Europäisches Gesellschaftsrecht – eine systematische Darstellung unter Einbeziehung des Europäischen Kapitalmarktrechts. C. F. Müller, Heidelberg 2011.

[Haus10] Hauschka C. (Hrsg.): Corporate Compliance – Handbuch der Haftungsvermeidung im Unternehmen. C. H. Beck, München 2010.

[HüKo11] Hüffer, U.; Koch, J.: Gesellschaftsrecht. C. H. Beck, München 2011.

[Jesg12] Jesgarzewski, T.: Wirtschaftsprivatrecht. Springer-Gabler, Wiesbaden 2012.

[Jung12] Jung, P.: Handelsrecht. Beck, München 2012.

[KaAb11] Kallwaas, W.; Abels, P.: Privatrecht. Vahlen, München 2011.

[KeJä10] Kerst, A.; Jäckel, H.: Versicherungsrecht. C. H. Beck, München 2010.

[Klun11a] Klunzinger, E.: Einführung in das Bürgerliche Recht. Vahlen, München 2011.

[Klun11b] Klunzinger, E.: Grundzüge des Handelsrechts. Vahlen, München 2011.

[Koch13] Koch, P.: Versicherungswirtschaft – Ein einführender Überblick. Verlag Versicherungswirtschaft, Karlsruhe 2013.

[KrSc10] Krieger, G.; Schneider, U.: Handbuch Managerhaftung. Otto Schmidt, Köln 2010.

[Lehr07] Lehr, D.: Wettbewerbsrecht. C. F. Müller, Heidelberg 2007.

[Müss13] Müssig, P.: Wirtschaftsprivatrecht – Rechtliche Grundlagen des wirtschaftlichen Handelns. C. F. Müller, Heidelberg 2013.

[Pala13] Palandt, O.: Bürgerliches Gesetzbuch: BGB, C. H. Beck, München 2013.

[Ries10] Riesenbuber, K., (Hrsg.): Europäische Methodenlehre – Handbuch für Ausbildung und Praxis. De Gruyter, Berlin 2010.

[Ritt09] Rittmann, M.: Neuausrichtung der Versicherungsaufsicht im Rahmen von Solvency II. Springer-Gabler, Wiesbaden 2009.

[Scha10] Schaaf, M.: Risikomanagement und Compliance in Versicherungsunternehmen – aufsichtsrechtliche Anforderungen und Organverantwortung. Veröffentlichungen des Seminars für Versicherungslehre der Universität Frankfurt am Main, Bd. 21. Verlag Versicherungswirtschaft, Karlsruhe 2010.

[ScJu11] Schulte, J.; Just, C.: Kartellrecht. Carl Heymanns, Köln 2011.

[vBüh12] van Bühren, H. (Hrsg.): Handbuch Versicherungsrecht. Deutscher Anwaltverlag, Bonn 2012.

[Wand10] Wandt, M.: Versicherungsrecht. Vahlen, München 2010.

[Wind13] Windbichler, C.: Gesellschaftsrecht – ein Studienbuch. C. H. Beck, München 2013.

Zinn10] Zinnert, M.: Neues Versicherungsvermittlerrecht von A–Z. Verlag Versicherungswirtschaft, Karlsruhe 2010.

# Rechtsgrundlagen 10

Etwas ist nicht recht, weil es Gesetz ist, sondern es muss Gesetz sein, weil es recht ist (Charles de Montesquieu, französischer Staatstheoretiker, 1689–1755).

**Spannungsfeld Bürger und Jurist** Die Gesetzgebung der Bundesrepublik Deutschland geht zwar von einem mündigen Bürger aus, dennoch sind die Gesetzestexte für juristische Laien oft nur sehr schwer verständlich. Der Satzbau ist kompliziert, viele Begriffe sind abstrakt und die Begriffsdefinitionen sind nicht immer eindeutig oder intuitiv. Des Weiteren sind Gesetze unterschiedlich ausgestaltet. Sie können vorgabenorientiert oder prinzipienorientiert verfasst sein. Bei komplexeren Themen kommt erschwerend hinzu, dass die einschlägigen Rechtsnormen vor allem auf verschiedene Gesetze verteilt und deshalb nicht in einfacher Weise aufzufinden sind. Gesetze sind also von Juristen für Juristen gemacht. Das systematische juristische Arbeiten erfordert in hohem Maß Fachkenntnisse sowie den Einsatz geeigneter Arbeitsmethoden. Hierdurch entsteht bei der praktischen Umsetzung ein erhebliches Spannungspotenzial. Missverständnisse sind quasi vorprogrammiert.

**Komplexitätstreiber Gesetzgebung** Im Bereich des Risikomanagements kommen unterschiedlichste Gesetze zum Tragen. Teilweise gestalten sich auch die juristischen Sachverhalte extrem komplex und sind darüber hinaus einer gesellschaftspolitischen Dynamik unterworfen. Internationales Recht und nationale Verordnungen beeinflussen zusätzlich die Rechtslage im Umfeld des Risikomanagements. Rechtskonformität, etwa bei der strategischen Unternehmensführung oder bei der Umsetzung eines angemessenen Risikomanagements, aber auch die effiziente und adressatengerechte Kommunikation mit juristischen Fachleuten erfordern ein Verständnis bezüglich juristischer Terminologie sowie Erfahrung in Umgang und Auslegung einschlägiger Rechtsnormen. Wesentliche juristische Grundlagen werden daher in den folgenden Kapiteln kurz dargestellt und aus Sicht des Risikomanagements betrachtet.



B. Wolle, *Risikomanagementsysteme in Versicherungsunternehmen*, IT im Unternehmen, DOI 10.1007/978-3-8348-2309-0_10

## 10.1 Juristisches Vorgehensmodell

**Juristische Arbeitsmethodik** Die juristische Arbeitsmethodik lässt sich in die Schritte

- Sachverhalt erfassen,
- Fallfrage konkretisieren,
- zutreffende Rechtsnorm identifizieren, sowie
- Anspruchsprüfung[1]

untergliedern. Die Aufgabe eines Juristen besteht darin, eine rechtskonforme Verhaltensempfehlung abzugeben.

Im ersten Schritt wird der Sachverhalt – d. h. eingetretene oder auch mögliche Ereignisse – verbal oder mit Hilfsmitteln wie Skizzen oder zeitlich geordneten Listen erfasst.

Ist der Sachverhalt ausreichend festgestellt, wird im zweiten Schritt die sog. Fallfrage konkretisiert. Anhand der Fallfrage wird die juristische Problemstellung konkretisiert, welche ein Erkennen der jeweiligen Ansprüche und Rechte beinhaltet. Es geht also darum, zu erfassen, *wer was von wem woraus will* (Abb. 10.1).

Im dritten Schritt führt diese Fragestellung über das „*woraus*" zum Auffinden einer einschlägigen Rechtsnorm. Dabei wird eine möglichst eindeutige Anspruchsgrundlage ermittelt, die das aus dem Sachverhalt abgeleitete Begehren stützt. Derartige Rechtsnormen sind in den Gesetzestexten sehr verstreut. Zu erkennen sind sie beispielsweise anhand von typischen Formulierungen wie „kann … verlangen", „müssen … sein" oder „ist … verpflichtet".

**Aufbau von Gutachten** Sind die Anspruchsgrundlagen ermittelt und geprüft, kann das juristische Gutachten erstellt werden. Es besteht aus den Punkten: These, Untersuchung,

| *Wer ...* | *Rechtssubjekt* | *Beteiligte* |
|---|---|---|
| *will was* | Anspruch bzw. Forderung | Was wird gefordert? |
| *von wem* | Anspruchsgegner | Welche Beteiligten können etwas schulden? |
| *woraus* | Anspruchsnorm | Aufgrund welcher Anspruchsnorm könnte gefordert werden? |

**Abb. 10.1** Strukturierung der juristischen Fallfrage in ihre Bestandteile

[1] Die einzelnen Schritte der Anspruchsprüfung sind: 1. Prüfung der Tatbestandsvoraussetzungen der Anspruchsgrundlage, 2. Prüfung rechtshindernder Einwendungen, 3. Prüfung rechtsvernichtender Einwendungen, 4. Prüfung auf Nichtvorliegen rechtshemmender Einreden, 5. Gutachten (Empfehlung) erstellen.

Ergebnis. In der These wird definiert, was zu prüfen ist. Die daran anschließende Untersuchung bildet den Kern des Gutachtens. Sie besteht aus einer juristischen Analyse und Bewertung. Den Abschluss bildet das Ergebnis.

## 10.2 Sonderprivatrechte

**Öffentliches Recht, Privatrecht und Sonderprivatrecht** Das Rechtssystem der Bundesrepublik Deutschland besteht aus einer Vielzahl verschiedener Rechtsgebiete, welche sich nicht immer eindeutig voneinander abgrenzen lassen. Dabei wird in Anlehnung an Teile des römischen Rechts – das *ius publicum* sowie das *ius privatum* – zwischen Öffentlichem und Privatem Recht unterschieden (Abb. 10.2). Die historisch begründete Unterscheidung ist vor allem für den Rechtsweg und die Gesetzgebung wichtig. Das Öffentliche Recht umfasst Rechtsnormen, welche das hoheitliche Handeln eines Staates sowie die staatliche Organisation betreffen. Das Privatrecht umfasst alle Normen, welche die Rechtsbeziehungen von Bürgern sowie von privatrechtlichen Vereinigungen untereinander regeln. Es gliedert sich in das allgemeine Privatrecht (bürgerliches Recht – siehe hierzu z. B. [Köhl12]) und das sonstige Privatrecht (Sonderprivatrecht).

Aus Unternehmenssicht sowie im Hinblick auf das Risikomanagement relevante Bereiche des Sonderprivatrechts sind

| **Privatrecht** | **Öffentliches Recht** |
|---|---|
| **Bürgerliches Recht**<br>• Allgemeiner Teil<br>• Schuldrecht<br>• Sachenrecht<br>• Familienrecht<br>• Erbrecht | **Staats- und Verfassungsrecht**<br>**Europäisches Recht und Völkerrecht**<br>**Kirchenrecht** |
| **Nebengesetze zum BGB**<br>• BGBEG<br>• Haftpflichtgesetz<br>• Unterlassungsklagegesetz<br>• ... | **Verwaltungsrecht**<br>• Polizei- und Ordnungsrecht<br>• Kommunalrecht<br>• Gewerberecht<br>• Subventionsrecht<br>• ... |
| **Sonderprivatrechte**<br>• Handelsrecht<br>• Privatversicherungsrecht<br>• Aktienrecht<br>• Unternehmenswettbewerbsrecht<br>• ... | **Steuer- und Abgaberecht**<br>**Sozialrecht**<br>**Strafrecht**<br>**Prozessrecht** |

**Abb. 10.2** Grobstruktur des deutschen Rechtssystems

- das Privatversicherungsrecht,
- das Handelsrecht,
- das Gesellschaftsrecht sowie
- das Wettbewerbsrecht.

**Privatversicherungsrecht** Das Privatversicherungsrecht befasst sich mit den Unternehmen, die Versicherungsschutz anbieten, den Rechtsbeziehungen zwischen Versicherer und Versicherungsnehmer sowie der Versicherungsvermittlung. In seiner Entwicklung ist das Privatversicherungsrecht stark durch Europäisches Recht geprägt [Koch10].

**Handelsrecht** Das Handelsrecht basiert auf dem Handelsgesetzbuch (HGB). Es enthält in Bezug auf Rechtsklarheit, Rechtssicherheit und Vertrauensschutz des Handelsverkehrs ausgelegte Sondernormen für Kaufleute. Bei Versicherungsunternehmen unterliegt die Rechnungslegung weiteren aufsichts- und handelsrechtlichen Sondervorschriften (§§ 55–64 VAG; 330, 341–341o HGB).

**Gesellschaftsrecht** Das Gesellschaftsrecht beinhaltet das Recht der Personengesellschaften und der Kapitalgesellschaften. Die zugehörigen Rechtsnormen finden sich teilweise im BGB sowie anderen Gesetzen. So regelt das BGB die Gesellschaft des bürgerlichen Rechts (§§ 705 ff.), das HGB die Offene Handelsgesellschaft (OHG) und die Kommanditgesellschaft (KG), während die Gesellschaft mit beschränkter Haftung (GmbH) im GmbH-Gesetz (GmbHG) und die Aktiengesellschaft (AG) im Aktiengesetz (AktG) verankert sind [BaHo12; EmHa10]. Die für Versicherungsunternehmen spezielle Rechtsform des Versicherungsvereins auf Gegenseitigkeit (VVaG) ist im Versicherungsaufsichtsgesetz (VAG) in den §§ 15 ff. VAG geregelt. Die Europäische Gesellschaft (SE) ist eine Rechtsform für Aktiengesellschaften in der Europäischen Union und im Europäischen Wirtschaftsraum [BJMS07]. Die Rechtsgrundlage für die Bundesrepublik Deutschland bilden das SE-Ausführungsgesetz (SEAG) sowie das SE-Beteiligungsgesetz (SEBG).

**Wettbewerbsrecht** Das Wettbewerbsrecht wird u. a. im Gesetz gegen den unlauteren Wettbewerb (UWG) sowie im Gesetz gegen Wettbewerbsbeschränkungen (GWB) geregelt.

**UWG** Das UWG dient dem Schutz der Mitbewerber, der Verbraucherinnen und Verbraucher sowie der sonstigen Marktteilnehmer vor unlauteren geschäftlichen Handlungen. Durch seine generellen Formulierungen wird das UWG zu „offenem Recht" und damit überwiegend zu Richterrecht. Das Gesetz führt zwar in § 4 UWG sowie in seinem Anhang[2] Beispiele für unlautere bzw. unzulässige Handlungen an, allerdings ergibt sich in der Regel erst durch Richterspruch, was als lauter oder unlauter zu gelten hat [KöBo13].

---

[2] Bekanntmachung der Neufassung des Gesetzes gegen den unlauteren Wettbewerb vom 03. März 2010; Anhang (zu § 3 Abs. 3). BGBl. I (2010) 262.

**GWB** Das Gesetz gegen Wettbewerbsbeschränkungen will den Bestand des freiheitlichen Wettbewerbs aller Marktbeteiligten gewährleisten [Bech13]. Hierzu werden Vereinbarungen zwischen Unternehmen, Beschlüsse von Unternehmensvereinigungen und aufeinander abgestimmte Verhaltensweisen, die eine Verhinderung, Einschränkung oder Verfälschung des Wettbewerbs bezwecken oder bewirken, verboten. Erlaubt sind dagegen Vereinbarungen zwischen Unternehmen oder aufeinander abgestimmte Verhaltensweisen, die unter angemessener Beteiligung der Verbraucher an dem entstehenden Gewinn zur Verbesserung der Warenerzeugung oder Warenverteilung oder zur Förderung des technischen bzw. wirtschaftlichen Fortschritts beitragen. Dabei dürfen den beteiligten Unternehmen keine Beschränkungen auferlegt werden, die für die Verwirklichung dieser Ziele nicht unerlässlich sind, oder ihnen Möglichkeiten eröffnet werden, für einen wesentlichen Teil der betreffenden Waren den Wettbewerb auszuschalten. Das Gesetz stellt damit gewissermaßen das Grundgesetz der deutschen Wirtschaft dar.

**Wettbewerbsrichtlinie** Das allgemeine Wettbewerbsrecht wird für Versicherungsunternehmen und Versicherungsvermittler durch die Wettbewerbsrichtlinien der Versicherungswirtschaft konkretisiert. Diese Richtlinien beruhen auf den Anschauungen der beteiligten Verbände der Versicherungswirtschaft und geben Auskunft darüber, was im Vorsorge- und Versicherungsbereich als gute Sitte gilt.

**Versicherungsaufsichtsrecht** Unternehmen, welche den Betrieb von Versicherungsgeschäften zum Gegenstand haben und nicht Träger der Sozialversicherung sind, unterliegen nach § 1 Abs. 1 Nr. 1 VAG einer staatlichen Versicherungsaufsicht. Diese dient einerseits dem volkswirtschaftlichen Interesse des Staates am Erhalt eines leistungsfähigen Versicherungswesens, andererseits dem Schutz der Versicherungsnehmer, da diese die wirtschaftlichen Fähigkeiten von Versicherungsunternehmen nicht beurteilen können.

**Einfluss durch Europäisches Recht** Nach Artikel 2 des Vertrags über die Arbeitsweise der Europäischen Union (VAEU) kann die EU im Rahmen der ihr übertragenen Zuständigkeiten gesetzgeberisch tätig werden und verbindliche Rechtsakte erlassen[3]. Dies führt dazu, dass das Privatrecht und das Öffentliche Recht durch das Europäische Recht beeinflusst werden. Der EU-Vertrag (EUV) [EU12b], der VAEU und die Charta der Grundfreiheiten der Europäischen Union [EU12c] stellen auf EU-Ebene Primärrecht und damit die vorrangige Rechtsquelle dar. Darin sind Grundfreiheiten wie Warenverkehrsfreiheit, Dienstleistungsfreiheit, Freizügigkeit des Personenverkehrs oder Freiheit des Kapital- und Zahlungsverkehrs festgeschrieben.

**VAEU und Gemeinschaftsrecht** Auf der Grundlage des VAEU kann von den Organen der EU durch Verordnung, Richtlinie und Entscheidung Gemeinschaftsrecht geschaffen werden. Eine Verordnung hat unmittelbare Wirkung in den Mitgliedsstaaten und ist damit

[3] Sie dürfen allerdings keine Harmonisierung der Rechtsvorschriften der Mitgliedstaaten beinhalten [EU12a].

quasi Europäisches Recht. Eine Richtlinie stellt dagegen einen verbindlichen Rechtsakt dar. Richtlinien sind in der Regel innerhalb einer gesetzten Frist in nationales Recht umzusetzen, ansonsten gelten sie nach Ablauf der Frist auch ohne Umsetzung unmittelbar. Derzeit prominentestes Beispiel einer Richtlinie, welche nationales Recht im Bereich der Versicherungswirtschaft unmittelbar und nachhaltig betrifft, ist die Richtlinie 2009/138/EG des Europäischen Parlaments und des Rates vom 25. November 2009 betreffend die Aufnahme und Ausübung der Versicherungs- und der Rückversicherungstätigkeit (Solvabilität II) [EU09].

## 10.3 Rechtsformen und Gesellschaftsrecht

**Restriktionen bei der Wahl der Rechtsform** Der Gesetzgeber ermöglicht verschiedene Rechtsformen für ein Unternehmen [Klei09]. Die Entscheidung für eine bestimmte Rechtsform hängt dabei von unterschiedlichsten Kriterien ab, wie

- Haftungsfragen,
- Steuerrecht,
- Vermögensordnung,
- Publizitätspflichten,
- Finanzierungsformen,
- Kontrollmöglichkeiten,
- Organisation und Unternehmensführung,
- gesetzlichen Vorgaben.

**Versicherungsunternehmen** Beispielsweise darf nach § 7 Abs. 1 VAG die Erlaubnis zum Betrieb von Versicherungsgeschäften nur Aktiengesellschaften einschließlich Europäischen Gesellschaften, Versicherungsvereinen auf Gegenseitigkeit sowie Körperschaften und Anstalten des öffentlichen Rechts erteilt werden.

**Personengesellschaften** Bei Personengesellschaften gilt der Grundsatz der Selbstorganschaft, d. h. Geschäftsführungs- und Vertretungsbefugnis sind mit der Person der Gesellschafter verbunden. Leitenden Angestellten sowie nicht persönlich haftenden Kommanditisten kann allerdings Prokura oder Handlungsvollmacht erteilt werden.

**Kapitalgesellschaften** Die Kapitalgesellschaften GmbH, UG, AG, KGaA und SE sind in eigenen Gesetzen (GmbHG, AktG und SEAG) geregelt. Bei diesen Gesellschaften kann auch ein Nichtgesellschafter zum Geschäftsführer oder zum Vorstand bestellt werden.

**Europäische Gesellschaft (SE)** Bei der Europäischen Gesellschaft kann hinsichtlich des Leitungs- und Kontrollorgans zwischen dualistischem System mit Vorstand und Aufsichtsrat (§ 15 ff. SEAG) und monistischem System mit einem Verwaltungsrat, bestehend aus exekutiven und nicht exekutiven Direktoren (§ 20 ff. SEAG), gewählt werden.

**Versicherungs-AG** Eine Kapitalgesellschaft, die über ein in Aktien zerlegtes Grundkapital verfügt und Versicherungsgeschäfte gegen eine feste Prämie betreibt, wird als Versicherungs-Aktiengesellschaft bezeichnet. Es gelten die allgemeinen Vorschriften des Aktienrechts, allerdings werden im Interesse der Erfüllbarkeit der Verpflichtungen aus Versicherungsverträgen aufsichtsrechtlich höhere Anforderungen an die Kapitalausstattung gestellt.

**VVaG** Der Versicherungsverein auf Gegenseitigkeit ist ein versicherungsrechtlich spezieller, rechtsfähiger Verein auf Grundlage der §§ 15–53b VAG. Er betreibt die Versicherung seiner Mitglieder nach dem Prinzip der Gegenseitigkeit. Versicherungsnehmer sind somit gleichzeitig Vereinsmitglieder. Es gilt das Recht auf Gleichbehandlung, sodass gemäß § 21 Abs. 1 VAG Mitgliedsbeiträge und Vereinsleistungen nach gleichen Gesichtspunkten bemessen sein müssen. Organe des VVaG sind der Vorstand (§ 34 VAG), der Aufsichtsrat (§ 35 VAG) und die oberste Vertretung (§ 36 VAG). Es gelten die handelsrechtlichen Vorschriften zur Unternehmensführung und der Eintragung in das Handelsregister.

**Öffentlich-rechtliche VU** Die öffentlich-rechtlichen Versicherungsunternehmen sind Körperschaften oder Anstalten des öffentlichen Rechts. Hier übernehmen öffentliche Gewährträger die Haftung. Sie unterliegen dem Landesrecht und haben nach dem Regionalitätsprinzip einen räumlich begrenzten Wirkungsbereich.

**Rechtsformen der Versicherungsunternehmen in Deutschland** Wie in den meisten Wirtschaftszweigen ist auch in der Versicherungsbranche die AG die typische Rechtsform für große Unternehmen. Aus statistischen Daten des GDV geht hervor, dass seit 2002 mehr als die Hälfte der Versicherungsunternehmen Aktiengesellschaften sind, gefolgt von Versicherungsvereinen auf Gegenseitigkeit (siehe Abb. 10.3) [GDV12]. Deren Anteil ist von 1954 bis 2002 von etwa 81 % auf 43 % gefallen und stagniert seitdem in etwa auf diesem Niveau. Im gleichen Zeitraum ist allerdings auch die Anzahl von Versicherungsunternehmen um etwa 23 % von 841 auf 651 zurückgegangen. Die Europäische Gesellschaft spielt als Rechtsform mit einem Anteil von unter 2 % bezogen auf die Anzahl der Unternehmen in der deutschen Versicherungsbranche eher eine untergeordnete Rolle[4].

**Versicherungsvermittlung** Bei der Versicherungsvermittlung hat die Rechtsform eine gewisse Relevanz. Wie das VG Bremen in seiner Entscheidung vom 02.11.2011 im Falle einer GmbH & Co. KG bestätigte, sind Personenhandelsgesellschaften keine Gewerbetreibende im Sinne des § 34d Abs. 1 GewO. Damit sind sie weder Träger der Vermittlererlaubnis noch eintragungsfähig. Dies gilt ungeachtet der Rechtsprechung des BGH zur Rechtsfähigkeit der Gesellschaft bürgerlichen Rechts[5]. Entscheidend ist der Schutzzweck

[4] European Trade Union Institute (ETUI): European Company (SE) Database – ECDB. ecdb.workerparticipation.eu, Abruf am 10.03.2014.
[5] BGH, Urteil vom 29.01.2001 – II ZR 331/00, NJW (2001) 1056.

| Jahr | AG | VVaG | Öffentlich-rechtliche VU | Sonstige VU | Gesamte VU |
|---|---|---|---|---|---|
| 1954 | 110 | 684 | 15 | 32 | 841 |
| 1960 | 125 | 645 | 16 | 46 | 832 |
| 1970 | 140 | 527 | 16 | 46 | 729 |
| 1980 | 196 | 406 | 12 | 102 | 716 |
| 1990 | 281 | 352 | 47 | 81 | 761 |
| 1995 | 320 | 324 | 31 | 17 | 692 |
| 2000 | 324 | 299 | 27 | 16 | 666 |
| 2002 | 330 | 280 | 22 | 19 | 651 |
| 2005 | 321 | 267 | 18 | 10 | 616 |
| 2007 | 321 | 267 | 18 | 9 | 615 |
| 2009 | 313 | 267 | 17 | 6 | 603 |
| 2011 | 302 | 261 | 17 | 9 | 589 |

**Abb. 10.3** Versicherungsunternehmen (VU) unter deutscher Aufsicht nach Rechtsform

des jeweiligen Rechts. Die Tatsache, dass Personengesellschaften die Erlaubnis zur Eintragung versagt wird, verstößt weder gegen die Vermittlerrichtlinie [EU03a] noch gegen die Grundrechte der Berufsfreiheit oder den allgemeinen Gleichstellungssatz[6].

**Ausgliederungen** Im Rahmen der Funktionsausgliederung für die Leistungsbearbeitung in der Rechtsschutzversicherung gemäß § 8a VAG oder etwa bei der Ausgliederung von IT-Dienstleistungen ist die GmbH eine geeignete und weit verbreitete Rechtsform.

**Relevanz für das Risikomanagement** Aus Sicht des Risikomanagements gibt es keine optimale Lösung bei der Wahl einer geeigneten Rechtsform für Versicherungsunternehmen. Vor allem bei den kleineren Versicherungsunternehmen ist sie – im Rahmen der gesetzlichen Vorgaben nach § 7 Abs. 1 VAG – weitgehend historisch bedingt. Rechtsformänderungen werden vor allem zur Kapitalbeschaffung sowie bei geplanten Zusammenschlüssen oder Veräußerungen durchgeführt.

## 10.4 Haftung von Managern und Arbeitnehmern

**Wachsende Bedeutung der Manager-Haftung** In den letzten Jahren haben sich Krisen in deutschen Unternehmen gehäuft. Dies hatte nicht nur für Aktionäre und Gesellschafter schmerzliche finanzielle Folgen. Der entstandene Vertrauensverlust der Öffentlichkeit in den deutschen Kapitalmarkt fügte auch der deutschen Wirtschaft erheblichen Schaden zu. Die Manager-Haftung bei Kapitalgesellschaften und Versicherungsunternehmen

[6] VG Bremen, Urteil vom 15.09.2011 – 5 K 3670/07.

sowie der Abschluss von „Directors & Officers“ (D&O)-Versicherungen gewinnen deshalb immer mehr an Bedeutung. Inzwischen hat auch der Gesetzgeber mit verschiedenen Gesetzesinitiativen reagiert, welche die Haftung der Unternehmen wie auch der Unternehmensleitung erheblich verschärfen [Schm07].

**Innen- und Außenhaftung** Im Rahmen der Haftung ist zwischen Innen- und Außenhaftung zu unterscheiden. Bei der Innenhaftung erhebt das Unternehmen Schadenersatzanspruch gegen seinen eigenen Unternehmensleiter. Bei der Außenhaftung besteht die Haftung des Unternehmensleiters gegenüber Außenstehenden, z. B. Gesellschaftern, Aktionären, Arbeitnehmern, Lieferanten, Kunden, Wettbewerbern oder sonstigen Dritten.

**Organhaftung der AG** Bei einer AG kommen primär die Vorstands- und Aufsichtsratsmitglieder als Haftende in Frage (§§ 93, 116, 117 AktG). Ein Vorstandsmitglied kann infolge von Pflichtverletzungen im Sinne des § 93 AktG schadenersatzpflichtig werden. Relevant für das Risikomanagement sind die Organisationspflichten, insbesondere die Einrichtung eines Überwachungssystems zur Früherkennung von bestandsgefährdenden Entwicklungen (§ 91 Abs. 2 AktG).

**Sorgfaltspflicht** Vorstandsmitglieder müssen die Sorgfalt eines ordentlichen und gewissenhaften Geschäftsleiters anwenden. Allerdings hat der BGH klargestellt, dass bei unternehmerischen Entscheidungen der Verschuldensmaßstab eingeschränkt ist und ein haftungsfreier Beurteilungsspielraum des Managements anzuerkennen ist, um einen Freiraum für wirtschaftliches Handeln zu eröffnen[7].

**Aufsichtsorgan** Bei mehreren Vorständen können Ressorts gebildet werden. Dies bewirkt eine weitgehende Entlastung der jeweils nicht zuständigen Vorstandsmitglieder, allerdings besteht die Pflicht zur allgemeinen Beaufsichtigung [Wolf05]. Der Aufsichtsrat ist verpflichtet, das Vorhandensein von Schadenersatzansprüchen der AG gegenüber Vorstandsmitgliedern zu prüfen (§§ 111, 119 AktG).

**Spezialfall VVaG** Für VVaG wird § 93 Abs. 3 AktG durch eine Vorschrift in § 34 VAG ersetzt. Danach sind Vorstandsmitglieder namentlich zum Ersatz verpflichtet, wenn entgegen dem Gesetz

- der Gründungsstock verzinst oder getilgt wird,
- das Vereinsvermögen geteilt wird,
- Kredit gewährt wird,
- das Zahlungsverbot nach Eintritt der Insolvenzreife nicht eingehalten wird.

[7] BGH, Urteil vom 21.04.1997 – II ZR 175/95, NJW (1997) 1926, 1928.

**VU und Finanzkonglomerate** Für Vorstandsmitglieder von Versicherungsunternehmen bzw. Finanzkonglomeraten gelten zusätzliche Pflichten. Dies betrifft beispielsweise Pflichten zur Verhinderung von Geldwäsche und von Terrorismusfinanzierung oder besondere Organisationspflichten für die Geschäftsorganisation, insbesondere zur Einrichtung eines angemessenen Risikomanagementsystems nach branchenspezifischen Sondernormen[8].

**Deliktrecht** Im Rahmen der Außenhaftung stützen sich die Schadenersatzansprüche Dritter am häufigsten auf das Deliktrecht des BGB. Nach § 823 Abs. 2 BGB haften Organmitglieder persönlich, wenn sie gegen ein den Schutz eines anderen bezweckendes Gesetz verstoßen. Als zu ersetzende Schäden kommen generell alle durch Rechtsverletzung verursachten Schäden in Betracht.

**Trends der Rechtsprechung** Es ist eine steigende Tendenz festzustellen, Vorstände und Aufsichtsräte zur Haftung heranzuziehen. So stellte der BGH eine unmittelbare Schadenersatzpflicht eines Vorstands gegenüber einem durch fehlerhafte Ad-hoc-Mitteilung zum Kauf veranlassten Aktionär fest[9]. In einem anderen Urteil stellte der BGH klar, dass die gesetzliche Sorgfaltspflicht die Pflicht begründet, für die Legalität des Handelns der Gesellschaft, insbesondere auch für die Erfüllung der ihr aufgetragenen buchführungs- und steuerrechtlichen Pflichten, Sorge zu tragen[10].

**Haftung von Arbeitnehmern** Aufgrund ihres Arbeitsvertrages haben Arbeitnehmer die Pflicht, in ihrem Aufgabenbereich Schäden vom Unternehmen abzuwenden. Für die Haftungsgrundsätze gilt, dass der Arbeitgeber leichte Schäden, die ein Arbeitnehmer bei gefahrgeneigter Arbeit nicht grob fahrlässig verursacht, zu tragen hat. Mittlere Schäden sind zwischen Arbeitgeber und Arbeitnehmer zu teilen[11].

**Leitende Angestellte** Bei leitenden Angestellten gibt es keine Sonderregeln. Allerdings richtet sich die Sorgfaltspflicht und damit die Haftung nach der gestellten Aufgabe und der hierfür typischerweise erforderlichen Ausbildung. Beispielsweise unterliegen daher der Revisions- oder der EDV-Leiter einer hohen Sorgfalts- und Fürsorgepflicht und damit einem entsprechend hohen Haftungsdruck [Woll05, 198].

## 10.5 Risikomanagement und Haftung

**Transferierbare Erkenntnisse** Bei Banken und Finanzdienstleistern gehört der professionelle Umgang mit Risiken und deren mathematische Modellierung zum Tagesgeschäft.

[8] Von Relevanz sind § 64a VAG für Versicherungsunternehmen, § 25 FKAG für Finanzkonglomerate, § 25a KWG für Kreditinstitute sowie § 33 WpHG für Wertpapierdienstleistungsunternehmen.
[9] BGH, Urteil vom 19.07.2004 – II ZR 218/03, VersR **55** (2004) 1279.
[10] BGH, Urteil vom 27.08.2010 – 2 StR 111/09, NJW (2010) 3458.
[11] BAG, Urteil vom 12.10.1989 – 8 AZR 276/88, NJW (1990) 468.

Damit bestehen einerseits branchenspezifische Besonderheiten, andererseits ergeben sich auch Erkenntnisse, die für die Haftung von Vorständen und Aufsichtsräten im Zusammenhang mit dem Risikomanagement über die Finanzbranche hinaus von allgemeiner Bedeutung sind [ScZe09].

**Gesetzesnormen zum Risikomanagement** Bis auf die branchenspezifischen Sondernormen wie § 25a KWG, § 25 FKAG, § 64a VAG oder § 33 WpHG, die spezielle Organisationspflichten fordern, den Rundschreiben der BaFin sowie den Normen des Deliktrechts nach §§ 823, 831 BGB existieren zurzeit keine speziellen Gesetzesnormen, aus welchen sich im Zusammenhang mit Haftungsfragen spezifische Organisationsanforderungen hinsichtlich des Risikomanagements ableiten [LoRa12].

**§ 64a VAG und Strafvorschriften** Der § 64a VAG wurde zum 01.01.2014 um einen siebten Absatz erweitert, wodurch wesentliche Bestandteile der MaRisk auf Gesetzesebene gehoben wurden. Dies betrifft Vorgaben zu Strategien, Prozessen, Verfahren, Funktionen und Konzepten zur Beurteilung der eigenen Risiken, zur Risikostrategie, zur Funktionstrennung, zum ISKS, zur Berichterstattung und Kommunikation sowie zur internen Revision. In § 142 Abs. 1 VAG wurden Strafvorschriften verankert, die greifen, falls das Unternehmen nicht über die in § 64a Nr. 7 VAG genannten Strategien, Prozesse, Verfahren, Funktionen und Konzepte verfügt und dadurch zahlungsunfähig wird oder sich überschuldet.

**Frühwarnsystem der AG** Bei Aktiengesellschaften hat der Vorstand ein Risikofrühwarnsystem einzurichten und dieses zu unterhalten. Die Prüfung des Frühwarnsystems erfolgt nach § 317 Abs. 4 HGB durch den Abschlussprüfer, wobei der Prüfungsstandard IDW PS 340 anzuwenden ist. Bei börsennotierten Aktiengesellschaften ist im Rahmen der Prüfung zusätzlich zu beurteilen, ob der Vorstand seinen Pflichten gemäß § 91 Abs. 2 AktG nachgekommen ist und ob das eingerichtete Frühwarnsystem seine Aufgaben erfüllen kann.

**Gesetzgebung unkonkret** Trotz existierender Vorgaben besteht ein erheblicher Freiraum bei der Ausgestaltung von Risikomanagementsystemen. Damit stellt sich die Frage, wie sich die Gesetzgebung die Pflichten des Vorstands im Rahmen des Risikomanagements genau vorstellt. Nach einer ersten gerichtlichen Konkretisierung ist der Vorstand einer AG durch § 91 Abs. 2 AktG nicht nur verpflichtet, ein Risikofrühwarn- und Überwachungssystem einzurichten, sondern es besteht darüber hinaus eine Rechtspflicht, das System zu dokumentieren. Wird das Risikofrühwarn- und Überwachungssystem nicht ordnungsgemäß dokumentiert, ist der Hauptversammlungsbeschluss, durch den die Hauptversammlung den Vorstand entlastet, gemäß § 243 Abs. 1 AktG anfechtbar[12].

[12] LG München I, Urteil vom 05.04.2007 – 5 HK O 15964/06, CCZ (2008) 70.

**Kronkretisierung durch Rechtsprechung** In der Urteilsbegründung wird dargelegt, dass die Einrichtung eines Risikofrühwarn- und Überwachungssystems eine Organisationsanforderung zum Inhalt hat, welcher durch die Begründung unmissverständlicher Zuständigkeiten, ein engmaschiges Berichtswesen und eine entsprechende Dokumentation Rechnung getragen werden muss. Es ist sicherzustellen, dass vom verantwortlichen Sachbearbeiter über die jeweiligen Hierarchieebenen bis hin zur Unternehmensleitung sämtliche relevante Stellen von vorhandenen Risiken Kenntnis erlangen, um die entsprechenden Maßnahmen zur Beherrschung dieser Risiken einleiten zu können. Das Risikomanagementsystem muss dokumentiert werden, um es auch unternehmensintern kommunizieren zu können. Die Offenlegung organisatorischer Maßnahmen, der getroffenen Maßnahmen und Verfahrensabläufe trägt nach Meinung des Gerichts entscheidend zur Optimierung von Handlungsabläufen bei.

**Zentrale Aufgabe: Dokumentation** Außerdem sei der Bezug zum § 317 Abs. 4 HGB wesentlich, wonach der Abschlussprüfer im Rahmen seiner Prüfung zu beurteilen habe, ob der Vorstand einer börsennotierten Gesellschaft die ihm nach § 91 Abs. 2 AktG obliegenden Maßnahmen in geeigneter Form getroffen habe und das eingerichtete Überwachungssystem seine Aufgaben erfüllen könne. Die Dokumentation des Systems gehöre damit zu den zentralen Aufgaben des Vorstands im Anwendungsbereich des § 91 Abs. 2 AktG und der hierin zum Ausdruck kommenden Bestandssicherungsverantwortung.

**Parallelität zu MaRisk** Das Interessante bei diesem Urteil liegt aus heutiger Sicht darin, dass die Urteilsbegründung inhaltlich einige zentrale Anforderungen der MaRisk (VA) in Bezug auf Organisation, Kommunikation, Dokumentation und Nachvollziehbarkeit vorweg nahm:

- Alle Geschäftsleiter sind für die Implementierung eines funktionierenden Risikomanagements und dessen Weiterentwicklung verantwortlich. Risikomanagemententscheidungen liegen in der Verantwortung der Geschäftsleitung und sind nicht delegierbar (Pkt. 6 Nr. 1 MaRisk).
- Die Ablauforganisation ermöglicht es, alle mit wesentlichen Risiken behafteten Geschäftsabläufe sowie die Verantwortlichkeiten festzulegen (Pkt. 7.2.2 Nr. 1 MaRisk).
- Unternehmen müssen eine ausreichende unternehmensinterne Kommunikation über alle wesentlichen Risiken sicherstellen. Dies ist Aufgabe der Geschäftsleitung sowie der Führungskräfte und setzt eine angemessene Risikokultur innerhalb des Unternehmens voraus (Pkt. 7.3.3 Nr. 1 MaRisk).
- Alle für die Funktionsfähigkeit des Risikomanagements wesentlichen Informationen müssen den Entscheidungsträgern exakt und vollständig zur Verfügung stehen. Die Dokumentation soll einen systematischen Überblick über Risiken, Prozesse sowie Kontrollen geben und für sachverständige Dritte nachvollziehbar und überprüfbar sein (Pkt. 10 Nr. 1 MaRisk).

**Bezug zur IT-Sicherheit** Werden diese Anforderungen auf die IT-Sicherheit bezogen, hat der Vorstand dafür zu sorgen, dass die IT-Systeme an gängigen Standards wie dem IT-Grundschutzhandbuch des BSI oder der ISO/IEC 27002 ausgerichtet sind (Pkt. 7.2.2.2 Nr. 3 MaRisk). Für typische IT-Risiken wie Viren-, Hacker-Attacken oder Stromausfälle müssen im Vorfeld festgelegte Notfallpläne bestehen. Die Unternehmen haben gemäß Pkt. 9 Nr. 1 MaRisk Vorsorge zu treffen für Störfälle, Notfälle und Krisen, in denen die Kontinuität der wichtigsten Geschäftsprozesse nicht mehr gewährleistet werden kann. Es ist festzulegen, welche Störungen der Organisation unter welchen Umständen als wesentlich anzusehen sind. Die Notfallplanung muss in der Praxis durchführbar sein und regelmäßig erprobt und überprüft werden (Pkt. 9 Nr. 2 MaRisk).

## Literatur

[BaHo12] *Baumbach, A.; Hopt, K. J.:* Handelsgesetzbuch: HGB – mit GmbH & Co., Handelsklauseln, Bank- und Börsenrecht, Transportrecht (ohne Seerecht). C. H. Beck, München 2012.

[Bech13] *Bechthold, R.:* GWB – Kartellgesetz, Gesetz gegen Wettbewerbsbeschränkungen. C. H. Beck, München 2013.

[BJMS07] *Binder, U.; Jünemann, J.; Merz, F.; Sinewe, P.:* Europäische Aktiengesellschaft (SE) – Recht, Steuern, Beratung. Gabler, Wiesbaden 2007.

[EmHa10] *Emmerich, V.; Habersack, M.:* Aktien- und GmbH-Konzernrecht. C. H. Beck, München 2010.

[EU03a] *EU:* Richtlinie 2002/92/EG des Europäischen Parlaments und des Rates vom 9. Dezember 2002 über Versicherungsvermittlung. Amtsblatt der Europäischen Union L 9/3 vom 15.01.2003.

[EU09] *EU:* Richtlinie 2009/138/EG des Europäischen Parlamentes und des Rates betreffend die Aufnahme und Ausübung der Versicherungs- und der Rückversicherungstätigkeit (Solvabilität II). Amtsblatt der Europäischen Union L 335 vom 17.12.2009.

[EU12a] *EU:* Vertrag über die Arbeitsweise der Europäischen Union (konsolidierte Fassung). Amtsblatt der Europäischen Union C 326/47 vom 26.10.2012.

[EU12b] *EU:* Vertrag über die Europäische Union (konsolidierte Fassung). Amtsblatt der Europäischen Union C 326/13 vom 26.10.2012.

[EU12c] *EU:* Charta der Grundrechte der Europäischen Union. Amtsblatt der Europäischen Union C 326/391 vom 26.10.2012.

[GDV12] *GDV (Hrsg.):* Statistisches Taschenbuch der Versicherungswirtschaft 2012. Verlag Versicherungswirtschaft, Karlsruhe 2012 (www.gdv.de/wp-content/uploads/2014/06/Statistisches-Taschenbuch-GDV-20121.pdf, Abruf am 10.03.2014).

[Klei09] *Klein-Blenkers, F.:* Rechtsformen der Unternehmen. C. F. Müller, Heidelberg 2009.

[KöBo13] *Köhler, H.; Bornkamm, J.:* Gesetz gegen den unlauteren Wettbewerb: UWG mit PangV, UklaG, DL-InfoV. C. H. Beck, München 2013.

[Koch10] *Koch, P.:* Privatversicherungsrecht. C. H. Beck, München 2010.

[Köhl12] *Köhler, H.:* Bürgerliches Gesetzbuch. C. H. Beck, München 2012.

[LoRa12] *Louven, C.; Raapke, J.:* Aktuelle Entwicklungen in der Corporate Governance von Versicherungsunternehmen. VersR **63** (2012) 257.

[Schm07] *Schmitt, S. M.:* Organhaftung und D&O-Versicherung. Münchner Juristische Beiträge **61**, Herbert Utz, München 2007.

[ScZe09] *Schäfer, A.; Zeller, U.:* Finanzkrise, Risikomodelle und Organhaftung. Betriebs-Berater **64** (2009) 1706.

[Wolf05] *Wolf, M.:* Wider eine Misstrauenspflicht im Kollegialorgan „Vorstand". VersR **56** (2005) 1042.

[Woll05] *Wolle, B.:* Grundlagen des Software-Marketing. Vieweg, Wiesbaden 2005.

# 11 Grundlagen des Privatversicherungsrechts

Versicherungen sind Illusionen auf Raten (Levi Jizchak ben Meir von Berditschew, chassidischer Rabbiner und Zaddik, 1740–1810).

**Gegenstand der Versicherungswirtschaft** Die Versicherungswirtschaft hat den Betrieb von Versicherungsgeschäften zum Risikoschutz und Vorsorge für die privaten Haushalte, Industrie, Gewerbe und öffentliche Einrichtungen zum Gegenstand. Sie umfasst somit Versicherungsunternehmen als Produzenten von Schutz gegen private und gewerbliche Risiken sowie Versicherungsnehmer als Verwender des Versicherungsschutzes. Die Versicherungsverhältnisse entstehen dabei durch vertragliche Vereinbarung und Kalkulation der Versicherungsprämien nach Leistung und Gegenleistung.

Neben dem eigentlichen Versicherungsgeschäft spielt der Finanzbereich für die Versicherungsunternehmen eine zentrale Rolle. Die Kapitalanlagen sollen die jederzeitige Erfüllbarkeit der Versicherungsleistungen sicherstellen. Die zulässigen Anlagearten sind durch Gesetze und Verordnungen geregelt und haben nach den Grundsätzen der Sicherheit, Rentabilität, Liquidität, Mischung und Streuung zu erfolgen.

**Volkswirtschaftliche Bedeutung prägt Privatversicherungsrecht** Insgesamt besitzt die Versicherungsbranche – d. h. die Versicherungswirtschaft betrachtet als Teil der Dienstleistungsbranche – in entwickelten Dienstleistungsgesellschaften als Risikoträger und Kapitalgeber eine herausragende volkswirtschaftliche Bedeutung. Als Individualversicherung steht sie der Sozialversicherung gegenüber. Dies spiegelt sich auch in den für die Versicherungsunternehmen geltenden Rechtsgrundlagen wider. Sie beinhalten sowohl öffentliches als auch privates Recht, insbesondere das bürgerliche und das Handelsrecht, diverse spezielle Regelungen und Verordnungen mit versicherungsrechtlichen Inhalten sowie die Allgemeinen Versicherungsbedingungen. Des Weiteren unterliegt die Rechnungslegung von Versicherungsunternehmen aufsichts- und handelsrechtlichen Sondervorschriften, welche die Besonderheiten des Versicherungsgeschäfts berücksichtigen.



B. Wolle, *Risikomanagementsysteme in Versicherungsunternehmen*, IT im Unternehmen, DOI 10.1007/978-3-8348-2309-0_11

## 11.1 Versicherungsaufsicht

**BaFin** Die Bundesanstalt für Finanzdienstleistungsaufsicht (BaFin) ist gemäß § 146 VAG für die Beaufsichtigung von privaten Versicherungsunternehmen und Pensionsfonds, die im Inland ihren Sitz oder eine Niederlassung haben oder auf andere Weise das Versicherungsgeschäft betreiben, Versicherungs-Holdinggesellschaften, Versicherungs-Zweckgesellschaften und Sicherungsfonds sowie für öffentlich-rechtliche Wettbewerbs-Versicherungsunternehmen zuständig, soweit diese der Versicherungsaufsicht nach § 1 Abs. 1 Nr. 1 VAG unterliegen. Für private Versicherungsunternehmen von geringer wirtschaftlicher Bedeutung kann die Aufsicht auf die Landesaufsichtsbehörden übertragen werden.

**Organisation der BaFin** Die BaFin ist eine bundesunmittelbare, rechtsfähige Anstalt des öffentlichen Rechts mit Sitz in Bonn und Frankfurt am Main. Sie ist der Rechts- und Fachaufsicht des Bundesministeriums der Finanzen (BMF) unterstellt. Rechtsgrundlage ist das Finanzdienstleistungsaufsichtsgesetz (FinDAG). Aufbau und Geschäftsführung, Zusammensetzung und Aufgaben des Verwaltungsrats sowie die Haushaltsführung sind durch das BMF auf Basis einer Verordnung (FinDASaV) in der Satzung der BaFin (FinDASa) geregelt. Organe der BaFin sind das Direktorium, der Präsident oder die Präsidentin und der Verwaltungsrat. Der Präsident oder die Präsidentin vertritt die Bundesanstalt gerichtlich und außergerichtlich. Zur Wahrnehmung der gesetzlichen Aufgaben wurden die aus Abteilungen und Referaten bestehenden Geschäftsbereiche Querschnittsaufgaben/Innere Verwaltung, Bankenaufsicht, Versicherungsaufsicht und Wertpapieraufsicht eingerichtet. Die Bundesanstalt erhebt für Amtshandlungen im Rahmen der ihr zugewiesenen Aufgaben Gebühren in Höhe von bis zu 500.000 Euro. Reichen die Gebühren oder sonstigen Einnahmen nicht aus, um die Kosten der Bundesanstalt zu decken, werden diese anteilig auf die beaufsichtigten Institute und Unternehmen umgelegt.

**Zwangsmittel und Klage** Die BaFin kann ihre Verfügungen gemäß § 17 FinDAG mit Zwangsmitteln nach den Bestimmungen des Verwaltungs-Vollstreckungsgesetzes (VwVG) durchsetzen. Sie kann auch Zwangsmittel gegen juristische Personen des öffentlichen Rechts anwenden. Die Höhe des Zwangsgelds kann bis zu 250.000 Euro betragen. Gegen Entscheidungen der Bundesanstalt steht dem Betroffenen nach erfolglosem Widerspruch die Möglichkeit der Klage zu. Für Klagen gegen die Bundesanstalt gilt Frankfurt am Main als Sitz der Behörde (§ 1 Abs. 3 S. 1 FinDAG).

## 11.2 Gesetzliche Grundlagen der Geschäftsführung

**Erlaubnis zum Geschäftsbetrieb** Versicherungsunternehmen bedürfen nach § 5 Abs. 1 VAG zum Geschäftsbetrieb der Erlaubnis der Aufsichtsbehörde. Die unbefugte Geschäftstätigkeit stellt nach § 140 VAG einen Straftatbestand dar. Mit dem Antrag ist ein Geschäftsplan einzureichen. Er besteht aus Unterlagen zu rechtlichen, versicherungstechnischen, finanziellen und versicherungswirtschaftlichen Grundlagen sowie zu

Funktionsausgliederungen. Der Geschäftsplan und jede Änderung bedürfen der Genehmigung durch die Aufsichtsbehörde (§ 13 VAG). Davon ausgenommen sind Änderungen an den Allgemeinen Versicherungsbedingungen, Tarifänderungen sowie gewisse Änderungen bei Funktionsausgliederungsverträgen.

**Spartentrennung** Gesetzlich ist die Spartentrennung vorgeschrieben (§ 8 Abs. 1a VAG). Die Lebensversicherung und die Krankenversicherung dürfen deshalb nur von rechtlich selbstständigen Unternehmen betrieben werden. Betreibt ein Versicherungsunternehmen die Rechtsschutzversicherung zusammen mit anderen Sparten, muss die Leistungsbearbeitung in diesem Versicherungszweig an ein Schadenabwicklungsunternehmen übertragen werden. Diese Übertragung gilt als Funktionsausgliederung (§ 8a VAG).

**Zuverlässigkeit und fachliche Eignung** Die Mitglieder des Aufsichtsrats und die Geschäftsleiter von Versicherungsunternehmen müssen zuverlässig und fachlich geeignet sein (§ 7a Abs. 1 VAG). Die fachliche Eignung setzt in ausreichendem Maße theoretische und praktische Kenntnisse in Versicherungsgeschäften sowie eine Leitungserfahrung von mindestens drei Jahren voraus. Aufsichtsratsmitglieder müssen zusätzlich über die erforderliche Sachkunde zur Wahrnehmung der Kontrollfunktion sowie zur Beurteilung und Überwachung der vom Unternehmen betriebenen Geschäfte besitzen (§ 7a Abs. 4 VAG). Hierzu hat die BaFin ein Merkblatt für die Prüfung der fachlichen Eignung und Zuverlässigkeit von Geschäftsleitern gemäß VAG, KWG, ZAG und InvG veröffentlicht [BaFi13].

**Kapitalanlagen und Solvabilität** Die Kapitalausstattung und die Vermögensanlage sind aufgrund ihrer zentralen Bedeutung in den §§ 53c ff. VAG gesondert geregelt. Danach sind Versicherungsunternehmen zur Sicherstellung der dauernden Erfüllbarkeit der Versicherungsverträge verpflichtet, stets über genügend freie und unbelastete Eigenmittel in Höhe der geforderten Solvabilitätsspanne zu verfügen. Ein Drittel der geforderten Solvabilitätsspanne gilt als Garantiefonds. Bei den Kapitalanlagen ist die Anlage des gebundenen Vermögens geregelt. Es besteht aus dem Sicherungsvermögen (§§ 66, 67 VAG) und dem sonstigen gebundenen Vermögen. Das gebundene Vermögen ist gemäß den allgemeinen Anlagegrundsätzen des § 54 Abs. 1 VAG in zulässigen Kapitalanlagearten (§ 54 Abs. 2 VAG) anzulegen. Näheres regelt die Anlageverordnung (AnlV).

**Anlagegrundsätze** Die Versicherungsunternehmen haben ihre Kapitalanlage so vorzunehmen, dass sie jederzeit auf sich wandelnde wirtschaftliche und rechtliche Bedingungen, insbesondere Veränderungen auf den Finanz- und Immobilienmärkten, auf Katastropheneereignisse mit Schadensfällen großen Ausmaßes oder auf sonstige ungewöhnliche Marktsituationen angemessen reagieren können. Die Einhaltung der Anlagegrundsätze und -vorschriften sind durch ein qualifiziertes Anlagemanagement, geeignete interne Kapitalanlagegrundsätze und Kontrollverfahren, eine strategische und taktische Anlagepolitik sowie weitere organisatorische Maßnahmen sicherzustellen. Hierzu gehören insbesondere die Beobachtung aller Risiken der Aktiv- und Passivseite der Bilanz und des Verhältnisses beider Seiten zueinander (Asset-Liability-Management) sowie eine Überwachung des Anlagebestandes gegenüber bestimmten Kapitalmarktszenarien und Investitionsbedingungen.

**Rechnungslegung und Prüfung** Die Rechnungslegung der Versicherungsunternehmen unterliegt Sondervorschriften gemäß §§ 55, 55a VAG und §§ 330, 341–341o HGB. Die Prüfung des Jahresabschlusses regeln die §§ 57–64 VAG. Weitere Rechtsverordnungen – die Versicherungsberichterstattungs-Verordnung (BerVerV) und die Prüfberichteverordnung (PrüfV) – konkretisieren die Vorgaben zur Rechnungslegung und des Jahresabschlusses für Versicherungsunternehmen. Gesondert geregelt sind außerdem die Rückstellung für die Beitragsrückerstattung (§ 56a VAG), sowie die Deckungsrückstellung und das Sicherungsvermögen (§§ 65–79a VAG).

**Geschäftsorganisation** Versicherungsunternehmen müssen über eine ordnungsgemäße Geschäftsorganisation verfügen, welche die Einhaltung der zu beachtenden Gesetze, Verordnungen und aufsichtsrechtlichen Anforderungen gewährleistet. Die Verantwortung der ordnungsgemäßen Geschäftsführung liegt bei allen Geschäftsleitern und zwar unabhängig von der internen Zuständigkeitsregelung. Die ordnungsgemäße Geschäftsführung beinhaltet ein angemessenes Risikomanagement sowie ein Beschwerdemanagement[1]. Die Pflichten hinsichtlich der Geschäftsorganisation regeln die §§ 64a, 64b VAG – konkretisiert durch die MaRisk (VA) und die Versicherungsvergütungsverordnung (VersVergV) – sowie § 25 FKAG für Finanzkonglomerate (s. auch [LoRa12]). Mit der Implementierung von § 64a VAG und § 25 FKAG wurde in Deutschland die nationale Umsetzung zentraler Anforderungen der Säule II der Solvency-II-Richtlinie vorweggenommen.

**Rundschreiben der BaFin** Im Rundschreiben 3/2009 vom 22.01.2009 veröffentlichte die BaFin die aufsichtsrechtlichen Mindestanforderungen an das Risikomanagement von Versicherern[2]. Die MaRisk (VA) legen die Regelungen des § 64a VAG und des § 25 FKAG in Verbindung mit Artikel 9 der Finanzkonglomeraterichtlinie 2002/87/EG [EU03b] verbindlich aus[3]. Sie sollen eine konsistente Anwendung gegenüber allen Versicherungsunternehmen und -gruppen sowie Finanzkonglomeraten gewährleisten. Diese müssen über eine ordnungsgemäße Geschäftsorganisation verfügen, die ein „angemessenes Risikomanagement" beinhaltet. Der Fokus liegt beim Aufbau eines konsistenten Risikomanagements, der organisatorischen Trennung unvereinbarer Verantwortlichkeiten, der Integration der Risikomanagementprozesse in das Unternehmen sowie bei der Nachvollziehbarkeit risikorelevanter Prozesse.

[1] Siehe RS 3/2013 (VA) – Mindestanforderungen an die Beschwerdebearbeitung durch Versicherungsunternehmen vom 20.09.2013.

[2] Zu Mindestanforderungen für Banken siehe RS 10/2012 (BA) – MaRisk (BA); für Mindestanforderungen an die Compliance-Funktion für Wertpapierdienstleistungsunternehmen siehe RS 4/2010 (WA) – MaComp.

[3] Die Pkt. 7.2.2.2 Nr. 1 MaRisk ist durch die VersVergV aufgehoben.

**Verbindliche Auslegung durch die MaRisk (VA)** Wesentliche Inhalte der MaRisk (VA) betreffen:

- Entwicklung und Umsetzung einer Risikostrategie, welche auf die Geschäftsstrategie abgestimmt ist (Pkt. 7.1 MaRisk);
- Definition, Kontrolle und Anpassung der Prozesse durch Regeln zu Aufbau- und Ablauforganisation (Pkt. 7.2 MaRisk);
- Implementierung von internen Kontrollen (Pkt. 7.5 MaRisk);
- Implementierung einer unabhängigen Revisionsfunktion (Pkt. 7.4 MaRisk);
- Etablierung einer unabhängigen Risikocontrollingfunktion (URCF) gemäß Pkt. 7.2.1 Nr. 3b MaRisk;
- Aufbau und Implementierung eines Steuerungs- und Kontrollsystems mit
  (a) einem Risikotragfähigkeitskonzept mit einer Darstellung des insgesamt zur Verfügung stehenden Risikodeckungspotenzials und des Anteils, der zur Abdeckung der wesentlichen Risiken verwendet werden soll (Pkt. 7.3.1 MaRisk),
  (b) einem Limitsystem zur Risikoüberwachung und Risikobegrenzung, wobei die Begrenzungen in Einklang mit der Risikostrategie zu erfolgen haben und auf die wichtigsten Bereiche des Unternehmens herunterzubrechen sind (Pkt. 7.3.1 MaRisk),
  (c) Prozessen zur Risikoidentifikation, -analyse, -bewertung, -steuerung und -überwachung (Pkt. 7.3.2 MaRisk),
  (d) Prozessen für eine angemessene Risikoberichterstattung und -kommunikation (Pkt. 7.3.3, 7.3.4 MaRisk), sowie
  (e) Prozessen zur Qualitätssicherung (Pkt. 7.3.5 MaRisk);
- Erstellung von Richtlinien zur Funktionsausgliederung (Pkt. 8 MaRisk);
- Etablierung einer Notfallplanung mit dem Ziel der Geschäftsfortführung (Pkt. 9 MaRisk);
- Anforderungen zu Umfang und Nachvollziehbarkeit der Dokumentation des Risikomanagements (Pkt. 10 MaRisk).

**Berichterstattung an die Aufsicht** Versicherungsunternehmen haben der Aufsichtsbehörde eine Ausfertigung des Risikoberichts und des Revisionsberichts (§ 55c Abs. 1. Nr. 1, Nr. 2 VAG) vorzulegen. Der Risikobericht ist spätestens einen Monat nach Einreichung bei der Geschäftsleitung, der Revisionsbericht spätestens mit dem Jahresabschluss vorzulegen (§ 55c Abs. 5 VAG).

**Risikobericht** Der Risikobericht hat darzulegen, was die wesentlichen Ziele des Risikomanagements sind, mit welchen Methoden die Risiken bewertet werden und was getan wurde, um die Risiken zu begrenzen. Es ist aufzuzeigen, wie sich die Maßnahmen zur Risikobegrenzung ausgewirkt haben und die Ziele erreicht und gesteuert wurden (§ 64a Abs. 1 S. 4 Nr. 3 Lit. d VAG). Die Inhalte des Risikoberichts werden durch Pkt. 7.3.4 MaRisk weiter konkretisiert.

**Revisionsbericht** Der Revisionsbericht hat die wesentlichen Prüfungsfeststellungen der internen Revision des vergangenen Geschäftsjahres sowie die geplanten Prüfungsthemen des laufenden Geschäftsjahres aufzuzeigen. Die Inhalte des Risikoberichts sowie Anforderungen zur Erstellung des Berichts werden durch Pkt. 7.4 Nr. 8 ff. MaRisk weiter konkretisiert.

**Prognoserechnungen** Darüber hinaus kann die Aufsichtsbehörde nach eigenem Ermessen gemäß § 55b VAG die Vorlage von Prognoserechnungen verlangen, die Auskunft geben über

- das erwartete Geschäftsergebnis zum Ende des laufenden Geschäftsjahres, bei Lebensversicherungen mit Angaben zur Überschussbeteiligung für das Folgejahr;
- die erwartete Solvabilitätsspanne und die erwarteten Bewertungsreserven zum Ende des laufenden Geschäftsjahres;
- die Risikotragfähigkeit in adversen Situationen.

Die Aufsichtsbehörde legt hierbei Parameter, Stichtage und Berechnungsmethoden sowie die Form und Frist für die zu erstellenden Prognoserechnungen fest.

**Geldwäsche- und Terrorismusbekämpfung** Versicherungsunternehmen, die Lebensversicherungen oder Unfallversicherungen mit Prämienrückgewähr anbieten, haben des Weiteren Vorkehrungen zur Verhinderung von Geldwäsche und von Terrorismusfinanzierung zu treffen (§§ 80c–80f VAG).

## 11.3 Laufende Aufsicht

**Regelungsumfang** Die laufende Aufsicht für Versicherungsunternehmen regeln die §§ 81–103a VAG. Der § 104 VAG betrifft den Umfang der Aufsicht der Inhaber bedeutender Beteiligungen an einem Versicherungsunternehmen. Die zusätzliche Beaufsichtigung für Erst- und Rückversicherer in einer Gruppe regeln die §§ 104a–104i VAG. Die laufende Aufsicht für Finanzkonglomerate ist im Finanzkonglomerate-Aufsichtsgesetz (FKAG) geregelt.

**Rechts- und Finanzaufsicht** Im Rahmen der laufenden Aufsicht überwacht die Aufsichtsbehörde den gesamten Geschäftsbetrieb der Versicherungsunternehmen als Rechts- und Finanzaufsicht (§ 81 Abs. 1 S. 1 VAG). Gegenstand der rechtlichen Aufsicht ist die ordnungsgemäße Durchführung des Geschäftsbetriebs einschließlich der Einhaltung aufsichtsrechtlicher und versicherungsrechtlicher Vorschriften sowie der rechtlichen Grundlagen des Geschäftsplans. Im Rahmen der Finanzaufsicht achtet die Aufsichtsbehörde auf die Bildung ausreichender versicherungstechnischer Rückstellungen, die Anlage in geeignete Vermögenswerte, die Einhaltung kaufmännischer Grundsätze einschließlich einer ordnungsgemäßen Verwaltung, Buchhaltung und angemessener interner Kontrollverfahren, auf die Solvabilität und die Einhaltung der sonstigen finanziellen Grundlagen des Geschäftsplans.

**Befugnisse der Aufsicht** Zur Vermeidung oder Beseitigung von Missständen kann die Aufsicht gegenüber den Unternehmen, den Vorstandsmitgliedern, sonstigen Geschäftsleitern oder den die Unternehmen kontrollierenden Personen geeignete Maßnahmen ergreifen (§ 81 Abs. 2 S. 1 VAG). Die Befugnisse der Aufsichtsbehörde sind weitreichend. Sie kann Befugnisse, die Organen eines Versicherungsunternehmens nach Gesetz, Satzung oder Geschäftsordnung zustehen, ganz oder teilweise auf einen Sonderbeauftragten übertragen (§ 83a VAG) [Bürk06]. Sie ist befugt, die Vorlage von Geschäftsunterlagen zu verlangen und örtliche Prüfungen in den Räumen des Versicherungsunternehmens vorzunehmen (§ 83 VAG). Als stärkste Formen des Eingriffs kann die Aufsichtsbehörde gemäß § 87 VAG die Abberufung von Geschäftsleitern und Mitgliedern des Aufsichtsrats verlangen sowie die Erlaubnis zum Geschäftsbetrieb ganz oder teilweise entziehen.

**Aktuarberichte** Der ständigen Unterrichtung der Aufsichtsbehörde dienen der Revisions- sowie der Risikobericht (§ 55c VAG). Für die Lebensversicherung sind der Aufsichtsbehörde zusätzlich der Erläuterungsbericht und der Angemessenheitsbericht des Verantwortlichen Aktuars vorzulegen (§ 11a Abs. 4 Nr. 2 VAG). Der Verantwortliche Aktuar hat gesetzlich vorgegebene Sicherstellungs-, Kontroll- und Bestätigungsaufgaben zu erfüllen (§§ 11a, 65 VAG). Den Wortlaut der versicherungsmathematischen Bestätigung sowie Einzelheiten zu Inhalt, Umfang und Vorlagefristen zu den Aktuarberichten legt die Aktuarverordnung (AktuarV) fest. Einzelheiten zur versicherungsmathematischen Bestätigung der Deckungsrückstellung nach § 65 VAG sind in der Deckungsrückstellungsverordnung (DeckRV) festgelegt.

**Sicherungsfonds** Für Versicherungsunternehmen, die in den Sparten Lebensversicherer oder substitutive Krankenversicherung zugelassen sind, bestehen gemäß §§ 124–133a VAG Sicherungsfonds mit Pflichtmitgliedschaft und Finanzierung durch Beiträge dieser Unternehmen. Sofern die Versicherungsunternehmen ihre Verpflichtungen aus den Versicherungsverträgen auf Dauer nicht erfüllen können, führen die Sicherungsfonds entweder die jeweiligen Bestände weiter oder übertragen diese auf andere Gesellschaften. Diese Aufgaben und Befugnisse wurden für die Lebensversicherung durch Verordnung (SichLVV) auf die Protektor Lebensversicherungs-AG und für die Krankenversicherung auf die Medicator AG (SichKVV) übertragen. Der Insolvenzantrag kann gemäß § 88 VAG nur von der Aufsichtsbehörde gestellt werden.

**Gruppen** Versicherungsunternehmen einer Versicherungsgruppe unterliegen einer zusätzlichen Beaufsichtigung nach §§ 104a–104i VAG. Sie umfasst die Offenlegung und Kontrolle von Informationen, die Beaufsichtigung gruppeninterner Geschäfte, die Überwachung der bereinigten Solvabilität sowie Anzeigepflichten zu Risikokonzentrationen auf Gruppenebene.

**Finanzkonglomerate** Nach §§ 1–30 FKAG – werden Versicherungsunternehmen, die einem Finanzkonglomerat (Versicherungs-, Banken- und Wertpapierhandelsbranche) angehören, zusätzlich beaufsichtigt. Dabei ermittelt die Aufsichtsbehörde, ob branchenübergreifend tätige Gruppen von Unternehmen als Finanzkonglomerat einzustufen sind (§ 6–11 FKAG). Anzeigepflichtig sind insbesondere Risikokonzentrationen und gruppeninterne Transaktionen (§ 23 FKAG). Die Eigenmittelausstattung von Finanzkonglomeraten wird durch die Finanzkonglomerate-Solvabilitäts-Verordnung (FkSolV) gesondert geregelt.

**Petitionsrecht** Versicherungsnehmer und dritte Personen können sich mit Eingaben an die Aufsichtsbehörde wenden. Anhand des in Art. 17 GG geregelten Petitionsrechts prüft die Aufsichtsbehörde eingegangene Beschwerden in Versicherungsangelegenheiten. Dem betroffenen Unternehmen wird Gelegenheit zur Stellungnahme gegeben. Die Aufsichtsbehörde kann nur Feststellungen darüber treffen, ob ein zum Eingreifen zwingender Missstand vorliegt.

## 11.4 Betriebliche Altersversorgung

**Rechtsgrundlagen der bAV** Pensionsfonds und Pensionskassen sind Einrichtungen zur Altersversorgung für Mitarbeiter eines Unternehmens, der betrieblichen Altersversorgung (bAV). Der Mitarbeiter erhält eine Zusage, die entweder von ihm selbst durch Gehaltsumwandlung, oder vom Arbeitgeber finanziert wird. Die betriebliche Altersversorgung wird separat in den §§ 112–118 f VAG behandelt.

**Pensionskasse** Die Pensionskasse ist gemäß § 118a VAG ein rechtlich selbstständiges Lebensversicherungsunternehmen, dessen Zweck die Absicherung wegfallenden Erwerbseinkommens wegen Alter, Invalidität oder Tod ist und das Versicherungsgeschäft im Wege des Kapitaldeckungsverfahrens betreibt. Die Pensionskasse verwaltet das Vermögen und zahlt später die Altersrenten oder das Alterskapital (Leistungen) aus. Leistungen dürfen allerdings erst ab dem Zeitpunkt des Wegfalls des Erwerbseinkommens vorgesehen sein. Im Todesfall dürfen sie nur an Hinterbliebene erbracht werden und der versicherten Person wird ein eigener Anspruch auf Leistung gegen die Pensionskasse eingeräumt.

**Deregulierung** Seit ihrer Deregulierung zum 1. Januar 2006 unterliegen sie den gleichen Anforderungen an den Rechnungszins und die sonstigen Kalkulationen wie Lebensversicherer. Auf Antrag kann gemäß § 118b Abs. 3 VAG der Zustand der Regulierung wieder hergestellt werden, eine Möglichkeit, die viele der bereits seit vielen Jahrzehnten existierenden Alt-Pensionskassen auch genutzt haben. Diese Pensionskassen (sogenannte Firmenpensionskassen) grenzen sich von den deregulierten (vertrieblich orientierten) Pensionskassen der Versicherungswirtschaft ab. Voraussetzung für die Regulierung ist der Verzicht auf einen Abschlusskosten verursachenden Vertriebsapparat.

**Pensionsfonds** Pensionsfonds sind rechtsfähige Versorgungseinrichtungen, die gemäß § 112 Abs. 1 Nr. 4 VAG ihre Leistung im Wege des Kapitaldeckungsverfahrens grundsätzlich nur als lebenslange Zahlung erbringen dürfen. Zulässige Altersvorsorgeleistungen sind eine Leibrente oder ein Auszahlungsplan, der den Anforderungen des § 1 Abs. 1 S. 1 Nr. 4 AltZertG genügt. Sie bedürfen zum Geschäftsbetrieb der Erlaubnis der Aufsichtsbehörde (§ 112 Abs. 2 VAG). Für Pensionsfonds gelten die auf die Lebensversicherungsunternehmen anzuwendenden Vorschriften des VAG. Einzelheiten, insbesondere zur Vermögensanlage und Kapitalausstattung, sind gemäß § 115 VAG separat durch die Verordnung über die Anlage des gebundenen Vermögens von Pensionsfonds (PFKapAV) sowie die Verordnung über die Kapitalausstattung von Pensionsfonds (PFKAustV) geregelt. Bei Pensionsfonds ist die Anlagefreiheit im Vergleich zu Pensionskassen größer.

## 11.5 Versicherungsvertrag

**Grundlagen des Versicherungsvertrags** Der Versicherungsvertrag ist ein gegenseitiger, schuldrechtlicher Vertrag zwischen Versicherer und Versicherungsnehmer. Er basiert auf allgemeinen privatrechtlichen Vorschriften, dem Gesetz über den Versicherungsvertrag (VVG) sowie den jeweils einschlägigen Allgemeinen Versicherungsbedingungen (AVB). Mit dem Versicherungsvertrag verpflichtet sich der Versicherer ein bestimmtes Risiko des Versicherungsnehmers oder eines Dritten durch eine Leistung abzusichern, die er bei Eintritt des vereinbarten Versicherungsfalles zu erbringen hat. Der Versicherungsnehmer ist verpflichtet, an den Versicherer die vertraglich vereinbarte Prämie zu zahlen (§ 1 VVG). Bei einer Bestandsübertragung auf ein anderes Versicherungsunternehmen gehen die Versicherungsverhältnisse auf das übernehmende Versicherungsunternehmen über. Die Zustimmung der einzelnen Versicherungsnehmer ist hierzu nicht erforderlich.

**VVG** Das VVG geht als Spezialgesetz den allgemeinen Rechtsvorschriften vor und ergänzt diese. Das Gesetz gilt für alle Sparten, also auch für diejenigen, welche es nicht behandelt, ausgenommen die See- und Rückversicherung (§ 209 VVG). Inhaltlich setzt das VVG die Verwendung von AVB voraus.

**AVB vs. AGB** Bei den AVB handelt es sich rechtstechnisch im Grunde um Allgemeine Geschäftsbedingungen (AGB) für das Versicherungsgeschäft, welche keine individuellen Gegebenheiten berücksichtigen. Die in § 305 Abs. 1 BGB formulierte Definition und die weiteren Regelungen der AGB gelten sinngemäß auch für AVB. Die AVB sind eine branchenspezifische Variante der AGB, die es in abgewandelter Form für jede Versicherungssparte und für jeden Versicherungszweig gibt. Die AVB regeln in standardisierter Form die generellen Vereinbarungen, wie z. B. den Umfang des Versicherungsschutzes, die Prämienzahlung, die Leistungserbringung, die vorvertraglichen Pflichten oder Ausschlüsse.

**Ausnahmen für VaG** Bei Versicherungsvereinen auf Gegenseitigkeit und öffentlich-rechtlichen Versicherungsunternehmen können die AVB auch in die Satzungen aufgenommen werden (§ 10 Abs. 2 VAG). Für Rückversicherer und für Versicherungsverträge über Großrisiken gemäß § 210 VVG findet § 10 VAG keine Anwendung.

**BVB** Die Berücksichtigung individueller Gegebenheiten in einem Versicherungsvertrag wird in den Besonderen Versicherungsbedingungen (BVB) geregelt, die dem Versicherungsvertrag beigefügt werden. Nach dem Grundsatz, dass eine spezielle Norm einer generellen vorgeht, haben die BVB Vorrang vor den AVB.

**Beratung, Dokumentation, Haftung** Der Versicherer ist nach § 6 Abs. 1 VVG vor Abschluss des Versicherungsvertrags verpflichtet, den Versicherungsnehmer nach seinen Wünschen und Bedürfnissen zu befragen und angemessen zu beraten, sowie die Gründe für jeden zu einer bestimmten Versicherung führenden Rat anzugeben und dies unter Berücksichtigung der Komplexität des angebotenen Versicherungsvertrags entsprechend zu dokumentieren. Diese Dokumentation muss klar und verständlich sein und ist vor Vertragsabschluss an den Versicherungsnehmer zu übermitteln (§ 6 Abs. 2 VVG). Die gesetzliche Beratungspflicht des Versicherers besteht nach § 6 Abs. 4 VVG auch nach Vertragsabschluss während der Dauer des Versicherungsverhältnisses, soweit für den Versicherer ein Anlass für eine Nachfrage und Beratung des Versicherungsnehmers erkennbar ist. Verletzt der Versicherer seine Beratungspflicht schuldhaft, haftet der Versicherer dem Versicherungsnehmer gemäß § 6 Abs. 5 VVG auf Schadenersatz.

**Informationspflichten** Rechtzeitig vor Vertragsabschluss sind dem Versicherungsnehmer seine Vertragsbestimmungen sowie die in der Verordnung über Informationspflichten bei Versicherungsverträgen (VVG-InfoV) festgelegten Informationen mitzuteilen. Da die Textform explizit vorgegeben ist, sind diese Informationen gemäß § 126b BGB in einer Urkunde (Papierform) oder auf eine andere zur dauerhaften Wiedergabe in Schriftzeichen geeignete Weise abzugeben.

**Beschwerdemanagement** Der Versicherer muss dem Versicherungsnehmer außerdem die Bestimmungen zur Bearbeitung von den Vertrag betreffenden Beschwerden mitteilen, gegebenenfalls einschließlich des Hinweises auf eine Beschwerdestelle[4].

**Produktinformationsblatt** Das Produktinformationsblatt muss gemäß § 4 Abs. 1 VVG-InfoV nicht allen Versicherungsnehmern, sondern nur Verbrauchern im Sinne des § 13 BGB übermittelt werden. Das Produktinformationsblatt ist als solches zu bezeichnen. Es hat Informationen über die wesentlichsten Vertragsmerkmale zu enthalten, sodass sich

[4] Siehe RS 3/2012 (VA) – Mindestanforderungen an die Beschwerdebearbeitung durch Versicherungsunternehmen – der BaFin vom 20.09.2013. Es setzt die Leitlinie der EIOPA vom 14.06.2012 zur Beschwerdebearbeitung durch Versicherungsunternehmen unter Berücksichtigung der Art. 183 und 185 RRL um [EIOP12e].

der Versicherungsnehmer einen knappen und verständlichen Überblick über den Versicherungsvertrag verschaffen kann.

**Antrag und Annahme** Der Versicherungsvertrag kommt wie jeder andere Vertrag nach den Vorschriften des BGB durch Antrag und Annahme zustande. Das Gesetz bezeichnet den Antragssteller bereits vor Vertragsabschluss als Versicherungsnehmer (vgl. z. B. § 6 Abs. 2 VVG: „dem Versicherungsnehmer ... vor dem Abschluss des Vertrags ...").

**Arten des Versicherungsbeginns** Es existierten drei mögliche Arten des Versicherungsbeginns:

- Der formelle Versicherungsbeginn bezeichnet den Zeitpunkt des Vertragsabschlusses (Zugang des Versicherungsscheins).
- Der materielle Versicherungsbeginn ist der vertraglich vereinbarte Zeitpunkt, ab welchem der Versicherungsschutz wirksam ist. Er ist mit der Zahlung des Erstbeitrags verbunden, wobei für gewisse Leistungsarten vertraglich fixierte Wartezeiten bestehen können (z. B. in der Krankenversicherung oder in der Rechtsschutzversicherung).
- Der technische Versicherungsbeginn kennzeichnet den Beginn des prämienbelasteten Versicherungsbeginns (Zeitabschnitt ab der Beitragsberechnung). Er gliedert sich in Versicherungsperioden von jeweils einem Jahr, sofern der Beitrag nicht nach kürzeren Zeitabschnitten bemessen ist.

**Vertragsende** Ein Versicherungsvertrag endet grundsätzlich mit Ablauf der vereinbarten Vertragsdauer. Sind in den AVB Verlängerungsklauseln vereinbart, verlängert sich der Vertrag stillschweigend um ein weiteres Jahr, wenn er nicht fristgerecht gekündigt wird. Bei Veräußerung der Versicherungssache, nach Eintritt des Versicherungsfalls und bei einer Beitragserhöhung besteht ein außerordentliches Kündigungsrecht. Bei mehrjährigen Verträgen ist ggf. eine ordentliche Kündigung zum Ende der laufenden Versicherungsperiode möglich.

## 11.6 Versicherungsvermittlung

**Vermittlung und Beratung** Versicherungsvertreter und Versicherungsmakler sind gewerbliche Versicherungsvermittler (§ 59 Abs. 1 VVG). Ihnen gleichgestellt sind die Versicherungsberater.

**Versicherungsvertreter** Ein Versicherungsvertreter wird von einem Versicherer oder einem Versicherungsvertreter ständig damit betraut, gewerbsmäßig Versicherungsverträge zu vermitteln oder abzuschließen (§§ 84, 92 HGB; § 59 Abs. 2 VVG). Ein Versicherungsvertreter kann für ein oder mehrere Versicherungsunternehmen tätig sein. Bei einer Versicherungsvertretung für eine Gesellschaft oder für einen Konzern spricht man von einem

Konzern- oder Ausschließlichkeitsvertreter. Wird er in einer Sparte für mehrere Versicherungsunternehmen tätig, wird er als Mehrfachvertreter bezeichnet. Zusätzlich wird zwischen haupt- und nebenberuflichen Versicherungsvertretern unterschieden (§ 92b HGB).

**Versicherungsmakler** Ein Versicherungsmakler ist, wer gewerbsmäßig die Vermittlung oder den Abschluss von Versicherungsverträgen übernimmt, ohne von einem Versicherer oder von einem Versicherungsvertreter damit betraut zu sein. Um als Versicherungsmakler zu gelten, genügt es bereits, gegenüber dem Versicherungsnehmer den Anschein zu erwecken, dass Leistungen als Versicherungsmakler erbracht würden (§ 59 Abs. 3 VVG).

**Versicherungsberater** Als Versicherungsberater gilt, wer gewerbsmäßig Dritte bei der Vereinbarung, Änderung oder Prüfung von Versicherungsverträgen oder bei der Wahrnehmung von Ansprüchen aus Versicherungsverträgen im Versicherungsfall berät oder gegenüber dem Versicherer außergerichtlich vertritt, ohne von einem Versicherer einen wirtschaftlichen Vorteil zu erhalten oder in anderer Weise von ihm abhängig zu sein (§ 59 Abs. 4 VVG).

**Erlaubnis und Eintrag ins Vermittlerregister** Die Versicherungsvermittlung ist ein erlaubnispflichtiges Gewerbe. Die Erlaubnis wird von der zuständigen Industrie- und Handelskammer (IHK) gemäß § 34d Abs. 1 GewO erteilt. Voraussetzungen für die Erteilung eine Erlaubnis sind die Zuverlässigkeit, geordnete Vermögensverhältnisse, eine gültige Berufshaftpflichtversicherung sowie der Nachweis der notwendigen Sachkunde (§ 34d Abs. 2 GewO). Versicherungsvermittler sind nach § 11a GewO verpflichtet, sich in das bei den IHK geführte Vermittlerregister eintragen zu lassen. Versicherungsberater sind ebenfalls erlaubnis- und registrierungspflichtig (§ 34e GewO).

**Befreiung von der Erlaubnispflicht** Ausschließlichkeits- und Konzernvertreter sind erlaubnisfrei gestellt, wenn sie ihre Tätigkeit als Versicherungsvermittler ausschließlich im Auftrag eines oder, wenn die Versicherungsprodukte nicht in Konkurrenz stehen, mehrerer zum Geschäftsbetrieb befugten Versicherungsunternehmen ausübt und das bzw. die Versicherungsunternehmen die uneingeschränkte Haftung aus der Vermittlertätigkeit übernehmen (§ 34d Abs. 4 GewO). Gewerbetreibende, die Versicherungen als Ergänzung der im Rahmen seiner Haupttätigkeit gelieferten Waren oder Dienstleistungen vermitteln, können gemäß § 34d Abs. 3 GewO auf Antrag ebenfalls von der Erlaubnispflicht befreit werden, sofern die Versicherungsvermittlung unmittelbar im Auftrag von zugelassenen Versicherungsvermittlern oder Versicherungsunternehmen ausgeübt wird (z. B. Reisebürokaufleute oder Kraftfahrzeughändler).

Nach § 80 VAG dürfen Versicherungsunternehmen nur mit registrierten Versicherungsvermittlern zusammenarbeiten. Die Versicherungsvermittler haben sich gemäß § 86 HGB ständig um die Vermittlung und den Abschluss von Versicherungsverträgen zu bemühen. Die Bemühungspflicht beinhaltet auch die Bestandspflege durch regelmäßige Betreuung der Versicherungsnehmer.

**Angestellte Vermittler** Als Arbeitnehmer eines Versicherungsunternehmens oder eines selbstständigen Vermittlers unterliegen angestellte Versicherungsvermittler dem Direktionsrecht des Arbeitgebers hinsichtlich Tätigkeitsgestaltung, Arbeitszeit und Arbeitsort. Gewerberechtlich trifft die angestellten Vermittler keine Erlaubnispflicht nach § 34d GewO und sie werden nicht von den §§ 59 ff. VVG erfasst. Allerdings müssen die angestellten Vermittler auf Grundlage des Anstellungsvertrags als Erfüllungsgehilfe (§ 278 BGB) des Versicherers gegenüber dem Versicherer die Beratungs- und Dokumentationspflichten nach § 6 VVG einhalten.

## Literatur

[Bürk06] *Bürkle, J.:* Die Suspendierung von Unternehmensorganen durch die Einsetzung von Sonderbeauftragten der Versicherungsaufsicht. VersR **57** (2006) 302.

[EIOP12e] *EIOPA:* Leitlinie zur Beschwerdebearbeitung durch Versicherungsunternehmen. 14. Juni 2012, EIOPA-BoS-12/069 DE.

[EU03b] *EU:* Richtlinie 2002/87/EG des Europäischen Parlaments und des Rates vom 16. Dezember 2002 über die zusätzliche Beaufsichtigung der Kreditinstitute, Versicherungsunternehmen und Wertpapierfirmen eines Finanzkonglomerats und zur Änderung der Richtlinien 73/239/EWG, 79/267/EWG, 92/49/EWG, 92/96/EWG, 93/6/EWG und 93/22/EWG des Rates und der Richtlinien 98/78/EG und 2000/12/EG des Europäischen Parlaments und des Rates. Amtsblatt der Europäischen Union L 35/1 vom 11.02.2003.

[LoRa12] *Louven, C.; Raapke, J.:* Aktuelle Entwicklungen in der Corporate Governance von Versicherungsunternehmen. VersR 63 (2012) 257.

# Solvency-II-Richtlinie und deutsches Recht 12

Das Recht muss nie der Politik, wohl aber die Politik jederzeit dem Recht angepasst werden (Immanuel Kant, deutscher Philosoph, 1724–1804).

**Europäische Zielsetzung** Die am 25.11.2009 verabschiedete Solvency-II-Richtlinie stellt eine grundlegende Reform des Versicherungsaufsichtsrechts auf europäischer Ebene mit dem Ziel dar, ein modernes, risikobasiertes System für die Regulierung und Beaufsichtigung europäischer Versicherungs- und Rückversicherungsunternehmen zu schaffen. Die neuen Vorschriften sollen das Fundament für eine sichere und solide Versicherungsbranche legen, die dadurch auch weiterhin nachhaltige Produkte bieten und die Realwirtschaft durch langfristige Investitionen und Finanzstabilität stützen kann.

Die mit dieser Richtlinie in Zusammenhang stehenden Änderungen und neuen Anforderungen betreffen vor allem die Finanzausstattung, die Unternehmensorganisation und das aufsichtsrechtliche Berichtswesen. Die Anforderungen, die Solvency II gesetzlich und regulatorisch stellt, können dem Proportionalitätsprinzip entsprechend nach Umfang und Art der Risiken des jeweiligen Versicherungsunternehmens ausgestaltet werden.

**Omnibus II** Ursprünglich war vorgesehen, dass die Solvency-II-Regelungen ab dem 01.01.2013 Anwendung finden sollten. Im Januar 2011 hat die Europäische Kommission einen Vorschlag zur Änderung der Solvency-II-Richtlinie angenommen (Omnibus-II-Richtlinie). Die Änderungen der Omnibus-II-Richtlinie tragen der neuen Aufsichtsarchitektur für den Versicherungssektor Rechnung. Sie umfasst außerdem ein Maßnahmenpaket, das unter anderem die Bewertung von langfristigen Garantien, die Extrapolation der risikoneutralen Zinsstrukturkurve und das Proportionalitätsprinzip betreffen. Die Omnibus-II-Richtlinie regelt aber auch das Inkrafttreten von Solvency II und die Übergangsvorschriften. Am 11.03.2014 verabschiedete das EU-Parlament die Omnibus-II-Richtlinie mit deutlicher Mehrheit. Als nächsten Schritt wird die Europäische Kommission die Inhalte der Omnibus-II-Richtlinie mit der Solvency-II-Richtlinie durch Veröffentlichung von Durchführungsbestimmungen (delegierten Rechtsakten) konkretisieren.



B. Wolle, *Risikomanagementsysteme in Versicherungsunternehmen*, IT im Unternehmen, DOI 10.1007/978-3-8348-2309-0_12

**Quick-Fix-Richtlinie I und II** Aufgrund der Verhandlungen von Rat, Parlament und Kommission zur Omnibus-II-Richtlinie war es notwendig, den Zeitpunkt für die Umsetzung der Solvency-II-Richtlinie zu verschieben. Hierzu wurde am 03.07.2012 eine Änderungsrichtlinie (Quick-Fix-Richtlinie) zur Solvency-II-Richtlinie verabschiedet, welche die Frist zur nationalen Umsetzung auf den 30.06.2013 und den Anwendungsbeginn auf den 01.01.2014 änderte [EU12d]. Eine am 11.12.2013 verabschiedete zweite Quick-Fix-Richtlinie änderte die Umsetzungsfrist auf den 31.03.2015 und den Anwendungsbeginn auf den 01.01.2016 [EU13].

**Europaweite Vorbereitungsphase** Am 01.01.2014 hat europaweit die einheitliche Vorbereitungsphase zu Solvency II begonnen. Hierzu veröffentlichte EIOPA am 31.12.2012 Leitlinien zur Vorbereitung auf Solvency II. Die Leitlinien sind thematisch in vier Bereiche unterteilt: die vorausschauende Beurteilung der eigenen Risiken [EIOP13a], das Berichtswesen [EIOP13b] Anforderungen an die Geschäftsorganisation [EIOP13c], und die Vorantragsphase für interne Modelle [EIOP13e]. Die Anwendung der Leitlinien hat zum Ziel, dass jedes von Solvency II erfasste Unternehmen mit Start der neuen aufsichtsrechtlichen Anforderungen diese erfüllen kann.

**VAG-Reform** Die Bundesregierung hat die Umsetzung der Solvency-II-Richtlinie zum Anlass genommen, das VAG grundlegend zu reformieren. Ein Gesetzesentwurf der Bundesregierung des „Zehnten Gesetzes zur Änderung des Versicherungsaufsichtsgesetzes“ liegt bereits vor [DB12]. Allerdings blieb die Diskussion um Omnibus-II unberücksichtigt. Mit der Verabschiedung der Omnibus-II-Richtlinie wurden die Arbeiten an der Novellierung des VAG wieder aufgenommen werden. Am 16.07.2014 wurde durch das BMF ein überarbeiteter, nicht öffentlicher Diskussionsentwurf vorgestellt. Die Umsetzung muss auf nationaler Ebene spätestens bis 31.03.2015 abgeschlossen sein. Um den Umsetzungsaufwand in Grenzen zu halten, hält der Regierungsentwurf an bestehenden Regelungen fest, soweit diese entweder bereits den Richtlinienvorgaben entsprechen, zu Solvency II nicht im Widerspruch stehen oder soweit Solvency II den Mitgliedsstaaten eine Ausgestaltungsfreiheit explizit vorbehält [GrSc12].

**VAG-Novelle als Artikelgesetz konzipiert** Die 10. VAG-Novelle ist nach dem Entwurf von 2012 als sogenanntes Artikelgesetz angelegt. In Art. 1 werden die Änderungen des VAG behandelt. In Art. 2 finden sich die Folgeänderungen in weiteren Gesetzen, in Art. 3 aufgehobene Rechtsvorschriften, in Art. 4 eine Bekanntmachungserlaubnis zugunsten des BMF und in Artikel 5 wird das Inkrafttreten geregelt [DB12].

## 12.1 Solvency-II-Richtlinie

**Regelungsebenen** Das Gesetzgebungsverfahren zu Solvency II besteht im Wesentlichen aus vier Regelungsebenen:

- Ebene 1 – Solvency-II-Richtlinie, Omnibus-II-Richtlinie (umfassender Rechtsrahmen)
- Ebene 2 – Durchführungsbestimmungen bzw. delegierte Rechtsakte (rechtsverbindliche Ausgestaltung der Solvency-II-Richtlinie)
- Ebene 3 – Technische Standards und Orientierungen (rechtsverbindliche Ausgestaltung der Ebenen 1 und 2 für Zwecke der Versicherungsaufsicht)
- Ebene 4 – Nationale Umsetzung (Novellierung des Versicherungsaufsichtsgesetzes, Erlass von Verordnungen)

**Gesetzgebungsverfahren** Die Gesetzgebung der Ebene 1 erfolgt durch den Europäischen Rat, das Europäische Parlament und die Europäische Kommission. Die Durchführungsbestimmungen detaillieren etwa 40 wichtige Bereiche der Solvency-II-Richtlinie. An der Erstellung ist EIOPA beteiligt. Erlassen werden die Durchführungsbestimmungen allerdings von der Europäischen Kommission. Die technischen Standards betreffen rein technische Fragen. Sie werden von der Europäischen Kommission auf der Grundlage von Entwürfen von EIOPA erlassen. Unterschieden werden technische Regulierungsstandards sowie technische Durchführungsstandards. Bei technischen Regulierungsstandards handelt es sich um Standards für eine stimmige Vereinheitlichung der Regeln in EU-Rechtsvorschriften. Die technischen Durchführungsstandards legen Standards für die einheitliche Anwendung verbindlicher EU-Rechtsvorschriften fest. Des Weiteren kann EIOPA gegenüber den Aufsichtsstellen und Unternehmen Empfehlungen – sog. Orientierungen – abgeben, die zwar nicht rechtlich verbindlich sind, deren Nichtbefolgung jedoch begründet werden muss. Die Gesetzgebung der Ebene 4 erfolgt schließlich auf nationaler Ebene u. a. durch das Bundesfinanzministerium, den Bundestag sowie den Bundesrat.

**Struktur der SII-Richtlinie** Die Solvency-II-Richtlinie gliedert sich in sechs Titel, die je nach Umfang und Komplexität weiter in Kapitel, Abschnitte und Unterabschnitte untergliedert sind, sowie technische Anhänge:

- Titel I – Allgemeine Vorschriften für die Aufnahme und die Ausübung der Tätigkeiten der Direktversicherung und der Rückversicherung (Art. 1–177);
- Titel II – Besondere Bestimmungen für Versicherung und Rückversicherung (Art. 178–211);
- Titel III – Beaufsichtigung der Versicherungs- und Rückversicherungsunternehmen einer Gruppe (Art. 212–266);
- Titel IV – Sanierung und Liquidation von Versicherungsunternehmen (Art. 267–296);
- Titel V – Sonstige Bestimmungen (Art. 297–304);
- Titel VI – Übergangs- und Schlussbestimmungen (Art. 305–312);
- Anhänge I–VII.

**Säulenmodell** Solvency II besteht aus drei thematischen Blöcken, den sog. „Säulen" (Abb. 12.1). Dabei handelt es sich um quantitative Anforderungen (Säule I), qualitative Anforderungen (Säule II) und Offenlegungspflichten (Säule III).

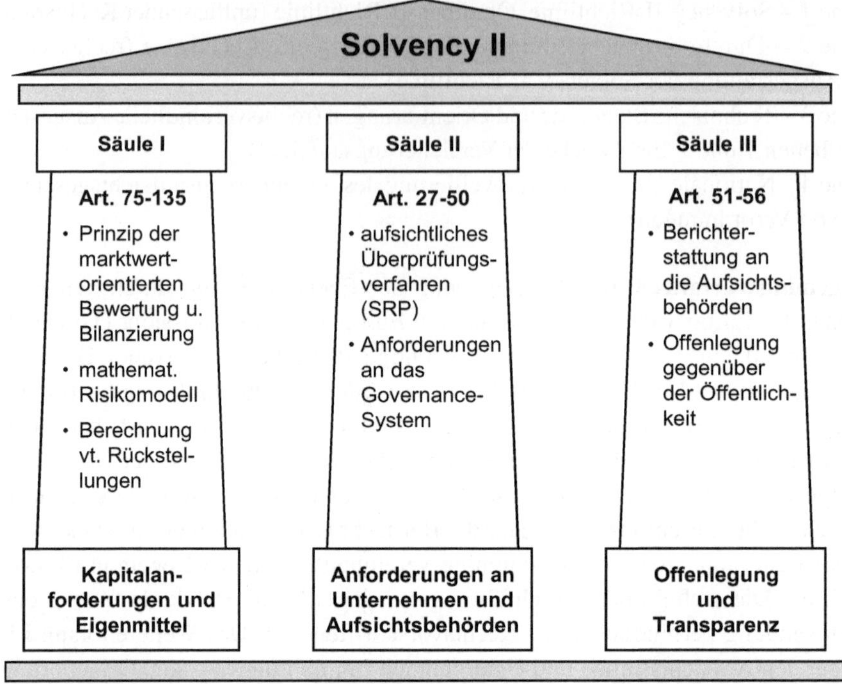


**Abb. 12.1** Säulenstruktur von Solvency II

**Kapitalanforderungen** Säule I regelt die Anforderungen an die Finanzausstattung von Versicherungsunternehmen. Die Grundlagen des neuen Aufsichtsregimes basieren auf einer ökonomischen Bewertung der Vermögenswerte und Verbindlichkeiten (Art. 75), Vorgaben für die versicherungstechnischen Rückstellungen (Art. 76–86) sowie Vorgaben für die Eigenmittel (Art. 87–99). Die Solvenzkapitalanforderung (SCR) wird unter Berücksichtigung der konkreten Risikosituation des Unternehmens bestimmt (Art. 100–102). Sie entspricht dem ökonomischen Kapital, über das ein Versicherungsunternehmen verfügen muss, um die Insolvenzwahrscheinlichkeit für das laufende Jahr auf unter 0,5 % (Konfidenzniveau von 99,5 %) zu reduzieren (Art. 101 Abs. 3). Die Solvenzkapitalanforderung kann auf Basis einer durch EIOPA vorgegebenen Standardformel (Art. 103–111) oder durch ein auf das Unternehmen zugeschnittenes und von der Aufsicht genehmigtes internes Modell (Art. 112–127) erfolgen. Für die Berechnung der Mindestkapitalanforderung (MCR) – der regulatorischen Untergrenze der Finanzmittel – gelten ebenfalls besondere Vorschriften (Art. 128–131). Wichtige Durchführungsbestimmungen betreffen die Bewertung, die Eigenmittel, die Standardformel, das interne Modell und die Mindestkapitalanforderung.

**Governance-Anforderungen** Säule II beinhaltet qualitative Anforderungen für das Governance-System von Versicherungsunternehmen (Art. 40–43, 49), sowie besondere Vorgaben für das Risikomanagement (Art. 44), das interne Kontrollsystem (Art. 46) und zur Durchführung einer unternehmenseigenen Risiko- und Solvabilitätsbeurteilung (Art. 45). Ferner werden die Unternehmen verpflichtet, vier Schlüsselfunktionen einzurichten, eine Risikomanagementfunktion (Art. 44 Abs. 4), eine Compliance-Funktion (Art. 46 Abs. 1), eine versicherungsmathematische Funktion (Art. 48) sowie eine Funktion der internen Revision (Art. 47). Außerdem werden in der Säule II Anzeigepflichten gegenüber der Aufsicht geregelt (hauptsächlich in Art. 35, 36, 38, 39, 61). Gemäß Art. 50 werden die Art. 41, 42, 44–49 in Durchführungsbestimmungen weiter konkretisiert.

**Marktdisziplin** Säule III regelt die Berichtspflichten von Versicherungsunternehmen gegenüber der Öffentlichkeit und den Aufsichtsbehörden. Ziel ist es, die Markttransparenz und die Marktdisziplin zu fördern. Die regelmäßige Berichterstattung umfasst u. a. Informationen zum Governance-System unter Berücksichtigung des Risikoprofils, Darstellungen zu den Risiken, den Vermögensgegenständen und Verbindlichkeiten sowie eine Beschreibung des Kapitalmanagements (Art. 51 ff.). Gemäß Art. 56 werden zu Art. 53 weitere Durchführungsbestimmungen erlassen.

## 12.2 Europäisches Aufsichtssystem

**ESFS** Das neue europäische Finanzaufsichtssystem (European System of Financial Supervision – ESFS) besteht aus einer mikroprudentiellen Aufsicht durch

- die Europäische Wertpapier- und Marktaufsichtsbehörde (European Securities and Markets Authority – ESMA),
- die Europäische Bankenaufsichtsbehörde (European Banking Authority – EBA) und
- die Europäische Aufsichtsbehörde für das Versicherungswesen und die betriebliche Altersversorgung (European Insurance and Occupational Pensions Authority – EIOPA)

und einer makroprudentiellen Instanz, dem Europäischen Rat für Systemische Risiken (European Systemic Risk Board – ESRB) für die Analyse potenzieller systemischer Risiken sowie für die Vorbereitung von makroprudentiellen Gegenmaßnahmen (Abb. 12.2).

**ESMA** Die Europäische Wertpapier- und Marktaufsichtsbehörde wurde mit Verordnung (EU) Nr. 1095/2010 des Europäischen Parlaments und des Rates mit Wirkung zum 1.1.2011 als Nachfolgeorganisation von CESR (Committee of European Securities Regulators) gegründet [EU10a]. Sitz der Behörde ist Paris. Die ESMA soll als unabhängige EU-Behörde zur Stabilität des Finanzsystems in der EU beitragen, indem sie die Integrität, die Transparenz, die Effizienz und die Funktionsweise der Wertpapiermärkte sicherstellt und den Anlegerschutz intensiviert. Organe der Behörde sind der Rat der Aufseher, bestehend aus den Vertretern der nationalen Aufsichtsbehörden, der Vorsitzende

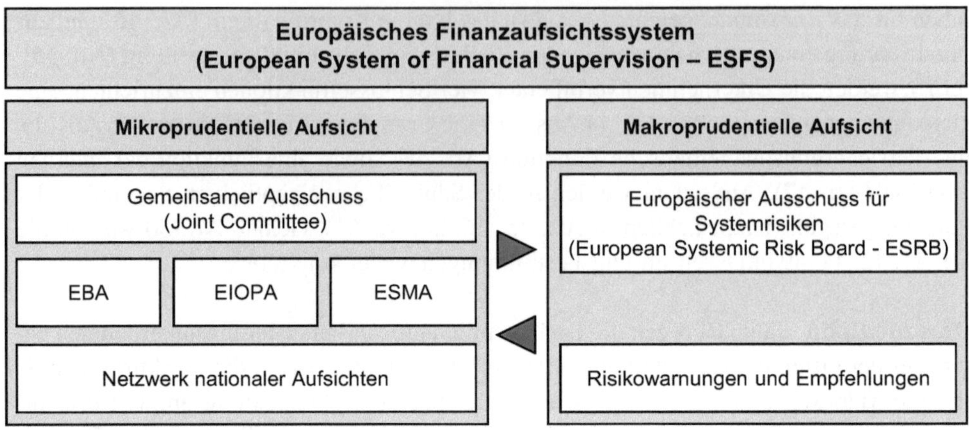


**Abb. 12.2** Europäische Aufsichtsarchitektur

sowie der aus dem Vorsitzenden und weiteren sechs Mitgliedern bestehende Verwaltungsrat. Der Rat der Aufseher ist für die operativen und die verwaltungstechnischen Entscheidungen zuständig, während dem Verwaltungsrat die organisatorischen Aufgaben hinsichtlich Haushalt, Personal und Arbeitsprogramm übertragen sind. Geleitet wird die Behörde von ihrem Exekutivdirektor, der vom Rat der Aufseher bestellt wird und die Arbeiten des Verwaltungsrates vorbereitet. Zentrale Aufgaben und Kompetenzen der ESMA beinhalten:

- Aufsicht über Kreditratingagenturen (seit 01.07.2011);
- Zusammenarbeit mit den Aufsichtskollegien inklusive Streitschlichtung;
- Stärkung der Aufsichtskonvergenz durch Ausarbeitung von direkt anwendbaren verbindlichen technischen Standards;
- Direktentscheidungsbefugnis gegenüber einzelnen Finanzmarktteilnehmern bei Bruch von EU-Recht, Krisensituationen und Streitschlichtungsfällen;
- Organisation und Durchführung vergleichender Analysen der zuständigen Behörden;
- Koordination zu Krisenmanagement und Finanzstabilität;
- Stärkung des Verbraucherschutzes;
- Einrichtung einer zentralen Datenbank der registrierten Finanzmarktteilnehmer.

**EBA** Die Europäische Bankenaufsichtsbehörde wurde mit Verordnung (EU) Nr. 1093/2010 des Europäischen Parlaments und des Rates mit Wirkung zum 1.1.2011 als Nachfolgeorganisation von CEBS (Committee of European Banking Supervisors) gegründet [EU10b]. Sitz der Behörde ist London. Die EBA soll als unabhängige EU-Behörde zur Stabilität des Finanzsystems in der EU beitragen, indem sie die Integrität, die Transparenz, die Effizienz und die Funktionsweise der Finanzmärkte sicherstellt und den Anlegerschutz intensiviert. Wesentliche Organe der EBA sind der Rat der Aufseher, bestehend aus den

Vertretern der nationalen Aufsichtsbehörden, der Vorsitzende sowie der aus dem Vorsitzenden und weiteren sechs Mitgliedern bestehende Verwaltungsrat. Der Rat der Aufseher ist für die operativen und die verwaltungstechnischen Entscheidungen zuständig. Dem Verwaltungsrat obliegen organisatorische Aufgaben hinsichtlich Haushalt, Personal und Arbeitsprogramm. Geleitet wird die Behörde von ihrem Exekutivdirektor, der vom Rat der Aufseher bestellt wird und die Arbeiten des Verwaltungsrates vorbereitet. Zentrale Aufgaben und Kompetenzen der EBA beinhalten:

- Zusammenarbeit mit den Aufsichtskollegien, inklusive Streitschlichtungsmöglichkeiten;
- Stärkung der Aufsichtskonvergenz durch Ausarbeitung von direkt anwendbaren, verbindlichen technischen Standards und deren Kontrolle;
- Direktentscheidungsbefugnis gegenüber einzelnen Finanzinstituten bei Bruch von EU-Recht, Krisensituationen und Streitschlichtungsfällen;
- Koordination zu Krisenmanagement und Finanzstabilität;
- Stärkung des Verbraucherschutzes;
- Einrichtung einer zentralen Datenbank der registrierten Finanzinstitute.

**EIOPA** Die Europäische Aufsichtsbehörde für das Versicherungswesen und die betriebliche Altersversorgung (European Insurance and Occupational Pensions Authority – EIOPA) wurde mit Verordnung (EU) Nr. 1094/2010 des Europäischen Parlaments und des Rates mit Wirkung zum 1.1.2011 als Nachfolgeorganisation von CEIOPS (Committee of European Insurance and Occupational Pensions Supervisors) mit Sitz in Frankfurt am Main gegründet [EU10c]. Als unabhängige EU-Behörde soll EIOPA zur Stabilität des Finanzsystems in der EU beitragen, indem sie die Integrität, die Transparenz, die Effizienz und die Funktionsweise der Finanzmärkte sicherstellt und den Einleger- und Anlegerschutz intensiviert. Wesentliche Organe von EIOPA sind – analog zu den anderen Europäischen Aufsichtsbehörden – der Rat der Aufseher, der Vorsitzende, der Verwaltungsrat sowie der Exekutivdirektor. Zentrale Aufgaben und Kompetenzen von EIOPA beinhalten:

- Zusammenarbeit mit den Aufsichtskollegien, inklusive Streitschlichtungsmöglichkeiten;
- Stärkung der Aufsichtskonvergenz insbesondere durch Ausarbeitung von direkt anwendbaren verbindlichen technischen Standards;
- Direktentscheidungsbefugnis gegenüber einzelner Finanzinstitute (Versicherungsunternehmen und Versicherungsvermittler) bei Bruch von EU-Recht, Krisensituationen und Streitschlichtungsfällen;
- Organisation und Durchführung vergleichender Analysen der zuständigen Behörden;
- koordinierende Rolle beim Krisenmanagement und bei Finanzstabilitätsthemen;
- Stärkung des Verbraucherschutzes.

**Joint Committee** Der Gemeinsame Ausschuss der Europäischen Aufsichtsbehörden (Joint Committee) dient als Forum für die regelmäßige enge Zusammenarbeit der drei Europäischen Aufsichtsbehörden untereinander. Er gewährleistet eine branchenübergreifende und integrierte Bearbeitung von Themen insbesondere in Bezug auf:

- Finanzkonglomerate,
- Rechnungslegung und Rechnungsprüfung,
- mikroprudentielle Analysen sektorübergreifender Entwicklungen, Risiken und Schwachstellen für die Finanzstabilität,
- Anlageprodukte für Kleinanleger,
- Maßnahmen zur Bekämpfung der Geldwäsche und
- den Informationsaustausch mit dem ESRB sowie den Ausbau der Verbindungen der Europäischen Aufsichtsbehörden mit dem ESRB.

Der Gemeinsame Ausschuss setzt sich aus den Vorsitzenden der drei Aufsichtsbehörden sowie den Vorsitzenden der vom Ausschuss eingerichteten Unterausschüssen zusammen. Die Exekutivdirektoren, ein Vertreter der Kommission und des ESRB nehmen als Beobachter teil.

**ESRB** Der Europäische Rat für Systemische Risiken (European Systemic Risk Board – ESRB) mit Sitz in Frankfurt stellt mit seiner Verantwortung für makroökonomische und systemische Aspekte von Finanzmarktentwicklungen eine unverzichtbare Ergänzung zur Arbeit der Europäischen Aufsichtsbehörden im Banken-, Versicherungs- und Wertpapierbereich dar [EU10d, EU10e]. Dem ESRB gehören als stimmberechtigte Mitglieder insbesondere Vertreter der Nationalen Notenbanken, der Europäischen Aufsichtsbehörden, der Europäischen Kommission und zweier beratender Gremien (technisches und wissenschaftliches Komitee) an. Die nationalen Aufsichtsbehörden sind nicht-stimmberechtigte Mitglieder, können jedoch ihre Positionen in die Diskussion einbringen. Wichtigste Instrumente des ESRB sind Warnungen und Empfehlungen, die der ESRB an die jeweils Verantwortlichen, insbesondere jedoch an europäische und nationale Aufsichtsbehörden, richten kann.

## 12.3 VAG-Novelle

**Struktur der VAG-Novelle vom 18.04.2012** Systematisch gliedert sich das neue VAG auf Basis des Regierungsentwurfs (VAG-E) in sieben Teile:[1]

[1] Der Diskussionsentwurf des Bundesministeriums der Finanzen zum „Entwurf eines Gesetzes zur Umsetzung der Richtlinie 2009/138/EG betreffend die Aufnahme und Ausübung der Versicherungs- und der Rückversicherungstätigkeit (Solvabilität II)" vom 16.07.2014 sieht acht Teile vor: Teil 1 – Allgemeine Vorschriften (§§ 1–7 VAG-D), Teil 2 – Vorschriften für die Erstversicherung und die Rückversicherung (§§ 8–220 VAG-D), Teil 3 – Sicherungsfonds (§§ 221–231 VAG-D),

- Teil 1 – Allgemeine Vorschriften (§§ 1–8 VAG-E);
- Teil 2 – Vorschriften für die Erstversicherung und die Rückversicherung (§§ 9–218 VAG-E);
- Teil 3 – Betriebliche Altersversorgung (§§ 219–230 VAG-E);
- Teil 4 – Gruppen (§§ 231–288 VAG-E);
- Teil 5 – Aufsicht: Aufgaben und allgemeine Befugnisse, Organisation (§§ 289–325 VAG-E);
- Teil 6 – Straf- und Bußgeldvorschriften (§§ 326–329 VAG-E);
- Teil 7 – Übergangs- und Schlussbestimmungen (§§ 330–340 VAG-E).

**Alter Wein in neuen Schläuchen?** Inhaltlich bleibt ein großer Teil der Vorschriften des geltenden VAG unverändert, wird aber umpositioniert. Dies betrifft vor allem die Regelungen für Versicherungsvereine auf Gegenseitigkeit in den §§ 15 bis 53b, welche in die §§ 158–197 VAG-E verschoben werden, aber auch die Vorschriften zur betrieblichen Altersversorgung (§§ 112–118f VAG) sowie die Zuständigkeiten von Bundes- und Landesaufsicht (§§ 146–150 VAG) [GrSc12].

**Sprachliche Unschärfen** Sprachlich deckt sich die Begriffswahl der VAG-Novelle nicht vollständig mit der Solvency-II-Richtlinie. So fordert § 27 Abs. 5 VAG-E die Einrichtung einer unabhängigen Risikocontrollingfunktion (URCF), während die Solvency-II-Richtlinie in Art. 44 Abs. 4 von einer Risikomanagementfunktion spricht. Etwas kritischer ist der Austausch des Begriffs der „Risikotoleranzschwelle" in Art. 45 durch „Risikotoleranzlimit" in § 28 VAG-E zu sehen. Allerdings weist auch die Solvency-II-Richtlinie einige sprachliche Unschärfen auf. Beispielsweise sind gemäß Art. 44 Abs. 1 „potenzielle Risiken ... zu managen ...", obwohl genaugenommen die Steuerung dieser Risiken gemeint ist. Tückisch ist der Begriff der Risikomanagementfunktion des Art. 44 Abs. 4. Diese Funktion ist für die Überwachung des Risikomanagementsystems und ggf. das interne Modell, jedoch nicht für die Steuerung von Risiken zuständig.

**Allgemeine Vorschriften** Neu im Teil 1 ist, dass das Gesetz gemäß § 1 Abs. 1 VAG-E den Schutz der Versicherten insbesondere vor den Solvenzrisiken der Versicherungsunternehmen und vor Missständen in das Zentrum der aufsichtsrechtlichen Tätigkeit rückt. Gemäß § 1 Abs. 2 VAG-E werden die Aufsichtsbehörden nur im öffentlichen Interesse tätig, sodass jegliche Amtshaftungsansprüche ausgeschlossen sind.

---

Teil 4 – Einrichtungen der betrieblichen Altersversorgung (§§ 232–244 VAG-D), Teil 5 – Gruppen (§§ 245–293 VAG-D), Teil 6 – Aufsicht: Aufgaben und allgemeine Befugnisse, Organisation (§§ 294-330 VAG-D), Teil 8 – Übergangs- und Schlussbestimmungen (§§ 335–354 VAG-D). Das Gesetz zur Absicherung stabiler und fairer Leistungen für Lebensversicherte (Lebensversicherungsreformgesetz – LVRG) vom 01.08.2014 (BGBl I (2014) 1330) konnte im Diskussionsentwurf noch nicht berücksichtigt werden.

**Erst- und Rückversicherung** Teil 2 der Gesetzesnovelle besteht aus sechs Kapiteln:

- Kapitel 1 – Geschäftstätigkeit (§§ 9–68 VAG-E);
- Kapitel 2 – Finanzielle Ausstattung (§§ 69–128 VAG-E);
- Kapitel 3 – Besondere Vorschriften für einzelne Zweige (§§ 129–157);
- Kapitel 4 – Versicherungsvereine auf Gegenseitigkeit (§§ 158–197 VAG-E);
- Kapitel 5 – Kleine Versicherungsunternehmen und Sterbekassen (§§ 198–207 VAG-E);
- Kapitel 6 – Sicherungsfonds (§§ 208–218 VAG-E).

Die wesentlichen Neuerungen betreffen die Governance-Anforderungen in Kap. 1 sowie das neue Solvabilitätsregime in Kap. 2 inklusive den gesetzlichen Vorgaben für interne Modelle (§§ 102–112 VAG-E). Die in den Artikeln 41–50 der Solvency-II-Richtlinie definierten Anforderungen an die Ausgestaltung des Risikomanagements sowie der Corporate Governance sind in den §§ 24–33 VAG-E gefasst. Dabei werden die Governance-Anforderungen des geltenden § 64a VAG inhaltlich verfeinert und aufgefächert. Dies betrifft Vorgaben insbesondere

- für die allgemeine Unternehmensführung einschließlich der Ausgestaltung der Schlüsselfunktionen
  - Risikomanagementfunktion (RMF bzw. URCF),
  - versicherungsmathematische Funktion (VMF),
  - Compliance-Funktion (CF) und
  - Funktion der internen Revision (IRF);
- zur Ausgestaltung des Risikomanagements inklusive des Einsatzes von (partiellen) internen Modellen;
- zu Offenlegung, Transparenz und Berichterstattung an Aufsicht und Öffentlichkeit.

**bAV** Die Vorschriften zur betrieblichen Altersversorgung in Teil 3 bleiben im Wesentlichen unverändert.

**Gruppen** Mit der Umsetzung von Solvency II soll die Gruppenaufsicht grundsätzlich nur auf höchster Ebene der EU durchgeführt werden. Hierzu wird im Teil 4 die Gruppenaufsichtsbehörde in das VAG eingeführt (§§ 262 ff. VAG-E). Diese Behörde soll künftig für alle wichtigen Aspekte der Gruppenaufsicht d. h.

- Gruppensolvabilität (§§ 236 ff. VAG-E),
- gruppeninterne Geschäfte (§ 260 VAG-E),
- Risikokonzentration (§ 259 VAG-E),
- Risikomanagement (§ 254 VAG-E),
- Geschäftsorganisation auf Gruppenebene (§ 261 VAG-E) und
- interne Modelle für die Gruppe (§ 248 VAG-E)

zuständig sein. In Bezug auf Gruppen, die nicht ausschließlich im Inland tätig sind, hat die Aufsichtsbehörde Mitglied eines Aufsichtskollegiums zu sein. Dieses setzt sich aus der Gruppenaufsichtsbehörde und den Aufsichtsbehörden aller Mitglied- und Vertragsstaaten zusammen, in denen Tochterunternehmen ihren Sitz haben (§ 265 VAG-E).

**Aufgaben und allgemeine Befugnisse der Aufsicht** Die zentrale Vorschrift für die Aufgaben der Aufsichtsbehörde in Teil 5 ist der § 289 VAG-E. Danach umfasst das Überprüfungsverfahren der Aufsicht die Bewertung der qualitativen Anforderungen hinsichtlich der Geschäftsorganisation, die Bewertung der unternehmensindividuellen Risiken und die Bewertung der Fähigkeit der Unternehmen, diese Risiken unter Berücksichtigung des jeweiligen Geschäftsumfelds zu beurteilen und ihnen standzuhalten. Neu und basierend auf der Solvency-II-Richtlinie ist der Kapitalaufschlag auf die Solvabilitätskapitalanforderung gemäß § 295 VAG-E. Neu ist auch, dass der Kreis der Personen, deren Abberufung die Aufsichtsbehörde verlangen kann, gemäß § 297 VAG-E auf alle Personen mit Schlüsselaufgaben erweitert wurde.

**Strafen und Bußgelder** Die Straf- und Bußgeldvorschriften in Teil 6 bleiben bis auf die Höhe der Bußgelder weitgehend unverändert[2].

**Übergangsbestimmungen** Die wichtigen Neuerungen in Teil 7 betreffen die Übergangsbestimmungen für den Bericht über Solvabilität und Finanzlage in § 337 VAG-E und die Mindestkapitalanforderung in § 339 VAG-E.

## 12.4 Compliance

**Aufgabenspektrum der Compliance-Funktion** Im Rahmen eines internen Kontrollsystems fordert die Solvency-II-Richtlinie die Einrichtung einer Compliance-Funktion. Die Aufgaben der Compliance-Funktion lassen sich gemäß Art. 46 Abs. 1 und 2 RRL wie folgt strukturieren:

- Überwachungsaufgaben
  Die Compliance-Funktion hat die Einhaltung der Anforderungen zu überwachen (Art. 46 Abs. 1 RRL). Dies bezieht sich auf die Einhaltung sämtlicher Vorgaben des internen Kontrollsystems und schließt die Beurteilung der Angemessenheit der vom Versicherungsunternehmen getroffenen Maßnahmen zur Verhinderung von Verstößen sowie entsprechende Überprüfungshandlungen mit ein.
- Beratungsaufgaben
  Die Compliance-Funktion berät das Verwaltungs-, Management- oder Aufsichtsorgan in Bezug auf die Einhaltung der in Übereinstimmung mit der Solvency-II-Richtlinie

[2] Nachzuziehen sind allerdings die neu in den § 142 VAG aufgenommenen Strafvorschriften bei Verstößen gegen § 64a Abs. 7 VAG.

**Abb. 12.3** Potenziell zu beachtende Rechtsbereiche im Compliance-Prozess

erlassenen Rechts- und Verwaltungsvorschriften (Art. 46 Abs. 2 RRL). Anzumerken ist allerdings, dass die Solvency-II-Richtlinie hier eine Minimalanforderung aufstellt, während die Anforderungen in der VAG-Novelle deutlich weiter gefasst sind. Danach bezieht sich die Beratung auf die Einhaltung derjenigen Gesetze und Verwaltungsvorschriften, die für den laufenden Betrieb des Versicherungsgeschäfts gelten (§ 29 Abs. 2 VAG-E).

- Frühwarnaufgaben
  Die Solvency-II-Richtlinie sieht als weitere Aufgabe der Compliance-Funktion vor, die möglichen Auswirkungen von Änderungen des Rechtsumfelds auf die Tätigkeit des betreffenden Unternehmens zu beurteilen.
- Kontrollaufgaben
  In den Verantwortungsbereich der Compliance-Funktion fällt auch die Identifizierung und Beurteilung des mit der Nicht-Einhaltung der rechtlichen Vorgaben verbundenen Risikos (Compliance-Risiko).

**Potenzielle Rechtsgebiete** Mit der Vorgabe des § 29 Abs. 2 VAG-E erfordern potenziell viele, sich auch teilweise überschneidende Rechtsgebiete Aufmerksamkeit durch die Compliance-Funktion sowie deren Beachtung durch die Geschäftsleitung im Rahmen eines strukturierten Vorgehens (vgl. Abb. 12.3). Dabei hängt es weitgehend von der konkreten Risikosituation bzw. den Erfordernissen der Unternehmenssteuerung ab, inwieweit einzelne Rechtsgebiete von Bedeutung sind. Dies ist festzulegen und zu dokumentieren, denn die Solvency-II-Regelungen fordern im Rahmen der allgemeinen Governance-Anforderungen nach Art. 41 Abs. 1 bzw. § 24 Abs. 1 VAG-E eine angemessene, transparente Organisationsstruktur mit einer klaren Zuweisung und angemessener Trennung der Zuständigkeiten. Des Weiteren müssen Versicherungsunternehmen gemäß Art. 41 Abs. 3 bzw. § 24 Abs. 3 VAG-E über Leitlinien mit Vorgaben zum internen Kontrollsystem verfügen. Damit sind diese Leitlinien der geeignete Ort für die Festlegung der gewählten Organisationsstrukturen und der implementierten Compliance-Kontrollen sowie der mindestens im Fokus stehenden Rechtsgebiete.

**Mitbestimmung des Betriebsrats** Bei der Einführung von Compliance-Systemen ist auch die Mitbestimmungspflicht des Betriebsrats gemäß § 87 Abs. 1 Nr. 1 BetrVG zu beachten, wenn und soweit das Verhalten der Arbeitnehmer im Betrieb als standardisiertes Vorgehen geregelt werden soll. Dies betrifft insbesondere die Einführung von Meldepflichten bei Verstößen gegen einen Verhaltenskodex[3].

## Literatur

[DB12] *Deutscher Bundestag, 17. Wahlperiode:* Entwurf eines Zehnten Gesetzes zur Änderung des Versicherungsaufsichtsgesetzes. Gesetzentwurf der Bundesregierung (Drucksache 17/9342 vom 18.04.2012). http://dipbt.bundestag.de/dip21/btd/17/093/1709342.pdf, Abruf am 10.03.2014.

[EIOP13a] *EIOPA:* Leitlinien zur vorausschauenden Beurteilung der eigenen Risiken (basierend auf den ORSA-Grundsätzen). 31. Oktober 2013, EIOPA-CP-13/09 DE.

[EIOP13b] *EIOPA:* Leitlinien für die Informationsübermittlung an die zuständigen nationalen Behörden. 31. Oktober 2013, EIOPA-CP-13/010 DE.

[EIOP13c] *EIOPA:* Leitlinien zum Governance-System. 31. Oktober 2013, EIOPA-CP-13/08 DE.

[EIOP13e] *EIOPA:* Leitlinien zum Vorantragsverfahren für interne Modelle. 31. Oktober 2013, EIOPA-CP13/011 DE.

[EU10a] *EU:* Verordnung (EU) Nr. 1095/2010 des Europäischen Parlaments und des Rates vom 24. November 2010 zur Errichtung einer Europäischen Aufsichtsbehörde (Europäische Wertpapier- und Marktaufsichtsbehörde), zur Änderung des Beschlusses Nr. 716/2009/EG und zur Aufhebung des Beschlusses 2009/77/EG der Kommission. Amtsblatt der Europäischen Union L 331/84 vom 15.12.2010.

[EU10b] *EU:* Verordnung (EU) Nr. 1093/2010 des Europäischen Parlaments und des Rates vom 24. November 2010 zur Errichtung einer Europäischen Aufsichtsbehörde (Europäische Bankenaufsichtsbehörde), zur Änderung des Beschlusses Nr. 716/2009/EG und zur Aufhebung des Beschlusses 2009/78/EG der Kommission. Amtsblatt der Europäischen Union L 331/12 vom 15.12.2010.

[EU10c] *EU:* Verordnung (EU) Nr. 1094/2010 des Europäischen Parlaments und des Rates vom 24. November 2010 zur Errichtung einer Europäischen Aufsichtsbehörde (Europäische Bankenaufsichtsbehörde für das Versicherungswesen und die betriebliche Altersversorgung), zur Änderung des Beschlusses Nr. 716/2009/EG und zur Aufhebung des Beschlusses 2009/79/EG der Kommission. Amtsblatt der Europäischen Union L 331/48 vom 15.12.2010.

[3] BAG, Urteil vom 22.07.2008 – 1 ABR 40/07, NJW 2008, 3731.

[EU10d] *EU:* Verordnung (EU) Nr. 1092/2010 des Europäischen Parlaments und des Rates vom 24. November 2010 über die Finanzaufsicht der Europäischen Union auf Makroebene und zur Errichtung eines Europäischen Ausschusses für Systemrisiken. Amtsblatt der Europäischen Union L 331/1 vom 15.12.2010.

[EU10e] *EU:* Verordnung (EU) Nr. 1096/2010 des Rates vom 17. November 2010 zur Betrauung der Europäischen Zentralbank mit besonderen Aufgaben bezüglich der Arbeitsweise des Europäischen Ausschusses für Systemrisiken. Amtsblatt der Europäischen Union L 331/162 vom 15.12.2010.

[EU12d] *EU:* Richtlinie 2012/23/EU des Europäischen Parlaments und des Rates vom 12. September 2012 zur Änderung der Richtlinie 2009/138/EG (Solvabilität II) hinsichtlich des Zeitpunkts ihrer Umsetzung und des Zeitpunkts ihrer Anwendung sowie des Zeitpunkts der Aufhebung bestimmter Richtlinien. Amtsblatt der Europäischen Union L 249/1 vom 14.09.2012.

[EU13] *EU:* Richtlinie 2013/58/EU des Europäischen Parlaments und des Rates vom 11. Dezember 2013 zur Änderung der Richtlinie 2009/138/EG (Solvabilität II) hinsichtlich des Zeitpunkts ihrer Umsetzung und des Zeitpunkts ihrer Anwendung sowie des Zeitpunkts der Aufhebung bestimmter Richtlinien (Solvabilität I). Amtsblatt der Europäischen Union L 341/1 vom 18.12.2013.

[GrSc12] *Grote, J., Schaaf, M.:* Zum Referentenentwurf der 10. VAG-Novelle zur Umsetzung der Solvency-II-Richtlinie in deutsches Recht – eine ertse Analyse. VersR **63** (2012) 17.

# 13 Checklisten Risikomanagement und Organisation

Dem guten Frager ist schon halb geantwortet (Friedrich Nietzsche, deutscher Philosoph, 1844–1900).

## 13.1 Checkliste MaRisk (VA)

| 1 | **Zielsetzung des Rundschreibens** | |
|---|---|---|
| (1) | Ist das Risikomanagement quantifizierbar, qualifizierbar und administrierbar ausgestaltet? | Wodurch belegbar? |
| (2) | Werden über die Mindestanforderungen hinaus bei einzelnen Punkten höhere Standards angelegt? | Wo und warum? |
| (3) | Besteht die Gefahr, dass die Aufsichtsbehörde aufgrund von Verstößen gegen die Mindestanforderungen oder andere Vorschriften Anordnungen erlässt? | Warum und welche? |
| 2 | **Anwendungsbereich** | |
| (1) | Ist sichergestellt, dass auch auf Gruppen- bzw. Konglomeratsebene ein angemessenes Risikomanagement vorhanden ist? | Wie? |
| 3 | **Verhältnis des Rundschreibens zu sonstigen Regelungen** | |
| (1) | Sind sonstige spezielle Regelungen zur Aufbau- und Ablauforganisation zu beachten? | Welche? |
| (2) | Sind die Anforderungen zur Verhinderung von Geldwäsche umgesetzt? | Wie? |



B. Wolle, *Risikomanagementsysteme in Versicherungsunternehmen*, IT im Unternehmen, DOI 10.1007/978-3-8348-2309-0_13

| 4 | **Grundsatz der Proportionalität** | |
|---|---|---|
| (1) | Ist bei der Anwendung des Grundsatzes der Proportionalität der Grundsatz der Materialität berücksichtigt worden? | Wie? |
| (2) | Wurden die Besonderheiten der bAV berücksichtigt? | Wie? |
| **5** | **Risiken** | |
| (1) | Können wesentliche Risiken und unternehmerische Chancen durch das Risikomanagementsystem gehandhabt werden? | Wie? |
| | Werden bilanzielle und außerbilanzielle Auswirkungen berücksichtigt? | Welche und wie? |
| | Kann sich die Geschäftsleitung ein Überblick über das Gesamtrisikoprofil verschaffen? | Wie? |
| | Werden die wesentlichen Risiken auf Basis einer unternehmensindividuellen Risikoidentifikation (7.3.2.1) sowie Risikoanalyse und -bewertung (7.3.2.2) und der unternehmensindividuellen Skalierung der Wesentlichkeit bestimmt? | Wie? |
| | Existieren wirksame Kontroll- und Überwachungsmaßnahmen, die sicherstellen, dass keine wesentlichen Fehler auftreten, die zur Akzeptanz eines untragbaren Risikos führen? | Welche? |
| (2) | Werden mindestens folgende Risiken berücksichtigt:<br>• Versicherungstechnisches Risiko,<br>• Marktrisiko,<br>• Kreditrisiko,<br>• Operationelles Risiko,<br>• Liquiditätsrisiko,<br>• Konzentrationsrisiko,<br>• Strategisches Risiko,<br>• Reputationsrisiko? | Wie gut? |
| | Erfolgt eine inhaltliche Auseinandersetzung bzw. Erläuterung der o.g. Risiken in den Risikoberichten nach § 55c VAG? | Wie detailliert? |
| **6** | **Gesamtverantwortung** | |
| (1) | Sind alle Geschäftsleiter über die Risiken, denen das Unternehmen ausgesetzt ist, informiert, und können sie die wesentlichen Auswirkungen beurteilen und die erforderlichen Maßnahmen zur Begrenzung treffen? | Wie gut? |

| 7 | **Elemente eines angemessenen Risikomanagements** | |
|---|---|---|
| (1) | Existiert ein Risikomanagement, das die in § 64a Abs. 1 S. 4 VAG genannten Elemente enthält, die miteinander zu einem konsistenten ganzheitlichen Ansatz verzahnt sind? | Wie gut und wie verzahnt? |
| **7.1** | **Risikostrategie** | |
| (1) | Wurde die Geschäfts- und Risikostrategie von der Gesamtgeschäftsleitung festgelegt? | Wie? |
| | Erfolgte eine konsistente Ableitung der Risikostrategie aus der Geschäftsstrategie? | Wie konsistent? |
| | Ist die Gesamtverantwortung der Geschäftsleitung bei der Festlegung der Strategien dokumentiert? | Wo und wie? |
| (2) | Erfolgte die Gestaltung der Risikostrategie so, dass sich die operative Steuerung der Risiken an diese anknüpfen kann und sich Handlungsvorgaben für das Tagesgeschäft ergeben? | Wie detailliert? |
| | Geht die Risikostrategie auf Art, Risikotoleranz, Herkunft, Zeithorizont und Risikotragfähigkeit ein? | Wie gut? |
| | Sind die Risiken mit Hinblick auf die Wirtschafts-, Finanz- und Ertragslage dargestellt? | Wie detailliert? |
| | Existieren Leitlinien für den Umgang mit Risiken? | Welche? |
| (3) | Ist in der Risikostrategie vorgegeben, dass Auswirkungen neuer Geschäftsfelder bzw. neuer Kapitalmarkt-, Versicherungs- oder Rückversicherungsprodukte auf das Gesamtrisikoprofil zu bewerten sind? | Wodurch? |
| | Ist in der Risikostrategie vorgegeben, dass die Auswirkungen signifikanter Veränderungen von Marktparametern und Risikoeinschätzungen auf das Gesamtrisikoprofil zu bewerten sind? | Wodurch? |
| | Gibt die Risikostrategie vor, dass die Geschäftsleitung fortlaufend prüft, ob substantielle Veränderungen des Gesamtrisikoprofils eine Änderung der Risikostrategie erfordern? | Wodurch? |

| | | |
|---|---|---|
| (4) | Erfolgt mindestens eine jährliche Prüfung der Geschäfts- und Risikostrategie durch die Geschäftsleitung und ggf. eine Anpassung? | Wann und wie? |
| | Erfolgt eine Berichterstattung und Erörterung der Risikostrategie an das Aufsichtsorgan des Unternehmens? | Wann und wie? |
| | Wurde der Empfehlung der Aufsichtsbehörde entsprochen, ein Strategieaudit einzurichten? | Warum? |
| **7.2** | **Organisatorische Rahmenbedingungen** | |
| (1) | Werden wesentliche risikorelevante Geschäftsaktivitäten auf der Grundlage von innerbetrieblichen Leitlinien betrieben, welche die Grenzen der Geschäftstätigkeit berücksichtigen und die organisatorischen Rahmenbedingungen festlegen? | Welche und wie? |
| (2) | Werden materiell bedeutsame Verstöße gegen innerbetriebliche Leitlinien schriftlich begründet, dokumentiert und der Geschäftsleitung vorgelegt? | Welche sind dies? |
| **7.2.1** | **Aufbauorganisation** | |
| (1) | Erfolgte die Ausrichtung der Aufbauorganisation an den wichtigsten Strategiezielen des Unternehmens? | Wie gut? |
| | Existiert eine klare Funktionstrennung zwischen unvereinbaren Funktionen bis einschließlich der Ebene der Geschäftsleitung, d. h. wer Risikopositionen aufbaut (Risiken steuert), darf nicht gleichzeitig und auch nicht mittelbar Risiken überwachen und kontrollieren? | Wo und wie gut? |
| (2) | Erfolgte die Einrichtung flankierender Maßnahmen zur Vermeidung von Interessenkonflikten, falls aufgrund der Mitarbeiterzahl Abweichungen vom Grundsatz der Funktionstrennung notwendig sind? | Welche? |
| (3) | Sind Aufgaben und Verantwortlichkeiten innerhalb der Aufbauorganisation klar definiert und aufeinander abgestimmt? | Welche und wie gut? |
| a) | Sind Aufgaben und Verantwortlichkeiten für die Geschäftsleitung klar definiert und angemessen abgegrenzt? | Welche und wo? |

| | | |
|---|---|---|
| b) | Sind Aufgaben und Verantwortlichkeiten für die URCF klar definiert und angemessen abgegrenzt? | Welche und wo? |
| | Hat die URCF ein vollständiges und uneingeschränktes Informationsrecht? | Wodurch? |
| | Erfolgt eine unverzügliche Berichterstattung an die URCF, wenn wesentliche Mängel erkennbar oder wesentliche finanzielle Schäden aufgetreten sind oder ein konkreter Verdacht auf Unregelmäßigkeiten besteht? | Wie umfassend? |
| | Hat das Aufsichtsorgan die Möglichkeit, sich direkt an die URCF zu wenden, um weitere Informationen einzuholen? | Wodurch? |
| c) | Ist aufbauorganisatorisch gewährleistet, dass Risiken durch die Geschäftsbereiche identifiziert, analysiert und gesteuert werden? | Wie gut? |
| | Sind Aufgaben, Verantwortlichkeiten, Vertretungsregelungen und Kompetenzen im Umgang mit Risiken definiert und dokumentiert? | Wo? |
| d) | Prüft die interne Revision selbstständig, (prozess-) unabhängig und objektiv risikoorientiert alle Geschäftsbereiche, Abläufe, Verfahren und Systeme, sodass sie dadurch frühzeitig Risiken, Gefahren und Mängel erkennen und diese an die Geschäftsleitung berichten kann? | Wie effektiv? |
| **7.2.2** | **Ablauforganisation** | |
| (1) | Erfolgte die Ausrichtung der Ablauforganisation an den Risikostrategie- und Geschäftszielen des Unternehmens? | Wie gut? |
| | Erfolgte die Definition von Verantwortlichen für alle mit wesentlichen Risiken behafteten Geschäftsabläufe und deren Schnittstellen? | Welche und wie? |
| | Erfolgte eine adäquate Personalausstattung hinsichtlich Anzahl und Qualität? | Wie und wie gut? |
| | Erfolgte die Definition von Verantwortlichen für alle mit wesentlichen Risiken behafteten Geschäftsabläufe und deren Schnittstellen? | Welche und wie? |
| | Erfolgte eine adäquate Personalausstattung hinsichtlich Anzahl und Qualität? | Wie und wie gut? |

| | | |
|---|---|---|
| | Sind Mitarbeiter so geschult, dass sie Risiken identifizieren und angemessen auf diese reagieren können? | Wie gut? |
| (2) | Können alle mit wesentlichen Risiken behafteten Geschäftsabläufe adäquat gesteuert und überwacht werden?<br><br>Können mindestens das versicherungstechnische Geschäft, die Reservierung, das Kapitalanlagenmanagement (inklusive Asset-Liability-Management) sowie das passive Rückversicherungsmanagement adäquat gesteuert und überwacht werden? | Wie gut?<br><br>Warum? |
| **7.2.2.1** | **Neue Geschäftsfelder sowie Kapitalmarkt-, Versicherungs- und Rückversicherungsprodukte** | |
| (1) | Werden Risiken neuer Geschäftsfelder und Produkte auf ihre Auswirkung auf das Gesamtrisikoprofil untersucht und dokumentiert?<br><br>Erfolgt eine offizielle, dokumentierte Freigabe neuer Geschäftsfelder und Produkte durch die Geschäftsleitung? | Wie und wo?<br><br>Wie und wo? |
| (2) | Erfolgt eine Integration neuer Geschäftsfelde und Produkte in das bestehende Risikomanagement?<br><br>Ist die Anpassung der Organisation sowie der Steuerungs- und Kontrollprozesse gewährleistet? | Wie?<br><br>Wie? |
| **7.2.2.2** | **Betriebliche Anreizsysteme und Ressourcen** | |
| (1) | *Aufgehoben durch RS 23/2009 (VA) vom 21.12.2009, aufgehoben durch Inkrafttreten der VersVergV vom 06.10.2010[1].* | |
| (2) | Wird die Angemessenheit der Mittel unter Risikoaspekten bewertet und dokumentiert, und werden Mängel der Geschäftsleitung berichtet? | Wie? |
| (3) | Stellen die IT-Systeme (HW- und SW-Komponenten) und die zugehörigen IT-Prozesse die Integrität, die Verfügbarkeit, die Authentizität sowie die Vertraulichkeit der Daten sicher?<br><br>Erfolgte die Ausgestaltung der IT-Systeme und der IT-Prozesse grundsätzlich unter Beachtung gängiger Standards?<br><br>Wird die Eignung der IT-Systeme regelmäßig von den fachlich und technisch zuständigen Mitarbeitern überprüft? | Wodurch und wie gut?<br><br>Welche und wie?<br><br>Durch wen und wie? |

| | | |
|---|---|---|
| (4) | Werden IT-Systeme nach Entwicklung und nach Änderungen, die wesentliche Auswirkungen auf die Funktionsfähigkeit haben können, vor Produktionsbeginn getestet und von den fachlich sowie den technisch zuständigen Mitarbeitern abgenommen? | Von wem, wodurch und wie? |
| | Sind Test- und Produktionsumgebung grundsätzlich voneinander getrennt? | Wodurch? |
| (5) | Wird die Entwicklung und Änderung programmtechnischer Vorgaben unter Beteiligung der fachlich und technisch zuständigen Mitarbeiter durchgeführt? | Wie und von wem? |
| | Erfolgt die programmtechnische Freigabe grundsätzlich unabhängig vom Anwender? | Wie? |
| (6) | Genügt die vom Unternehmen eingesetzte Software – sowohl selbst erstellte als auch extern gekaufte – den Anforderungen der MaRisk VA? | Warum? |
| **7.2.2.3** | **Organisationsentwicklung** | |
| (1) | Erfolgt eine zeitgerechte Anpassung des organisatorischen Rahmens und des internen Steuerungs- und Kontrollsystems an Umfeldänderungen? | Wie? |
| | Erfolgte hierzu die Aufstellung von Leitlinien zur Organisationsentwicklung? | Welche? |
| **7.3** | **Internes Steuerungs- und Kontrollsystem** | |
| **7.3.1** | **Risikotragfähigkeitskonzept und Limitierung** | |
| (1) | Existiert ein Risikotragfähigkeitskonzept (RTK) auf Basis des Gesamtrisikos des Unternehmens, welches darlegt, wie viel Risikodeckungskapital zur Verfügung steht und wie viel davon zur Risikoabdeckung mindestens benötigt wird? | Wie konsistent? |
| | Sind unterschiedliche Anforderungsdimensionen bei der Ausgestaltung des RTK berücksichtigt, mindestens die aufsichtsrechtlichen Anforderungen als Untergrenze, die Bewertung durch Dritte, die unternehmensinternen Ziele sowie die Rechnungslegungszwecke? | Wie detailliert? |

| | | |
|---|---|---|
| (2) | Bestimmt die Geschäftsleitung im Rahmen der strategischen Überlegungen die angestrebten Ertrags- bzw. Kapitalziele und verschafft sie sich auf Basis einer – soweit technisch möglich – ökonomischen Bewertung einen Überblick über das Gesamtrisikoprofil des Unternehmens? | Wie? |
| | Wird entsprechend der Risikoneigung der Geschäftsleitung darauf aufbauend der Anteil an Risikodeckungspotenzial im Risikotragfähigkeitskonzept festgelegt, der tatsächlich zur Abdeckung der Risiken eingesetzt werden soll? | Wie? |
| (3) | Sind die Methoden und Annahmen des Konzeptes (z. B. Planungshorizont der Messung, Konjunkturzyklen, Diversifikationseffekte) nachvollziehbar dokumentiert und begründet? | Wie gut? |
| (4) | Sind die Annahmen zur Ermittlung des für die Abdeckung der Risiken notwendigen Risikodeckungspotenzials von der Geschäftsleitung dokumentiert und begründet? | Wie gut? |
| | Ist die Höhe des ermittelten erforderlichen Betrags im Rahmen der Geschäftsstrategie berücksichtigt und ist dies bei der Risikolimitierung dargelegt? | Wie gut? |
| | Wurde auf Basis der Risikotragfähigkeit ein konsistentes System von Limiten zur Risikobegrenzung installiert, welches die im Einklang mit der Risikostrategie gesetzten Begrenzungen der Risiken auf die wichtigsten steuernden Organisationsbereiche des Unternehmens herunter bricht? | Wie umfassend und welche? |
| | Wird die Limitauslastung in Form von Risikokennzahlen dargestellt, die aggregiert und mit den zur Risikodeckung bereitgestellten Eigenmitteln (auf Gesamtunternehmensebene) abgeglichen werden? | Wie gut? |
| | Erfolgt eine regelmäßige Kontrolle der Risikobedeckung anhand der Risikokennzahlen? | Wie und wie oft? |
| | Erfolgt eine unabhängige Berichterstattung an die Geschäftsleitung, wobei der Turnus der Berichterstattung individuell abhängig von der Risikosituation ist? | Wie? |
| | Sind die Limite mit dem Anteil an Risikodeckungspotenzial konsistent? | Warum? |

| | | |
|---|---|---|
| | Existiert eine Darlegung, wie die Steuerung der Risiken auf den Ebenen erfolgen kann? | Wie detailliert? |
| | Existieren Begründungen für die angewandte Allokationsmethode des Risikokapitals zur Erfüllung der festgelegten Risikostrategie durch die Geschäftsleitung? | Welche? |
| (6) | Sind Limite auf allen relevanten Steuerungsebenen und für alle Risikokategorien eingerichtet? | Welche? |
| | Sind die Limite - soweit technisch möglich - quantitativer Natur, adressatenadäquat und spartenspezifisch? | Warum? |
| | Liegt die Verantwortung für die adäquate Bestimmung und Vorgabe von wesentlichen Limiten bei der Geschäftsleitung? | Wodurch? |
| (7) | Ist sichergestellt, dass eine Anrechnung aller risikobehafteten Geschäfte auf die entsprechenden Limite erfolgt und eine laufende Information an den jeweiligen Geschäftsbereich über die Limitauslastungen stattfindet? | Wodurch? |
| (8) | Wird die Einhaltung der Limite überwacht? | Wie? |
| | Erfolgt eine Berichterstattung bei Limitüberschreitungen und über die deswegen getroffenen Maßnahmen? | Wie? |
| | Existieren innerbetriebliche Leitlinien, die ein geregeltes Verfahren zur Berichterstattung und die auszulösenden Konsequenzen bei Limitüberschreitungen (Eskalationsverfahren) festlegen? | Wie und welche? |
| **7.3.2** | **Risikokontrollprozess** | |
| **7.3.2.1** | **Risikoidentifikation** | |
| (1) | Sind alle Risiken im Unternehmen (in allen betrieblichen Prozessen, Funktionsbereichen und auf allen Hierarchieebenen) konsistent, systematisch und möglichst überschneidungsfrei aufgenommen und klassifiziert? | Wie vollständig? |
| | Sind Risikotreiber (interne und externe Faktoren, die das Risiko beeinflussen), sowie Risikobezugsgrößen (Bezugsgrößen, die von der Risikowirkung betroffen sind) definiert? | Wie gut? |
| | Sind die konkreten Risikoursachen benannt? | Welche? |

| | | |
|---|---|---|
| | Sind Wesentlichkeitsgrenzen für die Risikobeurteilung festgelegt?<br><br>Werden alle wesentlichen Risikotreiber und alle Abhängigkeiten zwischen ihnen regelmäßig erfasst? | Welche und wie?<br><br>Wie und wie oft? |
| (2) | Ist sichergestellt, dass die Risikoidentifikation bereits im strategischen Planungsprozess beginnt?<br><br>Ist die Risikoidentifikation auf das Gesamtrisikoprofil abgestimmt?<br><br>Wird die Risikoidentifikation regelmäßig, jedoch mindestens einmal jährlich wiederholt?<br><br>Erfolgt eine zeitnahe Überprüfung der Ergebnisse der Risikoidentifikation hinsichtlich der geänderten Rahmenbedingungen, falls das Unternehmen die Strategien oder Ziele ändert?<br><br>Erfolgt die Risikoidentifikation in allen Geschäftsbereichen des Unternehmens? | Wodurch?<br><br>Wodurch?<br><br>Wie und wann?<br><br>Wie?<br><br>Wodurch? |
| **7.3.2.2** | **Risikoanalyse- und Bewertung** | |
| (1) | Führt die Risikoanalyse und -bewertung der erfassten Risiken zu einer qualitativen und quantitativen Einschätzung potenzieller und realisierter Zielabweichungen sowohl durch Einzelrisiken als auch durch das Gesamtrisiko? | Wie? |
| (2) | Werden die identifizierten Risiken im Rahmen der Risikoanalyse ihrer Wesentlichkeit nach in die vom Unternehmen vorgegebenen Risikokategorien eingeordnet?<br><br>Wird aufgezeigt, welche Bezugsgrößen betroffen sind und welche Korrelationen zwischen den identifizierten Risiken bestehen?<br><br>Werden – wo möglich – geeignete Zufallsvariablen und die entsprechenden Wahrscheinlichkeitsverteilungen aus Vergangenheitsdaten bestimmt?<br><br>Werden – soweit es die Art des Risikos und die Datenbasis zulassen – Risikohöhen und zugehörige Eintrittswahrscheinlichkeiten sowie die Korrelation der wesentlichen Risiken in einem definierten Zeithorizont geschätzt? | Wie?<br><br>Wie gut?<br><br>Wie?<br><br>Wie? |

| | Wird die Datenbasis für diese Schätzungen aufgebaut, falls sie nicht vorhanden ist? | Wie? |
|---|---|---|
| (3) | Sind die Risikobewertungsmethodik und die Bewertungshäufigkeit dem jeweiligen Risiko angemessen, und sind die Bewertungsergebnisse aggregierbar? | Warum? |
| | Wird eine konsistente Datenanforderung für wesentliche Risiken erarbeitet? | Wie? |
| | Ist die Datenbasis für die Bewertung und Analyse der Risiken und für die Steuerung der betrachteten Geschäfts- und Risikostrukturen geeignet? | Warum? |
| (4) | Steht der Zeithorizont der Bewertung der Risiken im Einklang mit dem Planungshorizont (Einjahresbetrachtung) des Unternehmens, damit eine konsistente Steuerung der zu ergreifenden Maßnahmen ermöglicht werden kann? | Warum? |
| (5) | Werden sinnvolle und widerspruchsfreie Kennzahlen zur Messung des Risikos verwendet, die auf einer einheitlichen Grundlage und konsistenten Logik basieren? | Warum? |
| (6) | Werden die Risiken auf Basis der Bewertung priorisiert und kategorisiert, sodass angemessene Steuerungsmaßnahmen bzw. Steuerungsstrategien abgeleitet werden können? | Wie und welche? |
| (7) | Wurde eine Gesamtrisikobewertung auf Basis der Bewertung der Einzelrisiken definiert? | Wie und welche? |
| | Erfolgt eine Berücksichtigung von Kumul- bzw. Konzentrationseffekten und Interdependenzen sowohl innerhalb als auch zwischen den Risiken? | Wie? |
| (8) | Erfolgt die Risikobewertung stets zuerst qualitativ? | Wodurch? |
| | Erfolgt nach einer Einschätzung auf einer Referenzskala des Unternehmens als wesentliches Risiko eine Quantifizierung? | Wie? |
| | Existiert eine ausführliche Begründung, falls für wesentliche Risiken nur eine qualitative Einschätzung vorgenommen wurde? | Welche und wie gut? |

| | | |
|---|---|---|
| (9) | Ist das Ergebnis der Risikoanalyse und -bewertung der Ausweis aller für das Unternehmen bestehender Risiken und des dafür vorzuhaltenden Risikokapitals?<br><br>Ist sichergestellt, dass die Geschäftsleitung über das aktuelle Gesamtrisikoprofil bzw. über mögliche Verluste aus relevanten einzelnen Risiken informiert ist und mit Steuerungsmaßnahmen und Änderungen reagieren kann?<br><br>Werden Einschätzungen bzw. Handlungsempfehlungen der Geschäftleitung den Geschäftsbereichen zeitnah mitgeteilt? | Wie ersichtlich?<br><br>Wodurch?<br><br>Wie? |
| **7.3.2.3** | **Risikosteuerung** | |
| (1) | Umfasst die Risikosteuerung den Entwicklungs- und Umsetzungsprozess von Strategien und Konzepten, die darauf ausgerichtet sind, identifizierte und analysierte Risiken zu vermindern, zu vermeiden, zu überwälzen und zu übernehmen? | Wie effektiv? |
| (2) | Wird die Risikosteuerung durch die Geschäftsbereiche wahrgenommen, welche die Ergebnisverantwortung haben? | Wie? |
| (3) | Erfolgt eine Zerlegung der strategischen Risikoziele (die mit den angestrebten Geschäftszielen konsistent sind) in operativ messbare und aufbau- und ablauforganisatorisch konsistente Teilziele für alle relevanten Geschäftsbereiche?<br><br>Werden Risikokennzahlen zur Überprüfung des Zielerreichungsgrades eingesetzt?<br><br>Ist sichergestellt, dass für alle Steuerungsebenen entsprechende Steuerungskennzahlen existieren, die auf jeder Aggregationsstufe in sich und zu den erstellten Risikogrößen konsistent sind?<br><br>Werden die Steuerungskennzahlen bei mehreren Steuerungsebenen sinnvoll aggregiert? | Wie und wie konsistent?<br><br>Welche?<br><br>Wodurch?<br><br>Wie? |
| (4) | Passen die eingesetzten Steuerungskennzahlen zu der jeweiligen Organisationseinheit, welche die betrachteten Risiken abschätzt, und sind sie auch innerhalb des Unternehmens vergleichbar?<br><br>Werden die Steuerungskennzahlen im Risikobericht aufgeführt und können sie hinsichtlich ihrer Wirkungsweise und Hintergründe für deren Einsatz angemessen erläutert werden? | Warum?<br><br>Wie gut? |

| | | |
|---|---|---|
| (5) | Erfolgt die Risikosteuerungauf Basis einer Nettobewertung (Risiken nach bereits ergriffenen Maßnahmen)?<br><br>Wird der Handlungsbedarf zur Verbesserung bestehender bzw. zusätzlicher Steuerungsmaßnahmen mittels einer Gegenüberstellung der vorhandenen Risikoposition mit der gewünschten Risikoposition (Soll-Ist-Abgleich) abgeleitet?<br><br>Werden die Handlungsempfehlungen im Einklang mit der Risikostrategie getroffen? | Wie gut?<br><br>Wie effektiv?<br><br>Wie konsistent? |
| (6) | Werden die Risikotreiber bei wesentlichen Veränderungen des Gesamtrisikoprofils durch die Risikoverantwortlichen unter Einbeziehung der relevanten Geschäftsbereiche identifiziert und Risikokennzahlen nach ergriffenen Maßnahmen neu berechnet?<br><br>Wurden beim Einsatz von Risikokennzahlen kritische Grenzen als Schwellenwerte festgelegt?<br><br>Wurden für den Fall von Überschreitungen der kritischen Grenzen oder auch für ungünstige Trendentwicklungen eindeutige Meldewege definiert und dokumentiert oder befasst sich die Geschäftsleitung damit?<br><br>Wird bei bestimmten Kriterienkombinationen oder Risikokennzahlen auf mögliche Gegen- bzw. Steuerungsmaßnahmen bis hin zur Notfallplanung verwiesen? | Wie zeitnah und wie gut?<br><br>Welche?<br><br>Welche und wie?<br><br>Welche? |
| **7.3.2.4** | **Risikoüberwachung** | |
| (1) | Werden die identifizierten und analysierten Risiken regelmäßig überwacht, sodass Mängel bei der Umsetzung der Risikostrategie sowie in den relevanten Methoden und Prozessen aufgedeckt und korrigiert werden können?<br><br>Werden<br>• Risikoprofil,<br>• Limite,<br>• Umsetzung der Risikostrategie,<br>• Risikotragfähigkeit,<br>• risikorelevante Prozesse und Methoden<br>• Risikosteuerung<br>regelmäßig kontrolliert?<br><br>Existiert ein angemessener Dokumentationsprozess? | Wie und wie regelmäßig?<br><br>Wie und wie regelmäßig?<br><br>Welcher? |

| | | |
|---|---|---|
| (2) | Erfolgt die Risikoüberwachung regelmäßig und orientiert sie sich am bestehenden unternehmensindividuellen Gesamtrisikoprofil sowie an der Art und Häufigkeit von Veränderungen des Geschäftsumfeldes? | Wie erfolgt dies und wie oft? |
| (3) | Ist gewährleistet, dass die Risikoüberwachung keine Steuerungsfunktion enthält und von der URCF durchgeführt wird? | Wodurch? |
| **7.3.3** | **Unternehmensinterne Kommunikation und Risikokultur** | |
| (1) | Ist eine ausreichende unternehmensinterne Kommunikation über alle wesentlichen Risiken sichergestellt? | Wodurch? |
| | Wird die unternehmensinterne Kommunikation von der Geschäftsleitung und den Führungskräften ausgeführt? | Wie? |
| | Ist sichergestellt, dass die unternehmensindividuelle Risikokultur von der obersten Ebene her nach unten systematisch vorgelebt wird? | Wodurch? |
| | Ist sichergestellt, dass Risiken kommuniziert werden und dass den aus der Kommunikation von Risiken Betroffenen keine Nachteile entstehen? | Wie und wodurch? |
| **7.3.4** | **Risikoberichterstattung** | |
| (1) | Verfügt das Unternehmen über eine aussagefähige Risikoberichterstattung im Sinne des §64a Abs. 1 S. 4 Nr. 3 Lit. d VAG? | Wie aussagefähig? |
| | Lässt sich die Geschäftsleitung im Rahmen der Risikoberichterstattung in angemessenen Abständen über das Gesamtrisikoprofil berichten? | Wie oft? |
| | Beinhaltet die Risikoberichterstattung an die Geschäftsleitung einen Soll-Ist-Abgleich und einen Bericht über die Auslastung der für die Risiken gesetzten Limite? | Wie detailliert? |
| | Ist in geeigneter Weise sichergestellt, dass die Führungsebene unterhalb der Geschäftsführung die für ihren jeweiligen Verantwortungsbereich erforderlichen Informationen aus dem Risikobericht erhält? | Wie und wodurch? |

| | | |
|---|---|---|
| | Wird im Rahmen der Risikoberichterstattung auch über sämtliche Vertragsbeziehungen mit Versicherungs-Zweckgesellschaften berichtet, wobei mindestens Name, Sitzland, Umfang des übertragenen Risikos sowie die Konditionen für die Risikoübernahme angegeben sind? | Welche? |
| | Enthält die Risikoberichterstattung Ertrags- und Aufwandsaspekte soweit sie zum Verständnis der Risikoaspekte erforderlich sind? | Welche und warum? |
| (2) | Ergeben sich Ergebnisauswirkungen durch eventuelle Änderungen hinsichtlich der Methoden der Risikoidentifizierung, -analyse, und -bewertung und geht die Risikoberichterstattung hierauf ein? | Welche und warum? |
| (3) | Enthält die Risikoberichterstattung Hinweise auf die Folgen wesentlicher unternehmensinterner Änderungen, eingeleiteter Maßnahmen zur Risikosteuerung oder Änderungen der Geschäftspolitik? | Welche und warum? |
| (4) | Ist die Risikoberichterstattung nachvollziehbar und aussagekräftig? | Warum? |
| | Enthält sie neben einer Darstellung auch eine Beurteilung der Risikosituation? | Wie detailliert? |
| (5) | Sind bei überraschenden Entwicklungen und extremen Ereignissen deren Ursachen und Auswirkungen dargestellt? | Welche, wie gut? |
| (6) | Ist der Turnus der Risikoberichterstattung der Bedeutung der Risiken angemessen? | Warum? |
| | Werden ggf. entsprechende Vorlaufzeiten berücksichtigt, um Besonderheiten der Aufbau- und Ablauforganisation zu berücksichtigen? | Wie groß und wo? |
| | Ist sichergestellt, dass die Risikoberichterstattung mindestens einmal jährlich erfolgt? | Wodurch? |
| | Ist sichergestellt, dass in besonderen Situationen Ad-hoc-Berichte erstellt werden? | Wodurch? |

| | | |
|---|---|---|
| (7) | Ist gewährleistet, dass die Geschäftsleitung den Risikobericht jederzeit erläutern kann? | Wodurch? |
| | Ist die Geschäftsleitung in der Lage, für die von ihr gewollt eingegangenen Risiken zu erklären, welche Handlungsalternativen zum Entscheidungszeitpunkt vorgelegen haben und warum die Risikoübernahme präferiert wurde? | Warum und wie? |
| | Sind die Handlungsalternativen und Maßnahmen für die Aufsichtsorgane dokumentiert? | Wie? |
| | Ist sichergestellt, dass die Führungsebene unterhalb der Geschäftsleitung diese Pflichten in ihrem jeweiligen Verantwortungsbereich erfüllen kann? | Wodurch? |
| **7.3.5** | **Qualitätssicherung internes Steuerungs- und Kontrollsystem** | |
| (1) | Wird das interne Steuerungs- und Kontrollsystem hinsichtlich der verwendeten Daten, der Methoden und Verfahren nachvollziehbar validiert und dokumentiert? | Wie und wie gut? |
| | Ist sichergestellt, dass der Validierungsprozess individuell festgelegt und abgenommen wurde? | Wodurch? |
| | Ist sichergestellt, dass der Validierungsprozess insbesondere die kontinuierliche Zweckmäßigkeit, Angemessenheit, Qualität, Vollständigkeit und Wirksamkeit von Daten, Methoden und Verfahren nachweisen kann? | Wodurch? |
| **7.4** | **Interne Revision** | |
| (1) | Verfügt das Unternehmen als notwendigem Bestandteil einer ordnungsgemäßen Geschäftsorganisation über eine funktionsfähige interne Revision (Revisionsfunktion)? | Wie gut? |
| | Kann davon ausgegangen werden, dass die Mitarbeiter der internen Revision die für ihre berufliche Praxis benötigten nationalen und internationalen Standards kennen und anwenden können? | Wodurch? |
| (2) | Ist gewährleistet, dass sich die Prüfungen der internen Revision auf alle wesentlichen Aktivitäten der gesamten Geschäftsorganisation beziehen, insbesondere auch auf das Risikomanagement? | Wodurch? |
| | Basiert die Tätigkeit der internen Revision auf einem umfassenden und jährlich fortgeschriebenen Prüfungsplan? | Wie detailliert? |

| | | |
|---|---|---|
| | Ist sichergestellt, dass die Prüfungsplanung risikoorientiert erfolgt? | Wodurch? |
| | Werden die Prüfungsplanung, -methoden und -qualität laufend überprüft und weiterentwickelt? | Wie? |
| | Ist sichergestellt, dass die Prüfungsplanung sowie wesentliche Anpassungen von der Geschäftsleitung genehmigt werden? | Wodurch? |
| (3) | Ist die interne Revision in der Lage, ihre Aufgaben objektiv und unabhängig zu erfüllen? | Warum? |
| | Verfügt die interne Revision über ausreichendes und angemessen qualifiziertes Personal? | Welches? |
| | Wurde der internen Revision zur Wahrnehmung ihrer Aufgaben jederzeit ein vollständiges und uneingeschränktes Informations- und Prüfungsrecht eingeräumt? | Wodurch? |
| | Ist gewährleistet, dass die interne Revision lediglich den Weisungen der Geschäftsleitung untersteht? | Wodurch? |
| | Sind selbstständige Revisionsabteilungen bei Konzerngesellschaften gegenüber der Konzernrevision auskunfts- und informationspflichtig? | Wodurch? |
| | Ist die Konzernrevision in der Lage, im Rahmen des Risikomanagements der Gruppe ergänzend zur internen Revision der Konzerngesellschaften tätig zu werden? | Wodurch? |
| (4) | Falls die Revisionsfunktion auf Grundlage einer schriftlichen Vereinbarung ausgegliedert wurde, ist dies unter Risikogesichtspunkten vertretbar? | Warum? |
| | Wurde im Fall einer Ausgliederung durch die Geschäftsleitung ein Revisionsbeauftragter benannt, der die ordnungsgemäße Durchführung der internen Revision sicherstellen muss? | Wer? |
| | Erfolgt die Erstellung des Prüfungsplans durch den Revisionsbeauftragten gemeinsam mit dem Externen? | Wie? |
| | Ist der Revisionsbeauftragte in der Lage, den Revisionsbericht ggf. gemeinsam mit dem Externen zu verfassen und zu prüfen, ob die festgestellten Mängel zeitnah beseitigt wurden? | Wodurch? |

| | | |
|---|---|---|
| (5) | Hat die Geschäftsleitung in innerbetrieblichen Leitlinien Aufgaben, Verantwortung, organisatorische Einbindung, Befugnisse sowie Berichtspflichten der mit der internen Revision betrauten Personen sowie die Grundsätze der Unabhängigkeit, der Funktionstrennung und der vollständigen Informationspflicht gegenüber der internen Revision fixiert? | Welche und wie detailliert? |
| | Ist gewährleistet, dass alle Organisationseinheiten der internen Revision unverzüglich berichten, wenn wesentliche Mängel zu erkennen oder wesentliche finanzielle Schäden aufgetreten sind oder ein konkreter Verdacht auf Unregelmäßigkeiten besteht? | Wodurch? |
| (6) | Werden der internen Revision Weisungen und Beschlüsse der Geschäftsleitung, die für die interne Revision von Bedeutung sein können, unverzüglich bekannt gegeben? | Wie? |
| | Wird die interne Revision rechtzeitig über wesentliche organisatorische, prozessuale und ergebnisorientierte Änderungen informiert? | Wie? |
| (7) | Ist gewährleistet, dass von der internen Revision über jede Prüfung zeitnah ein schriftlicher Bericht angefertigt und grundsätzlich den fachlich zuständigen Mitgliedern der Geschäftsleitung vorgelegt wird? | Wodurch? |
| | Enthält der Bericht insbesondere eine Darstellung des Prüfungsgegenstandes und der Prüfungsfeststellungen, ggf. einschließlich der vorgesehenen Maßnahmen? | Wie gut? |
| | Erfolgt eine Beurteilung der Prüfungsergebnisse und werden wesentliche Mängel besonders herausgestellt? | Wie gut? |
| | Ist sichergestellt, dass allen Geschäftsleitern unverzüglich Bericht erstattet wird, falls sich im Rahmen der Prüfungen schwerwiegende Feststellungen gegen Geschäftsleiter ergeben? | Wodurch? |
| (8) | Ist gewährleistet, dass die interne Revision zeitnah einen Gesamtbericht (Revisionsbericht) über sämtliche von ihr im Laufe des Geschäftsjahres durchgeführten Prüfungen verfasst und allen Mitgliedern der Geschäftsleitung vorlegt? | Wodurch? |
| | Informiert der Gesamtbericht über die festgestellten wesentlichen Mängel, deren Klassifizierung, die ergriffenen Maßnahmen sowie den Stand der Mängelbeseitigung? | Wie umfassend? |

| | | |
|---|---|---|
| | Ist gewährleistet, dass sich die interne Revision und die URCF regelmäßig über signifikante risikorelevante Sachverhalte und Entwicklungen austauschen? | Wodurch und wie oft? |
| | Ist sichergestellt, dass die wesentlichen Inhalte dieser Gespräche dokumentiert werden? | Wodurch? |
| (9) | Ist die interne Revision in der Lage, die fristgerechte Beseitigung der bei der Prüfung festgestellten Mängel in geeigneter Form zu überwachen und aktenkundig zu machen? | Wodurch? |
| | Wurde für den Fall der nicht termingerechten Beseitigung von Mängeln ein Eskalationsverfahren an die Geschäftsleitung eingerichtet? | Welches? |
| **7.5** | **Interne Kontrollen** | |
| (1) | Wurden zur Sicherstellung der Funktionsfähigkeit aller Bestandteile des Risikomanagementsystems dem Risiko entsprechende Kontrollen eingerichtet? | Welche und wo? |
| | Ist gewährleistet, dass die Funktionsfähigkeit der Kontrollen mindestens einmal jährlich überwacht, Kontrollschwächen beurteilt und zeitnah beseitigt werden? | Wodurch? |
| **8** | **Funktionsausgliederungen und Dienstleistungen im Sinne des § 64a Abs. 4 VAG** | |
| (1) | Erfolgt die teilweise oder vollständige Funktionsausgliederung sowie die Ausgliederung von Dienstleistungen nach den in § 64a Abs. 4 VAG niedergelegten Grundsätzen? | Warum? |
| | Ist gewährleistet, dass die Ausgliederung nicht zu einer Delegation der Verantwortung der Geschäftsleitung an das Ausgliederungsunternehmen führt? | Wodurch? |
| | Wird auf der Grundlage einer Risikoanalyse eigenverantwortlich durch das Unternehmen festgelegt, welche Aktivitäten und Prozesse unter Risikogesichtspunkten ausgegliedert werden können? | Wie und welche? |
| | Werden die maßgeblichen Geschäftsbereiche bei der Erstellung der Risikoanalyse einbezogen? | Wie? |
| | Wird die interne Revision im Rahmen ihrer Aufgaben einbezogen? | Wie? |

| | | |
|---|---|---|
| | Existieren Regelungen, sodass die Risikoanalyse bei wesentlichen Änderungen der Risikosituation angepasst und ggf. die Ausgliederung beendet werden kann? | Welche? |
| (2) | Wurde auf Grundlage einer Risikoanalyse festgelegt, welche Aktivitäten und Prozesse überhaupt ausgegliedert werden können?<br><br>Liegen auf dieser Basis Beschlüsse vor?<br><br>Wurde die maßgeblichen Geschäftsbereiche bei der Erstellung der Risikoanalyse einbezogen?<br><br>Wurde die interne Revision im Rahmen ihrer Aufgaben beteilig?<br><br>Ist sichergestellt, dass die Risikoanalyse bei wesentlichen Änderungen der Risikosituation angepasst und ggf. die Ausgliederung beendet werden kann? | Welche und wie?<br><br>Welche?<br><br>Welche und wie?<br><br>Wie?<br><br>Wie? |
| (3) | Werden die mit der Ausgliederung verbundenen Risiken (insbesondere operationelle Risiken) identifiziert, bewertet, angemessen gesteuert und ordnungsgemäß überwacht?<br><br>Kann die Leistung des Unternehmens, auf das ausgelagert wird, regelmäßig beurteilt werden?<br><br>Ist gewährleistet, dass zur Beendigung der Ausgliederungsvereinbarungen Vorkehrungen getroffen sind, um Kontinuität und Qualität der ausgelagerten Aktivitäten sicherzustellen?<br><br>Ist sichergestellt, dass die angeführten Anforderungen auch bei der Weiterverlagerung ausgegliederter Aktivitäten und Prozesse beachtet werden? | Welche und wie?<br><br>Wie und wie oft?<br><br>Welche?<br><br>Wodurch? |
| **9** | **Notfallplanung** | |
| (1) | Existiert eine Notfallplanung für Störfälle, Notfälle und Krisen, in denen die Kontinuität der wichtigsten Unternehmensprozesse und -systeme nicht mehr gewährleistet ist und die normalen Strukturen nicht mehr ausreichen, um diese zu beherrschen?<br><br>Zielt die Notfallplanung mit definierten Verfahren auf die Geschäftsfortführung, den Schutz von Personen und Sachen sowie Vermögen im Sinne der Wertschöpfung ab? | Wie gut und wofür?<br><br>Wie gut und wodurch? |

| | | |
|---|---|---|
| | Ist sichergestellt, dass neben dem Vorhalten eines Geschäftsfortführungs- bzw. Geschäftswiederaufnahmeplans auch die Kommunikationswege für Notfälle festgelegt sind? | Wodurch und wie gut? |
| | Wurde unternehmensindividuell in innerbetrieblichen Leitlinien festgelegt, welche Störungen unter welchen Umständen als wesentlich anzusehen sind? | In welchen und wie? |
| (2) | Wird die Notfallplanung regelmäßig auf ihre Wirksamkeit und Angemessenheit überprüft? | Wie oft und wie? |
| (3) | Ist sichergestellt, dass die Notfallplanung den beteiligten Geschäftsbereichen zur Verfügung gestellt wird? | Wodurch? |
| **10** | **Information und Dokumentation** | |
| (1) | Ist gewährleistet, dass den Entscheidungsträgern alle für die Funktionsfähigkeit des Risikomanagementsystems wesentlichen Informationen exakt und vollständig vorliegen? | Wodurch und welche? |
| | Ist in Abstimmung mit der Strategie des Unternehmens festgelegt, wie gesteuert werden soll? | Wie? |
| | Ist sichergestellt, dass die Dokumentation alle wesentlichen Formeln, Parameter, Methoden, Verfahren, Handlungen, Festlegungen, Entscheidungen und gegebenenfalls Begründungen sowie festgestellten Mängel und daraus gezogene Schlussfolgerungen umfasst? | Wodurch und welche? |
| | Gibt die Dokumentation einen systematischen Überblick über Risiken, Prozesse und Kontrollen? | Wodurch? |
| | Werden wesentliche Änderungen unterjährig aufgenommen und zeitnah innerhalb des Unternehmens kommuniziert? | Wie und wann? |
| | Ist die Dokumentation für sachverständige Dritte nachvollziehbar und überprüfbar? | Wieso? |

**Anmerkung** Die MaRisk (VA) legen die Regelungen des § 64a VAG verbindlich aus und enthalten auf nationaler Ebene wesentliche Anforderungen der Säule II der Solvency-II-Richtlinie. Damit ist diese Checkliste auch für Solvency II relevant.

## 13.2 Checkliste Prozessmodellierung

| 1 | **Allgemeine Prozessdokumentation** | |
|---|---|---|
| (1) | Ist ein Prozessverantwortlicher benannt, welcher die Entscheidung trägt bzw. trifft, wie die Geschäftsprozesse zu gestalten sind und welche betrieblichen oder gesetzlichen Rahmenbedingungen bzw. Kriterien zu erfüllen sind? | Wer? |
| (2) | Ist der Prozess in die Prozesslandkarte aufgenommen und wurde er einer der Kategorien Managementprozesse, Kernprozesse, Unterstützungsprozesse zugeordnet? | Welcher? |
| (3) | Ist für den Prozess ein Ziel formuliert, welches einen kurzen und prägnanten Bezug zu strategischen Dokumenten (Geschäftsstrategie, Risikostrategie usw.) herstellt? | Welches? |
| (4) | Ist der Prozess auf allen Detaillierungsstufen nachvollziehbar und übersichtlich dokumentiert? | Wie gut? |
| (5) | Sind alle relevanten Prozessschnittstellen enthalten, sodass die Zulieferung von Ergebnissen eines Prozesses oder Teilprozesses an andere Personen und/oder Organisationseinheiten genauso wie den Empfang von Ergebnissen eines Prozesses/Teilprozesses von anderen Personen und/oder Organisationseinheiten nachvollziehbar dokumentiert ist? | Welche sind das? |

| 2 | **Aktivitäten allgemein** | |
|---|---|---|
| (1) | Enthält der Prozess keine Aktivitäten mehr, die für den Gesamtprozess unwesentlich sind, bzw. wurden diese zu einer größeren Einheit zusammengefasst? | Wie ist das belegbar? |
| (2) | Sind die Aktivitäten aussagekräftig beschrieben? | Warum? |
| (3) | Ist die Art der Bearbeitung einer Aktivität im Hinblick auf mögliche Kontrollen klassifiziert (manuell, automatisch, semiautomatisch)? | Welche? |
| (4) | Ist für jede Aktivität eine ausführende Rolle (Durchführungsverantwortung) definiert? | Wer? |
| (5) | Ist für jede Aktivität mindestens eine verantwortliche Rolle (Ergebnisverantwortung) definiert? | Wer? |
| (6) | Sind für jede Aktivität Personen oder Stellen definiert, die aus fachlicher Sicht konsultiert werden bzw. beratend tätig sind (Mitwirkende)? | Wer? |
| (7) | Sind für jede Aktivität Personen oder Stellen definiert, die aufgrund von Informationsrechten oder -pflichten Auskünfte über den Verlauf bzw. das Ergebnis einer Aktivität erhalten (Informierende)? | Wer? |
| **3** | **Dokumentation und Ressourcen** | |
| (1) | Ist zu jeder Aktivität der Input (etwa die in diesem Arbeitsschritt eingesetzten oder verwendeten Dokumente) aufgeführt, der zur Ausführung der Aktivität erforderlich ist? | Welcher genau? |
| (2) | Ist zu jeder Aktivität der Output (die in diesem Arbeitsschritt produzierten Ergebnisse oder Dokumente) aufgeführt? | Welcher genau? |
| (3) | Sind alle für die jeweilige Aktivität notwendigen bzw. eingesetzten IT-Systeme angegeben? | Welche? |
| (4) | Ist zu einzelnen Aktivitäten die zugrunde liegende Dokumentation (aktuelle Arbeitsanweisungen, Arbeitshilfen, Checklisten usw.) hinterlegt? | Welche? |

| 4 | **Steuerung, Kontrolle und Eskalation** | |
|---|---|---|
| (1) | Sind Kennzahlen angegeben, welche die Aktivität bzw. den Prozess quantifizierbar machen? | Welche? |
| (2) | Sind Risiken, die sich aus dem Prozess oder aus einer einzelnen Aktivität ergeben können, angegeben? | Welche? |
| (3) | Sind zur Vermeidung von Risiken und Fehlern Kontrollverfahren (inklusive Häufigkeit und Verantwortlichkeiten) angegeben? | Welche und warum? |
| (4) | Sind im Prozess bei Eintritt gravierender Abweichungen oder Fehlleistungen Eskalationsverfahren inklusive deren Auslösekriterien angegeben? | Welche und wann? |

# Abkürzungsverzeichnis

Die kürzesten Wörter, nämlich Ja und Nein, erfordern das meiste Nachdenken (Pythagoras, griechischer Philosoph und Mathematiker, um 582–497 v. Chr.).

| | |
|---|---|
| Abs. | Absatz |
| ACM | Association of Computing Machinery |
| AG | Aktiengesellschaft |
| AGB | Allgemeine Geschäftsbedingungen |
| AICPA | American Institute of Certified Public Accountants |
| AIS | Association of Information Systems |
| ALM | Asset-Liability-Management |
| ANSI | American National Standards Institute |
| API | Application Programming Interface |
| Art. | Artikel |
| AS | Standards Australia |
| ASD | Adaptive Software Development |
| ASM | Available Solvency Margin |
| AVB | Allgemeine Versicherungsbedingungen |
| BA | Bankenaufsicht |
| BaFin | Bundesanstalt für Finanzdienstleistungsaufsicht |
| BAG | Bundesarbeitsgericht |
| bAV | betriebliche Altersvorsorge |
| BCR | Balanced Chance and Risk |
| Bd. | Band |
| BfD | Bundesamt für Datenschutz |
| BGBl. | Bundesgesetzblatt |
| BGH | Bundesgerichtshof |
| BI | Business Intelligence |
| BMF | Bundesministerium der Finanzen |
| BMI | Bundesministerium des Innern |
| BMJ | Bundesministerium der Justiz |
| BMWi | Bundesministerium für Wirtschaft |
| BPR | Business Process Reengineering |
| BSC | Balanced Scorecard |
| BSI | Bundesamt für Sicherheit in der Informationstechnik |
| BVB | Besondere Versicherungsbedingungen |



B. Wolle, *Risikomanagementsysteme in Versicherungsunternehmen*, IT im Unternehmen, DOI 10.1007/978-3-8348-2309-0

| | |
|---|---|
| BWL | Betriebswirtschaftslehre |
| CCZ | Corporate Compliance Zeitschrift |
| CEBS | Committee of European Banking Supervisors |
| CEIOPS | Committee of European Insurance and Occupational Pensions Supervisors |
| CESR | Committee of European Securities Regulators |
| CF | Compliance Funktion |
| CMM® | Capability Maturity Model® |
| CMS | Compliance Management System; Content Management System |
| COBIT® | Control Objectives for Information and Related Technology |
| CoC | Cost of Capital |
| CoCM | Cost of Capital Margin |
| Cor. | Corrigenda |
| COREP | Common Solvency Ratio Reporting |
| COSO | Committee of Sponsoring Organizations |
| Cov | Kovarianz |
| CP | Consultation Paper |
| CRO | Chief Risk Officer |
| CSCW | Computer Supported Cooperative Work |
| D&O | Directors & Officers |
| DAV | Deutsche Aktuarvereinigung e. V. |
| DEMI | Durchführungsverantwortliche, Entscheidungsverantwortliche, Mitwirkende, Informierte |
| DIIR | Deutsches Institut für Interne Revision e. V. |
| DIN | Deutsche Industrie-Norm |
| DRS | Deutsche Rechnungslegungsstandards |
| DSS | Decision Support System |
| DTR | Draft Technical Report |
| DV | Datenverarbeitung |
| e. K. | eingetragene/r Kaufmann/frau |
| e. V. | eingetragener Verein |
| EBA | European Banking Authority |
| EDI | Electronic Data Interchange |
| EDV | Elektronische Datenverarbeitung |
| EFQM | European Foundation for Quality Management |
| eG | eingetragene Genossenschaft |
| EG | Europäische Gemeinschaft(en) |
| EIOPA | European Insurance and Occupational Pensions Authority |
| EIS | Executive Information System |
| EN | Englisch |
| EPK | Ereignisgesteuerte Prozesskette |
| EPS | Entwurf Prüfungsstandard |
| ERM | Enterprise Risk Management |
| ESFS | European System of Financial Supervision |
| ESMA | European Securities and Markets Authority |
| ESRB | European Systemic Risk Board |
| ETUI | European Trade Union Institute |
| EU | Europäische Union |
| EuGH | Gerichtshof der Europäischen Union |
| EUV | Vertrag über die Europäische Union |

| | |
|---|---|
| EZB | Europäische Zentralbank |
| FAIT | Fachausschuss für Informationstechnologie |
| FDD | Feature Driven Development |
| ff. | fortfolgende |
| FINREP | Financial Reporting |
| FLAOR | Forward Looking Assessment of Own Risks |
| FMA | Österreichische Finanzmarktaufsicht |
| FMEA | Failure Mode and Effects Analysis (Fehlermöglichkeits- und Einflussanalyse) |
| FN | Fachnachrichten |
| G | Gesetz |
| GAAP | Generally Accepted Accounting Principles |
| GARCH | Generalized Autoregressive Conditional Heteroscedasticity |
| GbR | Gesellschaft bürgerlichen Rechts |
| GDD | Gesellschaft für Datenschutz und Datensicherheit e. V. |
| GDSS | Group Decision Support System |
| GDV | Gesamtverband der Deutschen Versicherungswirtschaft e. V. |
| GI | Gesellschaft für Informatik e. V. |
| GmbH | Gesellschaft mit beschränkter Haftung |
| H. R. | House of Representatives |
| HFA | Hauptfachausschuss |
| Hrsg. | Herausgeber |
| html | Hypertext Markup Language |
| http | Hypertext Transfer Protocol |
| HW | Hardware |
| IAIS | International Association of Insurance Supervisors |
| IAS | International Accounting Standards |
| IDW | Institut der Wirtschaftsprüfer in Deutschland |
| IEC | International Electrotechnical Commission |
| IEEE | Institute of Electrical and Electronic Engineering |
| IFRS | International Financial Reporting Standards |
| IIRC | International Integrated Reporting Council |
| IHK | Industrie- und Handelskammer |
| IKS | Internes Kontrollsystem |
| IR | Interne Revision |
| IRF | Funktion interne Revision |
| ISKS | Internes Steuerungs- und Kontrollsystem |
| ISO | International Organization for Standardization |
| IT | Informationstechnologie |
| ITIL® | Information Technology Infrastructure Library |
| k. A. | keine Angabe |
| KG | Kommanditgesellschaft |
| KGaA | Kommanditgesellschaft auf Aktien |
| KonTraG | Gesetz zur Kontrolle und Transparenz im Unternehmensbereich |
| KoR | Internationale und kapitalmarktorientierte Rechnungslegung |
| KVP | kontinuierlicher Verbesserungsprozess |
| LG | Landgericht |
| Lit. | littera (Buchstabe) |
| MaRisk (VA) | Mindestanforderungen an das Risikomanagement |
| MCR | Minimum Capital Requirement |

| | |
|---|---|
| MIS | Management-Informationssystem |
| MSS | Management-Support-System |
| NJW | Neue Juristische Wochenschrift |
| NZS | Standards New Zealand |
| o. J. | ohne Jahrgang |
| OECD | Organization for Economic Co-operation and Developmant |
| OHG | Offene Handelsgesellschaft |
| OLAP | On-line Analytical Processing |
| ONR | Österreichisches Normungsinstitut Regel |
| ORSA | Own Risk and Solvency Assessment |
| PCAOB | Public Company Accounting Oversight Board |
| PDCA | Plan, Do, Check, Act |
| PDF | Portable Document Format |
| Pkt. | Punkt |
| PKV | Verband der Privaten Krankenversicherung e. V. |
| PRINCE® | Projects in Controlled Environments |
| QIS | Quantitative Impact Study |
| QM | Qualitätsmanagement |
| QRT | Quantitative Reporting Template |
| QS | Qualitätssicherung |
| RACI | Responsible, Accountable, Consulted, Informed |
| RfB | Rückerstellung für Beitragsrückerstattung |
| RMF | Risikomanagementfunktion |
| RRL | Solvency-II-Rahmenrichtlinie |
| RS | Stellungsnahmen zur Rechnungslegung; Rundschreiben |
| RTK | Risikotragfähigkeitskonzept |
| Rz. | Randziffer |
| S. | Satz; auch: Seite |
| SCR | Solvency Capital Requirement |
| SE | Societas Europaea |
| SGML | Standard Generalized Markup Language |
| SLA | Service Level Agreement |
| SMART | Specific, Measurable, Accepted, Realistic, Timely |
| SPICE | Software Process Improvement and Capability Determination |
| SRP | Supervisory Review Process |
| SW | Software |
| SWEBOK® | Software Engineering Body of Knowledge |
| SWOT | Strengths, Weaknesses, Opportunities, Threats |
| TCP/IP | Transmission Control Protocol/Internet Protocol |
| TQM | Total Quality Management |
| TR | Technical Report |
| TS | Technical Specification |
| Tz. | Textziffer |
| U.S. | United States |
| UG | Unternehmergesellschaft (haftungsbeschränkt) |
| UML | Unified Modelling Language |
| URCF | Unabhängige Risikocontrollingfunktion |
| V | Verordnung |
| VA | Versicherungsaufsicht |

| | |
|---|---|
| VAG-E | Entwurf eines Gesetzes zur Modernisierung der Finanzaufsicht über Versicherungen (Stand 18.04.2012) |
| Var | Varianz |
| VaR | Value-at-Risk |
| VersR | Zeitschrift für Versicherungsrecht, Haftungs- und Schadenrecht |
| VFA | Versicherungsfachausschuss |
| VG | Verwaltungsgericht |
| VMF | versicherungsmathematische Funktion |
| VU | Versicherungsunternehmen |
| VVaG | Versicherungsverein auf Gegenseitigkeit |
| W3C | World Wide Web Consortium |
| WA | Wertpapieraufsicht |
| WfMC | Workflow Management Coalition |
| WMS | Workflow-Management-System |
| WWW | World Wide Web |
| XBRL | eXtensible Business Reporting Language |
| XML | Extended Markup Language |
| XPDL | XML Process Definition Language |
| XP | Extreme Programming |
| Ziff. | Ziffer |

| | |
|---|---|
| VAGMaRisk | Entwurf eines Gesetzes zur Modernisierung der Finanzaufsicht über Versicherungen vom [illegible] |
| VaR | Value at Risk |
| Vgl. | Vergleiche |
| VersR | Zeitschrift für Versicherungsrecht, Haftungs- und Schadensrecht |
| [illegible] | [illegible] |
| VG | Verwaltungsgericht |
| [illegible] | [illegible] |
| VU | Versicherungsunternehmen |
| VVaG | Versicherungsverein auf Gegenseitigkeit |
| W3C | World Wide Web Consortium |
| WA | [illegible] |
| WfMC | Workflow Management Coalition |
| WMS | Workflow-Management-System |
| WWW | World Wide Web |
| XBRL | eXtensible Business Reporting Language |
| XML | Extensible Markup Language |
| XPDL | XML Process Definition Language |
| XP | Extreme Programming |
| Ziff. | Ziffer |

# Gesetze, Normen und Standards

Wenn man alle Gesetze studieren wollte, so hätte man gar keine Zeit mehr, sie zu übertreten (Johann Wolfgang von Goethe, deutscher Dichter, Naturwissenschaftler und Staatsmann, 1749–1832).

## Gesetze und Verordnungen

| | |
|---|---|
| AGG | Allgemeines Gleichbehandlungsgesetz |
| AktG | Aktiengesetz |
| AktuarV | Verordnung über die versicherungsmathematische Bestätigung und den Erläuterungsbericht des Verantwortlichen Aktuars |
| AltZertG | Gesetz über die Zertifizierung von Altersvorsorge- und Basisrentenverträgen |
| AnlV | Verordnung über die Anlage des gebundenen Vermögens von Versicherungsunternehmen |
| AnzV | Verordnung über die Anzeigen und die Vorlage von Unterlagen nach dem Kreditwesengesetz |
| AO | Abgabenordnung |
| BBiG | Berufsbildungsgesetz |
| BDSG | Bundesdatenschutzgesetz |
| BerPensV | Verordnung über die Berichterstattung von Pensionsfonds gegenüber der Bundesanstalt für Finanzdienstleistungsaufsicht |
| BerVersV | Verordnung über die Berichterstattung von Versicherungsunternehmen gegenüber der Bundesanstalt für Finanzdienstleistungsaufsicht |
| BetrVG | Betriebsverfassungsgesetz |
| BGB | Bürgerliches Gesetzbuch |
| BGB-InfoV | BGB-Informationspflichten-Verordnung |
| BilKoUmV | Verordnung über die Umlegung von Kosten der Bilanzkontrolle nach § 17d des Finanzdienstleistungsaufsichtsgesetzes |
| BörG | Börsengesetz |

| | |
|---|---|
| BSIG | Gesetz über das Bundesamt für Sicherheit in der Informationstechnik |
| BSIZertV | Verordnung über das Verfahren zur Erteilung eines Sicherheitszertifikats durch das Bundesamt für Sicherheit in der Informationstechnik |
| DeckRV | Verordnung über Rechnungsgrundlagen für die Deckungsrückstellungen |
| DL-InfoV | Verordnung über Informationspflichten für Dienstleistungserbringer |
| FinDAG | Gesetz über die Bundesanstalt für Finanzdienstleistungsaufsicht |
| FinDAGKostV | Verordnung über die Erhebung von Gebühren und die Umlegung von Kosten nach dem Finanzdienstleistungsaufsichtsgesetz |
| FinDASa | Satzung der Bundesanstalt für Finanzdienstleistungsaufsicht |
| FinDASaV | Verordnung über die Satzung der Bundesanstalt für Finanzdienstleistungsaufsicht |
| FinRVV | Verordnung über Finanzrückversicherungsverträge und Verträge ohne hinreichenden Risikotransfer |
| FinStabG | Gesetz zur Überwachung der Finanzstabilität |
| FKAG | Gesetz zur zusätzlichen Aufsicht über beaufsichtigte Unternehmen eines Finanzkonglomerats |
| FkSolV | Verordnung über die Angemessenheit der Eigenmittelausstattung von Finanzkonglomeraten |
| GenG | Gesetz betreffend die Erwerbs- und Wirtschaftsgenossenschaften |
| GewO | Gewerbeordnung |
| GewStG | Gewerbesteuergesetz |
| GG | Grundgesetz |
| GmbHG | GmbH-Gesetz |
| GroMiKV | Verordnung über die Erfassung, Bemessung, Gewichtung und Anzeige von Krediten im Bereich der Großkredit- und Millionenkreditvorschriften des Kreditwesengesetzes |
| GVG | Gerichtsverfassungsgesetz |
| GWB | Gesetz gegen Wettbewerbsbeschränkungen |
| GWG | Gesetz über das Aufspüren von Gewinnen aus schweren Straftaten |
| HGB | Handelsgesetzbuch |
| InhKontrollV | Verordnung über die Anzeigen nach § 2c des Kreditwesengesetzes und § 104 des Versicherungsaufsichtsgesetzes |

| | |
|---|---|
| KalV | Verordnung über die versicherungsmathematischen Methoden zur Prämienkalkulation und zur Berechnung der Alterungsrückstellung in der privaten Krankenversicherung |
| KapAusstV | Verordnung über die Kapitalausstattung von Versicherungsunternehmen |
| KredReorgG | Gesetz zur Reorganisation von Kreditinstituten |
| KredSanG | Gesetz zur Umsetzung aufsichtsrechtlicher Bestimmungen zur Sanierung und Liquidation von Versicherungsunternehmen und Kreditinstituten |
| KWG | Kreditwesengesetz |
| LiqV | Verordnung über die Liquidität der Institute |
| MindZV | Verordnung über die Mindestbeitragsrückerstattung in der Lebensversicherung |
| OWiG | Ordnungswidrigkeitengesetz |
| PF-AktuarV | Verordnung über die versicherungsmathematische Bestätigung und den Erläuterungsbericht des Verantwortlichen Aktuars bei Pensionsfonds |
| PFDeckRV | Verordnung über Rechnungsgrundlagen für die Deckungsrückstellungen von Pensionsfonds |
| PFKapAV | Verordnung über die Anlage des gebundenen Vermögens von Pensionsfonds |
| PFKAustV | Verordnung über die Kapitalausstattung von Pensionsfonds |
| PF-MindestzuführungsV | Verordnung über die Mindestbeitragsrückerstattung bei Pensionsfonds |
| PrüfV | Verordnung über den Inhalt der Prüfungsberichte zu den Jahresabschlüssen von Versicherungsunternehmen |
| RechPensV | Verordnung über die Rechnungslegung von Pensionsfonds |
| RechVersV | Verordnung über die Rechnungslegung von Versicherungsunternehmen |
| SachvPrüfV | Verordnung über die Prüfung des Jahresabschlusses und des Lageberichts von Versicherungsunternehmen, auf die § 341k des Handelsgesetzbuches nicht anzuwenden ist, durch einen unabhängigen Sachverständigen |
| SEAG | Gesetz zur Ausführung der Verordnung (EG) Nr. 2157/2001 des Rates vom 8. Oktober 2001 über das Statut der Europäischen Gesellschaft (SE) |
| SEBG | Gesetz über die Beteiligung der Arbeitnehmer in einer Europäischen Gesellschaft |
| SichKVV | Verordnung über die Übertragung von Aufgaben und Befugnissen eines Sicherungsfonds für die Krankenversicherung an die Medicator AG |

| | |
|---|---|
| SichLVFinV | Verordnung über die Finanzierung des Sicherungsfonds für die Lebensversicherer |
| SichLVV | Verordnung über die Übertragung von Aufgaben und Befugnissen eines Sicherungsfonds für die Lebensversicherung an die Protektor Lebensversicherungs-AG |
| SolBerV | Verordnung nach § 104 g Abs. 2 des Versicherungsaufsichtsgesetzes über die Berechnung der bereinigten Solvabilität von Erst- und Rückversicherungsunternehmen in einer Erst- oder Rückversicherungsgruppe, die gemäß § 104a Abs. 1 Nr. 1 oder 2 des Versicherungsaufsichtsgesetzes einer zusätzlichen Beaufsichtigung unterliegen |
| SolvV | Verordnung über die angemessene Eigenmittelausstattung von Instituten, Institutsgruppen und Finanzholding-Gruppen |
| SOX | Sarbanes-Oxley Act |
| StGB | Strafgesetzbuch |
| ÜbschV | Verordnung zur Ermittlung und Verteilung von Überzins und Überschuss in der Krankenversicherung |
| UWG | Gesetz gegen den unlauteren Wettbewerb |
| VAEU | Vertrag über die Arbeitsweise der Europäischen Union |
| VAG | Gesetz über die Beaufsichtigung der Versicherungsunternehmen |
| VersFachwPrV | Verordnung über die Prüfung zum anerkannten Abschluss Geprüfter Fachwirt für Versicherungen und Finanzen/Geprüfte Fachwirtin für Versicherungen und Finanzen |
| VersFinKfAusbV | Verordnung über die Berufsausbildung zum Kaufmann für Versicherungen und Finanzen/zur Kauffrau für Versicherungen und Finanzen |
| VersSoVergV | Verordnung über das Verbot von Sondervergütungen und Begünstigungsverträgen in der Schadenversicherung |
| VersVergV | Verordnung über die aufsichtsrechtlichen Anforderungen an Vergütungssysteme im Versicherungsbereich |
| VersVermV | Verordnung über die Versicherungsvermittlung und -beratung |
| VVG | Gesetz über den Versicherungsvertrag |
| VVG-InfoV | Verordnung über Informationspflichten bei Versicherungsverträgen |
| VwVfG | Verwaltungsverfahrensgesetz |
| VwVG | Verwaltungs-Vollstreckungsgesetz |
| WettbRiLi | Wettbewerbsrichtlinien der Versicherungswirtschaft |
| WpHG | Gesetz über den Wertpapierhandel |
| WpPG | Gesetz über die Erstellung, Billigung und Veröffentlichung des Prospekts, der beim öffentlichen Angebot von Wertpapieren oder bei der Zulassung von Wertpapieren zum Handel an einem organisierten Markt zu veröffentlichen ist |

## Einschlägige Normen und Standards

| | |
|---|---|
| AS/NZS 4360:2004 | Risk Management |
| AS 8015:2005 | Australian Standard for Corporate Governance of Information and Communication Technology (ICT) |
| DIIR 1 | DIIR Revisionsstandard Nr. 1: Zusammenarbeit von Interner Revision und Abschlussprüfer |
| DIIR 2 | DIIR Revisionsstandard Nr. 2: Prüfung des Risikomanagement durch die Interne Revision |
| DIIR 3 | DIIR Revisionsstandard Nr. 3: Qualitätsmanagement in der Internen Revision |
| DIIR 4 | DIIR Revisionsstandard Nr. 4: Prüfung von Projekten |
| DIN EN 60300-1:2010 | Zuverlässigkeitsmanagement – Teil 1: Leitfaden für Management und Anwendung (IEC 56/1368/CD:2010) |
| DIN EN 60300-2:2004 | Zuverlässigkeitsmanagement – Teil 2: Leitfaden zum Zuverlässigkeitsmanagement (IEC 60300-2:2004); Deutsche Fassung EN 60300-2:2004 |
| DIN EN 60812:2006 | Analysetechniken für die Funktionsfähigkeit von Systemen – Verfahren für die Fehlzustandsart- und -auswirkungsanalyse (FMEA) (IEC 60812:2006) |
| DIN IEC 61882 | International Hazard and operability studies (HAZOP studies) – Application guide |
| DIN IEC 62198:2002 | Risikomanagement für Projekte – Anwendungsleitfaden (IEC 62198:2001) |
| DIN EN ISO 9000:2005 | Qualitätsmanagementsysteme – Grundlagen und Begriffe |
| DIN EN ISO 9001:2008 | Qualitätsmanagementsysteme – Anforderungen (ISO 9001:2008) |
| DIN EN ISO 9004:2009 | Leiten und Lenken für den nachhaltigen Erfolg einer Organisation – Ein Qualitätsmanagementansatz (ISO 9004:2009) |
| DIN ISO 10002:2010 | Qualitätsmanagement – Kundenzufriedenheit – Leitfaden für die Behandlung von Reklamationen in Organisationen (ISO 10002:2004 + Cor. 1:2009) |
| DIN ISO 10005:2009 | Qualitätsmanagementsysteme – Leitfaden für Qualitätsmanagementpläne (ISO 10005:2005); |
| DIN ISO 10007:2004 | Qualitätsmanagement – Leitfaden für Konfigurationsmanagement (ISO 10007:2003) |
| DIN 55350-11:2008 | Begriffe zu Qualitätsmanagement und Statistik; Teil 11: Ergänzung zu DIN EN ISO 9000:2005 |
| DIN 55350-12:1989 | Begriffe zu Qualitätsmanagement und Statistik – Merkmalsbezogene Begriffe |

| | |
|---|---|
| DIN 55350-13:1989 | Begriffe zu Qualitätsmanagement und Statistik – Begriffe zur Genauigkeit von Ermittlungsverfahren und Ermittlungsergebnissen |
| DIN 55350-17:1988 | Begriffe zu Qualitätsmanagement und Statistik – Begriffe der Qualitätsprüfungsarten |
| DIN 55350-21:1982 | Begriffe zu Qualitätsmanagement und Statistik – Begriffe der Statistik – Zufallsgrößen und Wahrscheinlichkeitsverteilungen |
| DIN 55350-22:1987 | Begriffe zu Qualitätsmanagement und Statistik – Begriffe der Statistik – Spezielle Wahrscheinlichkeitsverteilungen |
| DIN 66270:1998 | Informationstechnik – Bewertung von Softwaredokumenten – Qualitätsmerkmale |
| DIN 69901-1:2009 | Projektwirtschaft – Projektmanagement – Grundlagen |
| DIN 69901-2:2009 | Projektwirtschaft – Projektmanagement – Prozesse, Prozessmodell |
| DIN 69901-3:2009 | Projektwirtschaft – Projektmanagement – Methoden |
| DIN 69901-4:2009 | Projektwirtschaft – Projektmanagement – Daten, Datenmodell |
| DIN 69901-5:2009 | Projektwirtschaft – Projektmanagement – Begriffe |
| DRS 2:2010 | Kapitalflussrechnung |
| DRS 2-10:2010 | Kapitalflussrechnung von Kreditinstituten |
| DRS 2-20:2010 | Kapitalflussrechnung von Versicherungsunternehmen |
| DRS 3:2005 | Segmentberichterstattung |
| DRS 3-10:2005 | Segmentberichterstattung von Kreditinstituten |
| DRS 3-20:2005 | Segmentberichterstattung von Versicherungsunternehmen |
| DRS 7:2010 | Konzerneigenkapital und Konzerngesamtergebnis |
| DRS 8:2010 | Bilanzierung von Anteilen an assoziierten Unternehmen im Konzernabschluss |
| DRS 9:2010 | Bilanzierung von Anteilen an Gemeinschaftsunternehmen im Konzernabschluss |
| DRS 13:2005 | Grundsatz der Stetigkeit und Berichtigung von Fehlern |
| DRS 16:2012 | Zwischenberichterstattung |
| DRS 17:2010 | Berichterstattung über die Vergütung der Organmitglieder |
| DRS 18:2010 | Latente Steuern |
| DRS 19:2011 | Pflicht zur Konzernrechnungslegung und Abgrenzung des Konsolidierungskreises |
| DRS 20:2012 | Konzernlagebericht |
| IAIS ICP:2012 | Insurance Core Prinziples, Standards, Guidance and Assessment Methodology |
| IAS 1:2010 | Presentation of Financial Statements |
| IAS 7:2010 | Cash Flow Statements |

IAS 8:2009 Accounting Policies, Changes in Accounting Estimates and Errors

IAS 10:2009 Events After the Balance Sheet Date

IAS 12:2009 Income Taxes

IAS 162009 Property, Plant and Equipment

IAS 18:2009 Revenue

IAS 19:2009 Employee Benefits

IAS 21:2009 The Effects of Changes in Foreign Exchange Rates

IAS 23:2009 Borrowing Costs

IAS 27:2009 Consolidated and Separate Financial Statements

IAS 32:2009 Financial Instruments: Presentation

IAS 33:2009 Earnings per Share

IAS 34:2009 Interim Financial Reporting

IAS 36:2010 Impairment of Assets

IAS 38:2010 Intangible Assets

IAS 39:2010 Financial Instruments: Recognition and Measurement

IAS 40:2009 Investment Property

IDW EPS 261:2011 Feststellung und Beurteilung von Fehlerrisiken und Reaktionen des Abschlussprüfers auf die beurteilten Fehlerrisiken (FN-IDW 7/2011, S. 408 ff.)

IDW PS 321:2010 Interne Revision und Abschlussprüfung (FN-IDW 10/2010, S. 423 ff.)

IDW PS 330:2002 Abschlussprüfung bei Einsatz von Informationstechnologie (In: Die Wirtschaftsprüfung 21/2002, S. 1167 ff.)

IDW PS 340:2000 Die Prüfung des Risikofrüherkennungssystems nach § 317 Abs. 4 HGB (In: Die Wirtschaftsprüfung 16/1999, S. 658 ff.)

IDW PS 345:2010 Auswirkungen des Deutschen Corporate Governance Kodex auf die Abschlussprüfung (In: Die Wirtschaftsprüfung Supplement 4/2009, S. 36 ff.)

IDW PS 450:2009 Grundsätze ordnungsmäßiger Berichterstattung bei Abschlussprüfungen (FN-IDW 11/2009, S. 533 ff.)

IDW PS 470:2010 Grundsätze für die Kommunikation des Abschlussprüfers mit dem Aufsichtsorgan (FN-IDW 10/2010, S. 423 ff.)

IDW PS 520:2001 Besonderheiten und Problembereiche bei der Abschlussprüfung von Finanzdienstleistungsinstituten (In: Die Wirtschaftsprüfung 18/2001, S. 982 ff.)

IDW PS 521:2009 Die Prüfung des Wertpapierdienstleistungsgeschäfts nach § 36 Abs. 1 Satz 1 WpHG (In: Die Wirtschaftsprüfung Supplement 2/2009, S. 14 ff.)

IDW PS 522:2002 Prüfung der Adressenausfallrisiken und des Kreditgeschäfts von Kreditinstituten (In: Die Wirtschaftsprüfung 22/2002, S. 1254 ff.)

| | |
|---|---|
| IDW PS 525:2010 | Die Prüfung des Risikomanagements von Kreditinstituten im Rahmen der Abschlussprüfung (In: Die Wirtschaftsprüfung Supplement 3/2010, S. 4 ff.) |
| IDW PS 560:2004 | Die Prüfung der Schadenrückstellung im Rahmen der Jahresabschlussprüfung von Schaden-/Unfallversicherungsunternehmen (In: Die Wirtschaftsprüfung 3/2005, S. 104 ff.) |
| IDW PS 980:2011 | Grundsätze ordnungsgemäßer Prüfung von Compliance Management Systemen (In: Die Wirtschaftsprüfung Supplement 2/2011, S. 78 ff.) |
| IDW RS FAIT 1:2002 | Grundsätze ordnungsmäßiger Buchführung bei Einsatz von Informationstechnologie (In: Die Wirtschaftsprüfung 21/2002, S. 1157 ff.) |
| IDW RS FAIT 2:2003 | Grundsätze ordnungsmäßiger Buchführung bei Einsatz von Electronic Commerce (In: Die Wirtschaftsprüfung 22/2003, S. 1258 ff.) |
| IDW RS FAIT 3:2006 | Grundsätze ordnungsmäßiger Buchführung beim Einsatz elektronischer Archivierungsverfahren (In: Die Wirtschaftsprüfung 22/2006, S. 1465 ff.) |
| IDW RS HFA 2:2008 | Einzelfragen zur Anwendung von IFRS (In: Die Wirtschaftsprüfung Supplement 4/2008, S. 35 ff.) |
| IDW RS HFA 6:2007 | Änderung von Jahres- und Konzernabschlüssen (In: Die Wirtschaftsprüfung Supplement 2/2007, S. 77 ff.) |
| IDW RS HFA 9:2011 | Einzelfragen zur Bilanzierung von Finanzinstrumenten nach IFRS (In: Die Wirtschaftsprüfung Supplement 2/2007, S. 83 ff.) |
| IDW RS HFA 11:2010 | Bilanzierung entgeltlich erworbener Software beim Anwender (In: Die Wirtschaftsprüfung Supplement 3/2010, S. 57 ff.) |
| IDW RS HFA 19:2006 | Einzelfragen zur erstmaligen Anwendung der International Financial Reporting Standards nach IFRS 1 (In: Die Wirtschaftsprüfung 21/2006, S. 1376 ff.) |
| IDW RS HFA 22:2008 | Zur einheitlichen oder getrennten handelsrechtlichen Bilanzierung strukturierter Finanzinstrumente (In: Die Wirtschaftsprüfung Supplement 4/2008, S. 41 ff.) |
| IDW RS HFA 28:2010 | Übergangsregelungen des Bilanzrechtsmodernisierungsgesetzes (In: Die Wirtschaftsprüfung Supplement 1/2010, S. 39 ff.) |
| IDW RS HFA 31:2010 | Aktivierung von Herstellungskosten (In: Die Wirtschaftsprüfung Supplement 3/2010, S. 70 ff.) |
| IDW RS VFA 3:2010 | Die Bewertung der Schadenrückstellung von Schaden-/Unfallversicherungsunternehmen (In: Die Wirtschaftsprüfung Supplement 3/2010, S. 104 ff.) |

| IEC 60812:2006 | International Analysis techniques for system reliability – Procedure for failure mode and effects analysis (FMEA) |
|---|---|
| IEEE 610.12:1990 | Standard Glossary of Software Engineering Terminology |
| IEEE 730:2002 | Software Quality Assurance Plans |
| IEEE 828:2005 | Software Configuration Management Plans |
| IEEE 829:2008 | Software and System Test Documentation |
| IEEE 830:1998 | Recommended Practice for Software Requirements Specification |
| IEEE 982.1:2005 | Standard Dictionary of Software Aspects and Dependability |
| IEEE 1008:1987 | Software Unit Testing |
| IEEE 1012:2004 | Software Verification and Validation |
| IEEE 1016:2009 | Systems Design – Software Design Descriptions |
| IEEE 1028:2008 | Software Reviews and Audits |
| IEEE 1044:2009 | Standard Classification for Software Anomalies |
| IEEE 1061:1998 | A Software Quality Metrics Methodology |
| IEEE 1063:2001 | Software User Documentation |
| IEEE 1074:2006 | Standard for Developing Software Life Cycle Processes |
| IEEE 1228:1994 | Software Safety Plans |
| IEEE 1233-1996 | Guide for Developing System Requirements Specifications |
| IEEE 1471:2000 | Recommended Practice for Architectural Description for Software-Intensive Systems |
| IEEE 1490:2003 | IEEE Guide Adoption of PMI Standard a Guide to the Project management Body of Knowledge |
| IEEE 1517:1999 | Software Life Cycle Processes – Reuse Processes |
| IEEE 1633:2008 | Recommended Practice on Software Reliability |
| IFRS 1:2010 | First-time Adoption of International Financial Reporting Standards |
| IFRS 2:2010 | Share-based Payment |
| IFRS 3:2009 | Business Combinations |
| IFRS 4:2009 | Insurance Contracts |
| IFRS 5:2010 | Non-current Assets Held for Sale and Discontinued Operations |
| IFRS 7:2010 | Financial Instruments: Disclosures |
| IFRS 8:2010 | Operating Segments |
| IIA Standards: 2013 | Internationale Standards für die berufliche Praxis der Internen Revision 2013 |
| IIRC Framework: 2013 | The International Integrated Reporting (⟨IR⟩) Framework |
| ISO Guide 72:2001 | International Guidelines for the justification and development of management system standards |
| ISO Guide 73:2009 | Risk management – Vocabulary |
| ISO/IEC 6592:2000 | Information technology – Guidelines for the documentation of computer-based application systems |

| | |
|---|---|
| ISO/TS 8000-100:2009 | Data quality – Part 100: Master data: Overview |
| ISO 8000-102:2009 | Data quality – Part 102: Master data: Exchange of characteristic data: Vocabulary |
| ISO 8000-110:2009 | Data quality – Part 110: Master data: Exchange of characteristic data: Syntax, semantic encoding, and conformance to data specification |
| ISO/TS 8000-120:2009 | Data quality – Part 120: Master data: Exchange of characteristic data: Provenance |
| ISO/TS 8000-130:2009 | Data quality – Part 130: Master data: Exchange of characteristic data: Accuracy |
| ISO/TS 8000-140:2009 | Data quality – Part 140: Master data: Exchange of characteristic data: Completeness |
| ISO 9000:2005 | Quality management systems – Fundamentals and vocabulary |
| ISO 9001:2008 | Quality management systems – Requirements |
| ISO 9004:2009 | Managing for the sustained success of an organization – A quality management approach |
| ISO/IEC 9126-1:2001 | Software engineering – Product quality – Part 1: Quality model |
| ISO/IEC TR 9126-2:2003 | Software engineering – Product quality – Part 2: External metrics |
| ISO/IEC TR 9126-3:2003 | Software engineering – Product quality – Part 3: Internal metrics |
| ISO/IEC TR 9126-4:2004 | Software engineering – Product quality – Part 4: Quality in use metrics |
| ISO/IEC TR 9294:2005 | Information technology – Guidelines for the management of software documentation |
| ISO 10001:2007 | Quality management – Customer satisfaction – Guidelines for codes of conduct in organizations |
| ISO 10002:2004 | Quality management – Customer satisfaction – Guidelines for complaints handling in organizations |
| ISO 10003:2007 | Quality management – Customer satisfaction – Guidelines for dispute resolution external to organizations |
| ISO/TS 10004:2010 | Quality management – Customer satisfaction – Guidelines for monitoring and measuring |
| ISO 10005:2005 | Quality management systems – Guidelines for quality plans |
| ISO 10006:2003 | Quality management systems – Guidelines for quality management in projects |
| ISO 10007:2003 | Quality management systems – Guidelines for configuration management |
| ISO/TR 10013:2001 | Guidelines for quality management system documentation |
| ISO 10015:1999 | Quality management – Guidelines for training |

| | |
|---|---|
| ISO/TR 10017:2003 | Guidance on statistical techniques for ISO 9001:2000 |
| ISO/IEC TR 10032:2003 | Information technology – Reference Model of Data Management |
| ISO 11231:2010 | Space systems – Probabilistic risk assessment (PRA) |
| ISO/IEC 12119:1994(E) | Software Packages – Quality Requirements and Testing |
| ISO/IEC 12207:2008 | Systems and software engineering – Software Life Cycle Processes |
| ISO/TR 13569:2005 | Financial services – Information security guidelines |
| ISO/IEC 14764:2006 | Software Engineering – Software Life Cycle Processes – Maintenance |
| ISO/IEC 15504-1:2004 | Information technology – Process assessment – Part 1: Concepts and vocabulary |
| ISO/IEC 15504-2:2003 | Information technology – Process assessment – Part 2: Performing an assessment |
| ISO/IEC 15504-3:2004 | Information technology – Process assessment – Part 3: Guidance on performing an assessment |
| ISO/IEC 15504-4:2004 | Information technology – Process assessment – Part 4: Guidance on use for process improvement and process capability determination |
| ISO/IEC 15504-5:2006 | Information technology – Process Assessment – Part 5: An exemplar Process Assessment Model |
| ISO/IEC TR 15504-6:2008 | Information technology – Process assessment – Part 6: An exemplar system life cycle process assessment model |
| ISO/IEC TR 15504-7:2008 | Information technology – Process assessment – Part 7: Assessment of organizational maturity |
| ISO/IEC TS 15504-8 | Information technology – Process assessment – Part 8: An exemplar process assessment model for IT service management (Draft) |
| ISO/IEC TS 15504-9:2011 | Information technology – Process assessment – Part 9: Target process profiles |
| ISO/IEC DTR 15504-10 | Information technology – Process assessment – Part 10: Safety extension (Draft) |
| ISO/IEC 15288:2008 | Systems and Software Engineering – Life Cycle Processes |
| ISO/IEC 15939:2007 | System and Software Engineering – Measurement Process |
| ISO/IEC 15909-1:2004 | Systems and software engineering – High-level Petri nets – Part 1: Concepts, definitions and graphical notation |
| ISO/IEC 16085:2006 | Systems and software engineering – Software Life Cycle Processes – Risk Management |
| ISO/IEC 16326:2009 | Systems and software engineering – Life cycle processes – Project management |
| ISO 17666:2003 | Space Systems – Risk Management |

| | |
|---|---|
| ISO/IEC TR 18018:2010 | Information technology – Systems and software engineering – Guide for configuration management tool capabilities |
| ISO/IEC 19505-1:2012 | Object Management Group Unified Modeling Language (OMG UML) – Part 1: Infrastructure |
| ISO/IEC TR 19795:2005 | Software Engineering – Guide to the Software Engineering Body of Knowledge (SWEBOK) |
| ISO/IEC TR 19760:2003 | Systems engineering – A guide for the application of ISO/ IEC 15288 (System life cycle processes) |
| ISO/IEC TR 19791:2010 | Information technology – Security techniques – Security assessment of operational systems |
| ISO/IEC 20000-1:2011 | Information technology – Service management – Part 1: Service management system requirements |
| ISO/IEC 20000-2:2005 | Information technology – Service management – Part 2: Code of practice |
| ISO/IEC TR 20000-3:2009 | Information technology – Service management – Part 3: Guidance on scope definition and applicability of ISO/IEC 20000-1 |
| ISO/IEC TR 20000-4:2010 | Information technology – Service management – Part 4: Process reference model |
| ISO/IEC TR 20000-5:2010 | Information technology – Service management – Part 5: Exemplar implementation plan for ISO/IEC 20000-1 |
| ISO 21500:2012 | Guidance on project management |
| ISO/IEC 21827:2008 | Information technology – Security techniques – Systems Security Engineering – Capability Maturity Model® (SSE-CMM®) |
| ISO 22300:2012 | Societal security – Terminology |
| ISO 22301:2012 | Societal security – Business continuity management systems – Requirements |
| ISO 22313:2012 | Societal security – Business continuity management systems – Guidance |
| ISO 24153:2009 | Random sampling and randomization procedures |
| ISO/IEC TR 24748-1:2010 | Systems and software engineering – Life cycle management – Part 1: Guide for life cycle management |
| ISO/IEC 24765:2010 | Systems and software engineering – Vocabulary |
| ISO/TS 25237:2008 | Health informatics – Pseudonymization |
| ISO/IEC 27002:2005 | Information technology – Security techniques – Code of practice for information security management |
| ISO/IEC 27005:2011 | Information technology – Security techniques – Information security risk management |
| ISO/IEC 27033-1:2009 | Information technology – Security techniques – Network security – Part 1: Overview and concepts |

| | |
|---|---|
| ISO/IEC 27035:2011 | Information technology – Security techniques – Information security incident management |
| ISO 31000:2009 | Risk Management – Principles and guidelines |
| ISO 31010:2009 | Risk management – Risk assessment techniques |
| ISO/IEC 38500:2008 | Corporate governance of information technology |
| ISO 42010:2007 | Systems and software engineering – Recommended Practice for Architectural Description of Software-intensive Systems |
| ISO/IEC 90003:2004 | Software engineering – Guidelines for the application of ISO 9001:2000 to computer software |
| ISO/IEC TR 90005:2008 | Systems engineering – Guidelines for the application of ISO 9001 to system life cycle processes |
| ONR ISO 21500:2012 | Leitlinien Projektmanagement |
| ONR 49000:2014 | Risikomanagement für Organisationen und Systeme – Begriffe und Grundlagen – Umsetzung von ISO 31000 in die Praxis |
| ONR 49001:2014 | Risikomanagement für Organisationen und Systeme – Risikomanagement – Umsetzung von ISO 31000 in die Praxis |
| ONR 49002-1:2014 | Risikomanagement für Organisationen und Systeme – Teil 1: Leitfaden für die Einbettung des Risikomanagements ins Managementsystem |
| ONR 49002-2:2014 | Risikomanagement für Organisationen und Systeme – Teil 2: Leitfaden für die Methoden der Risikobeurteilung |
| ONR 49002-3:2014 | Risikomanagement für Organisationen und Systeme – Teil 3: Leitfaden für das Notfall-, Krisen- und Kontinuitätsmanagement |
| ONR 49003:2014 | Risikomanagement für Organisationen und Systeme – Anforderungen an die Qualifikation des Risikomanagers |
| TR CMS 101:2011 | Standard für Compliance Management Systeme (CMS) |

# Glossar

**Ad-hoc-Meldung** Unverzügliche Übermittlung relevanter Informationen; gemäß § 15 Abs. 1 WpHG die unmittelbare Veröffentlichung von Unternehmensinformationen, die Auswirkung auf die Vermögens-, Finanz- oder Ertragslage haben und damit den Kurs von Finanzinstrumenten beeinflussen können.

**Änderungsrisiko** **Risiko**, bei welchem sich aufgrund der Dynamik der **Risikotreiber** die Grundlagen der Risikokalkulation ändern.

**Aggregation** Zusammenfassung mehrerer Einzelgrößen hinsichtlich eines gleichartigen Merkmals, um wesentliche Zusammenhänge kenntlich zu machen.

**Aktuar** Versicherungsmathematisch ausgebildeter Sachverständiger, mit der Aufgabe, die korrekte Berechnung der Deckungsrückstellung und die Kalkulation ausreichender Versicherungsbeiträge unter Berücksichtigung des rechtlichen und wirtschaftlichen Umfeldes sicherzustellen. Nach dem Versicherungsaufsichtsgesetz obliegen dem verantwortlichen Aktuar wesentliche Sicherstellungs-, Kontroll- und Bestätigungsaufgaben (§§ 11a, 65 VAG).

**Arbeitspaket** Teil eines **Projekts**, der im **Projektstrukturplan** nicht weiter aufgegliedert ist.

**Arbitrage** Geschäfte mit Gewinnerzielungsabsicht auf Basis unterschiedlicher Preise, Kurse oder Zinsen zwischen verschiedenen Märkten.

**ASM** Available Solvency Margin; unter **Solvency II** die aufsichtsrechtlich anerkannten Solvabilitätsmittel eines **Versicherungsunternehmens**, welche als Risikopuffer dienen.

**Asset-Liability-Management** Bilanzstrukturmanagement der aktiven (**Assests**) und passiven (**Liabilities**) Bilanzpositionen; Zielsetzung des Asset-Liability-Management (ALM) ist es, durch eine ganzheitliche Analyse und einer optimierten strategischen Steuerung eines Unternehmens nach finanziellen Kriterien und unter Beachtung von Risikopräferenzen die erwartete Rendite unter Unsicherheit zu optimieren.

**Assets** Vermögenswert; Kapitalanlagen im weiteren Sinne.

**Audit** Systematischer, unabhängiger und dokumentierter **Prozess** zur Erlangung von Nachweisen sowie zu deren objektiver Auswertung und Bewertung durch Fachleute, um festzustellen, inwieweit vorgegebene Kriterien und Anforderungen erfüllt sind.

**Ausfallrisiko** **Risiko**, dass ein Vertragspartner seinen vertraglichen Pflichten nicht nachkommen kann.

**Ausfallwahrscheinlichkeit** **Wahrscheinlichkeit** des Ausfalls der Erfüllung einer Zahlungsverpflichtung eines Schuldners.

**Back-Office** Nachgeordnete Organisationseinheit ohne unmittelbare Kunden- oder Vertragspartnerberührung.

**Backtesting** Rückvergleich; **Prozess**, wodurch eine Strategie, Theorie oder ein Modell auf Basis historischer Daten dadurch evaluiert wird, als wäre sie bzw. es auf dieser Datenbasis tatsächlich ausgeführt worden.

**Bedürfnis** Unmittelbar aus einer durch die jeweils herrschenden Umstände und Einflüsse hervorgerufenen Notwendigkeit abgeleiteter, subjektiv empfundener **Mangel**.

**Benchmarking** Kontinuierlicher, methodischer Vergleich von **Prozessen**, **Produkten**, Methoden und Kosten (sog. Benchmarking-Objekte) des eigenen Unternehmens mit einem oder mehreren als besser identifizierten Vergleichsunternehmen.

**Best Estimate** Beste Schätzung, d. h. eine möglichst genaue Schätzung der Entwicklung eines Wertes (in der Regel der **Erwartungswert**).

**Betafaktor** In den auf dem Capital Asset Pricing Model (**CAPM**) aufbauenden finanzwirtschaftlichen Theorien ein Gradmesser, der angibt, wie stark ein Wertpapier im Vergleich zum Markt schwankt.

**Beteiligte Unternehmen** Unternehmen, die entweder Mutterunternehmen sind oder die eine Beteiligung halten oder die einer horizontalen Unternehmensgruppe angehören.

**Beteiligungen** Anteile an anderen Unternehmen nach Maßgabe des § 271 Abs. 1 Satz 1 HGB, zumindest aber das unmittelbare oder mittelbare Halten von mindestens 20 Prozent der Stimmrechte oder des Kapitals.

**Bond** Verzinsliches Wertpapier.

**Call-Option** Kaufoption; Vanilla-Call; zeitlich befristetes Recht, ein Wertpapier zu einem festgelegten Preis zu einem bestimmten Termin (europäische Option) zu erwerben.

**CAPM** Capital Asset Pricing Model; Auf der Portfoliotheorie basierendes Kapitalmarktgleichgewichtsmodell zur Bewertung risikobehafteter Anlagemöglichkeiten im Kapitalmarkt.

**Cash Flow** Zahlungsstrom.

**Combined Ratio** Schadenkostenquote.

**Compliance** Gesamtheit aller zumutbaren Maßnahmen, die das regelkonforme Verhalten eines Unternehmens, seiner Organisationsmitglieder und seiner Mitarbeiter im Hinblick auf Vorgaben durch Gesetze und **Richtlinien**, aber auch freiwillige Kodizes, begründen.

**Controlling** **Prozess**, der auf dem betrieblichen Regelkreis von Zielsetzung, Aktion, Abweichungsanalyse und Reaktion aufbaut. Controlling soll die betrieblichen Adaptions- und Koordinationsaufgaben wirkungsvoll unterstützen.

**Copula** Funktion, welche einen funktionalen Zusammenhang zwischen Randverteilungsfunktionen verschiedener **Zufallsvariablen** und ihrer gemeinsamen Wahrscheinlichkeitsverteilung herstellt.

**Corporate Design** Alle Elemente des externen und internen Erscheinungsbilds eines Unternehmens, einer Organisation oder Institution.

**Corporate Identity** Selbstverständnis eines Unternehmens, einer Organisation oder Institution, dessen Elemente (Leitlinie, Philosophie, Mission) strategisch geplant und umgesetzt werden.

**Corporate Governance** Rechtlicher und faktischer Ordnungsrahmen für die Leitung und Überwachung eines Unternehmens.

**D&O-Versicherung** Directors and Officers Liability Insurance; Versicherung zur Deckung von Vermögensschäden, die durch Pflichtverletzung eines Vorstands oder Aufsichtsrats entstanden.

**Deckungsbeitrag** Beitrag der Erlöse zur Deckung der Gemeinkosten.

**Default** Ausfall eines Kreditnehmers.

**DEMI** Engl. RACI; Darstellung von Verantwortlichkeiten in **Prozessen** (**D**urchführungsverantwortliche, **E**ntscheidungsverantwortliche, **M**itwirkende, **I**nformierte).

**Derivate** Finanzinstrumente, deren eigener Wert von einem ihnen jeweilig zugrunde liegenden Marktgegenstand als Basiswert abgeleitet wird (Termingeschäfte auf der Grundlage von Basiswerten).

**Diversifikation** Begriff unter **Solvency II**, welcher den Effekt bezeichnet, dass unter bestimmten Umständen die zur Bedeckung für mehrere Einzelrisiken benötigten **Eigenmittel** geringer sind als die Summe der einzeln berechneten **Eigenmittel**.

**Duration** Durchschnittliche Dauer, nach der Zahlungen tatsächlich durchgeführt werden müssen.

**Eigenkapital** Vermögensteil nach Abzug sämtlicher Verbindlichkeiten.

**Eigenmittel** Zur Sicherung der dauernden Erfüllbarkeit der Versicherungsverträge von einem Versicherer gehaltenen unbelasteten finanziellen Ressourcen.

**Erwartungswert** Der Erwartungswert einer **Zufallsvariablen** kennzeichnet die **Lokalisation** ihrer Verteilung; in der beschreibenden Statistik das arithmetische Mittel.

**Fair Value** Marktwert; Zeitwert.

**Fehler** Nichterfüllung einer Anforderung; Abweichung von berechtigten Erwartungen bei Darbietung und Gebrauch eines **Produkts** zum Zeitpunkt des Inverkehr bringens.

**Finanzkonglomerate** Finanzgruppen, die ihre Dienstleistungen und **Produkte** in verschiedenen Finanzbranchen anbieten.

**Frühwarnsystem** Informationssystem zur Aufdeckung latenter Gefährdungen mit zeitlichem Vorlauf vor deren Eintritt für ein Unternehmen.

**Fungibilität** Eigenschaft von Gütern, Devisen und Wertpapieren, leicht austauschbar zu sein. Die Fungibilität einer Ware ist die Voraussetzung für deren Handel an der Börse.

**Funktionsausgliederung** Gemäß § 5 Abs. 3 Nr. 4 VAG liegt eine Funktionsausgliederung vor, wenn durch einen Vertrag der Vertrieb, die Bestandsverwaltung, die Leistungsbearbeitung, das Rechnungswesen, die Vermögensanlage, die Vermögensverwaltung oder die interne Revision ganz oder teilweise einem anderen Unternehmen auf Dauer übertragen wird.

**Future** Unbedingtes – d. h. verpflichtendes – Termingeschäft über den Kauf oder Verkauf eines bestimmten Vermögensgegenstandes zu einem festgelegten zukünftigen Fälligkeitszeitpunkt und einem festgelegten Preis.

**Gesamtrisikoprofil** Gesamtheit aller identifizierten **Risiken,** welche nach Art, Herkunft, Umfang und Zeithorizont bewertet sind. Es basiert auf der Risikoinventur und leitet sich aus der Geschäftstätigkeit sowie aus der **Geschäftsstrategie** ab.

**Geschäftsstrategie** Darstellung der geschäftspolitischen Ausrichtung, Zielsetzungen und Planungen des über einen angemessenen Zeithorizont inklusive einer Zusammenstellung relevanter Rahmenbedingungen für die längerfristig ausgerichteten und planvoll angelegten Vorgehens- und Verfahrensweisen zur Erreichung der dargestellten Ausrichtung, Zielsetzungen und Planungen.

**Hedge-Fonds** Investmentfonds mit einer besonders vielseitigen Anlagepolitik, wobei i. d.R mit hochspekulativen Anlagetechniken gearbeitet wird.

**Hedging** Verringerung eines Risikos durch eine Kombination von Einzelpositionen derart, dass die Risiken der einen Position durch die Chancen der anderen teilweise kompensiert werden.

**HTML** Hypertext Markup Language; eine Skriptsprache zum Erstellen von verbundenen Seiten im **Internet**.

**HTTP** Hypertext Transfer Protocol; Protokoll zur Verständigung zwischen **Server** und **Client**.

**IKS** Element des **Risikomanagementsystems** mit dem Ziel, ein Kontrollumfeld zu schaffen, durch das die **Risiken** des betrieblichen Handelns auf ein vom Unternehmen akzeptables Niveau begrenzt werden sollen.

**Internes Modell** Von der Aufsichtsbehörde überprüftes und zertifiziertes aktuarielles Software-System zur Ermittlung des **SCR** bei **Solvency II**.

**Internet** Weltweites Computernetz, entstanden aus dem Zusammenschluss von Netzen, die das Protokoll TCP/IP verwenden.

**Intranet** Auf TCP/IP basierendes Kommunikationsnetz für Benutzergruppen innerhalb eines Unternehmens.

**ISKS** Internes Steuerungs- und Kontrollsystem; Bestandteil eines systematischen **Risikomanagements**, nach § 64a VAG bestehend aus dem **Risikotragfähigkeitskonzept**, dem **Limitsystem**, dem **Risikokontrollprozess**, der unternehmensinternen Kommunikation und Risikokultur sowie der **Risikoberichterstattung** und **Qualitätssicherung**.

**Kapitalanlagerisiko** **Risiko**, welches sich im Zusammenhang mit der Kapitalanlage ergeben kann; Risiken aus Kapitalanlagen umfassen das **Kreditrisiko**, das **Marktrisiko** (unter anderem das Zinsänderungs-, Kurs- und Währungsrisiko) und das **Liquiditätsrisiko**.

**Kartell** Auf vertraglichen Absprachen beruhender Zusammenschluss von miteinander im Wettbewerb stehenden Unternehmen mit dem Ziel der Beseitigung oder Beschränkung des Wettbewerbs.

**Kennzahl** Zahl, die zur Quantifizierung dient, und der eine Vorschrift zur quantitativen reproduzierbaren Messung einer Größe oder eines Zustandes oder Vorgangs (**Prozesses**) zugrunde liegt.

**Konzentrationsrisiko** Nach **MaRisk VA** das **Risiko**, welches sich dadurch ergibt, dass einzelne Risiken oder stark korrelierte Risiken mit einem insgesamt bedeutenden Schaden- oder Ausfallpotenzial auftreten.
Nach **Solvency II** sämtliche mit **Risiken** behafteten Engagements mit einem Ausfallpotenzial, das umfangreich genug ist, um die **Solvabilität** oder die Finanzlage der **Versicherungs-** oder **Rückversicherungsunternehmen** zu gefährden.

**Korrelation** Unter **Solvency II** die gegenseitige (lineare) Abhängigkeit zwischen einzelnen Risiken.

**Kreditrisiko** Nach **MaRisk VA** das **Risiko**, welches sich aufgrund eines Ausfalls oder aufgrund einer Veränderung der Bonität oder der Bewertung von Bonität von Wertpapieremittenten, Gegenparteien und anderen Schuldnern ergibt, gegenüber denen das Unternehmen Forderungen hat.
Nach **Solvency II** das **Risiko** eines Verlustes oder nachteiliger Veränderungen der Finanzlage, das sich direkt oder indirekt aus Fluktuationen bei der Bonität von Wertpapieremittenten, Gegenparteien und anderen Schuldnern ergibt, gegenüber denen die **Versicherungs-** und **Rückversicherungsunternehmen** Forderungen haben, und das in Form von Gegenparteiausfallrisiken, Spread-Risiken oder Marktkonzentrationsrisiken auftritt.

**Länderrisiko** **Risiko**, welches durch wirtschaftliche, politische und währungspolitische Unsicherheiten aufgrund wirtschaftlicher Verbindungen zwischen Staaten entsteht.

**Leverage-Effekt** Lineare Änderung der erwarteten Eigenkapitalrendite durch Ausnutzung des Fremdkapitalzinssatzes aufgrund der Substitution von Eigen- durch Fremdkapital.

**LGD** Loss given Default Rate; erwartete Verlustrate bei Ausfall.

**Liabilities** Verpflichtungen eines Unternehmens.

**Limit** Grenze, die gewährleisten soll, dass unternehmensspezifische, strategische **Ziele** erreicht werden bzw. die **Risikotragfähigkeit** eines Unternehmens erhalten bleibt.

**Limitsystem** **System** von **Kennzahlen**, wobei den Kennzahlen **Limite** zur Risikobegrenzung und Schwellenwerte als Frühwarnindikatoren zugeordnet sind, damit im Rahmen der **Risikoüberwachung** zeitnah negative Entwicklungen erkannt und ihnen entgegen gewirkt werden kann.

**Liquiditätsrisiko** Nach **MaRisk VA** das **Risiko**, welches entsteht, wenn ein Unternehmen auf Grund mangelnder **Fungibilität** der Kapitalanlagen nicht in der Lage ist, seinen finanziellen Verpflichtungen bei Fälligkeit nachzukommen.
Nach **Solvency II** das **Risiko**, welches entsteht, wenn **Versicherungs-** und **Rückversicherungsunternehmen** nicht in der Lage sind, Anlagen und andere Vermögenswerte zu realisieren, um ihren finanziellen Verpflichtungen bei Fälligkeit nachzukommen.

**Lokalisation** Lage einer Häufigkeitsverteilung oder einer theoretischen Verteilung, gekennzeichnet durch Mittelwerte wie dem Erwartungswert.

**Managementsystem** **System** zum Festlegen von **Politik** und Zielen sowie zum Erreichen dieser **Ziele**.

**Mangel** Nichterfüllung einer Anforderung in Bezug auf einen beabsichtigten oder festgelegten Gebrauch.

**Margin** Sicherheitseinlage, die an manchen Börsen bei Termingeschäften zu hinterlegen ist.

**Marktangebot** Als komplexes **Produkt** zusammengestelltes Leistungsspektrum, das individuelle Kunden**wünsche** möglichst optimal abdeckt.

**Marktrisiko** Nach **MaRisk VA** das **Risiko**, welche sich direkt oder indirekt aus Schwankungen in der Höhe bzw. in der **Volatilität** der Marktpreise für die Vermögenswerte, Verbindlichkeiten und Finanzinstrumente ergibt. Es schließt das Währungsrisiko und das Zinsänderungsrisiko mit ein.
Nach **Solvency II** das **Risiko** eines Verlustes oder nachteiliger Veränderung der Finanzlage, das sich direkt oder indirekt aus Schwankungen in der Höhe und in der **Volatilität** der Marktpreise für die Vermögenswerte, Verbindlichkeiten und Finanzinstrumente ergibt.

**MaRisk (VA)** „Aufsichtsrechtliche Mindestanforderungen an das Risikomanagement" (MaRisk VA) gemäß Rundschreiben 3/2009 der Bundesanstalt für Finanzdienstleistungsaufsicht. Das Rundschreiben konkretisiert die Regelungen des § 64a und des § 25 FKAG i. V. m. Artikel 9 der Richtlinie 2002/87/EG (sog. Finanzkonglomerate-Richtlinie) und gibt einen Rahmen für die Ausgestaltung des **Risikomanagements** der beaufsichtigten Unternehmen, Gruppen und **Finanzkonglomerate** vor.

**Marktteilnehmer** **Mitbewerber**, **Verbraucher** und sonstige Personen, die **Produkte** bzw. Dienstleistungen anbieten oder nachfragen.

**Materialität** Der Grundsatz der Materialität bedeutet im Zusammenhang mit der **MaRisk VA**, dass nur wesentliche Risiken in die Betrachtung einzustellen sind. Der Grundsatz der Materialität gilt in Verbindung mit dem Grundsatz der **Proportionalität**.

**MCR** Minimum Capital Requirement; Untergrenze der regulatorischen Solvenzkapitalanforderung im Rahmen der ersten Säule von **Solvency II**.

**Mitbewerber** Unternehmen, das mit anderen Unternehmen als Anbieter oder Nachfrager von **Produkten** bzw. Dienstleistungen in einem konkreten Wettbewerbsverhältnis steht.

**Mutterunternehmen** Unternehmen, die Mutterunterunternehmen im Sinne des § 290 HGB sind, sowie alle Unternehmen, die tatsächlich einen beherrschenden Einfluss auf ein anderes Unternehmen ausüben, ohne dass es auf die Rechtsform oder den Sitz ankommt.

**Nachricht** Information, die zwischen einer Anzahl von Beteiligten über ein Kommunikationsmedium ausgetauscht oder weitergeleitet wird.

**Norm** Einvernehmlich erstelltes und von einer anerkannten Stelle abgenommenes Dokument mit Festlegungen für die Anwendung von Regeln, Leitlinien und Merkmalen für Tätigkeiten oder deren Ergebnisse.

**Nutzer** Jede natürliche Person, die Dienste in Anspruch nimmt.

**Nutzungsrechte** Rechte, die der Lizenzgeber dem Lizenznehmer an der Software einräumt.

**Nutzwert** Verhältnis von Nutzen zu Kosten.

**Operationelles Risiko** Nach **MaRisk VA** das **Risiko** von Verlusten aufgrund von unzulänglichen oder fehlgeschlagenen internen **Prozessen** oder aus mitarbeiter- und systembedingten oder aber externen Vorfällen. Das operationelle Risiko umfasst auch Rechtsrisiken, jedoch nicht **strategische Risiken** und **Reputationsrisiken**.
Nach **Solvency II** das Verlustrisiko, das sich aus der Unangemessenheit oder dem Versagen von internen **Prozessen**, Mitarbeitern, **Systemen** oder durch externe Ereignisse ergibt.

**Open Source** **Software**, bei welcher der Quellcode im Rahmen der urheberrechtlichen Verwertungsrechte frei zugänglich gemacht wird und der Bearbeitung offen steht.

**Option** Standardisiertes Recht an Terminbörsen zur Annahme oder Ablehnung eines Vertragsangebots nach Preis oder Menge.

**Optionsschein** Wertpapier, welches das Optionsrecht verbrieft.

**PD** Probability of Default; erwartete **Ausfallwahrscheinlichkeit**.

**Pensionsfonds** Rechtsfähige Versorgungseinrichtung, die im Wege des Kapitaldeckungsverfahrens die Altersversorgungsleistung als lebenslange Zahlung für einen oder mehrere Arbeitgeber zugunsten von Arbeitnehmern erbringt.

**Pensionskasse** Rechtlich selbstständiges Lebensversicherungsunternehmen, dessen Zweck die Absicherung wegfallenden Erwerbseinkommens wegen Alters, Invalidität oder Tod ist und das Versicherungsgeschäft im Wege des Kapitaldeckungsverfahrens betreibt, wobei Leistungen ab dem Zeitpunkt des Wegfalls des Erwerbseinkommens vorgesehen sein dürfen oder im Todesfall nur an Hinterbliebene erbracht werden dürfen.

**Phase** Gruppe zusammenhängender **Vorgänge**, die einen globalen Arbeitsabschnitt darstellen.

**Plain Vanilla** Bezeichnung für ein Standardwertpapier ohne Besonderheiten.

**Planung** Systematisches, zukunftsbezogenes Durchdenken und Festlegen von **Zielen** sowie der Mittel und Wege zum Erreichen dieser Ziele.

**Policy** Verfahrensweise; Leitlinie; **Politik**.

**Politik** Gestaltung des rechtlichen und faktischen Ordnungsrahmens für die Leitung und Überwachung eines Unternehmens.

**Portal** Internetpräsenz, die als Einstiegsseite Informationen bündelt und nach Rubriken ordnet.

**Produkt** Jede bewegliche Sache, auch wenn sie Teil einer anderen beweglichen oder unbeweglichen Sache ist, sowie Elektrizität.

**Projekt** Vorhaben, das im Wesentlichen durch die Einmaligkeit der Bedingungen in ihrer Gesamtheit gekennzeichnet ist.

**Projektleitung** Organisationseinheit, die für **Planung**, Steuerung und Überwachung eines **Projekts** verantwortlich ist.

**Projektmanagement** Gesamtheit von Führungs- und Organisationsaufgaben sowie Führungstechniken und Führungsmittel für die Abwicklung eines **Projekts**.

**Projektplan** Festlegung von **Projektzielen** einschließlich der **Verfahren**, Vorgänge und Meilensteine mit ihren zeitlichen Zusammenhängen, der Zuordnung von Ressourcen und Kosten sowie Darstellungen zu Projektergebnissen und Managementkonzepten des **Projekts**.

**Projektstruktur** Gesamtheit der wesentlichen Bedingungen zwischen den Elementen eines **Projekts**.

**Projektstrukturplan** Darstellung der **Projektstruktur** z. B. nach Aufbau oder Ablauf.

**Projektziel** Nachzuweisendes Ergebnis und vorgegebene Realisierungsbedingung der Gesamtaufgabe eines **Projekts**.

**Proportionalität** Nach dem Grundsatz der Proportionalität sind (gesetzliche) Anforderungen konkret immer unter der Berücksichtigung der unternehmensindividuellen Risiken, der Art und des Umfangs des Geschäftsbetriebs sowie der Komplexität des gewählten Geschäftsmodells zu erfüllen.

**Prozess** Satz von in Wechselwirkung stehenden Tätigkeiten, Methoden, **Verfahren** und Werkzeugen, die zur Erstellung eines definierten Ergebnisses benötigt werden.

**Prozessverantwortlicher** Person, die für die Pflege und Aktualisierung der Prozessdokumentation sowie für den ordnungsgemäßen Ablauf des **Prozesses** zuständig ist.

**Qualität** Gesamtheit der Merkmale und Merkmalswerte eines **Produkts** oder einer Dienstleistung bezüglich ihrer Eignung, festgelegte oder vorausgesetzte Erfordernisse zu erfüllen.

**Qualitätsmanagement** Gesamtheit von Führungsaufgaben, welche Qualitätspolitik, Qualitätsziele und Verantwortungen festlegen sowie diese durch geeignete Mittel systematisch verwirklichen.

**Qualitätssicherung** Gesamtheit der Tätigkeiten des **Qualitätsmanagements**, der Qualitätsplanung, der Qualitätsprüfung sowie der Dokumentation dieser Tätigkeiten.

**RACI** Siehe **DEMI.**

**Reputationsrisiko** **Risiko**, das sich aus einer möglichen Beschädigung des Rufes des Unternehmens infolge einer negativen Wahrnehmung in der Öffentlichkeit (z. B. bei Kunden, Geschäftspartnern, Aktionären, Behörden) ergibt.

**Reverse Stresstest** Test, bei welchem durch Vorgabe einer Gesamtverlusthöhe untersucht wird, ab welcher Schwelle die **Risiken** in verschiedenen Szenarien für das Unternehmen existenzbedrohend werden können.

**Review** Geplanter und strukturierter Analyse- und Bewertungsprozess, in dem erzielte Arbeitsergebnisse Gutachtern präsentiert und kommentiert bzw. abgenommen werden.

**RfB** Rückerstellung für Beitragsrückerstattung; Teil der **versicherungstechnischen Rückstellungen** eines **Versicherungsunternehmens** für am Bilanzstichtag noch nicht fällige Verpflichtungen zu Beitragsrückerstattungen an Versicherungsnehmer.

**Richtlinie** Von legitimierter Stelle schriftlich fixierte und veröffentlichte Regelungen des Handelns oder Unterlassens, die für den Verantwortungsbereich der jeweiligen Stelle verbindlich sind und deren Nichtbeachtung definierte Maßnahmen zur Folge hat.

**Risiko** Möglichkeit des Nichterreichens eines explizit formulierten oder sich implizit ergebenden **Ziels**, wobei sich die Zielabweichung negativ auf die Wirtschafts-, Finanz- oder Ertragslage auswirkt.

**Risikoberichterstattung** Die interne Risikoberichterstattung verfolgt das **Ziel**, systematisch und zeitnah über **Risiken** und deren potenzielle Auswirkungen zu informieren sowie eine ausreichende unternehmensinterne Kommunikation über alle Risiken sicherzustellen. Die externe Risikoberichterstattung trifft konsistent zum internen Risikobericht im gesetzlich geforderten Umfang Aussagen über Risiken der künftigen Entwicklung im Lagebericht des Jahresabschlusses des jeweiligen Unternehmens.

**Risikobezugsgröße** Bezugsgrößen, die von der Auswirkung des **Risikos** betroffen sind.

**Risikodeckungspotenzial** Kapital, das insgesamt zur Deckung von möglichen Verlusten zur Verfügung steht. Das Risikodeckungspotenzial umfasst dabei das **Eigenkapital** sowie die prognostizierten Geschäftsergebnisse der jeweiligen Geschäftsjahre.

**Risikokapital** Teil des **Risikodeckungspotenzials**, welcher tatsächlich zur Bedeckung der **Risiken** eingesetzt wird.

**Risikokontrolle** Gesamtheit der Maßnahmen, welche zur Steuerung eines **Risikos** ergriffen werden.

**Risikokontrollprozess** Teil des Internen Steuerungs- und Kontrollsystems (**ISKS**) zur Identifikation, Analyse, Bewertung, Steuerung und Überwachung aller wesentlichen **Risiken**, die das Erreichen der Unternehmensziele gefährden, der **Geschäftsstrategie** entgegenstehen oder sich aus dem originären Geschäftszweck ergeben.

**Risikomanagement** Gesamtheit der **Prozesse**, **Verfahren** und Verhaltensweisen, die darauf ausgerichtet sind, eine Organisation bezüglich **Risiken** zu steuern.

**Risikomanagementsystem** **System** einer Organisation mit der Aufgabe, **Risiken** zu bewältigen.

**Risikoprofil** Beschreibung und Struktur einer Anzahl von **Risiken**.

**Risikosteuerung** Gesamtheit der Strategien, Konzepte und **Prozesse**, um identifizierte und analysierte **Risiken** entweder bewusst zu akzeptieren, zu überwälzen, zu reduzieren oder zu vermeiden.

**Risikostrategie** Darstellung der **Risiken** bezüglich ihres Einflusses auf die Wirtschafts-, Finanz- und Ertragslage des Unternehmens inklusive einer Beschreibung der Vorgaben für den planvollen Umgang mit Risiken, die sich aus der **Geschäftsstrategie** ergeben.

**Risikotragfähigkeit** Fähigkeit eines **Versicherungsunternehmens**, mögliche Verluste aus dem Eintritt von **Risiken** mit eigenen Mitteln tragen zu können, ohne den Fortbestand des Unternehmens zu gefährden.

**Risikotragfähigkeitskonzept** Darstellung, wieviel **Risikodeckungspotenzial** insgesamt zur Verfügung steht und wie viel davon zur Abdeckung aller wesentlichen **Risiken** verwendet werden soll.

**Risikotoleranz** Bereitschaft eines Unternehmens, **Risiken** hinzunehmen bzw. einzugehen (Risikobereitschaft); bzw. Annahme eines Risikos im Rahmen der regulatorischen Vorgaben.

**Risikotreiber** Interne oder externe Faktoren, die das **Risiko** beeinflussen.

**Risikoüberwachung** Überwachung aller identifizierter und analysierter **Risiken** inklusive der Kontrolle von **Risikoprofil**, **Limiten**, Umsetzung der **Risikostrategie**, der **Risikotragfähigkeit**, von risikorelevanten Methoden, **Prozessen** und Risikohandhabung.

**Rückstellungen** Nach ihrem wirtschaftlichen Grund nach bekannte Schulden eines Unternehmens in ungewisser Höhe und Fälligkeit.

**Rückversicherungsunternehmen** Unternehmen, die eine Zulassung nach Artikel 3 der Richtlinie 2005/68/EG besitzen.

**Schätzfehler** **Fehler** eines Schätzwertes, der dadurch zustande kommt, dass dessen Berechnung auf einer Zufallsstichprobe basiert.

**SCR** Solvency Capital Requirement; regulatorische Solvenzkapitalanforderung im Rahmen der ersten Säule von **Solvency II**.

**Schwellenwert** Frühwarnindikator für die drohende Erreichung eines **Limits**.

**Sensitivitätsanalyse** Gesamtheit der Methoden und Analysetechniken zur Bestimmung der Empfindlichkeit auf Ergebnisse von Simulationsmodellen für individuelle Änderungen bei den Eingabeparametern.

**Signifikanz** Maß der Wahrscheinlichkeit für die Richtigkeit einer Hypothese über ein Merkmal einer Stichprobe im Verhältnis zur Grundgesamtheit.

**Shareware** Preisgünstige Software, die vor dem Erwerb einer Nutzungslizenz getestet werden kann.

**Software** Programme (Quellcode und Objektcode) inklusive Dokumentation und Daten.

**Software-Installation** Herbeiführen der Ablauffähigkeit von **Software** auf einer bestimmten **Hardware** nach einem vereinbarten **Verfahren**.

**Solvabilität** Aufsichtsrechtlich geforderte Fähigkeit von **Versicherungsunternehmen**, ihre Existenz am Markt und die dauernde Erfüllbarkeit der eingegangenen Verpflichtungen jederzeit durch ausreichende finanzielle Mittel sicherzustellen.

**Solvency II** EU-Projekt zur grundlegenden Reform des Versicherungsaufsichtsrechts in Europa. Dabei wird ein 3-Säulen-Ansatz verfolgt, bei dem weniger die Einzelrisiken als vielmehr ein ganzheitliches **System** zur Gesamtsolvabilität im Zentrum steht. Neben der quantitativen Betrachtung in Säule I fokussiert Säule II auf ein adäquates **Risikomanagementsystem**. Säule III regelt Berichterstattungspflichten der **Versicherungsunternehmen**.

**Standard** Einheitliche Vorgabe qualitativer bzw. quantitativer Art bezüglich der Erfüllung vorausgesetzter oder festgelegter Anforderungen.

**Standardabweichung** Positive Wurzel aus der **Varianz**.

**Standard-Software** **Software**, die für die Bedürfnisse einer Mehrzahl von Kunden entwickelt wurde.

**Strategisches Risiko** **Risiko**, das sich aus strategischen Geschäftsentscheidungen ergibt. Hierzu zählt auch das Risiko, das sich daraus ergibt, dass Geschäftsentscheidungen nicht dem geänderten Wirtschaftsumfeld angepasst werden.

**Stresstest** Gesamtheit der Methoden und Analysetechniken zur Bestimmung von Auswirkungen auf Ergebnisse von Simulationsmodellen für den Fall, dass sich Eingabeparameter stark ändern oder andere außergewöhnliche, aber plausible Ereignisse eintreten.

**System** Menge bzw. Satz von in Wechselbeziehung oder Wechselwirkung stehenden Elementen.

**Szenarioanalyse** Analyse des Einflusses von Parametern und Eingabegrößen eines Modells auf dessen Ergebnisgrößen mit dem Ziel, künftige Entwicklungen nachvollziehbar prognostizierbar zu machen.

**Tochterunternehmen** Unternehmen, die Tochterunternehmen im Sinne des § 290 HGB sind oder Unternehmen, auf die ein Mutterunternehmen tatsächlich einen beherrschenden Einfluss ausübt, ohne dass es auf die Rechtsform oder den Sitz ankommt.

**True and fair view** Bilanzierungsgrundsatz nach § 264 Abs. 2 HGB, wonach der Jahresabschluss von Kapitalgesellschaften ein den tatsächlichen Verhältnissen entsprechendes Bild der Vermögens-, Finanz- und Ertragslage vermitteln muss.

**Unternehmensgruppe, horizontale** Gruppe, in der ein Unternehmen mit einem oder mehreren anderen Unternehmen in der Weise verbunden ist, dass sie entweder gemeinsam aufgrund einer Satzungsbestimmung oder eines Vertrages unter einheitlicher Leitung stehen oder sich ihre Verwaltungs-, Leitungs- oder Aufsichtsorgane mehrheitlich aus denselben Personen zusammensetzen.

**Unternehmensleitbild** Darstellung der langfristigen, nicht unmittelbar auf das Tagesgeschäft bezogenen Visionen, Prinzipien und **Ziele** eines Unternehmens.

**URCF** Unabhängige Risikocontrollingfunktion; administrative Kapazität, zuständig für die unternehmensweite, einheitliche **Aggregation** und Plausibilisierung der **Risiken**, deren Berichterstattung sowie für die Unterbreitung von Vorschlägen zu Risikobegrenzung.

**Value-at-Risk** VaR; der Value-at-Risk gibt die Verlusthöhe an, die mit einer gewissen Wahrscheinlichkeit nicht überschritten wird.

**Variationskoeffizient** Quotient aus **Standardabweichung** und arithmetischem Mittel.

**Varianz** **Erwartungswert** der quadratischen Abweichungen.

**Verbraucher** Jede natürliche Person, die ein Rechtsgeschäft zu einem Zweck abschließt, der weder einer gewerblichen noch einer selbstständigen Tätigkeit zugerechnet werden kann.

**verdiente Beiträge** Prämieneinnahmen eines **Versicherungsunternehmens** in einem Geschäftsjahr, gekürzt um den Beitragsübertrag an das Folgejahr und erhöht um den Beitragsübertrag aus dem Vorjahr.

**Verfahren** Geregelter, in Schritte zerlegbarer, nachvollziehbarer und wiederholbarer Ablauf.

**Versicherungs-Holdinggesellschaften** Unternehmen, deren Haupttätigkeit der Erwerb und das Halten von unmittelbaren oder mittelbaren **Beteiligungen** an Erst- oder **Rückversicherungsunternehmen** oder **Pensionsfonds** ist.

**Versicherungstechnische Rückstellungen** Mit dem Versicherungsgeschäft zusammenhängende, ungewisse Verbindlichkeiten. Ihre Bildung dient der dauernden Erfüllbarkeit der Verpflichtungen aus den Versicherungsverträgen.

**Versicherungstechnisches Risiko** Versicherungstechnische **Risiken** resultieren aus einer ungünstigen Abweichung durch Zufall, Irrtum oder Änderung der zukünftigen Verhältnisse von den Annahmen, die bei der Berechnung von Versicherungsbeiträgen bzw. Versicherungsleistungen zugrunde gelegt wurden.

**Versicherungsunternehmen:** Unternehmen, die den Betrieb von Versicherungsgeschäften zum Gegenstand haben und nicht Träger der Sozialversicherung sind.

**Volatilität** Schwankungsmaß einer Zeitreihe um ihren Mittelwert oder Trend, gemessen durch die **Standardabweichung** oder den **Variationskoeffizienten**.

**Wahrscheinlichkeit** Statistische Einstufung einer Aussage über den Grad der Gewissheit einer Hypothese.

**Wettbewerbshandlung** Jede Handlung einer Person mit dem Ziel, zugunsten des eigenen oder eines fremden Unternehmens Absatz oder Bezug von Waren bzw. Dienstleistungen zu fördern.

**Wunsch** Verlangen nach bestimmten Mitteln zur Befriedigung von **Bedürfnissen**.

**XBRL** Extensible Business Reporting Language; auf **XML** basierte Sprache zur Erstellung elektronischer Dokumente im Bereich der Finanzberichterstattung.

**XML** Extended Markup Language; eine universelle Beschreibungssprache zur Erstellung von **Web-Seiten**, die weitaus mehr Möglichkeiten bietet als **HTML**.

**Ziel** Maßstab, an dem zukünftiges Handeln gemessen werden kann. Ziele sollten spezifisch, messbar, akzeptiert, realistisch und terminierbar sein (SMART-Regel).

**Zinsänderungsrisiko** Teil des Marktrisikos. Es ergibt sich aus der Ungewissheit über die zukünftigen Veränderungen des Marktzinsniveaus.

**Zinsstrukturkurve** Zinsen als Funktion des Anlagezeitraums für bestimmte Anleihetypen. Für risikofreie Anlagen spiegeln Zinsertragskurven den Zeitwert des Geldes am Finanzmarkt wider.

**Zufallsrisiko** Bestandteil des **versicherungstechnischen Risikos**, wobei selbst im Idealfall vollständiger Kenntnis der statistischen Gesetzmäßigkeit der Versicherungsleistungen eine positive Wahrscheinlichkeit dafür besteht, dass der periodische Gesamtschaden des versicherten Kollektivs die Summe aus der vereinnahmten kollektiven Prämie für die Risikodeckung und dem vorhandenen Sicherheitskapital übersteigt.

**Zufallsvariable** Größe, die ihre Werte mit bestimmten Wahrscheinlichkeiten annimmt bzw. deren Werten bestimmte Wahrscheinlichkeitsdichten zugeordnet sind.

# Sachverzeichnis